YINGKE® 盈科

盈科全国业务指导委员会系列丛书

律师常用法律文书范本及精细化写作精要

盈科律师事务所 / 编
魏俊卿 / 著

COMMON LEGAL DOCUMENT TEMPLATES
AND
REFINED WRITING ESSENTIALS FOR LAWYERS

法律出版社 LAW PRESS · CHINA
北京

图书在版编目(CIP)数据

律师常用法律文书范本及精细化写作精要 / 盈科律师事务所编 ; 魏俊卿著. -- 北京 : 法律出版社, 2024(2024.11 重印)

ISBN 978-7-5197-8710-3

Ⅰ. ①律… Ⅱ. ①盈… ②魏… Ⅲ. ①法律文书-写作-中国 Ⅳ. ①D926.13

中国国家版本馆 CIP 数据核字(2024)第 010921 号

律师常用法律文书范本及精细化写作精要

LÜSHI CHANGYONG FALÜ WENSHU FANBEN JI JINGXIHUA XIEZUO JINGYAO

盈科律师事务所 编
魏俊卿 著

策划编辑 朱海波
责任编辑 朱海波 杨雨晴
装帧设计 汪奇峰 臧晓飞

出版发行 法律出版社
编辑统筹 法律应用出版分社
责任校对 蒋 橙
责任印制 刘晓伟
经 销 新华书店

开本 710 毫米×1000 毫米 1/16
印张 29.25 **字数** 500 千
版本 2024 年 1 月第 1 版
印次 2024 年 11 月第 3 次印刷
印刷 三河市龙大印装有限公司

地址:北京市丰台区莲花池西里 7 号(100073)
网址:www.lawpress.com.cn
投稿邮箱:info@lawpress.com.cn
举报盗版邮箱:jbwq@lawpress.com.cn

销售电话:010-83938349
客服电话:010-83938350
咨询电话:010-63939796

书号:ISBN 978-7-5197-8710-3
定价:108.00 元

凡购买本社图书,如有印装错误,我社负责退换。电话:010-83938349

本书编著者

魏俊卿 著

YINGKE® 盈科

自　序

宋元以来，人们将讼师、幕僚称作“刀笔吏”，意思是指以笔为刀的小官员。“刀笔吏”这个称谓尽管在一定程度上有贬义色彩，但足以说明文书的重要。据记载，光绪十一年（1885年），晚清名臣刘秉璋担任浙江巡抚期间，遇到一起命案。一个平素老实巴交的渔民为了替自己的生母报仇砍死了其父亲的小妾，乡邻联名向巡抚衙门求情，刘秉璋有心救他，但无奈杀人事实俱在，不好转圜。其幕中师爷将呈报给刑部的文书中“情有可原，罪无可赦”改为“罪无可赦，情有可原”。一字不变，顺序略调，意思陡转。后来，刑部复核文书下来，该渔民死里逃生。该案是体现法律文书重要性的一个生动写照。可以说，每一份法律文书都关系到当事人的生命、财产或自由，其重要性不言而喻，需要我们认真对待。

对律师而言，法律文书也是最有说服力的一张名片，每一份法律文书不仅是律师立场观点、业务水准和法律功底的集中体现，也是律师的责任心、敬业精神和工作态度的重要载体，直接影响着律师的长远发展。笔者从事律师职业23年来，办理民事、刑事、行政、执行等各类案件上千件，深深感受到，每一次接待当事人时的耐心倾听，每一次阅读卷宗的所思所得，每一次案例研讨的分析争论，每一次与司法工作人员的沟通交流，直到每一次法庭上的针锋相对和据理力争，律师所有辛勤付出的劳动成果，最终都会体现在每一份法律文书中。所以，笔者对自己撰写的每一份法律文书，都精心打磨，精益求精，力求做到完美无缺。笔者至今还记得10多年前一位法官对笔者提交的民事起诉状的评价，她说“你写的起诉状可以直接作为我们写判决书的模板”。她的这个评价不但是法官对律师工作的肯定，也是笔者更加严格要求自己，不断提高法律文书写作水平的动力。

“洛阳三月花如锦，多少工夫织得成。”法律文书要想做到规范化、精细化，既需要用心去写，也是有路径可循的。为方便青年律师学习和参考，笔者在2022年将自己执业过程中书写的法律文书加以筛选和归纳，整理了一本《律师常用法律文书范本》。这次根据大家的建议，将这些法律文书范本重新加以整理，并根据自己的写作心得增加了法律文书的精细化写作要领，最终形成了这本《律师常用法律文书范本及精细化写作精要》。

本书分民事诉讼类文书范本及精细化写作要领、刑事诉讼类文书范本及精细化写作要领、行政诉讼类文书范本及精细化写作要领、执行类文书范本及精细化写作要领、非诉类文书范本及精细化写作要领、仲裁类文书范本及精细化写作要领六个部分，共计60个律师常用法律文书的范本及精细化写作要领。为方便读者学习，每个法律文书范本并不是简单列明要点，而是笔者承办案件时所写的完整法律文书。为便于读者触类旁通，在每个法律文书范本之后，都有该类法律文书的精细化写作要领，写明该类法律文书的写作要求、写作方法和注意事项。在每个法律文书精细化写作要领之后，还附有与该类法律文书有关的法律、司法解释常用条文方便读者对照查阅。

在本书编写过程中，笔者的同事李慧云、董颖颖给予了很大的帮助。在原版《律师常用法律文书范本》整理过程中，张莉莉律师、高若涵律师、江雅慧律师、王洪英律师、邢怡明律师从事了编辑、校对等工作。在本书最后校对过程中，李毅律师、崔晴也参与了校对工作。在此一并表示感谢！

笔者希望本书对年轻的执业律师和实习人员有所帮助。因水平和执业领域所限，本书仅整理了60个律师常用的法律文书范本及精细化写作要领，纰漏或错误在所难免，诚挚欢迎广大读者批评指正，以便在再版时加以改进。

2024年1月于洛阳

目录

第1章 民事诉讼类文书范本及精细化写作要领

第 2 章 刑事诉讼类文书范本及精细化写作要领

第 3 章 行政诉讼类文书范本及精细化写作要领

第 4 章 执行类文书范本及精细化写作要领

第 5 章 非诉类文书范本及精细化写作要领

第 6 章 仲裁类文书范本及精细化写作要领

第1章

民事诉讼类文书范本及精细化写作要领

民事诉讼类文书范本之1:民事起诉状(离婚纠纷)

民事起诉状

原告:李某,男,汉族,××××年×月×日出生,住××省××县××××,身份证号码××××××。联系电话:××××××。

被告:马某,女,汉族,××××年×月×日出生,住××省××县××××,身份证号码××××××。联系电话:××××××。

诉讼请求:(1)准予原告和被告离婚;(2)婚生女儿李小某由原告抚养,被告每月支付抚养费2000元,直至女儿年满18周岁为止;(3)依法分割双方的夫妻共同财产;(4)判令被告支付原告精神损害赔偿金5万元。

事实与理由:原告和被告系同村人,于××××年×月经他人介绍确立恋爱关系,于××××年×月×日按农村习俗举行结婚仪式,于××××年×月×日在××县民政局补办结婚登记手续,于××××年×月×日生下女儿李小某。双方结婚后,原告为了家庭和孩子,一直外出辛辛苦苦打工赚钱,而被告却不忠诚于原告,在原告外出期间与其他男性同居并保持着长期的不正当关系,双方为此发生无数次争吵,但被告依然我行我素。××××年农历正月,双方因感情不和开始分居,至今再无任何联系、沟通或交流。双方的夫妻共同财产有:位于××县城关镇柳林街××小区×号楼×单元××号房产、车牌号为豫××××号小轿车一辆。

上述事实有原被告双方的结婚证、户口簿等证据为证。

原告认为,被告在与原告的婚姻关系存续期间,违背夫妻忠实义务,与其他男性同居并保持着长期的不正当关系,严重伤害了原告的感情,致使双方之间的夫妻感情已彻底破裂,再无和好可能。根据《民法典》第一千零四十二条、第一千零四十三条、第一千零七十九条、第一千零八十五条、第一千零八十七条、第一千零九十一条和《最高人民法院关于适用〈中华人民共和国民法典〉婚姻家庭编的解释(一)》第八十六条等有关法律和司法解释的规定,特诉诸贵院,请贵院依法支持原告的诉讼请求。

此致

××县人民法院

起诉人:

年　月　日

《民事起诉状》(离婚纠纷)精细化写作要领

1. 格式上要符合要求。民事起诉状由“标题”“当事人信息”“诉讼请求”“事实与理由”“致送法院”和落款“起诉人”“起诉时间”组成,不能缺项,各部分的表述要准确。比如,不能将标题“民事起诉状”写成“民事起诉书”,不能将“原告”写成“原告人”,“被告”写成“被告人”。标题和正文之间要空一行。

2. 当事人信息,特别是被告信息要准确、完整。起诉状要有确定的被告。离婚纠纷案件,双方一般都掌握对方的基本信息。因此,要写明被告的姓名、性别、出生年月日、民族、身份证号码、住所和联系方式。

需要注意的是,一般情况下,离婚纠纷的当事人仅限于离婚的夫妻双方。如果存在婚前一方向另一方父母给付彩礼,或者婚前、婚后一方父母为夫妻一方或双方购房出资、出借款项等涉及第三人利益情形的,能否将一方父母列为第三人,实践中存在争议。笔者认为,基于诉讼经济原则,如果离婚案件涉及第三人利益或者与第三人有利害关系,可以列为第三人。

3. “诉讼请求”部分是整个民事起诉状的核心,要反复推敲,做到表述准确、没有漏项漏算、项项都要有依据。“诉讼请求”部分,首先要做到的是表述准确,用语要与法律、司法解释的规定保持一致。比如,根据《民法典》第一千零七十九条的规定,人民法院审理离婚案件,应当进行调解;如果感情确已破裂,调解无效的,应当准予离婚。这里用的是“准予离婚”。所以,在诉讼请求中,就应当表述为“准予原告和被告离婚”。实践中,有的写为“请求原告和被告离婚”或者“判决原告和被告离婚”等,就不严谨、不准确。再如,根据《民法典》第一千零八十五条第一款的规定,“离婚后,子女由一方直接抚养的,另一方应当负担部分或者全部抚养费”。这里规定的“抚养费”包含生活费、教育费、医疗费等费用。所以,在诉讼请求中就应当表述为“判令被告某某某从××××年×月起每月支付儿子(女儿)某某某抚养费××元直至其年满十八周岁为止”。如果将其中的“抚养费”表述为“生活费”“抚育费”等,就不严谨、不准确。

“诉讼请求”部分,还应当引起重视的是不能漏项、漏算。“不告不理”是民事诉讼的原则,如果可以一并提起的诉讼请求没有在起诉状中写明,法院是不可能判决的。在离婚纠纷案件中,诉讼请求一般有四项:一是请求准予离婚;二是请求对子女由谁抚养、抚养费多少进行判决;三是请求对夫妻共同财产进行分割;四是请求对夫妻共同债务进行判决。如果被告存在《民法典》第一千零九十一条规定的重婚、与他人同居、实施家庭暴力、虐待、遗弃家庭成员或者其他重大过错的情形,原告还可以提起损害赔偿请求。特别需要提出的是,根据《最高人民法院关于适用〈中华人民共和国民法典〉婚姻家庭编的解释(一)》第八十八条第一项的规定,如果无过错方作为原告,须在离婚诉讼时同时提起损害赔偿请求,如果另行提起损害赔偿请求,人民法院不再受理。如果原告存在《民法典》第一千零八十八条规定的因抚育子女、照料老年人、协助另一方工作等负担较多义务的,还可以请求被告支付一定数额的补偿费。根据《民法典》第一千零九十条的规定,如果原告在离婚时生活困难,被告有负担能力,原告还可以请求被告给予适当帮助。

“诉讼请求”部分,还应当注意的是,每一项诉讼请求都要有相应的法律、司法解释等依据作为支撑。因为法官判案,必须引用法律条文。如果没有相应的法律依据,诉讼请求很可能得不到支持。具体做法是,在书写起诉状之前,要先梳理案件事实,根据案件事实考虑本方可以提出的诉讼请求,然后找出能够支持本方诉讼请求的具体法律条文,根据法律条文提出相应的诉讼请求。比如,根据《最高人民法院关于适用〈中华人民共和国民法典〉婚姻家庭编的解释(一)》第五十三条第一款的规定,抚养费的给付期限,一般至子女十八周岁为止。因此,在请求给付抚养费时,一般也只能要求给付到子女年满十八周岁之日。但是,如果有《民法典》第一千零六十七条规定的不能独立生活的成年子女,即使子女年满十八周岁,仍然可以向被告主张给付抚养费。

4.“事实与理由”部分是民事起诉状的重点,这部分的任务是通过阐述事实、引用证据、适用法律,让法院支持本方的诉讼请求。“事实与理由”部分形式上一般用“三段论”：第一段写事实，离婚纠纷案件，除要写明双方结婚登记时间、在何处办理的结婚登记手续、何时生育子女等基本情况外，重点要围绕《民法典》第一千零七十九条的规定，写明双方感情破裂的原因，离婚要以感情确已破裂为前提，因此，这一部分事实尽量要写详细、写充分。除此之外，还要根据《民法典》第一千零六十二条、第一千零六十三条、第一千零六十四条和第一千零六十五条的规定，判断哪些属于夫妻共同财产及共同债务，并在起诉状中列明。如果原告提起损害赔偿请求、请求被告支付一定数额的补偿费或者请求被告给予适当帮助，涉及的相关事实也要写清楚。第二段简单写明证据情况，就上述事实都有什么证据来证明。离婚案件一般有结婚证、生育子女的出生证明、房产证以及被告与他人重婚、同居、实施家庭暴力、有赌博、吸毒等恶习的证据等。第三段写理由，理由要围绕诉讼请求写，根据第一段写的事实，通过引用法律、司法解释具体条文，论述各项诉讼请求均应得到法院的支持。

“事实与理由”部分，在内容上要紧紧围绕诉讼请求，精雕细琢，言简意赅，一字不多一字不少。不能写得过于简单，让人看不出据以支持诉讼请求的事实与理由。原则上，与诉讼请求有关的事实和理由都要写上，但也不能长篇大论，事无巨细和盘托出，尤其是离婚案件，涉及家庭琐事较多，对诉讼请求没有影响的事实可以不写。

需要注意的是，根据《民法典》第一千零八十二条的规定，女方在怀孕期间、分娩后一年内或者终止妊娠后六个月内，男方不得提出离婚；但是，女方提出离婚或者人民法院认为确有必要受理男方离婚请求的除外。

附：相关规定

1.《中华人民共和国民事诉讼法》(2023 年修正)

第五十九条　对当事人双方的诉讼标的，第三人认为有独立请求权的，有权提起诉讼。

对当事人双方的诉讼标的，第三人虽然没有独立请求权，但案件处理结果同他有法律上的利害关系的，可以申请参加诉讼，或者由人民法院通知他参加诉讼。人民法院判决承担民事责任的第三人，有当事人的诉讼权利义务。

前两款规定的第三人，因不能归责于本人的事由未参加诉讼，但有证据证明发生法律效力的判决、裁定、调解书的部分或者全部内容错误，损害其民事权益的，可以自知道或者应当知道其民事权益受到损害之日起六个月内，向作出该判决、裁定、调解书的人民法院提起诉讼。人民法院经审理，诉讼请求成立的，应当改变或者撤销原判决、裁定、调解书；诉讼请求不成立的，驳回诉讼请求。

第一百二十四条　起诉状应当记明下列事项：

（一）原告的姓名、性别、年龄、民族、职业、工作单位、住所、联系方式，法人或者其他组织的名称、住所和法定代表人或者主要负责人的姓名、职务、联系方式；

（二）被告的姓名、性别、工作单位、住所等信息，法人或者其他组织的名称、住所等信息；

（三）诉讼请求和所根据的事实与理由；

（四）证据和证据来源，证人姓名和住所。

2.《中华人民共和国民法典》（2020年）

第一千零六十二条　夫妻在婚姻关系存续期间所得的下列财产，为夫妻的共同财产，归夫妻共同所有：

（一）工资、奖金、劳务报酬；

（二）生产、经营、投资的收益；

（三）知识产权的收益；

（四）继承或者受赠的财产，但是本法第一千零六十三条第三项规定的除外；

（五）其他应当归共同所有的财产。

夫妻对共同财产，有平等的处理权。

第一千零六十三条　下列财产为夫妻一方的个人财产：

（一）一方的婚前财产；

（二）一方因受到人身损害获得的赔偿或者补偿；

（三）遗嘱或者赠与合同中确定只归一方的财产；

（四）一方专用的生活用品；

（五）其他应当归一方的财产。

第一千零六十四条　夫妻双方共同签名或者夫妻一方事后追认等共同意思表示所负的债务，以及夫妻一方在婚姻关系存续期间以个人名义为家庭日常生活需要所负的债务，属于夫妻共同债务。

夫妻一方在婚姻关系存续期间以个人名义超出家庭日常生活需要所负的债务，不属于夫妻共同债务；但是，债权人能够证明该债务用于夫妻共同生活、共同生产经营或者基于夫妻双方共同意思表示的除外。

第一千零六十五条　男女双方可以约定婚姻关系存续期间所得的财产以及婚前财产归各自所有、共同所有或者部分各自所有、部分共同所有。约定应当采用书面形式。没有约定或者约定不明确的，适用本法第一千零六十二条、第一千零六十三条的规定。

夫妻对婚姻关系存续期间所得的财产以及婚前财产的约定，对双方具有法律约束力。

夫妻对婚姻关系存续期间所得的财产约定归各自所有，夫或者妻一方对外所负的债务，相对人知道该约定的，以夫或者妻一方的个人财产清偿。

第一千零六十七条　父母不履行抚养义务的，未成年子女或者不能独立生活的成年子女，有要求父母给付抚养费的权利。

…………

第一千零七十六条　夫妻双方自愿离婚的，应当签订书面离婚协议，并亲自到婚姻登记机关申请离婚登记。

离婚协议应当载明双方自愿离婚的意思表示和对子女抚养、财产以及债务处理等事项协商一致的意见。

第一千零七十七条　自婚姻登记机关收到离婚登记申请之日起三十日内，任何一方不愿意离婚的，可以向婚姻登记机关撤回离婚登记申请。

前款规定期限届满后三十日内，双方应当亲自到婚姻登记机关申请发给离婚证；未申请的，视为撤回离婚登记申请。

第一千零七十八条　婚姻登记机关查明双方确实是自愿离婚，并已经对子女抚养、财产以及债务处理等事项协商一致的，予以登记，发给离婚证。

第一千零七十九条　夫妻一方要求离婚的，可以由有关组织进行调解或者直接向人民法院提起离婚诉讼。

人民法院审理离婚案件，应当进行调解；如果感情确已破裂，调解无效的，应当准予离婚。

有下列情形之一，调解无效的，应当准予离婚：

(一)重婚或者与他人同居;

(二)实施家庭暴力或者虐待、遗弃家庭成员;

(三)有赌博、吸毒等恶习屡教不改;

(四)因感情不和分居满二年;

(五)其他导致夫妻感情破裂的情形。

一方被宣告失踪,另一方提起离婚诉讼的,应当准予离婚。

经人民法院判决不准离婚后,双方又分居满一年,一方再次提起离婚诉讼的,应当准予离婚。

第一千零八十条　完成离婚登记,或者离婚判决书、调解书生效,即解除婚姻关系。

第一千零八十一条　现役军人的配偶要求离婚,应当征得军人同意,但是军人一方有重大过错的除外。

第一千零八十二条　女方在怀孕期间、分娩后一年内或者终止妊娠后六个月内,男方不得提出离婚;但是,女方提出离婚或者人民法院认为确有必要受理男方离婚请求的除外。

第一千零八十三条　离婚后,男女双方自愿恢复婚姻关系的,应当到婚姻登记机关重新进行结婚登记。

第一千零八十四条　父母与子女间的关系,不因父母离婚而消除。离婚后,子女无论由父或者母直接抚养,仍是父母双方的子女。

离婚后,父母对于子女仍有抚养、教育、保护的权利和义务。

离婚后,不满两周岁的子女,以由母亲直接抚养为原则。已满两周岁的子女,父母双方对抚养问题协议不成的,由人民法院根据双方的具体情况,按照最有利于未成年子女的原则判决。子女已满八周岁的,应当尊重其真实意愿。

第一千零八十五条　离婚后,子女由一方直接抚养的,另一方应当负担部分或者全部抚养费。负担费用的多少和期限的长短,由双方协议;协议不成的,由人民法院判决。

前款规定的协议或者判决,不妨碍子女在必要时向父母任何一方提出超过协议或者判决原定数额的合理要求。

第一千零八十六条　离婚后,不直接抚养子女的父或者母,有探望子女的权利,另一方有协助的义务。

行使探望权利的方式、时间由当事人协议；协议不成的，由人民法院判决。

父或者母探望子女，不利于子女身心健康的，由人民法院依法中止探望；中止的事由消失后，应当恢复探望。

第一千零八十七条　离婚时，夫妻的共同财产由双方协议处理；协议不成的，由人民法院根据财产的具体情况，按照照顾子女、女方和无过错方权益的原则判决。

对夫或者妻在家庭土地承包经营中享有的权益等，应当依法予以保护。

第一千零八十八条　夫妻一方因抚育子女、照料老年人、协助另一方工作等负担较多义务的，离婚时有权向另一方请求补偿，另一方应当给予补偿。具体办法由双方协议；协议不成的，由人民法院判决。

第一千零八十九条　离婚时，夫妻共同债务应当共同偿还。共同财产不足清偿或者财产归各自所有的，由双方协议清偿；协议不成的，由人民法院判决。

第一千零九十条　离婚时，如果一方生活困难，有负担能力的另一方应当给予适当帮助。具体办法由双方协议；协议不成的，由人民法院判决。

第一千零九十一条　有下列情形之一，导致离婚的，无过错方有权请求损害赔偿：

（一）重婚；

（二）与他人同居；

（三）实施家庭暴力；

（四）虐待、遗弃家庭成员；

（五）有其他重大过错。

第一千零九十二条　夫妻一方隐藏、转移、变卖、毁损、挥霍夫妻共同财产，或者伪造夫妻共同债务企图侵占另一方财产的，在离婚分割夫妻共同财产时，对该方可以少分或者不分。离婚后，另一方发现有上述行为的，可以向人民法院提起诉讼，请求再次分割夫妻共同财产。

3.《最高人民法院关于适用〈中华人民共和国民法典〉婚姻家庭编的解释（一）》（2020 年）

第一条　持续性、经常性的家庭暴力，可以认定为民法典第一千零四十二条、第一千零七十九条、第一千零九十一条所称的“虐待”。

第二条　民法典第一千零四十二条、第一千零七十九条、第一千零九十一条规定的“与他人同居”的情形，是指有配偶者与婚外异性，不以夫妻名义，持续、稳定地共同居住。

第三条　当事人提起诉讼仅请求解除同居关系的，人民法院不予受理；已经受理的，裁定驳回起诉。

当事人因同居期间财产分割或者子女抚养纠纷提起诉讼的，人民法院应当受理。

第四条　当事人仅以民法典第一千零四十三条为依据提起诉讼的，人民法院不予受理；已经受理的，裁定驳回起诉。

第五条　当事人请求返还按照习俗给付的彩礼的，如果查明属于以下情形，人民法院应当予以支持：

（一）双方未办理结婚登记手续；

（二）双方办理结婚登记手续但确未共同生活；

（三）婚前给付并导致给付人生活困难。

适用前款第二项、第三项的规定，应当以双方离婚为条件。

第六条　男女双方依据民法典第一千零四十九条规定补办结婚登记的，婚姻关系的效力从双方均符合民法典所规定的结婚的实质要件时起算。

第七条　未依据民法典第一千零四十九条规定办理结婚登记而以夫妻名义共同生活的男女，提起诉讼要求离婚的，应当区别对待：

（一）1994年2月1日民政部《婚姻登记管理条例》公布实施以前，男女双方已经符合结婚实质要件的，按事实婚姻处理。

（二）1994年2月1日民政部《婚姻登记管理条例》公布实施以后，男女双方符合结婚实质要件的，人民法院应当告知其补办结婚登记。未补办结婚登记的，依据本解释第三条规定处理。

第八条　未依据民法典第一千零四十九条规定办理结婚登记而以夫妻名义共同生活的男女，一方死亡，另一方以配偶身份主张享有继承权的，依据本解释第七条的原则处理。

第九条　有权依据民法典第一千零五十一条规定向人民法院就已办理结婚登记的婚姻请求确认婚姻无效的主体，包括婚姻当事人及利害关系人。其中，利害关系人包括：

（一）以重婚为由的，为当事人的近亲属及基层组织；

（二）以未到法定婚龄为由的，为未到法定婚龄者的近亲属；

（三）以有禁止结婚的亲属关系为由的，为当事人的近亲属。

第十条　当事人依据民法典第一千零五十一条规定向人民法院请求确认婚姻无效，法定的无效婚姻情形在提起诉讼时已经消失的，人民法院不予支持。

第十一条　人民法院受理请求确认婚姻无效案件后，原告申请撤诉的，不予准许。

对婚姻效力的审理不适用调解，应当依法作出判决。

涉及财产分割和子女抚养的，可以调解。调解达成协议的，另行制作调解书；未达成调解协议的，应当一并作出判决。

第十二条　人民法院受理离婚案件后，经审理确属无效婚姻的，应当将婚姻无效的情形告知当事人，并依法作出确认婚姻无效的判决。

第十三条　人民法院就同一婚姻关系分别受理了离婚和请求确认婚姻无效案件的，对于离婚案件的审理，应当待请求确认婚姻无效案件作出判决后进行。

第十四条　夫妻一方或者双方死亡后，生存一方或者利害关系人依据民法典第一千零五十一条的规定请求确认婚姻无效的，人民法院应当受理。

第十五条　利害关系人依据民法典第一千零五十一条的规定，请求人民法院确认婚姻无效的，利害关系人为原告，婚姻关系当事人双方为被告。

夫妻一方死亡的，生存一方为被告。

第十六条　人民法院审理重婚导致的无效婚姻案件时，涉及财产处理的，应当准许合法婚姻当事人作为有独立请求权的第三人参加诉讼。

第十七条　当事人以民法典第一千零五十一条规定的三种无效婚姻以外的情形请求确认婚姻无效的，人民法院应当判决驳回当事人的诉讼请求。

当事人以结婚登记程序存在瑕疵为由提起民事诉讼，主张撤销结婚登记的，告知其可以依法申请行政复议或者提起行政诉讼。

第十八条　行为人以给另一方当事人或者其近亲属的生命、身体、健康、名誉、财产等方面造成损害为要挟，迫使另一方当事人违背真实意愿结婚的，可以认定为民法典第一千零五十二条所称的“胁迫”。

因受胁迫而请求撤销婚姻的，只能是受胁迫一方的婚姻关系当事人本人。

第十九条　民法典第一千零五十二条规定的“一年”，不适用诉讼时效中止、中断或者延长的规定。

受胁迫或者被非法限制人身自由的当事人请求撤销婚姻的,不适用民法典第一百五十二条第二款的规定。

第二十条 民法典第一千零五十四条所规定的"自始没有法律约束力",是指无效婚姻或者可撤销婚姻在依法被确认无效或者被撤销时,才确定该婚姻自始不受法律保护。

第二十一条 人民法院根据当事人的请求,依法确认婚姻无效或者撤销婚姻的,应当收缴双方的结婚证书并将生效的判决书寄送当地婚姻登记管理机关。

第二十二条 被确认无效或者被撤销的婚姻,当事人同居期间所得的财产,除有证据证明为当事人一方所有的以外,按共同共有处理。

第二十三条 夫以妻擅自中止妊娠侵犯其生育权为由请求损害赔偿的,人民法院不予支持;夫妻双方因是否生育发生纠纷,致使感情确已破裂,一方请求离婚的,人民法院经调解无效,应依照民法典第一千零七十九条第三款第五项的规定处理。

第二十四条 民法典第一千零六十二条第一款第三项规定的"知识产权的收益",是指婚姻关系存续期间,实际取得或者已经明确可以取得的财产性收益。

第二十五条 婚姻关系存续期间,下列财产属于民法典第一千零六十二条规定的"其他应当归共同所有的财产":

(一)一方以个人财产投资取得的收益;

(二)男女双方实际取得或者应当取得的住房补贴、住房公积金;

(三)男女双方实际取得或者应当取得的基本养老金、破产安置补偿费。

第二十六条 夫妻一方个人财产在婚后产生的收益,除孳息和自然增值外,应认定为夫妻共同财产。

第二十七条 由一方婚前承租、婚后用共同财产购买的房屋,登记在一方名下的,应当认定为夫妻共同财产。

第二十八条 一方未经另一方同意出售夫妻共同所有的房屋,第三人善意购买、支付合理对价并已办理不动产登记,另一方主张追回该房屋的,人民法院不予支持。

夫妻一方擅自处分共同所有的房屋造成另一方损失,离婚时另一方请求赔偿损失的,人民法院应予支持。

第二十九条 当事人结婚前,父母为双方购置房屋出资的,该出资应当认定为对自己子女个人的赠与,但父母明确表示赠与双方的除外。

当事人结婚后,父母为双方购置房屋出资的,依照约定处理;没有约定或者约定不明确的,按照民法典第一千零六十二条第一款第四项规定的原则处理。

第三十条　军人的伤亡保险金、伤残补助金、医药生活补助费属于个人财产。

第三十一条　民法典第一千零六十三条规定为夫妻一方的个人财产,不因婚姻关系的延续而转化为夫妻共同财产。但当事人另有约定的除外。

第三十二条　婚前或者婚姻关系存续期间,当事人约定将一方所有的房产赠与另一方或者共有,赠与方在赠与房产变更登记之前撤销赠与,另一方请求判令继续履行的,人民法院可以按照民法典第六百五十八条的规定处理。

第三十三条　债权人就一方婚前所负个人债务向债务人的配偶主张权利的,人民法院不予支持。但债权人能够证明所负债务用于婚后家庭共同生活的除外。

第三十四条　夫妻一方与第三人串通,虚构债务,第三人主张该债务为夫妻共同债务的,人民法院不予支持。

夫妻一方在从事赌博、吸毒等违法犯罪活动中所负债务,第三人主张该债务为夫妻共同债务的,人民法院不予支持。

第三十五条　当事人的离婚协议或者人民法院生效判决、裁定、调解书已经对夫妻财产分割问题作出处理的,债权人仍有权就夫妻共同债务向男女双方主张权利。

一方就夫妻共同债务承担清偿责任后,主张由另一方按照离婚协议或者人民法院的法律文书承担相应债务的,人民法院应予支持。

第三十六条　夫或者妻一方死亡的,生存一方应当对婚姻关系存续期间的夫妻共同债务承担清偿责任。

第三十七条　民法典第一千零六十五条第三款所称"相对人知道该约定的",夫妻一方对此负有举证责任。

第三十八条　婚姻关系存续期间,除民法典第一千零六十六条规定情形以外,夫妻一方请求分割共同财产的,人民法院不予支持。

第三十九条　父或者母向人民法院起诉请求否认亲子关系,并已提供必要证据予以证明,另一方没有相反证据又拒绝做亲子鉴定的,人民法院可以认定否认亲子关系一方的主张成立。

父或者母以及成年子女起诉请求确认亲子关系，并提供必要证据予以证明，另一方没有相反证据又拒绝做亲子鉴定的，人民法院可以认定确认亲子关系一方的主张成立。

第四十条　婚姻关系存续期间，夫妻双方一致同意进行人工授精，所生子女应视为婚生子女，父母子女间的权利义务关系适用民法典的有关规定。

第四十一条　尚在校接受高中及其以下学历教育，或者丧失、部分丧失劳动能力等非因主观原因而无法维持正常生活的成年子女，可以认定为民法典第一千零六十七条规定的"不能独立生活的成年子女"。

第四十二条　民法典第一千零六十七条所称"抚养费"，包括子女生活费、教育费、医疗费等费用。

第四十三条　婚姻关系存续期间，父母双方或者一方拒不履行抚养子女义务，未成年子女或者不能独立生活的成年子女请求支付抚养费的，人民法院应予支持。

第四十四条　离婚案件涉及未成年子女抚养的，对不满两周岁的子女，按照民法典第一千零八十四条第三款规定的原则处理。母亲有下列情形之一，父亲请求直接抚养的，人民法院应予支持：

（一）患有久治不愈的传染性疾病或者其他严重疾病，子女不宜与其共同生活；

（二）有抚养条件不尽抚养义务，而父亲要求子女随其生活；

（三）因其他原因，子女确不宜随母亲生活。

第四十五条　父母双方协议不满两周岁子女由父亲直接抚养，并对子女健康成长无不利影响的，人民法院应予支持。

第四十六条　对已满两周岁的未成年子女，父母均要求直接抚养，一方有下列情形之一的，可予优先考虑：

（一）已做绝育手术或者因其他原因丧失生育能力；

（二）子女随其生活时间较长，改变生活环境对子女健康成长明显不利；

（三）无其他子女，而另一方有其他子女；

（四）子女随其生活，对子女成长有利，而另一方患有久治不愈的传染性疾病或者其他严重疾病，或者有其他不利于子女身心健康的情形，不宜与子女共同生活。

第四十七条　父母抚养子女的条件基本相同,双方均要求直接抚养子女,但子女单独随祖父母或者外祖父母共同生活多年,且祖父母或者外祖父母要求并且有能力帮助子女照顾孙子女或者外孙子女的,可以作为父或者母直接抚养子女的优先条件予以考虑。

第四十八条　在有利于保护子女利益的前提下,父母双方协议轮流直接抚养子女的,人民法院应予支持。

第四十九条　抚养费的数额,可以根据子女的实际需要、父母双方的负担能力和当地的实际生活水平确定。

有固定收入的,抚养费一般可以按其月总收入的百分之二十至三十的比例给付。负担两个以上子女抚养费的,比例可以适当提高,但一般不得超过月总收入的百分之五十。

无固定收入的,抚养费的数额可以依据当年总收入或者同行业平均收入,参照上述比例确定。

有特殊情况的,可以适当提高或者降低上述比例。

第五十条　抚养费应当定期给付,有条件的可以一次性给付。

第五十一条　父母一方无经济收入或者下落不明的,可以用其财物折抵抚养费。

第五十二条　父母双方可以协议由一方直接抚养子女并由直接抚养方负担子女全部抚养费。但是,直接抚养方的抚养能力明显不能保障子女所需费用,影响子女健康成长的,人民法院不予支持。

第五十三条　抚养费的给付期限,一般至子女十八周岁为止。

十六周岁以上不满十八周岁,以其劳动收入为主要生活来源,并能维持当地一般生活水平的,父母可以停止给付抚养费。

第五十四条　生父与继母离婚或者生母与继父离婚时,对曾受其抚养教育的继子女,继父或者继母不同意继续抚养的,仍应由生父或者生母抚养。

第五十五条　离婚后,父母一方要求变更子女抚养关系的,或者子女要求增加抚养费的,应当另行提起诉讼。

第五十六条　具有下列情形之一,父母一方要求变更子女抚养关系的,人民法院应予支持:

(一)与子女共同生活的一方因患严重疾病或者因伤残无力继续抚养子女;

(二)与子女共同生活的一方不尽抚养义务或有虐待子女行为,或者其与子女共同生活对子女身心健康确有不利影响;

(三)已满八周岁的子女,愿随另一方生活,该方又有抚养能力;

(四)有其他正当理由需要变更。

第五十七条　父母双方协议变更子女抚养关系的,人民法院应予支持。

第五十八条　具有下列情形之一,子女要求有负担能力的父或者母增加抚养费的,人民法院应予支持:

(一)原定抚养费数额不足以维持当地实际生活水平;

(二)因子女患病、上学,实际需要已超过原定数额;

(三)有其他正当理由应当增加。

第五十九条　父母不得因子女变更姓氏而拒付子女抚养费。父或者母擅自将子女姓氏改为继母或继父姓氏而引起纠纷的,应当责令恢复原姓氏。

第六十条　在离婚诉讼期间,双方均拒绝抚养子女的,可以先行裁定暂由一方抚养。

第六十一条　对拒不履行或者妨害他人履行生效判决、裁定、调解书中有关子女抚养义务的当事人或者其他人,人民法院可依照民事诉讼法第一百一十一条的规定采取强制措施。

第六十二条　无民事行为能力人的配偶有民法典第三十六条第一款规定行为,其他有监护资格的人可以要求撤销其监护资格,并依法指定新的监护人;变更后的监护人代理无民事行为能力一方提起离婚诉讼的,人民法院应予受理。

第六十三条　人民法院审理离婚案件,符合民法典第一千零七十九条第三款规定"应当准予离婚"情形的,不应当因当事人有过错而判决不准离婚。

第六十四条　民法典第一千零八十一条所称的"军人一方有重大过错",可以依据民法典第一千零七十九条第三款前三项规定及军人有其他重大过错导致夫妻感情破裂的情形予以判断。

第六十五条　人民法院作出的生效的离婚判决中未涉及探望权,当事人就探望权问题单独提起诉讼的,人民法院应予受理。

第六十六条　当事人在履行生效判决、裁定或者调解书的过程中,一方请求中止探望的,人民法院在征询双方当事人意见后,认为需要中止探望的,依法作出裁定;中止探望的情形消失后,人民法院应当根据当事人的请求书面通知其恢复探望。

第六十七条 未成年子女、直接抚养子女的父或者母以及其他对未成年子女负担抚养、教育、保护义务的法定监护人,有权向人民法院提出中止探望的请求。

第六十八条 对于拒不协助另一方行使探望权的有关个人或者组织,可以由人民法院依法采取拘留、罚款等强制措施,但是不能对子女的人身、探望行为进行强制执行。

第六十九条 当事人达成的以协议离婚或者到人民法院调解离婚为条件的财产以及债务处理协议,如果双方离婚未成,一方在离婚诉讼中反悔的,人民法院应当认定该财产以及债务处理协议没有生效,并根据实际情况依照民法典第一千零八十七条和第一千零八十九条的规定判决。

当事人依照民法典第一千零七十六条签订的离婚协议中关于财产以及债务处理的条款,对男女双方具有法律约束力。登记离婚后当事人因履行上述协议发生纠纷提起诉讼的,人民法院应当受理。

第七十条 夫妻双方协议离婚后就财产分割问题反悔,请求撤销财产分割协议的,人民法院应当受理。

人民法院审理后,未发现订立财产分割协议时存在欺诈、胁迫等情形的,应当依法驳回当事人的诉讼请求。

第七十一条 人民法院审理离婚案件,涉及分割发放到军人名下的复员费、自主择业费等一次性费用的,以夫妻婚姻关系存续年限乘以年平均值,所得数额为夫妻共同财产。

前款所称年平均值,是指将发放到军人名下的上述费用总额按具体年限均分得出的数额。其具体年限为人均寿命七十岁与军人入伍时实际年龄的差额。

第七十二条 夫妻双方分割共同财产中的股票、债券、投资基金份额等有价证券以及未上市股份有限公司股份时,协商不成或者按市价分配有困难的,人民法院可以根据数量按比例分配。

第七十三条 人民法院审理离婚案件,涉及分割夫妻共同财产中以一方名义在有限责任公司的出资额,另一方不是该公司股东的,按以下情形分别处理:

(一)夫妻双方协商一致将出资额部分或者全部转让给该股东的配偶,其他股东过半数同意，并且其他股东均明确表示放弃优先购买权的，该股东的配偶可以成为该公司股东；

（二）夫妻双方就出资额转让份额和转让价格等事项协商一致后，其他股东半数以上不同意转让，但愿意以同等条件购买该出资额的，人民法院可以对转让出资所得财产进行分割。其他股东半数以上不同意转让，也不愿意以同等条件购买该出资额的，视为其同意转让，该股东的配偶可以成为该公司股东。

用于证明前款规定的股东同意的证据，可以是股东会议材料，也可以是当事人通过其他合法途径取得的股东的书面声明材料。

第七十四条　人民法院审理离婚案件，涉及分割夫妻共同财产中以一方名义在合伙企业中的出资，另一方不是该企业合伙人的，当夫妻双方协商一致，将其合伙企业中的财产份额全部或者部分转让给对方时，按以下情形分别处理：

（一）其他合伙人一致同意的，该配偶依法取得合伙人地位；

（二）其他合伙人不同意转让，在同等条件下行使优先购买权的，可以对转让所得的财产进行分割；

（三）其他合伙人不同意转让，也不行使优先购买权，但同意该合伙人退伙或者削减部分财产份额的，可以对结算后的财产进行分割；

（四）其他合伙人既不同意转让，也不行使优先购买权，又不同意该合伙人退伙或者削减部分财产份额的，视为全体合伙人同意转让，该配偶依法取得合伙人地位。

第七十五条　夫妻以一方名义投资设立个人独资企业的，人民法院分割夫妻在该个人独资企业中的共同财产时，应当按照以下情形分别处理：

（一）一方主张经营该企业的，对企业资产进行评估后，由取得企业资产所有权一方给予另一方相应的补偿；

（二）双方均主张经营该企业的，在双方竞价基础上，由取得企业资产所有权的一方给予另一方相应的补偿；

（三）双方均不愿意经营该企业的，按照《中华人民共和国个人独资企业法》等有关规定办理。

第七十六条　双方对夫妻共同财产中的房屋价值及归属无法达成协议时，人民法院按以下情形分别处理：

（一）双方均主张房屋所有权并且同意竞价取得的，应当准许；

（二）一方主张房屋所有权的，由评估机构按市场价格对房屋作出评估，取得房屋所有权的一方应当给予另一方相应的补偿；

（三）双方均不主张房屋所有权的，根据当事人的申请拍卖、变卖房屋，就所得价款进行分割。

第七十七条 离婚时双方对尚未取得所有权或者尚未取得完全所有权的房屋有争议且协商不成的，人民法院不宜判决房屋所有权的归属，应当根据实际情况判决由当事人使用。

当事人就前款规定的房屋取得完全所有权后，有争议的，可以另行向人民法院提起诉讼。

第七十八条 夫妻一方婚前签订不动产买卖合同，以个人财产支付首付款并在银行贷款，婚后用夫妻共同财产还贷，不动产登记于首付款支付方名下的，离婚时该不动产由双方协议处理。

依前款规定不能达成协议的，人民法院可以判决该不动产归登记一方，尚未归还的贷款为不动产登记一方的个人债务。双方婚后共同还贷支付的款项及其相对应财产增值部分，离婚时应根据民法典第一千零八十七条第一款规定的原则，由不动产登记一方对另一方进行补偿。

第七十九条 婚姻关系存续期间，双方用夫妻共同财产出资购买以一方父母名义参加房改的房屋，登记在一方父母名下，离婚时另一方主张按照夫妻共同财产对该房屋进行分割的，人民法院不予支持。购买该房屋时的出资，可以作为债权处理。

第八十条 离婚时夫妻一方尚未退休、不符合领取基本养老金条件，另一方请求按照夫妻共同财产分割基本养老金的，人民法院不予支持；婚后以夫妻共同财产缴纳基本养老保险费，离婚时一方主张将养老金账户中婚姻关系存续期间个人实际缴纳部分及利息作为夫妻共同财产分割的，人民法院应予支持。

第八十一条 婚姻关系存续期间，夫妻一方作为继承人依法可以继承的遗产，在继承人之间尚未实际分割，起诉离婚时另一方请求分割的，人民法院应当告知当事人在继承人之间实际分割遗产后另行起诉。

第八十二条 夫妻之间订立借款协议，以夫妻共同财产出借给一方从事个人经营活动或者用于其他个人事务的，应视为双方约定处分夫妻共同财产的行为，离婚时可以按照借款协议的约定处理。

第八十三条　离婚后，一方以尚有夫妻共同财产未处理为由向人民法院起诉请求分割的，经审查该财产确属离婚时未涉及的夫妻共同财产，人民法院应当依法予以分割。

第八十四条　当事人依据民法典第一千零九十二条的规定向人民法院提起诉讼，请求再次分割夫妻共同财产的诉讼时效期间为三年，从当事人发现之日起计算。

第八十五条　夫妻一方申请对配偶的个人财产或者夫妻共同财产采取保全措施的，人民法院可以在采取保全措施可能造成损失的范围内，根据实际情况，确定合理的财产担保数额。

第八十六条　民法典第一千零九十一条规定的"损害赔偿"，包括物质损害赔偿和精神损害赔偿。涉及精神损害赔偿的，适用《最高人民法院关于确定民事侵权精神损害赔偿责任若干问题的解释》的有关规定。

第八十七条　承担民法典第一千零九十一条规定的损害赔偿责任的主体，为离婚诉讼当事人中无过错方的配偶。

人民法院判决不准离婚的案件，对于当事人基于民法典第一千零九十一条提出的损害赔偿请求，不予支持。

在婚姻关系存续期间，当事人不起诉离婚而单独依据民法典第一千零九十一条提起损害赔偿请求的，人民法院不予受理。

第八十八条　人民法院受理离婚案件时，应当将民法典第一千零九十一条等规定中当事人的有关权利义务，书面告知当事人。在适用民法典第一千零九十一条时，应当区分以下不同情况：

（一）符合民法典第一千零九十一条规定的无过错方作为原告基于该条规定向人民法院提起损害赔偿请求的，必须在离婚诉讼的同时提出。

（二）符合民法典第一千零九十一条规定的无过错方作为被告的离婚诉讼案件，如果被告不同意离婚也不基于该条规定提起损害赔偿请求的，可以就此单独提起诉讼。

（三）无过错方作为被告的离婚诉讼案件，一审时被告未基于民法典第一千零九十一条规定提出损害赔偿请求，二审期间提出的，人民法院应当进行调解；调解不成的，告知当事人另行起诉。双方当事人同意由第二审人民法院一并审理的，第二审人民法院可以一并裁判。

第八十九条　当事人在婚姻登记机关办理离婚登记手续后，以民法典第一千零九十一条规定为由向人民法院提出损害赔偿请求的，人民法院应当受理。但当事人在协议离婚时已经明确表示放弃该项请求的，人民法院不予支持。

第九十条　夫妻双方均有民法典第一千零九十一条规定的过错情形，一方或者双方向对方提出离婚损害赔偿请求的，人民法院不予支持。

第九十一条　本解释自2021年1月1日起施行。

民事诉讼类文书范本之2:民事起诉状(民间借贷纠纷)

民事起诉状

原告:曹某,男,汉族,××××年×月×日出生,住××市××区××××,身份证号码××××××。联系电话:××××××。

被告:张某某,男,汉族,××××年×月×日出生,住××市××区××××,身份证号码××××××。联系电话:××××××。

诉讼请求:(1)判令被告返还原告借款100万元;(2)判令被告支付该100万元从2020年1月1日至2020年8月19日按年利率24%计算的利息,并支付该100万元从2020年8月20日起直至付清之日为止按年利率14.8%计算的利息。

事实与理由:原告与被告系朋友关系。2020年1月1日,被告向原告提出借款100万元,原告同意后,向被告转账100万元,被告向原告出具借条一张,约定于2020年1月31日前还清,月利率为1.5%,并约定"如到期未归还,每逾期一天,按未付金额的千分之二计算日息"。借款到期后,经原告不断催要,被告至今分文未付。

上述事实有被告于2020年1月1日向原告出具的借条、原告向被告转款的转账凭证等证据为证。

原告认为,原告与被告之间系民间借贷关系,被告借原告款项拒不返还的行为属违约行为。根据《民法典》第五百七十七条,《最高人民法院关于审理民间借贷案件适用法律若干问题的规定》第二十五条、第三十一条等有关法律和司法解释的规定,被告应当承担返还借款并支付利息的责任。为了维护原告的合法权益,特诉诸贵院,请贵院依法支持原告的诉讼请求。

此致

××市××区人民法院

起诉人：

年 月 日

《民事起诉状》(民间借贷纠纷)精细化写作要领

1. 格式上要符合要求。内容参见《民事起诉状》(离婚纠纷)精细化写作要领。

2. 当事人信息,特别是被告信息要准确、完整。被告是个人的,要尽量写上身份证号码,以免出现当事人错误的情况。被告是单位的,要写明单位全称、住所地、统一社会信用代码及法定代表人或者负责人的姓名和职务。被告是个体工商户的,以营业执照上登记的经营者为当事人。有字号的,以营业执照上登记的字号为当事人,但应同时注明该字号经营者的基本信息。营业执照上登记的经营者与实际经营者不一致的,以登记的经营者和实际经营者为共同诉讼人。企业已经注销的,不能成为当事人,未依法清算即被注销的,以该企业法人的股东、发起人或者出资人为当事人。

3. 所列被告要宁多勿缺。民事案件错列被告不承担责任,但如果遗漏了应当承担责任的被告,不仅存在败诉风险,还存在执行不能的风险。因此,应尽可能地将被告列全,不能遗漏。民间借贷纠纷案件,除借款人之外,还应将保证人也列为被告。根据《民法典》第一千零六十四条的规定,夫妻双方共同签名或者夫妻一方事后追认等共同意思表示所负的债务,以及夫妻一方在婚姻关系存续期间以个人名义为家庭日常生活需要所负的债务,属于夫妻共同债务。对于夫妻一方在婚姻关系存续期间以个人名义超出家庭日常生活需要所负的债务,债权人如果能够证明该债务用于夫妻共同生活、共同生产经营或者基于夫妻双方共同意思表示的,也属于夫妻共同债务。这种情况下,要尽量将夫妻二人都列为被告。

4. "诉讼请求"部分是整个民事起诉状的核心,要反复推敲,做到表述准确、没有漏项漏算、项项都要有依据。"诉讼请求"部分,首先要做到的是表述准确,用语要与法律、司法解释的规定保持一致。比如,根据《民法典》第六百七十五条的规定,借款人应当按照约定的期限返还借款。这里用的是“返还”。所以,在诉讼请求中,就应当表述为“判令被告某某某返还原告借款××元”,如果将其中的“返还”写成“偿还”“支付”“给付”等,就不严谨、不准确。再如,根据《最高人民法院关于审理民间借贷案件适用法律若干问题的规定》第二十九条的规定,如果出借人与借款人既约定了逾期利率,又约定了违约金或者其他费用,出借人可以选择主张逾期利息、违约金或者其他费用,也可以一并主张,但是总计超过合同成立时一年期贷款市场报价利率四倍的部分,人民法院不予支持。在这种情况下,如果双方约定的违约金高于逾期利息而且已经超过合同成立时一年期贷款市场报价利率的四倍,原告仅主张被告支付违约金的,在诉讼请求中就应当表述为“判令被告某某某支付原告违约金××元”,如果将其中的“违约金”表述为“利息”,就不严谨、不准确。

“诉讼请求”部分,需要注意的是不能漏项、漏算。基于“不告不理”的民事诉讼原则,如果可以主张的项目、费用没有列入诉讼请求,法院是不可能判决的。因此,根据事实、证据和法律,能请求的事项和费用,一定都要写上,方能最大限度地维护当事人的合法权益。比如,在自然人之间的民间借贷纠纷案件中,如果双方没有约定利息,原告是不能主张借期内利息的。但是,根据《最高人民法院关于审理民间借贷案件适用法律若干问题的规定》第二十八条第二款第一项的规定,出借人可以主张借款人自逾期还款之日起参照当时一年期贷款市场报价利率标准计算的利息承担逾期还款违约责任。所以,这类案件中,在书写起诉状时,除主张返还本金外,还应当提出另一项诉讼请求:“判令被告某某某自××××年×月×日起直至借款返还之日止参照当时一年期贷款市场报价利率标准计算赔偿原告逾期还款损失。”

尤其要注意的是,在主张利息、逾期还款损失时,不能只主张到起诉之日,要一直主张到借款实际返还之日。有的法院基于计算受理费的需要,要求在起诉状中标明利息金额,在这种情况下,可以这样表述:“判令被告支付该××元借款从××××年×月×日起直至付清之日为止按年利率×%计算的利息(暂计算至起诉之日的利息为××元)。”有了这样的表述,法院在判决时就不会将利息仅判决到起诉之日。

“诉讼请求”部分,还应当注意的是每一项诉讼请求都要有相应的法律、司法解释等依据作为支撑,只有这样诉讼请求才可能得到支持。因为法官判案,必须引用法律条文,哪怕是《民法典》总则的条文,也必须有。具体做法是,在书写起诉状之前,要先梳理案件事实,根据案件事实考虑本方可以提出的诉讼请求,然后找出能够支持本方诉讼请求的具体法律条文,根据法律条文提出相应的诉讼请求。比如,民间借贷纠纷案件中的利息标准问题,2015 年《最高人民法院关于审理民间借贷案件适用法律若干问题的规定》历经 2020 年 8 月 19 日和 2020 年 12 月 29 日两次修正,根据 2015 年《最高人民法院关于审理民间借贷案件适用法律若干问题的规定》第二十六条的规定,对尚未支付的利息,出借人最多可以主张按年利率 24% 计算。根据 2020 年 8 月 19 日修正的《最高人民法院关于审理民间借贷案件适用法律若干问题的规定》第二十六条和第三十二条的规定,对尚未支付的利息,出借人最多可以主张按合同成立时一年期贷款市场报价利率的四倍计算。借贷行为发生在 2019 年 8 月 20 日之前的,可按原告起诉时一年期贷款市场报价利率四倍计算。根据 2020 年 12 月 29 日修正的《最高人民法院关于审理民间借贷案件适用法律若干问题的规定》第二十五条和第三十一条的规定,对尚未支付的利息,出借人最多可以主张按合同成立时一年期贷款市场报价利率的四倍计算。2020 年 8 月 20 日之后新受理的一审民间借贷案件,借贷合同成立于 2020 年 8 月 20 日之前,当事人请求适用当时的司法解释计算自合同成立到 2020 年 8 月 19 日的利息部分的,人民法院应予支持;对于自 2020 年 8 月 20 日到借款返还之日的利息部分,适用起诉时本规定的利率保护标准计算。也就是说,根据 2020 年 12 月 29 日修正的《最高人民法院关于审理民间借贷案件适用法律若干问题的规定》的规定,如果借贷合同成立于 2020 年 8 月 20 日之前,对于尚未支付的利息是分段计算的,其中 2020 年 8 月 19 日之前的利息部分,适用 2015 年《最高人民法院关于审理民间借贷案件适用法律若干问题的规定》第二十六条的规定,出借人最多可以主张按年利率 24% 计算;2020 年 8 月 20 日到借款返还之日的利息部分,出借人最多可以主张按起诉时一年期贷款市场报价利率的四倍计算。本书范本即属于这种情况,因起诉时一年期贷款市场报价利率为年利率 3.7%,故诉讼请求中主张的从 2020 年 8 月 20 日到借款返还之日的利息部分按年利率 14.8% 计算。

5.“事实与理由”部分是民事起诉状的重点,这部分的任务是通过阐述事实、引用证据和适用法律,让法院支持本方的诉讼请求。“事实与理由”部分形式上一般用“三段论”:第一段写事实,对于民间借贷案件,除要写明借款时间、借款金额、利息约定、还款期限约定外，还要写明借款怎么支付给了被告，表明原告已经履行了出借义务，同时写明借款到期后原告催要情况，表明被告拒不履行还款义务。第二段简单列明证据情况，就是上述事实都有什么证据来证明。民间借贷案件，证据一般有被告出具的借条、转账凭证、承诺函、还款协议等，要根据具体情况来写。第三段写理由，一般要写明双方之间的法律关系，被告的违约情况，以及让被告承担各项责任的具体法律依据。不能只写"根据相关法律规定"这样笼统的表述，难以体现出专业度。民间借贷案件，原告一般是要求被告返还借款、支付利息或者承担违约责任，具体依据是《民法典》第五百七十七条、第六百七十五条和《最高人民法院关于审理民间借贷案件适用法律若干问题的规定》第二十五条、第二十八条、第二十九条、第三十一条，具体适用哪些条文要根据案件的实际情况，但要尽可能列全，以方便法院判决。

"事实与理由"部分，在内容上要紧紧围绕诉讼请求，精雕细琢，言简意赅，一字不多一字不少。不能写得过于简单，让人看不出据以支持诉讼请求的事实与理由。原则上，与诉讼请求有关的事实和理由都要写上，但也不能长篇大论，事无巨细和盘托出，对诉讼请求没有影响的事实可以不写。

附：相关规定

1.《中华人民共和国民事诉讼法》(2023年修正)

第一百二十四条　起诉状应当记明下列事项：

(一)原告的姓名、性别、年龄、民族、职业、工作单位、住所、联系方式，法人或者其他组织的名称、住所和法定代表人或者主要负责人的姓名、职务、联系方式；

(二)被告的姓名、性别、工作单位、住所等信息，法人或者其他组织的名称、住所等信息；

(三)诉讼请求和所根据的事实与理由；

(四)证据和证据来源，证人姓名和住所。

2.《中华人民共和国民法典》(2020年)

第五百七十七条　当事人一方不履行合同义务或者履行合同义务不符合约定的，应当承担继续履行、采取补救措施或者赔偿损失等违约责任。

第六百六十七条　借款合同是借款人向贷款人借款,到期返还借款并支付利息的合同。

第六百六十八条　借款合同应当采用书面形式,但是自然人之间借款另有约定的除外。

借款合同的内容一般包括借款种类、币种、用途、数额、利率、期限和还款方式等条款。

第六百六十九条　订立借款合同,借款人应当按照贷款人的要求提供与借款有关的业务活动和财务状况的真实情况。

第六百七十条　借款的利息不得预先在本金中扣除。利息预先在本金中扣除的,应当按照实际借款数额返还借款并计算利息。

第六百七十一条　贷款人未按照约定的日期、数额提供借款,造成借款人损失的,应当赔偿损失。

借款人未按照约定的日期、数额收取借款的,应当按照约定的日期、数额支付利息。

第六百七十二条　贷款人按照约定可以检查、监督借款的使用情况。借款人应当按照约定向贷款人定期提供有关财务会计报表或者其他资料。

第六百七十三条　借款人未按照约定的借款用途使用借款的,贷款人可以停止发放借款、提前收回借款或者解除合同。

第六百七十四条　借款人应当按照约定的期限支付利息。对支付利息的期限没有约定或者约定不明确,依据本法第五百一十条的规定仍不能确定,借款期间不满一年的,应当在返还借款时一并支付;借款期间一年以上的,应当在每届满一年时支付,剩余期间不满一年的,应当在返还借款时一并支付。

第六百七十五条　借款人应当按照约定的期限返还借款。对借款期限没有约定或者约定不明确,依据本法第五百一十条的规定仍不能确定的,借款人可以随时返还;贷款人可以催告借款人在合理期限内返还。

第六百七十六条　借款人未按照约定的期限返还借款的,应当按照约定或者国家有关规定支付逾期利息。

第六百七十七条　借款人提前返还借款的,除当事人另有约定外,应当按照实际借款的期间计算利息。

第六百七十八条　借款人可以在还款期限届满前向贷款人申请展期;贷款

人同意的,可以展期。

第六百七十九条　自然人之间的借款合同,自贷款人提供借款时成立。

第六百八十条　禁止高利放贷,借款的利率不得违反国家有关规定。

借款合同对支付利息没有约定的,视为没有利息。

借款合同对支付利息约定不明确,当事人不能达成补充协议的,按照当地或者当事人的交易方式、交易习惯、市场利率等因素确定利息;自然人之间借款的,视为没有利息。

3.《最高人民法院关于审理民间借贷案件适用法律若干问题的规定》(2020年)

第一条　本规定所称的民间借贷,是指自然人、法人和非法人组织之间进行资金融通的行为。

经金融监管部门批准设立的从事贷款业务的金融机构及其分支机构,因发放贷款等相关金融业务引发的纠纷,不适用本规定。

第二条　出借人向人民法院提起民间借贷诉讼时,应当提供借据、收据、欠条等债权凭证以及其他能够证明借贷法律关系存在的证据。

当事人持有的借据、收据、欠条等债权凭证没有载明债权人,持有债权凭证的当事人提起民间借贷诉讼的,人民法院应予受理。被告对原告的债权人资格提出有事实依据的抗辩,人民法院经审查认为原告不具有债权人资格的,裁定驳回起诉。

第三条　借贷双方就合同履行地未约定或者约定不明确,事后未达成补充协议,按照合同相关条款或者交易习惯仍不能确定的,以接受货币一方所在地为合同履行地。

第四条　保证人为借款人提供连带责任保证,出借人仅起诉借款人的,人民法院可以不追加保证人为共同被告;出借人仅起诉保证人的,人民法院可以追加借款人为共同被告。

保证人为借款人提供一般保证,出借人仅起诉保证人的,人民法院应当追加借款人为共同被告;出借人仅起诉借款人的,人民法院可以不追加保证人为共同被告。

第五条　人民法院立案后,发现民间借贷行为本身涉嫌非法集资等犯罪的,应当裁定驳回起诉,并将涉嫌非法集资等犯罪的线索、材料移送公安或者检察机关。

公安或者检察机关不予立案,或者立案侦查后撤销案件,或者检察机关作出不起诉决定,或者经人民法院生效判决认定不构成非法集资等犯罪,当事人又以同一事实向人民法院提起诉讼的,人民法院应予受理。

第六条　人民法院立案后,发现与民间借贷纠纷案件虽有关联但不是同一事实的涉嫌非法集资等犯罪的线索、材料的,人民法院应当继续审理民间借贷纠纷案件,并将涉嫌非法集资等犯罪的线索、材料移送公安或者检察机关。

第七条　民间借贷纠纷的基本案件事实必须以刑事案件的审理结果为依据,而该刑事案件尚未审结的,人民法院应当裁定中止诉讼。

第八条　借款人涉嫌犯罪或者生效判决认定其有罪,出借人起诉请求担保人承担民事责任的,人民法院应予受理。

第九条　自然人之间的借款合同具有下列情形之一的,可以视为合同成立:

(一)以现金支付的,自借款人收到借款时;

(二)以银行转账、网上电子汇款等形式支付的,自资金到达借款人账户时;

(三)以票据交付的,自借款人依法取得票据权利时;

(四)出借人将特定资金账户支配权授权给借款人的,自借款人取得对该账户实际支配权时;

(五)出借人以与借款人约定的其他方式提供借款并实际履行完成时。

第十条　法人之间、非法人组织之间以及它们相互之间为生产、经营需要订立的民间借贷合同,除存在民法典第一百四十六条、第一百五十三条、第一百五十四条以及本规定第十三条规定的情形外,当事人主张民间借贷合同有效的,人民法院应予支持。

第十一条　法人或者非法人组织在本单位内部通过借款形式向职工筹集资金,用于本单位生产、经营,且不存在民法典第一百四十四条、第一百四十六条、第一百五十三条、第一百五十四条以及本规定第十三条规定的情形,当事人主张民间借贷合同有效的,人民法院应予支持。

第十二条　借款人或者出借人的借贷行为涉嫌犯罪,或者已经生效的裁判认定构成犯罪,当事人提起民事诉讼的,民间借贷合同并不当然无效。人民法院应当依据民法典第一百四十四条、第一百四十六条、第一百五十三条、第一百五十四条以及本规定第十三条之规定,认定民间借贷合同的效力。

担保人以借款人或者出借人的借贷行为涉嫌犯罪或者已经生效的裁判认定构成犯罪为由,主张不承担民事责任的,人民法院应当依据民间借贷合同与担保合同的效力、当事人的过错程度,依法确定担保人的民事责任。

第十三条　具有下列情形之一的,人民法院应当认定民间借贷合同无效:

(一)套取金融机构贷款转贷的;

(二)以向其他营利法人借贷、向本单位职工集资,或者以向公众非法吸收存款等方式取得的资金转贷的;

(三)未依法取得放贷资格的出借人,以营利为目的向社会不特定对象提供借款的;

(四)出借人事先知道或者应当知道借款人借款用于违法犯罪活动仍然提供借款的;

(五)违反法律、行政法规强制性规定的;

(六)违背公序良俗的。

第十四条　原告以借据、收据、欠条等债权凭证为依据提起民间借贷诉讼,被告依据基础法律关系提出抗辩或者反诉,并提供证据证明债权纠纷非民间借贷行为引起的,人民法院应当依据查明的案件事实,按照基础法律关系审理。

当事人通过调解、和解或者清算达成的债权债务协议,不适用前款规定。

第十五条　原告仅依据借据、收据、欠条等债权凭证提起民间借贷诉讼,被告抗辩已经偿还借款的,被告应当对其主张提供证据证明。被告提供相应证据证明其主张后,原告仍应就借贷关系的存续承担举证责任。

被告抗辩借贷行为尚未实际发生并能作出合理说明的,人民法院应当结合借贷金额、款项交付、当事人的经济能力、当地或者当事人之间的交易方式、交易习惯、当事人财产变动情况以及证人证言等事实和因素,综合判断查证借贷事实是否发生。

第十六条　原告仅依据金融机构的转账凭证提起民间借贷诉讼,被告抗辩转账系偿还双方之前借款或者其他债务的,被告应当对其主张提供证据证明。被告提供相应证据证明其主张后,原告仍应就借贷关系的成立承担举证责任。

第十七条　依据《最高人民法院关于适用〈中华人民共和国民事诉讼法〉的解释》第一百七十四条第二款之规定,负有举证责任的原告无正当理由拒不到庭,经审查现有证据无法确认借贷行为、借贷金额、支付方式等案件主要事实的,人民法院对原告主张的事实不予认定。

第十八条　人民法院审理民间借贷纠纷案件时发现有下列情形之一的，应当严格审查借贷发生的原因、时间、地点、款项来源、交付方式、款项流向以及借贷双方的关系、经济状况等事实，综合判断是否属于虚假民事诉讼：

(一)出借人明显不具备出借能力；

(二)出借人起诉所依据的事实和理由明显不符合常理；

(三)出借人不能提交债权凭证或者提交的债权凭证存在伪造的可能；

(四)当事人双方在一定期限内多次参加民间借贷诉讼；

(五)当事人无正当理由拒不到庭参加诉讼，委托代理人对借贷事实陈述不清或者陈述前后矛盾；

(六)当事人双方对借贷事实的发生没有任何争议或者诉辩明显不符合常理；

(七)借款人的配偶或者合伙人、案外人的其他债权人提出有事实依据的异议；

(八)当事人在其他纠纷中存在低价转让财产的情形；

(九)当事人不正当放弃权利；

(十)其他可能存在虚假民间借贷诉讼的情形。

第十九条　经查明属于虚假民间借贷诉讼，原告申请撤诉的，人民法院不予准许，并应当依据民事诉讼法第一百一十二条之规定，判决驳回其请求。

诉讼参与人或者其他人恶意制造、参与虚假诉讼，人民法院应当依据民事诉讼法第一百一十一条、第一百一十二条和第一百一十三条之规定，依法予以罚款、拘留；构成犯罪的，应当移送有管辖权的司法机关追究刑事责任。

单位恶意制造、参与虚假诉讼的，人民法院应当对该单位进行罚款，并可以对其主要负责人或者直接责任人员予以罚款、拘留；构成犯罪的，应当移送有管辖权的司法机关追究刑事责任。

第二十条　他人在借据、收据、欠条等债权凭证或者借款合同上签名或者盖章，但是未表明其保证人身份或者承担保证责任，或者通过其他事实不能推定其为保证人，出借人请求其承担保证责任的，人民法院不予支持。

第二十一条　借贷双方通过网络贷款平台形成借贷关系，网络贷款平台的提供者仅提供媒介服务，当事人请求其承担担保责任的，人民法院不予支持。

网络贷款平台的提供者通过网页、广告或者其他媒介明示或者有其他证据证明其为借贷提供担保，出借人请求网络贷款平台的提供者承担担保责任的，人民法院应予支持。

第二十二条　法人的法定代表人或者非法人组织的负责人以单位名义与出借人签订民间借贷合同，有证据证明所借款项系法定代表人或者负责人个人使用，出借人请求将法定代表人或者负责人列为共同被告或者第三人的，人民法院应予准许。

法人的法定代表人或者非法人组织的负责人以个人名义与出借人订立民间借贷合同，所借款项用于单位生产经营，出借人请求单位与个人共同承担责任的，人民法院应予支持。

第二十三条　当事人以订立买卖合同作为民间借贷合同的担保，借款到期后借款人不能还款，出借人请求履行买卖合同的，人民法院应当按照民间借贷法律关系审理。当事人根据法庭审理情况变更诉讼请求的，人民法院应当准许。

按照民间借贷法律关系审理作出的判决生效后，借款人不履行生效判决确定的金钱债务，出借人可以申请拍卖买卖合同标的物，以偿还债务。就拍卖所得的价款与应偿还借款本息之间的差额，借款人或者出借人有权主张返还或者补偿。

第二十四条　借贷双方没有约定利息，出借人主张支付利息的，人民法院不予支持。

自然人之间借贷对利息约定不明，出借人主张支付利息的，人民法院不予支持。除自然人之间借贷的外，借贷双方对借贷利息约定不明，出借人主张利息的，人民法院应当结合民间借贷合同的内容，并根据当地或者当事人的交易方式、交易习惯、市场报价利率等因素确定利息。

第二十五条　出借人请求借款人按照合同约定利率支付利息的，人民法院应予支持，但是双方约定的利率超过合同成立时一年期贷款市场报价利率四倍的除外。

前款所称“一年期贷款市场报价利率”，是指中国人民银行授权全国银行间同业拆借中心自2019年8月20日起每月发布的一年期贷款市场报价利率。

第二十六条　借据、收据、欠条等债权凭证载明的借款金额，一般认定为本金。预先在本金中扣除利息的，人民法院应当将实际出借的金额认定为本金。

第二十七条　借贷双方对前期借款本息结算后将利息计入后期借款本金并重新出具债权凭证，如果前期利率没有超过合同成立时一年期贷款市场报价利率四倍，重新出具的债权凭证载明的金额可认定为后期借款本金。超过部分的利息，不应认定为后期借款本金。

按前款计算，借款人在借款期间届满后应当支付的本息之和，超过以最初借款本金与以最初借款本金为基数、以合同成立时一年期贷款市场报价利率四倍计算的整个借款期间的利息之和的，人民法院不予支持。

第二十八条　借贷双方对逾期利率有约定的，从其约定，但是以不超过合同成立时一年期贷款市场报价利率四倍为限。

未约定逾期利率或者约定不明的，人民法院可以区分不同情况处理：

（一）既未约定借期内利率，也未约定逾期利率，出借人主张借款人自逾期还款之日起参照当时一年期贷款市场报价利率标准计算的利息承担逾期还款违约责任的，人民法院应予支持；

（二）约定了借期内利率但是未约定逾期利率，出借人主张借款人自逾期还款之日起按照借期内利率支付资金占用期间利息的，人民法院应予支持。

第二十九条　出借人与借款人既约定了逾期利率，又约定了违约金或者其他费用，出借人可以选择主张逾期利息、违约金或者其他费用，也可以一并主张，但是总计超过合同成立时一年期贷款市场报价利率四倍的部分，人民法院不予支持。

第三十条　借款人可以提前偿还借款，但是当事人另有约定的除外。

借款人提前偿还借款并主张按照实际借款期限计算利息的，人民法院应予支持。

第三十一条　本规定施行后，人民法院新受理的一审民间借贷纠纷案件，适用本规定。

2020 年 8 月 20 日之后新受理的一审民间借贷案件，借贷合同成立于 2020 年 8 月 20 日之前，当事人请求适用当时的司法解释计算自合同成立到 2020 年 8 月 19 日的利息部分的，人民法院应予支持；对于自 2020 年 8 月 20 日到借款返还之日的利息部分，适用起诉时本规定的利率保护标准计算。

本规定施行后，最高人民法院以前作出的相关司法解释与本规定不一致的，以本规定为准。

民事诉讼类文书范本之3:民事起诉状(提供劳务受害责任纠纷)

民事起诉状

原告:王某某,男,汉族,××××年×月×日出生,住××市××××××,身份证号码××××××。联系电话:××××××。

被告:孙某某,男,汉族,××××年×月×日出生,住××市××××××,身份证号码××××××,联系电话:××××××。

诉讼请求:判令被告赔偿原告医疗费、住院伙食补助费、营养费、护理费、误工费、残疾赔偿金、被扶养人生活费、精神抚慰金等各项损失共计××××元。

事实与理由:被告常年在外承包建筑工程。××××年6月,被告以包工包料的方式以每平方米300元的价格承包了××市××乡××村××家的两层住宅楼主体建设工程。同年7月8日,被告雇佣包括原告在内的八九个农民工到该工地干活,当时约定大工日工资180元,小工日工资150元,原告系大工,每日工资180元。同年7月16日凌晨5时30分左右,当原告正站在距离地面2米高的脚手架上砌墙时,从脚手架上跌落至地面而受伤。被告等人将原告送至××市人民医院住院治疗,被诊断为颅骨骨折、创伤性硬膜下血肿、脑挫伤伴蛛网膜下腔出血、创伤性脑梗塞等。因伤情严重,3天后转至××医院继续治疗,于××××年×月×日好转出院,共花去医疗费12万余元。经××司法鉴定中心鉴定,原告因损伤所遗留的后遗症已分别构成9级、10级伤残。截至原告起诉时,被告仅支付原告医疗费35,000元,对原告的其他损失,被告拒不赔偿。

上述事实,有原告的住院病历、医疗费票据、鉴定意见等证据为证。

原告认为,原告和被告之间系劳务关系。由于被告提供的脚手架没有防护措施,且原告是应被告要求长时间夜间施工,致使原告在为被告提供劳务的过程中受伤,根据《民法典》第一千一百九十二条等有关法律的规定,被告依法应当赔偿原告的各项损失。为了维护原告的合法权益，特诉诸贵院，请贵院依法支持原告的诉讼请求。

此致

××人民法院

起诉人：

年　月　日

《民事起诉状》(提供劳务者受害责任纠纷)精细化写作要领

1. 格式上要符合要求。内容参见《民事起诉状》(离婚纠纷)精细化写作要领。

2. 当事人信息，特别是被告信息要准确、完整。内容参见《民事起诉状》(民间借贷纠纷)精细化写作要领。

3. 所列被告要宁多勿缺。民事案件错列被告不承担责任，但如果遗漏了应当承担责任的被告，不仅存在败诉的风险，还存在执行不能的风险。因此，应尽可能地将被告列全，不能有遗漏。提供劳务者受害责任纠纷适用一般侵权责任，除接受劳务一方外，如果发包人也有过错，可以将发包人也列为被告。根据《民法典》第一千一百九十二条第二款的规定，提供劳务期间因第三人的行为造成提供劳务一方损害的，提供劳务一方有权请求第三人承担侵权责任，也有权请求接受劳务一方给予补偿。这种情况下，可以将第三人列为被告。

4. "诉讼请求"部分是整个民事起诉状的核心，要反复推敲，做到表述准确、不能漏项、不能少算。《民法典》第一千一百七十九条和第一千一百八十三条对造成他人人身损害的侵权纠纷案件应当赔偿的项目有明确的规定，包括医疗费、护理费、交通费、营养费、住院伙食补助费、误工费、残疾辅助器具费、残疾赔偿金、丧葬费、死亡赔偿金和精神损害抚慰金。《最高人民法院关于审理人身损害赔偿案件适用法律若干问题的解释》和《最高人民法院关于确定民事侵权精神损害赔偿责任若干问题的解释》对每一项的具体标准都有详细的规定。在书写提供劳务者受害责任纠纷案件起诉状时，要根据案件实际情况，准确列明要求赔偿的项目。诉讼请求中用语要与上述规定保持一致。比如，不能将"护理费"写成“陪护费”。

提供劳务者受害责任纠纷案件中，诉讼请求中要列明要求赔偿的全部项目，不能遗漏应赔偿的项目。根据《民法典》第一千一百七十九条和第一千一百八十三条的规定，提供劳务者受害责任纠纷案件可以赔偿的项目分三种情况，第一种：一般受伤的赔偿项目包括医疗费、误工费、护理费、交通费、住宿费、住院伙食补助费、营养费，赔偿义务人应当予以赔偿；第二种：造成受害人残疾的，除第一种情况的赔偿范围外，还可以要求赔偿残疾赔偿金、残疾辅助器具费、被扶养人生活费和精神损害抚慰金；第三种：造成受害人死亡的，除第一种情况的赔偿范围外，还可以要求赔偿丧葬费、死亡赔偿金、被扶养人生活费和精神损害抚慰金。实践中，对于已经超过法定退休年龄的农民和已经超过法定退休年龄但没有享受养老保险待遇的城镇人员，是否应赔偿误工费，各地做法不一，存在很大争议。笔者认为，在书写起诉状时，要考虑案件实际情况和当地司法机关通行做法，能够主张的赔偿项目要一并主张，以充分维护当事人的合法权益。

需要注意的是，在书写提供劳务者受害责任纠纷等存在多个赔偿项目的起诉状时，是否需要将每个项目的费用都写在诉讼请求中，实践中做法不一。第一种方式是在诉讼请求中详细列明了每项的费用，表述为：“判令被告赔偿原告医疗费××元、住院伙食补助费××元、营养费××元、护理费××元、误工费××元、残疾赔偿金××元、被扶养人生活费××元、精神抚慰金××元，共计×××元。”第二种方式是在每个项目后不写具体金额，只是将应赔偿的项目全部列明后写上总计要求赔偿的金额，表述为：“判令被告赔偿原告医疗费、住院伙食补助费、营养费、护理费、误工费、残疾赔偿金、被扶养人生活费、精神抚慰金等各项损失共计××××元。”笔者建议在书写类似起诉状时采用第二种方式，如果采用第一种方式表述，一旦其中的某项费用需要调整，就需要向法院申请变更或者增加诉讼请求，如果采用第二种方式表述，只要总计要求赔偿的费用不增加，即使个别项目需要调整，也不需要申请变更或者增加诉讼请求。

还需要注意的是，由于提供劳务者受害责任纠纷案件可以主张的项目较多，在计算每项费用时，一定要根据《最高人民法院关于审理人身损害赔偿案件适用法律若干问题的解释》和《最高人民法院关于确定民事侵权精神损害赔偿责任若干问题的解释》的规定，仔细计算，不能少算。一旦少算，法院基于不告不理的原则和民事权利人可以放弃自己权利的精神，不可能判决超出原告主张的金额，当事人的合法权益就无法得到充分维护。

5.“事实与理由”部分是民事起诉状的重点，这部分的任务是通过阐述事实、引用证据和适用法律，让法院支持原告的诉讼请求。

“事实与理由”部分，形式上一般还是“三段论”。第一段写事实，提供劳务者受害责任纠纷案件中，要写明受害人为谁提供劳务、从事劳务工作的时间、地点、约定的劳务费用，以及受伤的时间、地点、原因和诊断、治疗情况，花费的医疗费用也要详细说明。如果构成伤残，还应写明经过××司法鉴定中心鉴定的结果。如果被告前期已经支付过费用，也要写明，并在诉讼请求中扣减，以免增加诉讼费用。第二段写证据，提供劳务者受害责任纠纷一般证据有同伴证言、医院出具的诊断证明、医疗费用发票、陪护证明、司法鉴定中心出具的鉴定意见等。第三段写理由，要基于前述事实，写明双方之间的法律关系以及让被告承担各项责任的具体法律依据。不能只写“根据相关法律规定”这样笼统的表述，体现不出专业度。在提供劳务者受害责任纠纷案件中，具体法律依据有《民法典》第一千一百七十九条、第一千一百八十三条、第一千一百九十二条和《最高人民法院关于审理人身损害赔偿案件适用法律若干问题的解释》第六条至第二十三条和《最高人民法院关于确定民事侵权精神损害赔偿责任若干问题的解释》第一条、第五条，具体适用条文要根据案件的实际情况，尽可能列全，以方便法院判决。

“事实与理由”部分，在内容上要紧紧围绕诉讼请求，精雕细琢，言简意赅，一字不多也一字不少。不能写得过于简单，让人看不出据以支持诉讼请求的事实与理由。原则上，与诉讼请求有关的事实和理由都要写上，但也不能长篇大论，事无巨细和盘托出，对诉讼请求没有影响的事实可以不写。

附：相关规定

1.《中华人民共和国民事诉讼法》(2023 年修正)

第一百二十四条　起诉状应当记明下列事项：

（一）原告的姓名、性别、年龄、民族、职业、工作单位、住所、联系方式，法人或者其他组织的名称、住所和法定代表人或者主要负责人的姓名、职务、联系方式；

（二）被告的姓名、性别、工作单位、住所等信息，法人或者其他组织的名称、住所等信息；

（三）诉讼请求和所根据的事实与理由；

（四）证据和证据来源，证人姓名和住所。

2.《中华人民共和国民法典》(2020年)

第一千一百七十九条　侵害他人造成人身损害的，应当赔偿医疗费、护理费、交通费、营养费、住院伙食补助费等为治疗和康复支出的合理费用，以及因误工减少的收入。造成残疾的，还应当赔偿辅助器具费和残疾赔偿金；造成死亡的，还应当赔偿丧葬费和死亡赔偿金。

第一千一百八十三条　侵害自然人人身权益造成严重精神损害的，被侵权人有权请求精神损害赔偿。

因故意或者重大过失侵害自然人具有人身意义的特定物造成严重精神损害的，被侵权人有权请求精神损害赔偿。

第一千一百九十二条　个人之间形成劳务关系，提供劳务一方因劳务造成他人损害的，由接受劳务一方承担侵权责任。接受劳务一方承担侵权责任后，可以向有故意或者重大过失的提供劳务一方追偿。提供劳务一方因劳务受到损害的，根据双方各自的过错承担相应的责任。

提供劳务期间，因第三人的行为造成提供劳务一方损害的，提供劳务一方有权请求第三人承担侵权责任，也有权请求接受劳务一方给予补偿。接受劳务一方补偿后，可以向第三人追偿。

3.《最高人民法院关于审理人身损害赔偿案件适用法律若干问题的解释》(2022年修正)

第一条　因生命、身体、健康遭受侵害，赔偿权利人起诉请求赔偿义务人赔偿物质损害和精神损害的，人民法院应予受理。

本条所称“赔偿权利人”，是指因侵权行为或者其他致害原因直接遭受人身损害的受害人以及死亡受害人的近亲属。

本条所称“赔偿义务人”，是指因自己或者他人的侵权行为以及其他致害原因依法应当承担民事责任的自然人、法人或者非法人组织。

第二条　赔偿权利人起诉部分共同侵权人的，人民法院应当追加其他共同侵权人作为共同被告。赔偿权利人在诉讼中放弃对部分共同侵权人的诉讼请求的，其他共同侵权人对被放弃诉讼请求的被告应当承担的赔偿份额不承担连带责任。责任范围难以确定的,推定各共同侵权人承担同等责任。

人民法院应当将放弃诉讼请求的法律后果告知赔偿权利人,并将放弃诉讼请求的情况在法律文书中叙明。

第三条　依法应当参加工伤保险统筹的用人单位的劳动者,因工伤事故遭受人身损害,劳动者或者其近亲属向人民法院起诉请求用人单位承担民事赔偿责任的,告知其按《工伤保险条例》的规定处理。

因用人单位以外的第三人侵权造成劳动者人身损害,赔偿权利人请求第三人承担民事赔偿责任的,人民法院应予支持。

第四条　无偿提供劳务的帮工人,在从事帮工活动中致人损害的,被帮工人应当承担赔偿责任。被帮工人承担赔偿责任后向有故意或者重大过失的帮工人追偿的,人民法院应予支持。被帮工人明确拒绝帮工的,不承担赔偿责任。

第五条　无偿提供劳务的帮工人因帮工活动遭受人身损害的,根据帮工人和被帮工人各自的过错承担相应的责任;被帮工人明确拒绝帮工的,被帮工人不承担赔偿责任,但可以在受益范围内予以适当补偿。

帮工人在帮工活动中因第三人的行为遭受人身损害的,有权请求第三人承担赔偿责任,也有权请求被帮工人予以适当补偿。被帮工人补偿后,可以向第三人追偿。

第六条　医疗费根据医疗机构出具的医药费、住院费等收款凭证,结合病历和诊断证明等相关证据确定。赔偿义务人对治疗的必要性和合理性有异议的,应当承担相应的举证责任。

医疗费的赔偿数额,按照一审法庭辩论终结前实际发生的数额确定。器官功能恢复训练所必要的康复费、适当的整容费以及其他后续治疗费,赔偿权利人可以待实际发生后另行起诉。但根据医疗证明或者鉴定结论确定必然发生的费用,可以与已经发生的医疗费一并予以赔偿。

第七条　误工费根据受害人的误工时间和收入状况确定。

误工时间根据受害人接受治疗的医疗机构出具的证明确定。受害人因伤致残持续误工的,误工时间可以计算至定残日前一天。

受害人有固定收入的,误工费按照实际减少的收入计算。受害人无固定收入的,按照其最近三年的平均收入计算;受害人不能举证证明其最近三年的平均收入状况的,可以参照受诉法院所在地相同或者相近行业上一年度职工的平均工资计算。

第八条　护理费根据护理人员的收入状况和护理人数、护理期限确定。

护理人员有收入的,参照误工费的规定计算;护理人员没有收入或者雇佣护工的,参照当地护工从事同等级别护理的劳务报酬标准计算。护理人员原则上为一人,但医疗机构或者鉴定机构有明确意见的,可以参照确定护理人员人数。

护理期限应计算至受害人恢复生活自理能力时止。受害人因残疾不能恢复生活自理能力的,可以根据其年龄、健康状况等因素确定合理的护理期限,但最长不超过二十年。

受害人定残后的护理,应当根据其护理依赖程度并结合配制残疾辅助器具的情况确定护理级别。

第九条　交通费根据受害人及其必要的陪护人员因就医或者转院治疗实际发生的费用计算。交通费应当以正式票据为凭;有关凭据应当与就医地点、时间、人数、次数相符合。

第十条　住院伙食补助费可以参照当地国家机关一般工作人员的出差伙食补助标准予以确定。

受害人确有必要到外地治疗,因客观原因不能住院,受害人本人及其陪护人员实际发生的住宿费和伙食费,其合理部分应予赔偿。

第十一条　营养费根据受害人伤残情况参照医疗机构的意见确定。

第十二条　残疾赔偿金根据受害人丧失劳动能力程度或者伤残等级,按照受诉法院所在地上一年度城镇居民人均可支配收入标准,自定残之日起按二十年计算。但六十周岁以上的,年龄每增加一岁减少一年;七十五周岁以上的,按五年计算。

受害人因伤致残但实际收入没有减少,或者伤残等级较轻但造成职业妨害严重影响其劳动就业的,可以对残疾赔偿金作相应调整。

第十三条　残疾辅助器具费按照普通适用器具的合理费用标准计算。伤情有特殊需要的,可以参照辅助器具配制机构的意见确定相应的合理费用标准。

辅助器具的更换周期和赔偿期限参照配制机构的意见确定。

第十四条　丧葬费按照受诉法院所在地上一年度职工月平均工资标准,以六个月总额计算。

第十五条　死亡赔偿金按照受诉法院所在地上一年度城镇居民人均可支配

收入标准，按二十年计算。但六十周岁以上的，年龄每增加一岁减少一年；七十五周岁以上的，按五年计算。

第十六条　被扶养人生活费计入残疾赔偿金或者死亡赔偿金。

第十七条　被扶养人生活费根据扶养人丧失劳动能力程度，按照受诉法院所在地上一年度城镇居民人均消费支出标准计算。被扶养人为未成年人的，计算至十八周岁；被扶养人无劳动能力又无其他生活来源的，计算二十年。但六十周岁以上的，年龄每增加一岁减少一年；七十五周岁以上的，按五年计算。

被扶养人是指受害人依法应当承担扶养义务的未成年人或者丧失劳动能力又无其他生活来源的成年近亲属。被扶养人还有其他扶养人的，赔偿义务人只赔偿受害人依法应当负担的部分。被扶养人有数人的，年赔偿总额累计不超过上一年度城镇居民人均消费支出额。

第十八条　赔偿权利人举证证明其住所地或者经常居住地城镇居民人均可支配收入高于受诉法院所在地标准的，残疾赔偿金或者死亡赔偿金可以按照其住所地或者经常居住地的相关标准计算。

被扶养人生活费的相关计算标准，依照前款原则确定。

第十九条　超过确定的护理期限、辅助器具费给付年限或者残疾赔偿金给付年限，赔偿权利人向人民法院起诉请求继续给付护理费、辅助器具费或者残疾赔偿金的，人民法院应予受理。赔偿权利人确需继续护理、配制辅助器具，或者没有劳动能力和生活来源的，人民法院应当判令赔偿义务人继续给付相关费用五至十年。

第二十条　赔偿义务人请求以定期金方式给付残疾赔偿金、辅助器具费的，应当提供相应的担保。人民法院可以根据赔偿义务人的给付能力和提供担保的情况，确定以定期金方式给付相关费用。但是，一审法庭辩论终结前已经发生的费用、死亡赔偿金以及精神损害抚慰金，应当一次性给付。

第二十一条　人民法院应当在法律文书中明确定期金的给付时间、方式以及每期给付标准。执行期间有关统计数据发生变化的，给付金额应当适时进行相应调整。

定期金按照赔偿权利人的实际生存年限给付，不受本解释有关赔偿期限的限制。

第二十二条　本解释所称“城镇居民人均可支配收入”“城镇居民人均消费

支出”“职工平均工资”，按照政府统计部门公布的各省、自治区、直辖市以及经济特区和计划单列市上一年度相关统计数据确定。

“上一年度”，是指一审法庭辩论终结时的上一统计年度。

第二十三条　精神损害抚慰金适用《最高人民法院关于确定民事侵权精神损害赔偿责任若干问题的解释》予以确定。

第二十四条　本解释自2022年5月1日起施行。施行后发生的侵权行为引起的人身损害赔偿案件适用本解释。

本院以前发布的司法解释与本解释不一致的，以本解释为准。

4.《最高人民法院关于确定民事侵权精神损害赔偿责任若干问题的解释》(2020年修正)

第一条　因人身权益或者具有人身意义的特定物受到侵害，自然人或者其近亲属向人民法院提起诉讼请求精神损害赔偿的，人民法院应当依法予以受理。

第二条　非法使被监护人脱离监护，导致亲子关系或者近亲属间的亲属关系遭受严重损害，监护人向人民法院起诉请求赔偿精神损害的，人民法院应当依法予以受理。

第三条　死者的姓名、肖像、名誉、荣誉、隐私、遗体、遗骨等受到侵害，其近亲属向人民法院提起诉讼请求精神损害赔偿的，人民法院应当依法予以支持。

第四条　法人或者非法人组织以名誉权、荣誉权、名称权遭受侵害为由，向人民法院起诉请求精神损害赔偿的，人民法院不予支持。

第五条　精神损害的赔偿数额根据以下因素确定：

(一)侵权人的过错程度，但是法律另有规定的除外；

(二)侵权行为的目的、方式、场合等具体情节；

(三)侵权行为所造成的后果；

(四)侵权人的获利情况；

(五)侵权人承担责任的经济能力；

(六)受理诉讼法院所在地的平均生活水平。

第六条　在本解释公布施行之前已经生效施行的司法解释，其内容有与本解释不一致的，以本解释为准。

民事诉讼类文书范本之4:民事起诉状(机动车交通事故责任纠纷)

民事起诉状

原告:段某某,女,汉族,××××年×月×日出生,住××市××××××,身份证号码××××××,系陈某某妻子。联系电话:××××××。

原告1:陈某1,男,汉族,××××年×月×日出生,住××市××××××,身份证号码××××××,系陈某某长子。联系电话:××××××。

原告:陈某2,男,汉族,××××年×月×日出生,住××市××××××,身份证号码××××××,系陈某某次子。联系电话:××××××。

被告:王某某,男,汉族,××××年×月×日出生,住××市××××××,身份证号码××××××,系豫C×××××号××××实际车主和驾驶人。联系电话:××××××。

被告:××汽车运输有限公司,住所地××市××区××路××号,统一社会信用代码××××××。联系电话:××××××。

法定代表人:张某某,该公司执行董事。

被告:中国××保险股份有限公司××分公司,住所地××省××市××区××路,统一社会信用代码××××××。联系电话:××××××。

负责人:黄某某,分公司经理。

诉讼请求:(1)判令被告中国××保险股份有限公司××分公司在交强险和第三者责任保险的限额范围内赔偿原告医疗费、死亡赔偿金、丧葬费、精神抚慰金、处理丧葬事宜的交通费和误工费、车辆损失费等各项损失共计××万元,不足部分由被告王某某赔偿;(2)判令被告××汽车运输有限公司对被告王某某应赔偿的部分承担连带责任;(3)判令三被告共同承担本案的诉讼费、保全费。

事实与理由：××××年×月×日，被告王某某驾驶车牌号为豫C×××××的重型自卸货车沿××市××路由南向北行驶至××交叉口时，与沿北环路由西向东行驶的原告的亲人陈某某驾驶的豫C×××××号普通二轮摩托车发生相撞，造成陈某某经抢救无效死亡、豫C×××××号普通二轮摩托车损坏的交通事故。××××年×月×日，××市公安交通警察大队作出第×××××号《道路交通事故认定书》，认定被告王某某和原告的亲人陈某某均负该事故的同等责任。事故发生后，被告王某某垫付了部分抢救费用。其他损失，各被告至今未付。

经查，被告王某某系其驾驶的豫C×××××号重型自卸货车的实际所有权人，该车辆挂靠在被告××汽车运输有限公司名下从事道路运输经营。该车辆在被告中国××保险股份有限公司××分公司投保有交强险和第三者责任保险，其中第三者责任保险的保险金额为100万元，保险期间均自××××年×月×日0时起至××××年×月×日24时止，本案事故发生在保险期间。

上述事实，有《道路交通事故认定书》、保险单、病历等证据为证。

原告认为，被告王某某驾驶大型货车严重违反装载规定且未注意观察，其应承担事故的主要责任，原告的亲人陈某某尽管也有违章行为，但违章行为与事故发生之间的因果关系不大，仅应承担事故的次要责任。被告王某某的行为属侵权行为，根据《民法典》第一千一百七十九条、第一千一百八十一条等有关法律的规定，其应当赔偿原告的各项损失。被告中国××保险股份有限公司××分公司作为被告王某某驾驶的豫C×××××号重型自卸货车交强险和第三者责任保险的保险人，根据《道路交通安全法》第七十六条和《最高人民法院关于审理道路交通事故损害赔偿案件适用法律若干问题的解释》第十六条的规定，其应当在交强险和第三者责任保险的限额内先行赔偿原告的各项损失，不足部分应由被告王某某赔偿。原告还认为，被告××汽车运输有限公司作为王某某驾驶的豫C×××××号重型自卸货车的被挂靠人，根据《民法典》第一千二百一十一条的规定，其应当就被告王某某应赔偿的部分承担连带责任。为了维护原告的合法权益，特诉诸贵院，请贵院依法支持原告的诉讼请求。

此致

××人民法院

起诉人：

年　月　日

《民事起诉状》(机动车交通事故责任纠纷)精细化写作要领

1. 格式上要符合要求。内容参见《民事起诉状》(离婚纠纷)精细化写作要领。

2. 当事人信息,特别是被告信息要准确、完整。内容参见《民事起诉状》(民间借贷纠纷)精细化写作要领。

3. 所列被告要宁多勿缺。民事案件错列被告不承担责任,但如果遗漏了应当承担责任的被告,不仅存在败诉的风险,还存在执行不能的风险。因此,应尽可能地将被告列全,不能遗漏。在机动车交通事故责任纠纷案件中,要列机动车驾驶人及肇事车辆的交强险、第三者责任险的保险公司为被告。根据《民法典》第一千二百一十一条的规定,以挂靠形式从事道路运输经营活动的机动车发生交通事故造成损害,属于该机动车一方责任的,由挂靠人和被挂靠人承担连带责任。如果存在这种情况,就要将机动车的被挂靠人也列为被告。根据《民法典》第一千二百零九条、第一千二百一十二条和《最高人民法院关于审理道路交通事故损害赔偿案件适用法律若干问题的解释》第一条的规定,因租赁、借用等情形,机动车所有人、管理人与使用人不是同一人时,或者未经允许驾驶他人机动车,发生交通事故造成损害,属于该机动车一方责任的,由机动车使用人承担赔偿责任;机动车所有人、管理人对损害的发生有过错的,承担相应的赔偿责任。如果存在这种情况,就要将机动车所有人、管理人也列为被告。

4. "诉讼请求"部分是整个民事起诉状的核心,要反复推敲,做到表达准确,没有漏项漏算,项项都要有依据。机动车交通事故责任纠纷案件,可以要求赔偿的项目较多,要根据案件情况,将能够主张的项目全部列上,不能有遗漏,还要计算准确,不能少算。

需要注意的是,机动车交通事故责任纠纷案件由于保险公司要先行在交强险、第三者责任险的范围内承担赔偿责任,不足部分才由责任人分担。因此,准确来讲,机动车交通事故责任纠纷案件的诉讼请求应表述为:先要求承保肇事车辆的保险公司在交强险、第三者责任险的范围内赔偿原告的医疗费、死亡赔偿金、丧葬费、精神抚慰金、交通费等各项损失××元,不足部分由机动车驾驶人

××承担。如果肇事车辆驾驶人和机动车所有权人、管理人不一致且机动车所有权人、管理人有过错,或者肇事机动车属于挂靠经营的,可以列第二项诉讼请求,要求机动车所有权人、管理人或者被挂靠人对机动车驾驶人应承担的部分承担连带责任。

还需要注意的是,根据《机动车交通事故责任强制保险条例》第二十一条的规定,交强险赔付在交强险赔偿限额内全额赔付,只区分有责赔付和无责赔付,并不以事故责任比例进行赔付。其中全责、主责、同等、次责均为有责赔付,无责为无责赔付。因此,在计算承保交强险的保险公司应当赔偿的交强险理赔金额时,不应按事故责任比例计算。根据《最高人民法院关于审理道路交通事故损害赔偿案件适用法律若干问题的解释》第十六条的规定,如果发生交通事故的机动车未依法投保交强险,当事人可以请求投保义务人在交强险责任限额范围内予以赔偿。如果投保义务人和侵权人不是同一人,当事人可以请求投保义务人和侵权人在交强险责任限额范围内承担相应责任。

5.“事实与理由”部分是民事起诉状的重点,这部分的任务是通过阐述事实、引用证据和适用法律,让法院支持本方的诉讼请求。“事实与理由”部分依旧是“三段论”的写作模式。第一段写事实,要写明事故发生的时间、地点、原告人身或者财产损失情况、被告已赔偿的数额及责任划分情况,这部分事实可以摘录《道路交通事故认定书》。在事实部分还要写明肇事车辆投保交强险、第三者责任险的保险公司、第三者责任险的保险金额以及事故发生时是否在保险期间内。如果肇事车辆驾驶人和机动车所有权人、管理人不一致且机动车所有权人、管理人有过错,或者肇事机动车属于挂靠经营的,这方面的情况也要在事实部分写清楚。第二段简单写证据情况,就是上述事实都有什么证据来证明。机动车交通事故案件中证据一般有《道路交通事故认定书》、保险单、病历等,要根据具体情况来书写。第三段写理由,要列明要求各被告承担各项责任的具体法律依据。机动车交通事故责任纠纷案件的法律依据较多,要根据案件情况选择引用,主要依据有《民法典》第一千一百七十九条、第一千一百八十一条、第一千一百八十三条、第一千二百一十三条,《道路交通安全法》第七十六条和《最高人民法院关于审理道路交通事故损害赔偿案件适用法律若干问题的解释》第一条、第十三条。

需要注意的是,根据《最高人民法院关于审理道路交通事故损害赔偿案件适用法律若干问题的解释》第二十四条的规定，公安机关交通管理部门制作的交通事故认定书只是证据的一种，一般情况下法院都会采用，但如果认定事实或事故责任划分明显不当，当事人有相反证据推翻的，法院也可以不予采纳。因此，在书写这类案件起诉状时，对交通事故认定书认定要认真分析，如果责任划分不当，在事实和理由部分，要详细加以阐述。

"事实与理由"部分，在内容上要紧紧围绕诉讼请求，精雕细琢，言简意赅，一字不多也一字不少。不能写得过于简单，让人看不出据以支持诉讼请求的事实与理由。原则上，与诉讼请求有关的事实和理由都要写上，但也不能长篇大论，事无巨细和盘托出，对诉讼请求没有影响的事实可以不写。

附：相关规定

1.《中华人民共和国民事诉讼法》(2023 年修正)

第一百二十四条　起诉状应当记明下列事项：

(一)原告的姓名、性别、年龄、民族、职业、工作单位、住所、联系方式，法人或者其他组织的名称、住所和法定代表人或者主要负责人的姓名、职务、联系方式；

(二)被告的姓名、性别、工作单位、住所等信息，法人或者其他组织的名称、住所等信息；

(三)诉讼请求和所根据的事实与理由；

(四)证据和证据来源，证人姓名和住所。

2.《中华人民共和国民法典》(2020 年)

第一千一百七十九条　侵害他人造成人身损害的，应当赔偿医疗费、护理费、交通费、营养费、住院伙食补助费等为治疗和康复支出的合理费用，以及因误工减少的收入。造成残疾的，还应当赔偿辅助器具费和残疾赔偿金；造成死亡的，还应当赔偿丧葬费和死亡赔偿金。

第一千一百八十一条　被侵权人死亡的，其近亲属有权请求侵权人承担侵权责任。被侵权人为组织，该组织分立、合并的，承继权利的组织有权请求侵权人承担侵权责任。

被侵权人死亡的，支付被侵权人医疗费、丧葬费等合理费用的人有权请求侵权人赔偿费用,但是侵权人已经支付该费用的除外。

第一千一百八十三条　侵害自然人人身权益造成严重精神损害的,被侵权人有权请求精神损害赔偿。

因故意或重大过失侵害自然人具有人身意义的特定物造成严重精神损害的,被侵权人有权请求精神损害赔偿。

第一千二百零八条　机动车发生交通事故造成损害的,依照道路交通安全法律和本法的有关规定承担赔偿责任。

第一千二百零九条　因租赁、借用等情形机动车所有人、管理人与使用人不是同一人时,发生交通事故造成损害,属于该机动车一方责任的,由机动车使用人承担赔偿责任;机动车所有人、管理人对损害的发生有过错的,承担相应的赔偿责任。

第一千二百一十条　当事人之间已经以买卖或者其他方式转让并交付机动车但是未办理登记,发生交通事故造成损害,属于该机动车一方责任的,由受让人承担赔偿责任。

第一千二百一十一条　以挂靠形式从事道路运输经营活动的机动车,发生交通事故造成损害,属于该机动车一方责任的,由挂靠人和被挂靠人承担连带责任。

第一千二百一十二条　未经允许驾驶他人机动车,发生交通事故造成损害,属于该机动车一方责任的,由机动车使用人承担赔偿责任;机动车所有人、管理人对损害的发生有过错的,承担相应的赔偿责任,但是本章另有规定的除外。

第一千二百一十三条　机动车发生交通事故造成损害,属于该机动车一方责任的,先由承保机动车强制保险的保险人在强制保险责任限额范围内予以赔偿;不足部分,由承保机动车商业保险的保险人按照保险合同的约定予以赔偿;仍然不足或者没有投保机动车商业保险的,由侵权人赔偿。

第一千二百一十四条　以买卖或者其他方式转让拼装或者已经达到报废标准的机动车,发生交通事故造成损害的,由转让人和受让人承担连带责任。

第一千二百一十五条　盗窃、抢劫或者抢夺的机动车发生交通事故造成损害的,由盗窃人、抢劫人或者抢夺人承担赔偿责任。盗窃人、抢劫人或者抢夺人与机动车使用人不是同一人,发生交通事故造成损害,属于该机动车一方责任的,由盗窃人、抢劫人或者抢夺人与机动车使用人承担连带责任。

保险人在机动车强制保险责任限额范围内垫付抢救费用的，有权向交通事故责任人追偿。

第一千二百一十六条 机动车驾驶人发生交通事故后逃逸，该机动车参加强制保险的，由保险人在机动车强制保险责任限额范围内予以赔偿；机动车不明、该机动车未参加强制保险或者抢救费用超过机动车强制保险责任限额，需要支付被侵权人人身伤亡的抢救、丧葬等费用的，由道路交通事故社会救助基金垫付。道路交通事故社会救助基金垫付后，其管理机构有权向交通事故责任人追偿。

第一千二百一十七条 非营运机动车发生交通事故造成无偿搭乘人损害，属于该机动车一方责任的，应当减轻其赔偿责任，但是机动车使用人有故意或者重大过失的除外。

3.《最高人民法院关于审理道路交通事故损害赔偿案件适用法律若干问题的解释》(2020 年修正)

第一条 机动车发生交通事故造成损害，机动车所有人或者管理人有下列情形之一，人民法院应当认定其对损害的发生有过错，并适用民法典第一千二百零九条的规定确定其相应的赔偿责任：

(一)知道或者应当知道机动车存在缺陷，且该缺陷是交通事故发生原因之一的；

(二)知道或者应当知道驾驶人无驾驶资格或者未取得相应驾驶资格的；

(三)知道或者应当知道驾驶人因饮酒、服用国家管制的精神药品或者麻醉药品，或者患有妨碍安全驾驶机动车的疾病等依法不能驾驶机动车的；

(四)其它应当认定机动车所有人或者管理人有过错的。

第二条 被多次转让但是未办理登记的机动车发生交通事故造成损害，属于该机动车一方责任，当事人请求由最后一次转让并交付的受让人承担赔偿责任的，人民法院应予支持。

第三条 套牌机动车发生交通事故造成损害，属于该机动车一方责任，当事人请求由套牌机动车的所有人或者管理人承担赔偿责任的，人民法院应予支持；被套牌机动车所有人或者管理人同意套牌的，应当与套牌机动车的所有人或者管理人承担连带责任。

第四条 拼装车、已达到报废标准的机动车或者依法禁止行驶的其他机动车被多次转让,并发生交通事故造成损害,当事人请求由所有的转让人和受让人承担连带责任的,人民法院应予支持。

第五条 接受机动车驾驶培训的人员,在培训活动中驾驶机动车发生交通事故造成损害,属于该机动车一方责任,当事人请求驾驶培训单位承担赔偿责任的,人民法院应予支持。

第六条 机动车试乘过程中发生交通事故造成试乘人损害,当事人请求提供试乘服务者承担赔偿责任的,人民法院应予支持。试乘人有过错的,应当减轻提供试乘服务者的赔偿责任。

第七条 因道路管理维护缺陷导致机动车发生交通事故造成损害,当事人请求道路管理者承担相应赔偿责任的,人民法院应予支持。但道路管理者能够证明已经依照法律、法规、规章的规定,或者按照国家标准、行业标准、地方标准的要求尽到安全防护、警示等管理维护义务的除外。

依法不得进入高速公路的车辆、行人,进入高速公路发生交通事故造成自身损害,当事人请求高速公路管理者承担赔偿责任的,适用民法典第一千二百四十三条的规定。

第八条 未按照法律、法规、规章或者国家标准、行业标准、地方标准的强制性规定设计、施工,致使道路存在缺陷并造成交通事故,当事人请求建设单位与施工单位承担相应赔偿责任的,人民法院应予支持。

第九条 机动车存在产品缺陷导致交通事故造成损害,当事人请求生产者或者销售者依照民法典第七编第四章的规定承担赔偿责任的,人民法院应予支持。

第十条 多辆机动车发生交通事故造成第三人损害,当事人请求多个侵权人承担赔偿责任的,人民法院应当区分不同情况,依照民法典第一千一百七十条、第一千一百七十一条、第一千一百七十二条的规定,确定侵权人承担连带责任或者按份责任。

第十一条 道路交通安全法第七十六条规定的"人身伤亡",是指机动车发生交通事故侵害被侵权人的生命权、身体权、健康权等人身权益所造成的损害,包括民法典第一千一百七十九条和第一千一百八十三条规定的各项损害。

道路交通安全法第七十六条规定的"财产损失",是指因机动车发生交通事故侵害被侵权人的财产权益所造成的损失。

第十二条　因道路交通事故造成下列财产损失，当事人请求侵权人赔偿的，人民法院应予支持：

（一）维修被损坏车辆所支出的费用、车辆所载物品的损失、车辆施救费用；

（二）因车辆灭失或者无法修复，为购买交通事故发生时与被损坏车辆价值相当的车辆重置费用；

（三）依法从事货物运输、旅客运输等经营性活动的车辆，因无法从事相应经营活动所产生的合理停运损失；

（四）非经营性车辆因无法继续使用，所产生的通常替代性交通工具的合理费用。

第十三条　同时投保机动车第三者责任强制保险（以下简称“交强险”）和第三者责任商业保险（以下简称“商业三者险”）的机动车发生交通事故造成损害，当事人同时起诉侵权人和保险公司的，人民法院应当依照民法典第一千二百一十三条的规定，确定赔偿责任。

被侵权人或者其近亲属请求承保交强险的保险公司优先赔偿精神损害的，人民法院应予支持。

第十四条　投保人允许的驾驶人驾驶机动车致使投保人遭受损害，当事人请求承保交强险的保险公司在责任限额范围内予以赔偿的，人民法院应予支持，但投保人为本车上人员的除外。

第十五条　有下列情形之一导致第三人人身损害，当事人请求保险公司在交强险责任限额范围内予以赔偿，人民法院应予支持：

（一）驾驶人未取得驾驶资格或者未取得相应驾驶资格的；

（二）醉酒、服用国家管制的精神药品或者麻醉药品后驾驶机动车发生交通事故的；

（三）驾驶人故意制造交通事故的。

保险公司在赔偿范围内向侵权人主张追偿权的，人民法院应予支持。追偿权的诉讼时效期间自保险公司实际赔偿之日起计算。

第十六条　未依法投保交强险的机动车发生交通事故造成损害，当事人请求投保义务人在交强险责任限额范围内予以赔偿的，人民法院应予支持。

投保义务人和侵权人不是同一人，当事人请求投保义务人和侵权人在交强险责任限额范围内承担相应责任的，人民法院应予支持。

第十七条　具有从事交强险业务资格的保险公司违法拒绝承保、拖延承保或者违法解除交强险合同，投保义务人在向第三人承担赔偿责任后，请求该保险公司在交强险责任限额范围内承担相应赔偿责任的，人民法院应予支持。

第十八条　多辆机动车发生交通事故造成第三人损害，损失超出各机动车交强险责任限额之和的，由各保险公司在各自责任限额范围内承担赔偿责任；损失未超出各机动车交强险责任限额之和，当事人请求由各保险公司按照其责任限额与责任限额之和的比例承担赔偿责任的，人民法院应予支持。

依法分别投保交强险的牵引车和挂车连接使用时发生交通事故造成第三人损害，当事人请求由各保险公司在各自的责任限额范围内平均赔偿的，人民法院应予支持。

多辆机动车发生交通事故造成第三人损害，其中部分机动车未投保交强险，当事人请求先由已承保交强险的保险公司在责任限额范围内予以赔偿的，人民法院应予支持。保险公司就超出其应承担的部分向未投保交强险的投保义务人或者侵权人行使追偿权的，人民法院应予支持。

第十九条　同一交通事故的多个被侵权人同时起诉的，人民法院应当按照各被侵权人的损失比例确定交强险的赔偿数额。

第二十条　机动车所有权在交强险合同有效期内发生变动，保险公司在交通事故发生后，以该机动车未办理交强险合同变更手续为由主张免除赔偿责任的，人民法院不予支持。

机动车在交强险合同有效期内发生改装、使用性质改变等导致危险程度增加的情形，发生交通事故后，当事人请求保险公司在责任限额范围内予以赔偿的，人民法院应予支持。

前款情形下，保险公司另行起诉请求投保义务人按照重新核定后的保险费标准补足当期保险费的，人民法院应予支持。

第二十一条　当事人主张交强险人身伤亡保险金请求权转让或者设定担保的行为无效的，人民法院应予支持。

第二十二条　人民法院审理道路交通事故损害赔偿案件，应当将承保交强险的保险公司列为共同被告。但该保险公司已经在交强险责任限额范围内予以赔偿且当事人无异议的除外。

人民法院审理道路交通事故损害赔偿案件，当事人请求将承保商业三者险的保险公司列为共同被告的,人民法院应予准许。

第二十三条 被侵权人因道路交通事故死亡,无近亲属或者近亲属不明,未经法律授权的机关或者有关组织向人民法院起诉主张死亡赔偿金的,人民法院不予受理。

侵权人以已向未经法律授权的机关或者有关组织支付死亡赔偿金为理由,请求保险公司在交强险责任限额范围内予以赔偿的,人民法院不予支持。

被侵权人因道路交通事故死亡,无近亲属或者近亲属不明,支付被侵权人医疗费、丧葬费等合理费用的单位或者个人,请求保险公司在交强险责任限额范围内予以赔偿的,人民法院应予支持。

第二十四条 公安机关交通管理部门制作的交通事故认定书,人民法院应依法审查并确认其相应的证明力,但有相反证据推翻的除外。

第二十五条 机动车在道路以外的地方通行时引发的损害赔偿案件,可以参照适用本解释的规定。

第二十六条 本解释施行后尚未终审的案件,适用本解释;本解释施行前已经终审,当事人申请再审或者按照审判监督程序决定再审的案件,不适用本解释。

4.《最高人民法院关于审理人身损害赔偿案件适用法律若干问题的解释》(2022 年修正)

第一条 因生命、身体、健康遭受侵害,赔偿权利人起诉请求赔偿义务人赔偿物质损害和精神损害的,人民法院应予受理。

本条所称"赔偿权利人",是指因侵权行为或者其他致害原因直接遭受人身损害的受害人以及死亡受害人的近亲属。

本条所称"赔偿义务人",是指因自己或者他人的侵权行为以及其他致害原因依法应当承担民事责任的自然人、法人或者非法人组织。

第二条 赔偿权利人起诉部分共同侵权人的,人民法院应当追加其他共同侵权人作为共同被告。赔偿权利人在诉讼中放弃对部分共同侵权人的诉讼请求的,其他共同侵权人对被放弃诉讼请求的被告应当承担的赔偿份额不承担连带责任。责任范围难以确定的,推定各共同侵权人承担同等责任。

人民法院应当将放弃诉讼请求的法律后果告知赔偿权利人,并将放弃诉讼请求的情况在法律文书中叙明。

第三条 依法应当参加工伤保险统筹的用人单位的劳动者,因工伤事故遭受人身损害,劳动者或者其近亲属向人民法院起诉请求用人单位承担民事赔偿责任的,告知其按《工伤保险条例》的规定处理。

因用人单位以外的第三人侵权造成劳动者人身损害,赔偿权利人请求第三人承担民事赔偿责任的,人民法院应予支持。

第四条 无偿提供劳务的帮工人,在从事帮工活动中致人损害的,被帮工人应当承担赔偿责任。被帮工人承担赔偿责任后向有故意或者重大过失的帮工人追偿的,人民法院应予支持。被帮工人明确拒绝帮工的,不承担赔偿责任。

第五条 无偿提供劳务的帮工人因帮工活动遭受人身损害的,根据帮工人和被帮工人各自的过错承担相应的责任;被帮工人明确拒绝帮工的,被帮工人不承担赔偿责任,但可以在受益范围内予以适当补偿。

帮工人在帮工活动中因第三人的行为遭受人身损害的,有权请求第三人承担赔偿责任,也有权请求被帮工人予以适当补偿。被帮工人补偿后,可以向第三人追偿。

第六条 医疗费根据医疗机构出具的医药费、住院费等收款凭证,结合病历和诊断证明等相关证据确定。赔偿义务人对治疗的必要性和合理性有异议的,应当承担相应的举证责任。

医疗费的赔偿数额,按照一审法庭辩论终结前实际发生的数额确定。器官功能恢复训练所必要的康复费、适当的整容费以及其他后续治疗费,赔偿权利人可以待实际发生后另行起诉。但根据医疗证明或者鉴定结论确定必然发生的费用,可以与已经发生的医疗费一并予以赔偿。

第七条 误工费根据受害人的误工时间和收入状况确定。

误工时间根据受害人接受治疗的医疗机构出具的证明确定。受害人因伤致残持续误工的,误工时间可以计算至定残日前一天。

受害人有固定收入的,误工费按照实际减少的收入计算。受害人无固定收入的,按照其最近三年的平均收入计算;受害人不能举证证明其最近三年的平均收入状况的,可以参照受诉法院所在地相同或者相近行业上一年度职工的平均工资计算。

第八条 护理费根据护理人员的收入状况和护理人数、护理期限确定。

护理人员有收入的,参照误工费的规定计算;护理人员没有收入或者雇佣护工的，参照当地护工从事同等级别护理的劳务报酬标准计算。护理人员原则上为一人，但医疗机构或者鉴定机构有明确意见的，可以参照确定护理人员人数。

护理期限应计算至受害人恢复生活自理能力时止。受害人因残疾不能恢复生活自理能力的，可以根据其年龄、健康状况等因素确定合理的护理期限，但最长不超过二十年。

受害人定残后的护理，应当根据其护理依赖程度并结合配制残疾辅助器具的情况确定护理级别。

第九条　交通费根据受害人及其必要的陪护人员因就医或者转院治疗实际发生的费用计算。交通费应当以正式票据为凭；有关凭据应当与就医地点、时间、人数、次数相符合。

第十条　住院伙食补助费可以参照当地国家机关一般工作人员的出差伙食补助标准予以确定。

受害人确有必要到外地治疗，因客观原因不能住院，受害人本人及其陪护人员实际发生的住宿费和伙食费，其合理部分应予赔偿。

第十一条　营养费根据受害人伤残情况参照医疗机构的意见确定。

第十二条　残疾赔偿金根据受害人丧失劳动能力程度或者伤残等级，按照受诉法院所在地上一年度城镇居民人均可支配收入标准，自定残之日起按二十年计算。但六十周岁以上的，年龄每增加一岁减少一年；七十五周岁以上的，按五年计算。

受害人因伤致残但实际收入没有减少，或者伤残等级较轻但造成职业妨害严重影响其劳动就业的，可以对残疾赔偿金作相应调整。

第十三条　残疾辅助器具费按照普通适用器具的合理费用标准计算。伤情有特殊需要的，可以参照辅助器具配制机构的意见确定相应的合理费用标准。

辅助器具的更换周期和赔偿期限参照配制机构的意见确定。

第十四条　丧葬费按照受诉法院所在地上一年度职工月平均工资标准，以六个月总额计算。

第十五条　死亡赔偿金按照受诉法院所在地上一年度城镇居民人均可支配收入标准，按二十年计算。但六十周岁以上的，年龄每增加一岁减少一年；七十五周岁以上的，按五年计算。

第十六条　被扶养人生活费计入残疾赔偿金或者死亡赔偿金。

第十七条 被扶养人生活费根据扶养人丧失劳动能力程度，按照受诉法院所在地上一年度城镇居民人均消费支出标准计算。被扶养人为未成年人的，计算至十八周岁；被扶养人无劳动能力又无其他生活来源的，计算二十年。但六十周岁以上的，年龄每增加一岁减少一年；七十五周岁以上的，按五年计算。

被扶养人是指受害人依法应当承担扶养义务的未成年人或者丧失劳动能力又无其他生活来源的成年近亲属。被扶养人还有其他扶养人的，赔偿义务人只赔偿受害人依法应当负担的部分。被扶养人有数人的，年赔偿总额累计不超过上一年度城镇居民人均消费支出额。

第十八条 赔偿权利人举证证明其住所地或者经常居住地城镇居民人均可支配收入高于受诉法院所在地标准的，残疾赔偿金或者死亡赔偿金可以按照其住所地或者经常居住地的相关标准计算。

被扶养人生活费的相关计算标准，依照前款原则确定。

第十九条 超过确定的护理期限、辅助器具费给付年限或者残疾赔偿金给付年限，赔偿权利人向人民法院起诉请求继续给付护理费、辅助器具费或者残疾赔偿金的，人民法院应予受理。赔偿权利人确需继续护理、配制辅助器具，或者没有劳动能力和生活来源的，人民法院应当判令赔偿义务人继续给付相关费用五至十年。

第二十条 赔偿义务人请求以定期金方式给付残疾赔偿金、辅助器具费的，应当提供相应的担保。人民法院可以根据赔偿义务人的给付能力和提供担保的情况，确定以定期金方式给付相关费用。但是，一审法庭辩论终结前已经发生的费用、死亡赔偿金以及精神损害抚慰金，应当一次性给付。

第二十一条 人民法院应当在法律文书中明确定期金的给付时间、方式以及每期给付标准。执行期间有关统计数据发生变化的，给付金额应当适时进行相应调整。

定期金按照赔偿权利人的实际生存年限给付，不受本解释有关赔偿期限的限制。

第二十二条 本解释所称“城镇居民人均可支配收入”“城镇居民人均消费支出”“职工平均工资”，按照政府统计部门公布的各省、自治区、直辖市以及经济特区和计划单列市上一年度相关统计数据确定。

“上一年度”，是指一审法庭辩论终结时的上一统计年度。

第二十三条　精神损害抚慰金适用《最高人民法院关于确定民事侵权精神损害赔偿责任若干问题的解释》予以确定。

第二十四条　本解释自2022年5月1日起施行。施行后发生的侵权行为引起的人身损害赔偿案件适用本解释。

本院以前发布的司法解释与本解释不一致的,以本解释为准。

5.《最高人民法院关于确定民事侵权精神损害赔偿责任若干问题的解释》(2020年修正)

第一条　因人身权益或者具有人身意义的特定物受到侵害,自然人或者其近亲属向人民法院提起诉讼请求精神损害赔偿的,人民法院应当依法予以受理。

第二条　非法使被监护人脱离监护,导致亲子关系或者近亲属间的亲属关系遭受严重损害,监护人向人民法院起诉请求赔偿精神损害的,人民法院应当依法予以受理。

第三条　死者的姓名、肖像、名誉、荣誉、隐私、遗体、遗骨等受到侵害,其近亲属向人民法院提起诉讼请求精神损害赔偿的,人民法院应当依法予以支持。

第四条　法人或者非法人组织以名誉权、荣誉权、名称权遭受侵害为由,向人民法院起诉请求精神损害赔偿的,人民法院不予支持。

第五条　精神损害的赔偿数额根据以下因素确定:

(一)侵权人的过错程度,但是法律另有规定的除外;

(二)侵权行为的目的、方式、场合等具体情节;

(三)侵权行为所造成的后果;

(四)侵权人的获利情况;

(五)侵权人承担责任的经济能力;

(六)受理诉讼法院所在地的平均生活水平。

第六条　在本解释公布施行之前已经生效施行的司法解释,其内容有与本解释不一致的,以本解释为准。

6.《中华人民共和国道路交通安全法》(2021年修正)

第七十六条　机动车发生交通事故造成人身伤亡、财产损失的,由保险公司在机动车第三者责任强制保险责任限额范围内予以赔偿;不足的部分,按照下列规定承担赔偿责任:

(一)机动车之间发生交通事故的,由有过错的一方承担赔偿责任;双方都有过错的，按照各自过错的比例分担责任。

（二）机动车与非机动车驾驶人、行人之间发生交通事故，非机动车驾驶人、行人没有过错的，由机动车一方承担赔偿责任；有证据证明非机动车驾驶人、行人有过错的，根据过错程度适当减轻机动车一方的赔偿责任；机动车一方没有过错的，承担不超过百分之十的赔偿责任。

交通事故的损失是由非机动车驾驶人、行人故意碰撞机动车造成的，机动车一方不承担赔偿责任。

7.《机动车交通事故责任强制保险条例》(2019年修订)

第二十一条　被保险机动车发生道路交通事故造成本车人员、被保险人以外的受害人人身伤亡、财产损失的，由保险公司依法在机动车交通事故责任强制保险责任限额范围内予以赔偿。

道路交通事故的损失是由受害人故意造成的，保险公司不予赔偿。

第二十三条　机动车交通事故责任强制保险在全国范围内实行统一的责任限额。责任限额分为死亡伤残赔偿限额、医疗费用赔偿限额、财产损失赔偿限额以及被保险人在道路交通事故中无责任的赔偿限额。

机动车交通事故责任强制保险责任限额由国务院保险监督管理机构会同国务院公安部门、国务院卫生主管部门、国务院农业主管部门规定。

民事诉讼类文书范本之5:民事起诉状(买卖合同纠纷)

民事起诉状

原告:××科技有限公司,住所地××省××市××区××路,统一社会信用代码××××××。联系电话:××××××。

法定代表人:李某某,公司执行董事。

被告:××商贸有限公司,住所地××省××市××区××路,统一社会信用代码×××××××。联系电话:××××××。

法定代表人:张某某,公司执行董事。

诉讼请求:(1)判令被告支付拖欠原告的货款54万元;(2)判令被告支付其中37万元从2022年5月1日起直至付清之日止按年利率13%计算的逾期付款违约金,支付其中17万元从2023年5月8日起直至付清之日止按年利率13%计算的逾期付款违约金。

事实与理由:2021年4月24日,原告与被告签订《工程设计与设备供货合同》一份,合同约定由原告出卖给被告电子配料系统设备、焙烧系统工艺机械设备、电气自动化控制系统设备各一套。同时约定,原告附带为被告提供工程设计与技术指导、生产系统调试和人员技术培训,合同约定总价款为170万元。合同还约定,被告应在合同签订5日内支付30%,在发货前支付40%,在安装、调试完成,具备点火生产条件时支付20%,剩余10%作为质保金在一年质保期满后7日内付清。若逾期付款,按年利率13%支付逾期付款违约金。合同签订后,原告依约向被告交付了上述设备,并完成了工程设计与技术指导、生产系统调试和人员技术培训,被告在2022年4月开始投产。应付的货款,被告仅支付了116万元,尚欠54万元,经原告多次讨要,被告至今未付。

上述事实,有原被告签订的《工程设计与设备供货合同》、发货单、转账流水等证据为证。

原告认为,原告与被告之间系买卖合同关系,被告拖欠原告货款的行为属违约行为,根据《民法典》第五百七十七条、第五百七十九条、第五百八十二条、第五百八十四条、第五百八十五条等有关法律的规定,被告应当支付拖欠原告的54万元货款,并应当支付逾期付款违约金。为了维护原告的合法权益,特诉诸贵院,请贵院依法支持原告的诉讼请求。

此致

××市××区人民法院

起诉人:

年　月　日

《民事起诉状》(买卖合同纠纷)精细化写作要领

1. 格式上要符合要求。内容参见《民事起诉状》(离婚纠纷)精细化写作要领。

2. 当事人信息,特别是被告信息要准确、完整。内容参见《民事起诉状》(民间借贷纠纷)精细化写作要领。

3. 所列被告要宁多勿缺。民事案件错列被告不承担责任,但如果遗漏了应当承担责任的被告,不仅存在败诉的风险,还存在执行不能的风险。因此,应尽可能将被告列全,不能遗漏。基于合同的相对性原则,买卖合同纠纷中,被告一般是合同的相对方。如果有保证人,也应将保证人列为被告。

4. "诉讼请求"部分是整个民事起诉状的核心,要反复推敲,做到表达准确,没有漏项、漏算,项项都要有依据。"诉讼请求"部分,首先要做到的是表述准确,用语要与法律、司法解释的规定保持一致。比如,《民法典》第五百七十九条规定:"当事人一方未支付价款、报酬、租金、利息,或者不履行其他金钱债务的,对方可以请求其支付。"《民法典》第六百二十八条也规定,买受人应当按照约定的时间支付价款。这里用的都是"支付",而不是"给付"。因此,如果卖方因买方不支付价款起诉的,在起诉状中就要写"判令被告支付拖欠原告的货款××元",如果写成"给付",就不严谨、不规范。再如,根据《民法典》第五百八十条的规定,当事人一方不履行非金钱债务或者履行非金钱债务不符合约定的,对方可以请求履行。《民法典》第五百九十八条规定："出卖人应当履行向买受人交付标的物或者交付提取标的物的单证，并转移标的物所有权的义务。"这里用的都是"交付"，而不是"给付"。因此，如果买方因卖方不交付货物起诉的，在起诉状中就要写"判令被告向原告交付××"，如果写成"给付"，就不严谨、不规范。

"诉讼请求"部分，需要注意的是不能有遗漏。基于"不告不理"的民事诉讼原则，如果可以主张的项目、费用没有列入诉讼请求，法院是不可能判决的。因此，根据事实、证据和法律，能请求的事项和费用，一定都要写上，方能最大限度地维护当事人的合法权益。在买卖合同纠纷中，当事人一方不履行合同义务或者履行合同义务不符合约定的，可以主张让对方继续履行、采取补救措施、承担违约责任或者赔偿损失等。包括支付价款、交付标的物、转移标的物所有权、交付提取标的物单证以外的有关单证和资料等。实务处理中，要结合案件的具体情况，根据《民法典》相关条文和《最高人民法院关于审理买卖合同纠纷案件适用法律问题的解释》的规定提出能够主张的全部诉讼请求。尤其要注意的是，在买受人逾期支付货款的场合，作为出卖人的原告在主张逾期付款违约金时，不能只主张到起诉之日，要主张到货款付清之日。具体可以在诉讼请求中列明"判令被告支付上述拖欠货款从××××年×月×日起直至付清之日止按年利率×%计算的逾期付款违约金"，如果合同约定货款是分节点支付，逾期付款违约金也应分段计算。

"诉讼请求"部分，还应当注意的是每一项诉讼请求都要有相应的法律、司法解释等依据来支撑，只有这样诉讼请求才可能得到法院的支持。因为法官判案，必须引用法律条文，哪怕只是《民法典》总则的条文，也必须有。具体做法是，在书写起诉状之前，先梳理案件事实，根据案件事实考虑本方可以提出的诉讼请求，然后找出能够支持本方诉讼请求的具体法律条文，根据法律条文提出相应的诉讼请求。比如，支付违约金和赔偿损失是两个不同的概念，根据《民法典》第五百八十四条和第五百八十五条的规定，支付违约金适用于合同当事人在合同中有明确约定的情形，而赔偿损失不要求当事人在合同中有明确约定，是一项法定责任。据此，如果合同中没有约定违约金，在诉讼请求中就不能主张违约金，若对方不履行或者履行不符合合同约定造成本方损失的，可以要求对方赔偿损失。

5."事实与理由"部分是整个民事起诉状的重点，这部分的任务是通过阐述事实,引用证据和适用法律,让法院支持本方的诉讼请求。形式上一般采用“三段论”:第一段写事实,对买卖合同纠纷案件,要列明买卖合同纠纷双方签订合同的时间和合同中与诉讼请求有关的主要内容,与诉讼请求无关的合同内容不需要写,同时写明合同签订后双方的履行情况以及被告的违约表现等。第二段简单写明证据情况,上述事实由什么来证明。在买卖合同纠纷案件中,证据一般有双方签订的合同、发货单等。第三段写理由,一般先写双方之间的法律关系,简要概括被告的违约情况,然后引用法律、司法解释具体条文,写明被告应承担的责任。不能只写“根据有关规定”这样笼统的表述,体现不出专业度。买卖合同案件中,具体法律依据有《民法典》第五百七十七条、第五百七十九条、第五百八十二条、第五百八十四条、第五百八十五条等以及《最高人民法院关于审理买卖合同纠纷案件适用法律问题的解释》的规定。

“事实与理由”部分,在内容上要紧紧围绕诉讼请求,精雕细琢,言简意赅,一字不多也一字不少。不能写得过于简单,让人看不出据以支持诉讼请求的事实与理由。原则上,与诉讼请求有关的事实和理由都要写上,但也不能长篇大论,事无巨细和盘托出,对诉讼请求没有影响的事实可以不写。

附:相关规定

1.《中华人民共和国民事诉讼法》(2023 年修正)

第一百二十四条　起诉状应当记明下列事项:

(一)原告的姓名、性别、年龄、民族、职业、工作单位、住所、联系方式,法人或者其他组织的名称、住所和法定代表人或者主要负责人的姓名、职务、联系方式;

(二)被告的姓名、性别、工作单位、住所等信息,法人或者其他组织的名称、住所等信息;

(三)诉讼请求和所根据的事实与理由;

(四)证据和证据来源,证人姓名和住所。

2.《中华人民共和国民法典》(2020 年)

第五百七十七条　当事人一方不履行合同义务或者履行合同义务不符合约定的,应当承担继续履行、采取补救措施或者赔偿损失等违约责任。

第五百七十八条 当事人一方明确表示或者以自己的行为表明不履行合同义务的,对方可以在履行期限届满前请求其承担违约责任。

第五百七十九条 当事人一方未支付价款、报酬、租金、利息,或者不履行其他金钱债务的,对方可以请求其支付。

第五百八十条 当事人一方不履行非金钱债务或者履行非金钱债务不符合约定的,对方可以请求履行,但是有下列情形之一的除外:

(一)法律上或者事实上不能履行;

(二)债务的标的不适于强制履行或者履行费用过高;

(三)债权人在合理期限内未请求履行。

有前款规定的除外情形之一,致使不能实现合同目的的,人民法院或者仲裁机构可以根据当事人的请求终止合同权利义务关系,但是不影响违约责任的承担。

第五百八十二条 履行不符合约定的,应当按照当事人的约定承担违约责任。对违约责任没有约定或者约定不明确的,依据本法第五百一十条的规定仍不能确定的,受损害方根据标的性质以及损失大小,可以合理选择请求对方承担修理,重作,更换,退货,减少价款或者报酬等违约责任。

第五百八十四条 当事人一方不履行合同义务或者履行合同义务不符合约定的,造成对方损失的,损失补偿额应当相当于因违约所造成的损失,包括合同履行后可以获得的利益;但是,不得超过违约一方订立合同时预见到的或者应当预见到的因违约可能造成的损失。

第五百八十五条 当事人可以约定一方违约时应当根据违约情况向对方支付一定数额的违约金,也可以约定因违约产生的损失赔偿额的计算方法。

约定的违约金低于造成的损失的,人民法院或者仲裁机构可以根据当事人的请求予以增加;约定的违约金过分高于造成的损失的,人民法院或者仲裁机构可以根据当事人的请求予以适当减少。

当事人就延迟履行约定违约金的,违约方支付违约金后,还应当履行债务。

第五百九十五条 买卖合同是出卖人转移标的物的所有权于买受人,买受人支付价款的合同。

第五百九十六条 买卖合同的内容一般包括标的物的名称、数量、质量、价款、履行期限、履行地点和方式、包装方式、检验标准和方法、结算方式、合同使用的文字及其效力等条款。

第五百九十七条 因出卖人未取得处分权致使标的物所有权不能转移的，买受人可以解除合同并请求出卖人承担违约责任。

法律、行政法规禁止或者限制转让的标的物，依照其规定。

第五百九十八条 出卖人应当履行向买受人交付标的物或者交付提取标的物的单证，并转移标的物所有权的义务。

第五百九十九条 出卖人应当按照约定或者交易习惯向买受人交付提取标的物单证以外的有关单证和资料。

第六百条 出卖具有知识产权的标的物的，除法律另有规定或者当事人另有约定外，该标的物的知识产权不属于买受人。

第六百零一条 出卖人应当按照约定的时间交付标的物。约定交付期限的，出卖人可以在该交付期限内的任何时间交付。

第六百零二条 当事人没有约定标的物的交付期限或者约定不明确的，适用本法第五百一十条、第五百一十一条第四项的规定。

第六百零三条 出卖人应当按照约定的地点交付标的物。

当事人没有约定交付地点或者约定不明确，依据本法第五百一十条的规定仍不能确定的，适用下列规定：

（一）标的物需要运输的，出卖人应当将标的物交付给第一承运人以运交给买受人；

（二）标的物不需要运输，出卖人和买受人订立合同时知道标的物在某一地点的，出卖人应当在该地点交付标的物；不知道标的物在某一地点的，应当在出卖人订立合同时的营业地交付标的物。

第六百零四条 标的物毁损、灭失的风险，在标的物交付之前由出卖人承担，交付之后由买受人承担，但是法律另有规定或者当事人另有约定的除外。

第六百零五条 因买受人的原因致使标的物未按照约定的期限交付的，买受人应当自违反约定时起承担标的物毁损、灭失的风险。

第六百零六条 出卖人出卖交由承运人运输的在途标的物，除当事人另有约定外，毁损、灭失的风险自合同成立时起由买受人承担。

第六百零七条 出卖人按照约定将标的物运送至买受人指定地点并交付给承运人后，标的物毁损、灭失的风险由买受人承担。

当事人没有约定交付地点或者约定不明确，依据本法第六百零三条第二款第一项的规定标的物需要运输的，出卖人将标的物交付给第一承运人后，标的物毁损、灭失的风险由买受人承担。

第六百零八条　出卖人按照约定或者依据本法第六百零三条第二款第二项的规定将标的物置于交付地点，买受人违反约定没有收取的，标的物毁损、灭失的风险自违反约定时起由买受人承担。

第六百零九条　出卖人按照约定未交付有关标的物的单证和资料的，不影响标的物毁损、灭失风险的转移。

第六百一十条　因标的物不符合质量要求，致使不能实现合同目的的，买受人可以拒绝接受标的物或者解除合同。买受人拒绝接受标的物或者解除合同的，标的物毁损、灭失的风险由出卖人承担。

第六百一十一条　标的物毁损、灭失的风险由买受人承担的，不影响因出卖人履行义务不符合约定，买受人请求其承担违约责任的权利。

第六百一十二条　出卖人就交付的标的物，负有保证第三人对该标的物不享有任何权利的义务，但是法律另有规定的除外。

第六百一十三条　买受人订立合同时知道或者应当知道第三人对买卖的标的物享有权利的，出卖人不承担前条规定的义务。

第六百一十四条　买受人有确切证据证明第三人对标的物享有权利的，可以中止支付相应的价款，但是出卖人提供适当担保的除外。

第六百一十五条　出卖人应当按照约定的质量要求交付标的物。出卖人提供有关标的物质量说明的，交付的标的物应当符合该说明的质量要求。

第六百一十六条　当事人对标的物的质量要求没有约定或者约定不明确，依据本法第五百一十条的规定仍不能确定的，适用本法第五百一十一条第一项的规定。

第六百一十七条　出卖人交付的标的物不符合质量要求的，买受人可以依据本法第五百八十二条至第五百八十四条的规定请求承担违约责任。

第六百一十八条　当事人约定减轻或者免除出卖人对标的物瑕疵承担的责任，因出卖人故意或者重大过失不告知买受人标的物瑕疵的，出卖人无权主张减轻或者免除责任。

第六百一十九条　出卖人应当按照约定的包装方式交付标的物。对包装方式没有约定或者约定不明确,依据本法第五百一十条的规定仍不能确定的,应当按照通用的方式包装;没有通用方式的,应当采取足以保护标的物且有利于节约资源、保护生态环境的包装方式。

第六百二十条 买受人收到标的物时应当在约定的检验期限内检验。没有约定检验期限的,应当及时检验。

第六百二十一条 当事人约定检验期限的,买受人应当在检验期限内将标的物的数量或者质量不符合约定的情形通知出卖人。买受人怠于通知的,视为标的物的数量或者质量符合约定。

当事人没有约定检验期限的,买受人应当在发现或者应当发现标的物的数量或者质量不符合约定的合理期限内通知出卖人。买受人在合理期限内未通知或者自收到标的物之日起二年内未通知出卖人的,视为标的物的数量或者质量符合约定;但是,对标的物有质量保证期的,适用质量保证期,不适用该二年的规定。

出卖人知道或者应当知道提供的标的物不符合约定的,买受人不受前两款规定的通知时间的限制。

第六百二十二条 当事人约定的检验期限过短,根据标的物的性质和交易习惯,买受人在检验期限内难以完成全面检验的,该期限仅视为买受人对标的物的外观瑕疵提出异议的期限。

约定的检验期限或者质量保证期短于法律、行政法规规定期限的,应当以法律、行政法规规定的期限为准。

第六百二十三条 当事人对检验期限未作约定,买受人签收的送货单、确认单等载明标的物数量、型号、规格的,推定买受人已经对数量和外观瑕疵进行检验,但是有相关证据足以推翻的除外。

第六百二十四条 出卖人依照买受人的指示向第三人交付标的物,出卖人和买受人约定的检验标准与买受人和第三人约定的检验标准不一致的,以出卖人和买受人约定的检验标准为准。

第六百二十五条 依照法律、行政法规的规定或者按照当事人的约定,标的物在有效使用年限届满后应予回收的,出卖人负有自行或者委托第三人对标的物予以回收的义务。

第六百二十六条 买受人应当按照约定的数额和支付方式支付价款。对价款的数额和支付方式没有约定或者约定不明确的,适用本法第五百一十条、第五百一十一条第二项和第五项的规定。

第六百二十七条 买受人应当按照约定的地点支付价款。对支付地点没有约定或者约定不明确,依据本法第五百一十条的规定仍不能确定的,买受人应当在出卖人的营业地支付;但是,约定支付价款以交付标的物或者交付提取标的物单证为条件的,在交付标的物或者交付提取标的物单证的所在地支付。

第六百二十八条 买受人应当按照约定的时间支付价款。对支付时间没有约定或者约定不明确,依据本法第五百一十条的规定仍不能确定的,买受人应当在收到标的物或者提取标的物单证的同时支付。

第六百二十九条 出卖人多交标的物的,买受人可以接收或者拒绝接收多交的部分。买受人接收多交部分的,按照约定的价格支付价款;买受人拒绝接收多交部分的,应当及时通知出卖人。

第六百三十条 标的物在交付之前产生的孳息,归出卖人所有;交付之后产生的孳息,归买受人所有。但是,当事人另有约定的除外。

第六百三十一条 因标的物的主物不符合约定而解除合同的,解除合同的效力及于从物。因标的物的从物不符合约定被解除的,解除的效力不及于主物。

第六百三十二条 标的物为数物,其中一物不符合约定的,买受人可以就该物解除。但是,该物与他物分离使标的物的价值显受损害的,买受人可以就数物解除合同。

第六百三十三条 出卖人分批交付标的物的,出卖人对其中一批标的物不交付或者交付不符合约定,致使该批标的物不能实现合同目的的,买受人可以就该批标的物解除。

出卖人不交付其中一批标的物或者交付不符合约定,致使之后其他各批标的物的交付不能实现合同目的的,买受人可以就该批以及之后其他各批标的物解除。

买受人如果就其中一批标的物解除,该批标的物与其他各批标的物相互依存的,可以就已经交付和未交付的各批标的物解除。

第六百三十四条 分期付款的买受人未支付到期价款的数额达到全部价款的五分之一,经催告后在合理期限内仍未支付到期价款的,出卖人可以请求买受人支付全部价款或者解除合同。

出卖人解除合同的,可以向买受人请求支付该标的物的使用费。

第六百三十五条 凭样品买卖的当事人应当封存样品,并可以对样品质量予以说明。出卖人交付的标的物应当与样品及其说明的质量相同。

第六百三十六条 凭样品买卖的买受人不知道样品有隐蔽瑕疵的,即使交付的标的物与样品相同,出卖人交付的标的物的质量仍然应当符合同种物的通常标准。

第六百三十七条 试用买卖的当事人可以约定标的物的试用期限。对试用期限没有约定或者约定不明确,依据本法第五百一十条的规定仍不能确定的,由出卖人确定。

第六百三十八条 试用买卖的买受人在试用期内可以购买标的物,也可以拒绝购买。试用期限届满,买受人对是否购买标的物未作表示的,视为购买。

试用买卖的买受人在试用期内已经支付部分价款或者对标的物实施出卖、出租、设立担保物权等行为的,视为同意购买。

第六百三十九条 试用买卖的当事人对标的物使用费没有约定或者约定不明确的,出卖人无权请求买受人支付。

第六百四十条 标的物在试用期内毁损、灭失的风险由出卖人承担。

第六百四十一条 当事人可以在买卖合同中约定买受人未履行支付价款或者其他义务的,标的物的所有权属于出卖人。

出卖人对标的物保留的所有权,未经登记,不得对抗善意第三人。

第六百四十二条 当事人约定出卖人保留合同标的物的所有权,在标的物所有权转移前,买受人有下列情形之一,造成出卖人损害的,除当事人另有约定外,出卖人有权取回标的物:

(一)未按照约定支付价款,经催告后在合理期限内仍未支付;

(二)未按照约定完成特定条件;

(三)将标的物出卖、出质或者作出其他不当处分。

出卖人可以与买受人协商取回标的物;协商不成的,可以参照适用担保物权的实现程序。

第六百四十三条 出卖人依据前条第一款的规定取回标的物后,买受人在双方约定或者出卖人指定的合理回赎期限内,消除出卖人取回标的物的事由的,可以请求回赎标的物。

买受人在回赎期限内没有回赎标的物，出卖人可以以合理价格将标的物出卖给第三人，出卖所得价款扣除买受人未支付的价款以及必要费用后仍有剩余的，应当返还买受人；不足部分由买受人清偿。

第六百四十四条　招标投标买卖的当事人的权利和义务以及招标投标程序等，依照有关法律、行政法规的规定。

第六百四十五条　拍卖的当事人的权利和义务以及拍卖程序等，依照有关法律、行政法规的规定。

第六百四十六条　法律对其他有偿合同有规定的，依照其规定；没有规定的，参照适用买卖合同的有关规定。

第六百四十七条　当事人约定易货交易，转移标的物的所有权的，参照适用买卖合同的有关规定。

3.《最高人民法院关于审理买卖合同纠纷案件适用法律问题的解释》(2020年修正)

第一条　当事人之间没有书面合同，一方以送货单、收货单、结算单、发票等主张存在买卖合同关系的，人民法院应当结合当事人之间的交易方式、交易习惯以及其他相关证据，对买卖合同是否成立作出认定。

对账确认函、债权确认书等函件、凭证没有记载债权人名称，买卖合同当事人一方以此证明存在买卖合同关系的，人民法院应予支持，但有相反证据足以推翻的除外。

第二条　标的物为无需以有形载体交付的电子信息产品，当事人对交付方式约定不明确，且依照民法典第五百一十条的规定仍不能确定的，买受人收到约定的电子信息产品或者权利凭证即为交付。

第三条　根据民法典第六百二十九条的规定，买受人拒绝接收多交部分标的物的，可以代为保管多交部分标的物。买受人主张出卖人负担代为保管期间的合理费用的，人民法院应予支持。

买受人主张出卖人承担代为保管期间非因买受人故意或者重大过失造成的损失的，人民法院应予支持。

第四条　民法典第五百九十九条规定的“提取标的物单证以外的有关单证和资料”，主要应当包括保险单、保修单、普通发票、增值税专用发票、产品合格证、质量保证书、质量鉴定书、品质检验证书、产品进出口检疫书、原产地证明书、使用说明书、装箱单等。

第五条 出卖人仅以增值税专用发票及税款抵扣资料证明其已履行交付标的物义务，买受人不认可的，出卖人应当提供其他证据证明交付标的物的事实。

合同约定或者当事人之间习惯以普通发票作为付款凭证，买受人以普通发票证明已经履行付款义务的，人民法院应予支持，但有相反证据足以推翻的除外。

第六条 出卖人就同一普通动产订立多重买卖合同，在买卖合同均有效的情况下，买受人均要求实际履行合同的，应当按照以下情形分别处理：

（一）先行受领交付的买受人请求确认所有权已经转移的，人民法院应予支持；

（二）均未受领交付，先行支付价款的买受人请求出卖人履行交付标的物等合同义务的，人民法院应予支持；

（三）均未受领交付，也未支付价款，依法成立在先合同的买受人请求出卖人履行交付标的物等合同义务的，人民法院应予支持。

第七条 出卖人就同一船舶、航空器、机动车等特殊动产订立多重买卖合同，在买卖合同均有效的情况下，买受人均要求实际履行合同的，应当按照以下情形分别处理：

（一）先行受领交付的买受人请求出卖人履行办理所有权转移登记手续等合同义务的，人民法院应予支持；

（二）均未受领交付，先行办理所有权转移登记手续的买受人请求出卖人履行交付标的物等合同义务的，人民法院应予支持；

（三）均未受领交付，也未办理所有权转移登记手续，依法成立在先合同的买受人请求出卖人履行交付标的物和办理所有权转移登记手续等合同义务的，人民法院应予支持；

（四）出卖人将标的物交付给买受人之一，又为其他买受人办理所有权转移登记，已受领交付的买受人请求将标的物所有权登记在自己名下的，人民法院应予支持。

第八条 民法典第六百零三条第二款第一项规定的“标的物需要运输的”，是指标的物由出卖人负责办理托运，承运人系独立于买卖合同当事人之外的运输业者的情形。标的物毁损、灭失的风险负担，按照民法典第六百零七条第二款的规定处理。

第九条　出卖人根据合同约定将标的物运送至买受人指定地点并交付给承运人后，标的物毁损、灭失的风险由买受人负担，但当事人另有约定的除外。

第十条　出卖人出卖交由承运人运输的在途标的物，在合同成立时知道或者应当知道标的物已经毁损、灭失却未告知买受人，买受人主张出卖人负担标的物毁损、灭失的风险的，人民法院应予支持。

第十一条　当事人对风险负担没有约定，标的物为种类物，出卖人未以装运单据、加盖标记、通知买受人等可识别的方式清楚地将标的物特定于买卖合同，买受人主张不负担标的物毁损、灭失的风险的，人民法院应予支持。

第十二条　人民法院具体认定民法典第六百二十一条第二款规定的“合理期限”时，应当综合当事人之间的交易性质、交易目的、交易方式、交易习惯、标的物的种类、数量、性质、安装和使用情况、瑕疵的性质、买受人应尽的合理注意义务、检验方法和难易程度、买受人或者检验人所处的具体环境、自身技能以及其他合理因素，依据诚实信用原则进行判断。

民法典第六百二十一条第二款规定的“二年”是最长的合理期限。该期限为不变期间，不适用诉讼时效中止、中断或者延长的规定。

第十三条　买受人在合理期限内提出异议，出卖人以买受人已经支付价款、确认欠款数额、使用标的物等为由，主张买受人放弃异议的，人民法院不予支持，但当事人另有约定的除外。

第十四条　民法典第六百二十一条规定的检验期限、合理期限、二年期限经过后，买受人主张标的物的数量或者质量不符合约定的，人民法院不予支持。

出卖人自愿承担违约责任后，又以上述期限经过为由翻悔的，人民法院不予支持。

第十五条　买受人依约保留部分价款作为质量保证金，出卖人在质量保证期未及时解决质量问题而影响标的物的价值或者使用效果，出卖人主张支付该部分价款的，人民法院不予支持。

第十六条　买受人在检验期限、质量保证期、合理期限内提出质量异议，出卖人未按要求予以修理或者因情况紧急，买受人自行或者通过第三人修理标的物后，主张出卖人负担因此发生的合理费用的，人民法院应予支持。

第十七条　标的物质量不符合约定，买受人依照民法典第五百八十二条的规定要求减少价款的，人民法院应予支持。当事人主张以符合约定的标的物和实际交付的标的物按交付时的市场价值计算差价的，人民法院应予支持。

价款已经支付，买受人主张返还减价后多出部分价款的，人民法院应予支持。

第十八条　买卖合同对付款期限作出的变更，不影响当事人关于逾期付款违约金的约定，但该违约金的起算点应当随之变更。

买卖合同约定逾期付款违约金，买受人以出卖人接受价款时未主张逾期付款违约金为由拒绝支付该违约金的，人民法院不予支持。

买卖合同约定逾期付款违约金，但对账单、还款协议等未涉及逾期付款责任，出卖人根据对账单、还款协议等主张欠款时请求买受人依约支付逾期付款违约金的，人民法院应予支持，但对账单、还款协议等明确载有本金及逾期付款利息数额或者已经变更买卖合同中关于本金、利息等约定内容的除外。

买卖合同没有约定逾期付款违约金或者该违约金的计算方法，出卖人以买受人违约为由主张赔偿逾期付款损失，违约行为发生在2019年8月19日之前的，人民法院可以中国人民银行同期同类人民币贷款基准利率为基础，参照逾期罚息利率标准计算；违约行为发生在2019年8月20日之后的，人民法院可以违约行为发生时中国人民银行授权全国银行间同业拆借中心公布的一年期贷款市场报价利率(LPR)标准为基础，加计30～50%计算逾期付款损失。

第十九条　出卖人没有履行或者不当履行从给付义务，致使买受人不能实现合同目的，买受人主张解除合同的，人民法院应当根据民法典第五百六十三条第一款第四项的规定，予以支持。

第二十条　买卖合同因违约而解除后，守约方主张继续适用违约金条款的，人民法院应予支持；但约定的违约金过分高于造成的损失的，人民法院可以参照民法典第五百八十五条第二款的规定处理。

第二十一条　买卖合同当事人一方以对方违约为由主张支付违约金，对方以合同不成立、合同未生效、合同无效或者不构成违约等为由进行免责抗辩而未主张调整过高的违约金的，人民法院应当就法院若不支持免责抗辩，当事人是否需要主张调整违约金进行释明。

一审法院认为免责抗辩成立且未予释明，二审法院认为应当判决支付违约金的，可以直接释明并改判。

第二十二条　买卖合同当事人一方违约造成对方损失，对方主张赔偿可得利益损失的，人民法院在确定违约责任范围时，应当根据当事人的主张，依据民法典第五百八十四条、第五百九十一条、第五百九十二条、本解释第二十三条等规定进行认定。

第二十三条　买卖合同当事人一方因对方违约而获有利益，违约方主张从损失赔偿额中扣除该部分利益的，人民法院应予支持。

第二十四条　买受人在缔约时知道或者应当知道标的物质量存在瑕疵，主张出卖人承担瑕疵担保责任的，人民法院不予支持，但买受人在缔约时不知道该瑕疵会导致标的物的基本效用显著降低的除外。

第二十五条　买卖合同当事人主张民法典第六百四十一条关于标的物所有权保留的规定适用于不动产的，人民法院不予支持。

第二十六条　买受人已经支付标的物总价款的百分之七十五以上，出卖人主张取回标的物的，人民法院不予支持。

在民法典第六百四十二条第一款第三项情形下，第三人依据民法典第三百一十一条的规定已经善意取得标的物所有权或者其他物权，出卖人主张取回标的物的，人民法院不予支持。

第二十七条　民法典第六百三十四条第一款规定的"分期付款"，系指买受人将应付的总价款在一定期限内至少分三次向出卖人支付。

分期付款买卖合同的约定违反民法典第六百三十四条第一款的规定，损害买受人利益，买受人主张该约定无效的，人民法院应予支持。

第二十八条　分期付款买卖合同约定出卖人在解除合同时可以扣留已受领价金，出卖人扣留的金额超过标的物使用费以及标的物受损赔偿额，买受人请求返还超过部分的，人民法院应予支持。

当事人对标的物的使用费没有约定的，人民法院可以参照当地同类标的物的租金标准确定。

第二十九条　合同约定的样品质量与文字说明不一致且发生纠纷时当事人不能达成合意，样品封存后外观和内在品质没有发生变化的，人民法院应当以样品为准；外观和内在品质发生变化，或者当事人对是否发生变化有争议而又无法查明的，人民法院应当以文字说明为准。

第三十条　买卖合同存在下列约定内容之一的，不属于试用买卖。买受人主张属于试用买卖的，人民法院不予支持：

（一）约定标的物经过试用或者检验符合一定要求时，买受人应当购买标的物；

（二）约定第三人经试验对标的物认可时，买受人应当购买标的物；

（三）约定买受人在一定期限内可以调换标的物；

（四）约定买受人在一定期限内可以退还标的物。

第三十一条　出卖人履行交付义务后诉请买受人支付价款，买受人以出卖人违约在先为由提出异议的，人民法院应当按照下列情况分别处理：

（一）买受人拒绝支付违约金、拒绝赔偿损失或者主张出卖人应当采取减少价款等补救措施的，属于提出抗辩；

（二）买受人主张出卖人应支付违约金、赔偿损失或者要求解除合同的，应当提起反诉。

第三十二条　法律或者行政法规对债权转让、股权转让等权利转让合同有规定的，依照其规定；没有规定的，人民法院可以根据民法典第四百六十七条和第六百四十六条的规定，参照适用买卖合同的有关规定。

权利转让或者其他有偿合同参照适用买卖合同的有关规定的，人民法院应当首先引用民法典第六百四十六条的规定，再引用买卖合同的有关规定。

第三十三条　本解释施行前本院发布的有关购销合同、销售合同等有偿转移标的物所有权的合同的规定，与本解释抵触的，自本解释施行之日起不再适用。

本解释施行后尚未终审的买卖合同纠纷案件，适用本解释；本解释施行前已经终审，当事人申请再审或者按照审判监督程序决定再审的，不适用本解释。

4.《全国法院贯彻实施民法典工作会议纪要》（2021年）

11.民法典第五百八十五条第二款规定的损失范围应当按照民法典第五百八十四条规定确定，包括合同履行后可以获得的利益，但不得超过违约一方订立合同时预见到或者应当预见到的因违约可能造成的损失。

当事人请求人民法院增加违约金的，增加后的违约金数额以不超过民法典第五百八十四条规定的损失为限。增加违约金以后，当事人又请求对方赔偿损失的，人民法院不予支持。

当事人请求人民法院减少违约金的，人民法院应当以民法典第五百八十四条规定的损失为基础，兼顾合同的履行情况、当事人的过错程度等综合因素，根据公平原则和诚信原则予以衡量，并作出裁判。约定的违约金超过根据民法典第五百八十四条规定确定的损失的百分之三十的，一般可以认定为民法典第五百八十五条第二款规定的“过分高于造成的损失”。当事人主张约定的违约金过高请求予以适当减少的，应当承担举证责任；相对人主张违约金约定合理的，也应提供相应的证据。

民事诉讼类文书范本之6：民事起诉状（商品房预售合同纠纷）

民事起诉状

原告：×××，男，汉族，××××年×月×日出生，住××省××县××镇××路××号，身份证号码×××××××。联系电话：×××××。

被告：××市××房地产开发有限公司，住所地××市××区××路××号，统一社会信用代码×××××××。联系电话：××××××。

法定代表人：×××，该公司执行董事。

诉讼请求：(1)判令被告从2020年7月1日起直至位于××市××区××路××号×××小区×－×－×××号的房屋符合合同约定的交付条件并交付给原告之日止以836,118元为基数按日万分之二向原告支付逾期交房违约金；(2)判令被告承担本案的受理费、保全费。

事实与理由：位于××市××区××路××号×××小区系被告投资开发。2018年9月3日，原告和被告签订《商品房买卖合同》（预售）一份，合同约定原告购买该小区×－×－×××号房屋，房屋总价款为836,118元，付款方式为首付436,118元，剩余40万元按揭贷款。合同第九条“商品房交付条件”约定：“该商品房交付时应当符合下列第1、2项所列条件：1.该商品房已取得建设工程竣工验收备案证明文件；2.该商品房已取得房屋测绘报告。该商品房为住宅的，出卖人还须提供《住宅使用说明书》和《住宅质量保证书》。”合同第十一条“交付时间和手续”约定：“出卖人应当在2020年6月30日前向买受人交付该商品房。”“该商品房达到第九条、第十条约定的交付条件后，出卖人应当在交付日期届满前10日（不少于10日）将查验房屋的时间、办理交付手续的时间地点以及应当携带的证件材料的通知书面送达买受人。”“交付该商品房时，出卖人应当出示满足第九条约定的证明文件。出卖人不出示证明文件或者出示的证明文件不齐全，不能满足第九条约定条件的，买受人有权拒绝接收，由此产生的逾期交付责任由出卖人承担，并按照第十二条处理。”合同第十二条约定，出卖人逾期交房的，“出卖人按日计算向买受人支付全部房价款万分之二的违约金”。合同签订后，原告如期将首付款436,118元支付给了被告，剩余房款40万元也如期办理了按揭贷款。但是，合同约定的交房期限届满后，被告出售给原告的房屋仍未达到交付标准。经查，截至原告起诉时，该商品房还未取得建设工程竣工验收备案证明文件和房屋测绘报告，不符合合同约定的交房条件。

上述事实有原被告签订的《商品房买卖合同》(预售)、首付款付款凭证、贷款合同等证据为证。

原告认为，原告与被告之间系商品房预售合同关系。被告出卖给原告的房屋在合同约定的交付日期届满后，仍不符合合同约定的交付条件，被告的行为属违约行为，根据《民法典》第五百七十七条、第五百八十五条等有关法律的规定，被告应当承担支付逾期交房违约金等违约责任。为了维护原告的合法权益，特诉诸贵院，请贵院依法支持原告的诉讼请求。

此致

××市××区人民法院

起诉人：

年　月　日

《民事起诉状》(商品房预售合同纠纷)精细化写作要领

1.格式上要符合要求。内容参见《民事起诉状》(离婚纠纷)精细化写作要领。

2.当事人信息，特别是被告信息要准确、完整。内容参见《民事起诉状》(民间借贷纠纷)精细化写作要领。

3.“诉讼请求”部分是整个民事起诉状的核心，要反复推敲，做到表达准确，没有漏项、漏算，项项都要有依据。商品房预售合同纠纷案件中，买受人作为原告时，常见的诉讼请求有要求出卖人返还定金、支付逾期交房违约金、支付逾期办证违约金、解除合同、交付房屋、赔偿损失、承担修复责任等。出卖人作为原告时，常见的诉讼请求有要求买受人支付购房款、支付逾期付款违约金、解除合同等。具体的诉讼请求要根据案件情况而定，在表述上要与《民法典》《最高人民法院关于审理商品房买卖合同纠纷案件适用法律若干问题的解释》的规定保持一致。比如，如果将"返还定金"写成"退还定金"，就不规范。将"支付逾期交房违约金"写成"赔偿逾期交房违约金"，也不严谨。

商品房预售合同纠纷案件中，"诉讼请求"部分的项目一般不多，在书写民事起诉状的时需要注意的是，在主张逾期交房违约金、支付逾期办证违约金、逾期付款违约金时，不能只计算到起诉之日，要一直主张到被告实际履行之日。

"诉讼请求"部分，还应当注意的是每一项诉讼请求都要有相应的法律、司法解释等依据来支撑。如果没有相应的法律依据，提出的诉讼请求有可能被驳回。商品房预售合同纠纷案件中，可能会出现出卖人迟延交付房屋，买受人迟延支付购房款或者迟延办理按揭贷款手续等情况，此时如果另一方起诉要求解除合同，就必须在法律规定的期限提起诉讼，超出期限后再提可能就得不到支持。因为《民法典》第五百六十四条规定："法律规定或者当事人约定解除权行使期限，期限届满当事人不行使的，该权利消灭。法律没有规定或者当事人没有约定解除权行使期限，自解除权人知道或者应当知道解除事由之日起一年内不行使，或者经对方催告后在合理期限内不行使的，该权利消灭。"《最高人民法院关于审理商品房买卖合同纠纷案件适用法律若干问题的解释》第十一条也规定："根据民法典第五百六十三条的规定，出卖人迟延交付房屋或者买受人迟延支付购房款，经催告后在三个月的合理期限内仍未履行，解除权人请求解除合同的，应予支持，但当事人另有约定的除外。法律没有规定或者当事人没有约定，经对方当事人催告后，解除权行使的合理期限为三个月。对方当事人没有催告的，解除权人自知道或者应当知道解除事由之日起一年内行使。逾期不行使的，解除权消灭。"

4."事实与理由"部分是民事起诉状的重点，这部分的任务是通过阐述事实，引用证据和适用法律，让法院支持本方的诉讼请求。"事实与理由"部分形式上一般用"三段论"：第一段写事实，对于商品房预售合同纠纷，首先要写明双方签订合同的时间以及买卖房屋的位置、房号、价款、支付方式等。其次要摘录与诉讼请求有关的合同内容，如合同约定的房屋交付标准、交付时间、付款时间、违约责任等。最后要写明本方履行情况、被告违约情况。第二段写证据，列明证明上述事实的证据。商品房预售合同纠纷案件中，原告方的证据一般有《商品房预售合同》、付款凭证等，但要根据具体情况来梳理。第三段写理由，一般先介绍双方之间的法律关系，再简要概括被告的违约情况，然后引用法律、司法解释具体条文，写明被告应承担的责任。但不能只写“根据有关规定”这样笼统的表述，无法体现出专业度。商品房预售合同纠纷案件中，具体法律依据有《民法典》第五百六十三条、第五百六十五条、第五百六十六条、第五百七十七条、第五百七十九条、五百八十条和《最高人民法院关于审理商品房买卖合同纠纷案件适用法律若干问题的解释》的相关条文。具体适用哪些条文要根据案件的实际情况来判断，但与之相关的法律规定要尽可能地列全，以方便法院判决。

“事实与理由”部分，在内容上要紧紧围绕诉讼请求，精雕细琢，言简意赅，一字不多也一字不少。不能写得过于简单，让人看不出据以支持诉讼请求的事实与理由。原则上，与诉讼请求有关的事实和理由都要写上，但也不能长篇大论，事无巨细和盘托出，对诉讼请求没有影响的事实可以不写。

附：相关规定

1.《中华人民共和国民事诉讼法》(2023 年修正)

第一百二十四条　起诉状应当记明下列事项：

(一)原告的姓名、性别、年龄、民族、职业、工作单位、住所、联系方式，法人或者其他组织的名称、住所和法定代表人或者主要负责人的姓名、职务、联系方式；

(二)被告的姓名、性别、工作单位、住所等信息，法人或者其他组织的名称、住所等信息；

(三)诉讼请求和所根据的事实与理由；

(四)证据和证据来源，证人姓名和住所。

2.《中华人民共和国民法典》(2020 年)

第五百六十三条　有下列情形之一的，当事人可以解除合同：

(一)因不可抗力致使不能实现合同目的；

(二)在履行期限届满前，当事人一方明确表示或者以自己的行为表明不履行主要债务；

（三）当事人一方迟延履行主要债务，经催告后在合理期限内仍未履行；

（四）当事人一方迟延履行债务或者有其他违约行为致使不能实现合同目的；

（五）法律规定的其他情形。

以持续履行的债务为内容的不定期合同，当事人可以随时解除合同，但是应当在合理期限之前通知对方。

第五百六十四条 法律规定或者当事人约定解除权行使期限，期限届满当事人不行使的，该权利消灭。

法律没有规定或者当事人没有约定解除权行使期限，自解除权人知道或者应当知道解除事由之日起一年内不行使，或者经对方催告后在合理期限内不行使的，该权利消灭。

第五百六十五条 当事人一方依法主张解除合同的，应当通知对方。合同自通知到达对方时解除；通知载明债务人在一定期限内不履行债务则合同自动解除，债务人在该期限内未履行债务的，合同自通知载明的期限届满时解除。对方对解除合同有异议的，任何一方当事人均可以请求人民法院或者仲裁机构确认解除行为的效力。

当事人一方未通知对方，直接以提起诉讼或者申请仲裁的方式依法主张解除合同，人民法院或者仲裁机构确认该主张的，合同自起诉状副本或者仲裁申请书副本送达对方时解除。

第五百六十六条 合同解除后，尚未履行的，终止履行；已经履行的，根据履行情况和合同性质，当事人可以请求恢复原状或者采取其他补救措施，并有权请求赔偿损失。

合同因违约解除的，解除权人可以请求违约方承担违约责任，但是当事人另有约定的除外。

主合同解除后，担保人对债务人应当承担的民事责任仍应当承担担保责任，但是担保合同另有约定的除外。

第五百七十七条 当事人一方不履行合同义务或者履行合同义务不符合约定的，应当承担继续履行、采取补救措施或者赔偿损失等违约责任。

第五百七十八条 当事人一方明确表示或者以自己的行为表明不履行合同义务的，对方可以在履行期限届满前请求其承担违约责任。

第五百七十九条　当事人一方未支付价款、报酬、租金、利息，或者不履行其他金钱债务的，对方可以请求其支付。

第五百八十条　当事人一方不履行非金钱债务或者履行非金钱债务不符合约定的，对方可以请求履行，但是有下列情形之一的除外：

（一）法律上或者事实上不能履行；

（二）债务的标的不适于强制履行或者履行费用过高；

（三）债权人在合理期限内未请求履行。

有前款规定的除外情形之一，致使不能实现合同目的的，人民法院或者仲裁机构可以根据当事人的请求终止合同权利义务关系，但是不影响违约责任的承担。

3.《中华人民共和国城市房地产管理法》（2019年修正）

第二十七条　房地产开发项目的设计、施工，必须符合国家的有关标准和规范。

房地产开发项目竣工，经验收合格后，方可交付使用。

4.《中华人民共和国建筑法》（2019年修正）

第六十一条　交付竣工验收的建筑工程，必须符合规定的建筑工程质量标准，有完整的工程技术经济资料和经签署的工程保修书，并具备国家规定的其他竣工条件。

建筑工程竣工经验收合格后，方可交付使用；未经验收或者验收不合格的，不得交付使用。

5.《最高人民法院关于审理商品房买卖合同纠纷案件适用法律若干问题的解释》（2020年修正）

第一条　本解释所称的商品房买卖合同，是指房地产开发企业（以下统称为出卖人）将尚未建成或者已竣工的房屋向社会销售并转移房屋所有权于买受人，买受人支付价款的合同。

第二条　出卖人未取得商品房预售许可证明，与买受人订立的商品房预售合同，应当认定无效，但是在起诉前取得商品房预售许可证明的，可以认定有效。

第三条　商品房的销售广告和宣传资料为要约邀请，但是出卖人就商品房开发规划范围内的房屋及相关设施所作的说明和允诺具体确定，并对商品房买卖合同的订立以及房屋价格的确定有重大影响的，构成要约。该说明和允诺即使未载入商品房买卖合同，亦应当为合同内容，当事人违反的，应当承担违约责任。

第四条　出卖人通过认购、订购、预订等方式向买受人收受定金作为订立商品房买卖合同担保的，如果因当事人一方原因未能订立商品房买卖合同，应当按照法律关于定金的规定处理；因不可归责于当事人双方的事由，导致商品房买卖合同未能订立的，出卖人应当将定金返还买受人。

第五条　商品房的认购、订购、预订等协议具备《商品房销售管理办法》第十六条规定的商品房买卖合同的主要内容，并且出卖人已经按照约定收受购房款的，该协议应当认定为商品房买卖合同。

第六条　当事人以商品房预售合同未按照法律、行政法规规定办理登记备案手续为由，请求确认合同无效的，不予支持。

当事人约定以办理登记备案手续为商品房预售合同生效条件的，从其约定，但当事人一方已经履行主要义务，对方接受的除外。

第七条　买受人以出卖人与第三人恶意串通，另行订立商品房买卖合同并将房屋交付使用，导致其无法取得房屋为由，请求确认出卖人与第三人订立的商品房买卖合同无效的，应予支持。

第八条　对房屋的转移占有，视为房屋的交付使用，但当事人另有约定的除外。

房屋毁损、灭失的风险，在交付使用前由出卖人承担，交付使用后由买受人承担；买受人接到出卖人的书面交房通知，无正当理由拒绝接收的，房屋毁损、灭失的风险自书面交房通知确定的交付使用之日起由买受人承担，但法律另有规定或者当事人另有约定的除外。

第九条　因房屋主体结构质量不合格不能交付使用，或者房屋交付使用后，房屋主体结构质量经核验确属不合格，买受人请求解除合同和赔偿损失的，应予支持。

第十条　因房屋质量问题严重影响正常居住使用，买受人请求解除合同和赔偿损失的，应予支持。

交付使用的房屋存在质量问题，在保修期内，出卖人应当承担修复责任；出卖人拒绝修复或者在合理期限内拖延修复的，买受人可以自行或者委托他人修复。修复费用及修复期间造成的其他损失由出卖人承担。

第十一条　根据民法典第五百六十三条的规定，出卖人迟延交付房屋或者买受人迟延支付购房款，经催告后在三个月的合理期限内仍未履行，解除权人请求解除合同的，应予支持，但当事人另有约定的除外。

法律没有规定或者当事人没有约定，经对方当事人催告后，解除权行使的合理期限为三个月。对方当事人没有催告的，解除权人自知道或者应当知道解除事由之日起一年内行使。逾期不行使的，解除权消灭。

第十二条　当事人以约定的违约金过高为由请求减少的，应当以违约金超过造成的损失30%为标准适当减少；当事人以约定的违约金低于造成的损失为由请求增加的，应当以违约造成的损失确定违约金数额。

第十三条　商品房买卖合同没有约定违约金数额或者损失赔偿额计算方法，违约金数额或者损失赔偿额可以参照以下标准确定：

逾期付款的，按照未付购房款总额，参照中国人民银行规定的金融机构计收逾期贷款利息的标准计算。

逾期交付使用房屋的，按照逾期交付使用房屋期间有关主管部门公布或者有资格的房地产评估机构评定的同地段同类房屋租金标准确定。

第十四条　由于出卖人的原因，买受人在下列期限届满未能取得不动产权属证书的，除当事人有特殊约定外，出卖人应当承担违约责任：

（一）商品房买卖合同约定的办理不动产登记的期限；

（二）商品房买卖合同的标的物为尚未建成房屋的，自房屋交付使用之日起90日；

（三）商品房买卖合同的标的物为已竣工房屋的，自合同订立之日起90日。

合同没有约定违约金或者损失数额难以确定的，可以按照已付购房款总额，参照中国人民银行规定的金融机构计收逾期贷款利息的标准计算。

第十五条　商品房买卖合同约定或者《城市房地产开发经营管理条例》第三十二条规定的办理不动产登记的期限届满后超过一年，由于出卖人的原因，导致买受人无法办理不动产登记，买受人请求解除合同和赔偿损失的，应予支持。

第十六条　出卖人与包销人订立商品房包销合同，约定出卖人将其开发建设的房屋交由包销人以出卖人的名义销售的，包销期满未销售的房屋，由包销人按照合同约定的包销价格购买，但当事人另有约定的除外。

第十七条　出卖人自行销售已经约定由包销人包销的房屋，包销人请求出卖人赔偿损失的，应予支持，但当事人另有约定的除外。

第十八条　对于买受人因商品房买卖合同与出卖人发生的纠纷，人民法院应当通知包销人参加诉讼；出卖人、包销人和买受人对各自的权利义务有明确约定的，按照约定的内容确定各方的诉讼地位。

第十九条　商品房买卖合同约定，买受人以担保贷款方式付款、因当事人一方原因未能订立商品房担保贷款合同并导致商品房买卖合同不能继续履行的，对方当事人可以请求解除合同和赔偿损失。因不可归责于当事人双方的事由未能订立商品房担保贷款合同并导致商品房买卖合同不能继续履行的，当事人可以请求解除合同，出卖人应当将收受的购房款本金及其利息或者定金返还买受人。

第二十条　因商品房买卖合同被确认无效或者被撤销、解除，致使商品房担保贷款合同的目的无法实现，当事人请求解除商品房担保贷款合同的，应予支持。

第二十一条　以担保贷款为付款方式的商品房买卖合同的当事人一方请求确认商品房买卖合同无效或者撤销、解除合同的，如果担保权人作为有独立请求权第三人提出诉讼请求，应当与商品房担保贷款合同纠纷合并审理；未提出诉讼请求的，仅处理商品房买卖合同纠纷。担保权人就商品房担保贷款合同纠纷另行起诉的，可以与商品房买卖合同纠纷合并审理。

商品房买卖合同被确认无效或者被撤销、解除后，商品房担保贷款合同也被解除的，出卖人应当将收受的购房贷款和购房款的本金及利息分别返还担保权人和买受人。

第二十二条　买受人未按照商品房担保贷款合同的约定偿还贷款，亦未与担保权人办理不动产抵押登记手续，担保权人起诉买受人，请求处分商品房买卖合同项下买受人合同权利的，应当通知出卖人参加诉讼；担保权人同时起诉出卖人时，如果出卖人为商品房担保贷款合同提供保证的，应当列为共同被告。

第二十三条　买受人未按照商品房担保贷款合同的约定偿还贷款，但是已经取得不动产权属证书并与担保权人办理了不动产抵押登记手续，抵押权人请求买受人偿还贷款或者就抵押的房屋优先受偿的，不应当追加出卖人为当事人，但出卖人提供保证的除外。

第二十四条　本解释自2003年6月1日起施行。

《中华人民共和国城市房地产管理法》施行后订立的商品房买卖合同发生的纠纷案件，本解释公布施行后尚在一审、二审阶段的，适用本解释。

《中华人民共和国城市房地产管理法》施行后订立的商品房买卖合同发生的纠纷案件，在本解释公布施行前已经终审，当事人申请再审或者按照审判监督程序决定再审的，不适用本解释。

《中华人民共和国城市房地产管理法》施行前发生的商品房买卖行为，适用当时的法律、法规和《最高人民法院〈关于审理房地产管理法施行前房地产开发经营案件若干问题的解答〉》。

民事诉讼类文书范本之7：民事起诉状（建设工程施工合同纠纷）

民事起诉状

原告：××市××建设有限公司，住所地××省××市××××××，统一社会信用代码××××××，联系电话：××××××。

法定代表人：×××，执行董事。

被告：××市老年产业发展有限公司，住所地××市××县××××××，统一社会信用代码××××××，联系电话：××××××。

法定代表人：×××，执行董事。

诉讼请求：(1)判令被告××市老年产业发展有限公司支付拖欠原告的工程价款××万元；(2)判令被告支付以拖欠的工程价款××万元为基数从××××年×月×日起直至付清之日止按月利率10%计算的利息和损失。

事实与理由：××××年×月×日，原告与被告××市老年产业发展有限公司签订《建设工程施工合同》，合同约定被告的××××一期工程由原告承包施工，合同价款据实结算，按节点支付。此后，原告按合同要求完成了全部工程量，经被告验收合格并交付给了被告。其间由于被告资金问题，工程多次停工。××××年×月×日，被告与原告签订《补充协议书》，约定对拖欠的工程款从××××年×月×日起按照月利率10%计算利息和损失赔偿额，作为对原告的补偿。经原告初步核算，截至原告起诉时，被告尚拖欠原告工程价款××万元。

上述事实，有原被告签订的《建设工程施工合同》《补充协议书》等证据为证。

原告认为，原告和被告之间系建设工程施工合同关系。原告按合同要求实际完成了全部工程量，工程经被告验收合格并已经交付给了被告。根据《民法典》第五百七十七条、第五百八十五条、第七百九十九条和《最高人民法院关于审理建设施工合同纠纷案件适用法律问题的解释》(一)第二十六条等有关法律和司法解释的规定,被告应当向原告结算支付拖欠的工程价款及利息、损失。为了维护原告的合法权益,特诉诸贵院,请贵院依法支持原告的诉讼请求。

此致

××市××区人民法院

起诉人:

年 月 日

《民事起诉状》(建设工程施工合同纠纷)精细化写作要领

1. 格式上要符合要求。内容参见《民事起诉状》(离婚纠纷)精细化写作要领。

2. 当事人信息,特别是被告信息要准确、完整。建设工程施工合同纠纷案件中,被告一般是合同的相对方,如果存在保证人以及负有连带清偿责任的第三人,都要将其列为被告。除此之外,建设工程如果存在转包、违法分包情形的,根据《最高人民法院关于审理建设施工合同纠纷案件适用法律问题的解释(一)》第四十三条的规定,实际施工人作为原告起诉的,可以以转包人、违法分包人为被告。如果发包人欠付转包人或者违法分包人建设工程价款的,也可以将发包人一并列为被告,要求发包人在欠付建设工程价款范围内承担责任。

3. "诉讼请求"部分是整个民事起诉状的核心,要反复推敲,做到表达准确,没有漏项、漏算,项项有依据。"诉讼请求"部分要做到用语与法律、司法解释的规定保持一致。比如,根据《最高人民法院关于审理建设施工合同纠纷案件适用法律问题的解释(一)》第一条、第二条的规定,承包人未取得建筑业企业资质或者超越资质等级、没有资质的实际施工人借用有资质的建筑施工企业名义、建设工程必须进行招标而未招标或者中标无效以及承包人因转包、违法分包建设工程与他人签订的建设工程施工合同,应当认定为无效合同。根据《民法典》第七百九十三条的规定,建设工程施工合同无效,但是建设工程经验收合格的,可以参照合同关于工程价款的约定折价补偿承包人。那么在这种情况下,原告在起诉时的诉讼请求应表述为"折价补偿费用",而不能表述为"工程价款"。

“诉讼请求”部分，需要注意的是不能有漏项。基于“不告不理”的民事诉讼原则，如果可以主张的项目、费用没有列入诉讼请求，法院是不可能判决的。因此，根据事实、证据和法律，能请求的事项和费用，一定都要在诉讼请求中列明，方能最大限度地维护当事人的合法权益。在建设工程施工合同纠纷案件中，作为承包人的原告，除可以要求支付工程价款外，还可以根据《最高人民法院关于审理建设工程施工合同纠纷案件适用法律问题的解释（一）》第二十六条、第二十七条的规定，要求被告支付欠付工程价款的利息。如果发包人存在未按照约定的时间和要求提供原材料、设备、场地、资金、技术资料造成承包人停工、窝工，或者因发包人的原因致使工程中途停建、缓建的，承包人还可以请求发包人赔偿停工、窝工、倒运、机械设备调迁、材料和构件积压等损失和实际费用。在建设工程施工合同纠纷案件中，还需要注意的是，如果承包人作为原告起诉被告支付工程价款，若能够主张建设工程价款优先受偿权，尽量要在诉讼请求中一并提出。

“诉讼请求”部分，还应当注意的是每一项诉讼请求都要有相应的法律、司法解释等依据作为支撑。法官判案时必须引用法律条文来佐证观点，哪怕只是引用《民法典》总则的条文，也必不能少。具体做法是，在书写起诉状前，先梳理案件事实，根据案件事实考虑本方可以提出的诉讼请求，然后找出能够支持本方诉讼请求的具体法律条文，根据法律条文提出相应的诉讼请求。

4.“事实与理由”部分是民事起诉状的重点，这部分任务主要是通过阐述事实，引用证据和适用法律，让法院支持本方的诉讼请求。“事实与理由”部分形式上一般采用“三段论”：第一段写事实，在建设工程施工合同纠纷案件中，首先要写明双方在何年何月何日签订了建设工程施工合同，其次要摘录合同中与诉讼请求有关的主要内容，最后要写明合同签订后双方的履行情况，如果签订有补充协议的，要写明补充协议的签订情况及与诉讼请求有关的主要内容。第二段写证据，论述上述事实主要由什么证据来证明，建设工程施工合同中的证据主要有建设工程施工合同、补充协议、工程竣工验收报告、结算单等证据，要根据具体情况来写。第三段写理由，一般要先写明双方之间的法律关系，然后结合前述被告存在的违约事实，通过引用具体的法律依据，论证被告应承担的各项责任。这一部分不能只写“根据相关法律规定”这样笼统的表述，体现不出专业度。建设工程施工合同纠纷案件中，原告一般是要求被告支付工程价款、支付利息或者停工、窝工损失等，相关法律、司法解释依据较多，主要依据有《民法典》第五百七十七条、第五百八十五条、第七百九十九条和《最高人民法院关于审理建设工程施工合同纠纷案件适用法律问题的解释(一)》第二十六条、第二十七条、第三十五条、第三十八条。具体适用哪些条文要根据案件的实际情况来分析,但要尽可能地列全相关法律依据,以方便法院判决。

"事实与理由"部分,在内容上要紧紧围绕诉讼请求,精雕细琢,言简意赅,一字不多也一字不少。不能写得过于简单,让人看不出据以支持诉讼请求的事实与理由。原则上,与诉讼请求有关的事实和理由都要写上,但也不能长篇大论,事无巨细和盘托出,对诉讼请求没有影响的事实可以不写。

附:相关规定

1.《中华人民共和国民事诉讼法》(2023 年修正)

第一百二十四条　起诉状应当记明下列事项:

(一)原告的姓名、性别、年龄、民族、职业、工作单位、住所、联系方式,法人或者其他组织的名称、住所和法定代表人或者主要负责人的姓名、职务、联系方式;

(二)被告的姓名、性别、工作单位、住所等信息,法人或者其他组织的名称、住所等信息;

(三)诉讼请求和所根据的事实与理由;

(四)证据和证据来源,证人姓名和住所。

2.《中华人民共和国民法典》(2020 年)

第五百七十七条　当事人一方不履行合同义务或者履行合同义务不符合约定的,应当承担继续履行、采取补救措施或者赔偿损失等违约责任。

第五百八十五条　当事人可以约定一方违约时应当根据违约情况向对方支付一定数额的违约金,也可以约定因违约产生的损失赔偿额的计算方法。

约定的违约金低于造成的损失的,人民法院或者仲裁机构可以根据当事人的请求予以增加;约定的违约金过分高于造成的损失的,人民法院或者仲裁机构可以根据当事人的请求予以适当减少。

当事人就迟延履行约定违约金的,违约方支付违约金后,还应当履行债务。

第七百八十八条　建设工程合同是承包人进行工程建设,发包人支付价款的合同。

建设工程合同包括工程勘察、设计、施工合同。

第七百八十九条 建设工程合同应当采用书面形式。

第七百九十条 建设工程的招标投标活动,应当依照有关法律的规定公开、公平、公正进行。

第七百九十一条 发包人可以与总承包人订立建设工程合同,也可以分别与勘察人、设计人、施工人订立勘察、设计、施工承包合同。发包人不得将应当由一个承包人完成的建设工程支解成若干部分发包给数个承包人。

总承包人或者勘察、设计、施工承包人经发包人同意,可以将自己承包的部分工作交由第三人完成。第三人就其完成的工作成果与总承包人或者勘察、设计、施工承包人向发包人承担连带责任。承包人不得将其承包的全部建设工程转包给第三人或者将其承包的全部建设工程支解以后以分包的名义分别转包给第三人。

禁止承包人将工程分包给不具备相应资质条件的单位。禁止分包单位将其承包的工程再分包。建设工程主体结构的施工必须由承包人自行完成。

第七百九十二条 国家重大建设工程合同,应当按照国家规定的程序和国家批准的投资计划、可行性研究报告等文件订立。

第七百九十三条 建设工程施工合同无效,但是建设工程经验收合格的,可以参照合同关于工程价款的约定折价补偿承包人。

建设工程施工合同无效,且建设工程经验收不合格的,按照以下情形处理:

(一)修复后的建设工程经验收合格的,发包人可以请求承包人承担修复费用;

(二)修复后的建设工程经验收不合格的,承包人无权请求参照合同关于工程价款的约定折价补偿。

发包人对因建设工程不合格造成的损失有过错的,应当承担相应的责任。

第七百九十四条 勘察、设计合同的内容一般包括提交有关基础资料和概预算等文件的期限、质量要求、费用以及其他协作条件等条款。

第七百九十五条 施工合同的内容一般包括工程范围、建设工期、中间交工工程的开工和竣工时间、工程质量、工程造价、技术资料交付时间、材料和设备供应责任、拨款和结算、竣工验收、质量保修范围和质量保证期、相互协作等条款。

第七百九十六条　建设工程实行监理的,发包人应当与监理人采用书面形式订立委托监理合同。发包人与监理人的权利和义务以及法律责任,应当依照本编委托合同以及其他有关法律、行政法规的规定。

第七百九十七条　发包人在不妨碍承包人正常作业的情况下,可以随时对作业进度、质量进行检查。

第七百九十八条　隐蔽工程在隐蔽以前,承包人应当通知发包人检查。发包人没有及时检查的,承包人可以顺延工程日期,并有权请求赔偿停工、窝工等损失。

第七百九十九条　建设工程竣工后,发包人应当根据施工图纸及说明书、国家颁发的施工验收规范和质量检验标准及时进行验收。验收合格的,发包人应当按照约定支付价款,并接收该建设工程。

建设工程竣工经验收合格后,方可交付使用;未经验收或者验收不合格的,不得交付使用。

第八百条　勘察、设计的质量不符合要求或者未按照期限提交勘察、设计文件拖延工期,造成发包人损失的,勘察人、设计人应当继续完善勘察、设计,减收或者免收勘察、设计费并赔偿损失。

第八百零一条　因施工人的原因致使建设工程质量不符合约定的,发包人有权请求施工人在合理期限内无偿修理或者返工、改建。经过修理或者返工、改建后,造成逾期交付的,施工人应当承担违约责任。

第八百零二条　因承包人的原因致使建设工程在合理使用期限内造成人身损害和财产损失的,承包人应当承担赔偿责任。

第八百零三条　发包人未按照约定的时间和要求提供原材料、设备、场地、资金、技术资料的,承包人可以顺延工程日期,并有权请求赔偿停工、窝工等损失。

第八百零四条　因发包人的原因致使工程中途停建、缓建的,发包人应当采取措施弥补或者减少损失,赔偿承包人因此造成的停工、窝工、倒运、机械设备调迁、材料和构件积压等损失和实际费用。

第八百零五条　因发包人变更计划,提供的资料不准确,或者未按照期限提供必需的勘察、设计工作条件而造成勘察、设计的返工、停工或者修改设计,发包人应当按照勘察人、设计人实际消耗的工作量增付费用。

第八百零六条　承包人将建设工程转包、违法分包的，发包人可以解除合同。

发包人提供的主要建筑材料、建筑构配件和设备不符合强制性标准或者不履行协助义务，致使承包人无法施工，经催告后在合理期限内仍未履行相应义务的，承包人可以解除合同。

合同解除后，已经完成的建设工程质量合格的，发包人应当按照约定支付相应的工程价款；已经完成的建设工程质量不合格的，参照本法第七百九十三条的规定处理。

第八百零七条　发包人未按照约定支付价款的，承包人可以催告发包人在合理期限内支付价款。发包人逾期不支付的，除根据建设工程的性质不宜折价、拍卖外，承包人可以与发包人协议将该工程折价，也可以请求人民法院将该工程依法拍卖。建设工程的价款就该工程折价或者拍卖的价款优先受偿。

第八百零八条　本章没有规定的，适用承揽合同的有关规定。

3.《最高人民法院关于审理建设工程施工合同纠纷案件适用法律问题的解释(一)》(2020年)

第一条　建设工程施工合同具有下列情形之一的，应当依据民法典第一百五十三条第一款的规定，认定无效：

(一)承包人未取得建筑业企业资质或者超越资质等级的；

(二)没有资质的实际施工人借用有资质的建筑施工企业名义的；

(三)建设工程必须进行招标而未招标或者中标无效的。

承包人因转包、违法分包建设工程与他人签订的建设工程施工合同，应当依据民法典第一百五十三条第一款及第七百九十一条第二款、第三款的规定，认定无效。

第二条　招标人和中标人另行签订的建设工程施工合同约定的工程范围、建设工期、工程质量、工程价款等实质性内容，与中标合同不一致，一方当事人请求按照中标合同确定权利义务的，人民法院应予支持。

招标人和中标人在中标合同之外就明显高于市场价格购买承建房产、无偿建设住房配套设施、让利、向建设单位捐赠财物等另行签订合同，变相降低工程价款，一方当事人以该合同背离中标合同实质性内容为由请求确认无效的，人民法院应予支持。

第三条　当事人以发包人未取得建设工程规划许可证等规划审批手续为由，请求确认建设工程施工合同无效的，人民法院应予支持，但发包人在起诉前取得建设工程规划许可证等规划审批手续的除外。

发包人能够办理审批手续而未办理，并以未办理审批手续为由请求确认建设工程施工合同无效的，人民法院不予支持。

第四条　承包人超越资质等级许可的业务范围签订建设工程施工合同，在建设工程竣工前取得相应资质等级，当事人请求按照无效合同处理的，人民法院不予支持。

第五条　具有劳务作业法定资质的承包人与总承包人、分包人签订的劳务分包合同，当事人请求确认无效的，人民法院依法不予支持。

第六条　建设工程施工合同无效，一方当事人请求对方赔偿损失的，应当就对方过错、损失大小、过错与损失之间的因果关系承担举证责任。

损失大小无法确定，一方当事人请求参照合同约定的质量标准、建设工期、工程价款支付时间等内容确定损失大小的，人民法院可以结合双方过错程度、过错与损失之间的因果关系等因素作出裁判。

第七条　缺乏资质的单位或者个人借用有资质的建筑施工企业名义签订建设工程施工合同，发包人请求出借方与借用方对建设工程质量不合格等因出借资质造成的损失承担连带赔偿责任的，人民法院应予支持。

第八条　当事人对建设工程开工日期有争议的，人民法院应当分别按照以下情形予以认定：

（一）开工日期为发包人或者监理人发出的开工通知载明的开工日期；开工通知发出后，尚不具备开工条件的，以开工条件具备的时间为开工日期；因承包人原因导致开工时间推迟的，以开工通知载明的时间为开工日期。

（二）承包人经发包人同意已经实际进场施工的，以实际进场施工时间为开工日期。

（三）发包人或者监理人未发出开工通知，亦无相关证据证明实际开工日期的，应当综合考虑开工报告、合同、施工许可证、竣工验收报告或者竣工验收备案表等载明的时间，并结合是否具备开工条件的事实，认定开工日期。

第九条　当事人对建设工程实际竣工日期有争议的，人民法院应当分别按照以下情形予以认定：

（一）建设工程经竣工验收合格的，以竣工验收合格之日为竣工日期；

（二）承包人已经提交竣工验收报告，发包人拖延验收的，以承包人提交验收报告之日为竣工日期；

（三）建设工程未经竣工验收，发包人擅自使用的，以转移占有建设工程之日为竣工日期。

第十条　当事人约定顺延工期应当经发包人或者监理人签证等方式确认，承包人虽未取得工期顺延的确认，但能够证明在合同约定的期限内向发包人或者监理人申请过工期顺延且顺延事由符合合同约定，承包人以此为由主张工期顺延的，人民法院应予支持。

当事人约定承包人未在约定期限内提出工期顺延申请视为工期不顺延的，按照约定处理，但发包人在约定期限后同意工期顺延或者承包人提出合理抗辩的除外。

第十一条　建设工程竣工前，当事人对工程质量发生争议，工程质量经鉴定合格的，鉴定期间为顺延工期期间。

第十二条　因承包人的原因造成建设工程质量不符合约定，承包人拒绝修理、返工或者改建，发包人请求减少支付工程价款的，人民法院应予支持。

第十三条　发包人具有下列情形之一，造成建设工程质量缺陷，应当承担过错责任：

（一）提供的设计有缺陷；

（二）提供或者指定购买的建筑材料、建筑构配件、设备不符合强制性标准；

（三）直接指定分包人分包专业工程。

承包人有过错的，也应当承担相应的过错责任。

第十四条　建设工程未经竣工验收，发包人擅自使用后，又以使用部分质量不符合约定为由主张权利的，人民法院不予支持；但是承包人应当在建设工程的合理使用寿命内对地基基础工程和主体结构质量承担民事责任。

第十五条　因建设工程质量发生争议的，发包人可以以总承包人、分包人和实际施工人为共同被告提起诉讼。

第十六条　发包人在承包人提起的建设工程施工合同纠纷案件中，以建设工程质量不符合合同约定或者法律规定为由，就承包人支付违约金或者赔偿修理、返工、改建的合理费用等损失提出反诉的，人民法院可以合并审理。

第十七条　有下列情形之一,承包人请求发包人返还工程质量保证金的,人民法院应予支持:

(一)当事人约定的工程质量保证金返还期限届满;

(二)当事人未约定工程质量保证金返还期限的,自建设工程通过竣工验收之日起满二年;

(三)因发包人原因建设工程未按约定期限进行竣工验收的,自承包人提交工程竣工验收报告九十日后当事人约定的工程质量保证金返还期限届满;当事人未约定工程质量保证金返还期限的,自承包人提交工程竣工验收报告九十日后起满二年。

发包人返还工程质量保证金后,不影响承包人根据合同约定或者法律规定履行工程保修义务。

第十八条　因保修人未及时履行保修义务,导致建筑物毁损或者造成人身损害、财产损失的,保修人应当承担赔偿责任。

保修人与建筑物所有人或者发包人对建筑物毁损均有过错的,各自承担相应的责任。

第十九条　当事人对建设工程的计价标准或者计价方法有约定的,按照约定结算工程价款。

因设计变更导致建设工程的工程量或者质量标准发生变化,当事人对该部分工程价款不能协商一致的,可以参照签订建设工程施工合同时当地建设行政主管部门发布的计价方法或者计价标准结算工程价款。

建设工程施工合同有效,但建设工程经竣工验收不合格的,依照民法典第五百七十七条规定处理。

第二十条　当事人对工程量有争议的,按照施工过程中形成的签证等书面文件确认。承包人能够证明发包人同意其施工,但未能提供签证文件证明工程量发生的,可以按照当事人提供的其他证据确认实际发生的工程量。

第二十一条　当事人约定,发包人收到竣工结算文件后,在约定期限内不予答复,视为认可竣工结算文件的,按照约定处理。承包人请求按照竣工结算文件结算工程价款的,人民法院应予支持。

第二十二条　当事人签订的建设工程施工合同与招标文件、投标文件、中标通知书载明的工程范围、建设工期、工程质量、工程价款不一致,一方当事人请求将招标文件、投标文件、中标通知书作为结算工程价款的依据的，人民法院应予支持。

第二十三条　发包人将依法不属于必须招标的建设工程进行招标后，与承包人另行订立的建设工程施工合同背离中标合同的实质性内容，当事人请求以中标合同作为结算建设工程价款依据的，人民法院应予支持，但发包人与承包人因客观情况发生了在招标投标时难以预见的变化而另行订立建设工程施工合同的除外。

第二十四条　当事人就同一建设工程订立的数份建设工程施工合同均无效，但建设工程质量合格，一方当事人请求参照实际履行的合同关于工程价款的约定折价补偿承包人的，人民法院应予支持。

实际履行的合同难以确定，当事人请求参照最后签订的合同关于工程价款的约定折价补偿承包人的，人民法院应予支持。

第二十五条　当事人对垫资和垫资利息有约定，承包人请求按照约定返还垫资及其利息的，人民法院应予支持，但是约定的利息计算标准高于垫资时的同类贷款利率或者同期贷款市场报价利率的部分除外。

当事人对垫资没有约定的，按照工程欠款处理。

当事人对垫资利息没有约定，承包人请求支付利息的，人民法院不予支持。

第二十六条　当事人对欠付工程价款利息计付标准有约定的，按照约定处理。没有约定的，按照同期同类贷款利率或者同期贷款市场报价利率计息。

第二十七条　利息从应付工程价款之日开始计付。当事人对付款时间没有约定或者约定不明的，下列时间视为应付款时间：

（一）建设工程已实际交付的，为交付之日；

（二）建设工程没有交付的，为提交竣工结算文件之日；

（三）建设工程未交付，工程价款也未结算的，为当事人起诉之日。

第二十八条　当事人约定按照固定价结算工程价款，一方当事人请求对建设工程造价进行鉴定的，人民法院不予支持。

第二十九条　当事人在诉讼前已经对建设工程价款结算达成协议，诉讼中一方当事人申请对工程造价进行鉴定的，人民法院不予准许。

第三十条　当事人在诉讼前共同委托有关机构、人员对建设工程造价出具咨询意见，诉讼中一方当事人不认可该咨询意见申请鉴定的，人民法院应予准许,但双方当事人明确表示受该咨询意见约束的除外。

第三十一条　当事人对部分案件事实有争议的,仅对有争议的事实进行鉴定,但争议事实范围不能确定,或者双方当事人请求对全部事实鉴定的除外。

第三十二条　当事人对工程造价、质量、修复费用等专门性问题有争议,人民法院认为需要鉴定的,应当向负有举证责任的当事人释明。当事人经释明未申请鉴定,虽申请鉴定但未支付鉴定费用或者拒不提供相关材料的,应当承担举证不能的法律后果。

一审诉讼中负有举证责任的当事人未申请鉴定,虽申请鉴定但未支付鉴定费用或者拒不提供相关材料,二审诉讼中申请鉴定,人民法院认为确有必要的,应当依照民事诉讼法第一百七十条第一款第三项的规定处理。

第三十三条　人民法院准许当事人的鉴定申请后,应当根据当事人申请及查明案件事实的需要,确定委托鉴定的事项、范围、鉴定期限等,并组织当事人对争议的鉴定材料进行质证。

第三十四条　人民法院应当组织当事人对鉴定意见进行质证。鉴定人将当事人有争议且未经质证的材料作为鉴定依据的,人民法院应当组织当事人就该部分材料进行质证。经质证认为不能作为鉴定依据的,根据该材料作出的鉴定意见不得作为认定案件事实的依据。

第三十五条　与发包人订立建设工程施工合同的承包人,依据民法典第八百零七条的规定请求其承建工程的价款就工程折价或者拍卖的价款优先受偿的,人民法院应予支持。

第三十六条　承包人根据民法典第八百零七条规定享有的建设工程价款优先受偿权优于抵押权和其他债权。

第三十七条　装饰装修工程具备折价或者拍卖条件,装饰装修工程的承包人请求工程价款就该装饰装修工程折价或者拍卖的价款优先受偿的,人民法院应予支持。

第三十八条　建设工程质量合格,承包人请求其承建工程的价款就工程折价或者拍卖的价款优先受偿的,人民法院应予支持。

第三十九条　未竣工的建设工程质量合格,承包人请求其承建工程的价款就其承建工程部分折价或者拍卖的价款优先受偿的,人民法院应予支持。

第四十条　承包人建设工程价款优先受偿的范围依照国务院有关行政主管

部门关于建设工程价款范围的规定确定。

承包人就逾期支付建设工程价款的利息、违约金、损害赔偿金等主张优先受偿的，人民法院不予支持。

第四十一条　承包人应当在合理期限内行使建设工程价款优先受偿权，但最长不得超过十八个月，自发包人应当给付建设工程价款之日起算。

第四十二条　发包人与承包人约定放弃或者限制建设工程价款优先受偿权，损害建筑工人利益，发包人根据该约定主张承包人不享有建设工程价款优先受偿权的，人民法院不予支持。

第四十三条　实际施工人以转包人、违法分包人为被告起诉的，人民法院应当依法受理。

实际施工人以发包人为被告主张权利的，人民法院应当追加转包人或者违法分包人为本案第三人，在查明发包人欠付转包人或者违法分包人建设工程价款的数额后，判决发包人在欠付建设工程价款范围内对实际施工人承担责任。

第四十四条　实际施工人依据民法典第五百三十五条规定，以转包人或者违法分包人怠于向发包人行使到期债权或者与该债权有关的从权利，影响其到期债权实现，提起代位权诉讼的，人民法院应予支持。

第四十五条　本解释自 2021 年 1 月 1 日起施行。

民事诉讼类文书范本之8:民事起诉状(保险合同纠纷)

民事起诉状

原告:王某某,女,汉族,××××年×月×日出生,住××省××市××区××路××号,身份证号××××××。联系电话:××××××。

被告:中国××保险股份有限公司××分公司,住所地××市××区××路××号,统一社会信用代码××××××。联系电话:××××××。

负责人:刘某某,该分公司总经理。

诉讼请求:(1)判令被告向原告赔偿机动车损失保险金××××元;(2)判令被告从××××年×月×日起直至付清保险金之日止按每月5000元的标准向原告赔偿租车损失;(3)判令被告承担本案的全部受理费和鉴定费。

事实与理由:原告系车牌号为豫C××××号小型轿车的所有权人。××××年×月×日,原告作为被保险人在被告处为该车辆投保了《机动车商业保险》,其中机动车损失保险的保险金额为××××元,且不计免赔,保险期间为××××年×月×日0时起至××××年×月×日24时止。同日,原告向被告交纳了商业保险的保费××××元。××××年×月×日×时×分许,原告儿子李某某驾驶该车辆沿××县××路行驶过程中,由于操作不当造成车辆侧翻、原告儿子李某某受伤的交通事故。原告儿子李某某受伤后,被朋友送至××县人民医院就诊,原告丈夫李某某报了警。××县公安交通警察大队于××××年×月×日作出第××××××号道路交通事故认定书,认定原告儿子李某某负事故全部责任。事故发生后,原告及时通知了被告,被告也于同日派人勘验了现场,并认定车辆已全损。此后,原告多次向被告请求赔偿,被告于××××年×月×日向原告送达《机动车辆保险拒赔通知书》,认为不属于保险责任赔偿范围,不予赔付。

上述事实,有豫C××××号小型轿车的登记证书、行驶证,被告出具的

《机动车商业保险保险单》《机动车辆保险拒赔通知书》，× ×县公安交通警察大队作出的《道路交通事故认定书》，原告儿子李某某的驾驶证、就诊记录等证据为证。

原告认为，原、被告之间系保险合同关系。原告儿子李某某作为原告允许的合法驾驶人驾驶该车辆发生交通事故，致使车辆受损且负事故全部责任，根据《保险法》第十四条、第二十三条、第六十四条和《民法典》第五百七十七条、第五百八十三条等有关法律的规定，被告应当赔偿在机动车损失保险的责任限额范围内原告的车辆损失和及时履行赔偿保险金义务期间原告的租车损失。为了维护原告的合法权益，特诉诸贵院，请贵院依法支持原告的诉讼请求。

此致

× ×市× ×区人民法院

起诉人：

年　月　日

《民事起诉状》（保险合同纠纷）精细化写作要领

1. 格式上要符合要求。内容参见《民事起诉状》（离婚纠纷）精细化写作要领。

2. 当事人信息，特别是被告信息要准确、完整。保险合同纠纷案件，保险公司作为被告的居多，根据《民事诉讼法》第五十一条和《最高人民法院关于适用〈中华人民共和国保险法〉若干问题的解释（二）》第二十条的规定，保险公司的分公司、支公司尽管没有法人资格，但能够作为保险合同纠纷案件的当事人参加诉讼。为方便诉讼，一般只需要将保险公司分公司或者支公司列为被告即可，但要注意列明被告的全称时表述要准确、完整。

3. “诉讼请求”部分是整个民事起诉状的核心，要反复推敲，做到表达准确，没有漏项。“诉讼请求”部分所说的表述准确，体现在措辞与法律、司法解释的规定保持一致。比如，根据《保险法》的规定，对人身保险，保险公司负有“给付保险金”责任。对财产保险和第三者责任保险，保险公司负有“赔偿保险金”责任。因此，在书写保险合同纠纷案件的起诉状时要根据实际情况，准确表达。

“诉讼请求”部分，需要注意的是不能有漏项。保险合同纠纷案件，原告可以主张的项目比较单一，在请求保险公司给付或者赔偿保险金的场合，笔者认为，根据《保险法》第二十三条第二款和《民法典》第五百七十七条、第五百八十三条的规定，原告还可以主张被告赔偿未及时履行给付或者赔偿保险金义务期间的损失，以充分维护自身的合法权益。本节起诉状范本中的案件，因机动车全损，保险公司拒绝赔偿，原告在诉讼请求中除要求被告赔偿机动车损失保险金外，还要求被告从拒赔之日起直至付清保险金之日止按每月 5000 元的标准向原告赔偿租车损失。

4.“事实与理由”部分是民事起诉状的重点，这部分的任务是通过阐述事实，引用证据和适用法律，让法院支持本方的诉讼请求。“事实与理由”部分形式上一般采用“三段论”：第一段写事实，保险合同纠纷案件，要先写投保保险的具体情况，如投保时间、投保险种、保险金额等，其次写被保险人或者被保险财产发生保险事故的情况，最后写保险事故发生后向保险公司申请理赔而保险公司拒赔的情况。第二段写证据，列明上述事实由什么证据来证明。保险合同纠纷案件的证据一般有保险合同、证明保险事故发生的相关证据以及保险公司出具的拒绝赔偿或者拒绝给付保险金通知书等。第三段写理由，要先写明双方之间的法律关系，其次结合前述案件事实简要说明被告存在的违约行为，最后引用法律、司法解释的具体条文写明让被告承担各项责任的依据。保险合同纠纷案件的法律依据主要有《民法典》第五百七十七条、第五百八十三条和《保险法》第十四条、第二十三条、第六十四条。书写起诉状时具体适用哪些条文要根据案件的实际情况，但涉及的法律规定要尽可能地列全，以方便法院判决。需要注意的是，如果保险公司是基于保险合同的免责条款拒赔的，原告要根据具体案情，结合《保险法》第十七条和《最高人民法院关于适用〈中华人民共和国保险法〉若干问题的解释（二）》第九条至第十三条的规定，在“事实与理由”部分详细阐述免责条款无效或者不能适用的理由。

“事实与理由”部分，在内容上要紧紧围绕诉讼请求，精雕细琢，言简意赅，一字不多也一字不少。不能写得过于简单，让人看不出据以支持诉讼请求的事实和理由。原则上，与诉讼请求有关的事实和理由都要写上，但也不能长篇大论，事无巨细和盘托出，对诉讼请求没有影响的事实可以不写。

附:相关规定

1.《中华人民共和国民事诉讼法》(2023年修正)

第五十一条　公民、法人和其他组织可以作为民事诉讼的当事人。

法人由其法定代表人进行诉讼。其他组织由其主要负责人进行诉讼。

第一百二十四条　起诉状应当记明下列事项:

(一)原告的姓名、性别、年龄、民族、职业、工作单位、住所、联系方式,法人或者其他组织的名称、住所和法定代表人或者主要负责人的姓名、职务、联系方式;

(二)被告的姓名、性别、工作单位、住所等信息,法人或者其他组织的名称、住所等信息;

(三)诉讼请求和所根据的事实与理由;

(四)证据和证据来源,证人姓名和住所。

2.《中华人民共和国民法典》(2020年)

第五百七十七条　当事人一方不履行合同义务或者履行合同义务不符合约定的,应当承担继续履行、采取补救措施或者赔偿损失等违约责任。

第五百八十三条　当事人一方不履行合同义务或者履行合同义务不符合约定的,在履行义务或者采取补救措施后,对方还有其他损失的,应当赔偿损失。

3.《中华人民共和国保险法》(2015年)

第十条　保险合同是投保人与保险人约定保险权利义务关系的协议。

投保人是指与保险人订立保险合同,并按照合同约定负有支付保险费义务的人。

保险人是指与投保人订立保险合同,并按照合同约定承担赔偿或者给付保险金责任的保险公司。

第十二条　人身保险的投保人在保险合同订立时,对被保险人应当具有保险利益。

财产保险的被保险人在保险事故发生时,对保险标的应当具有保险利益。

人身保险是以人的寿命和身体为保险标的的保险。

财产保险是以财产及其有关利益为保险标的的保险。

被保险人是指其财产或者人身受保险合同保障，享有保险金请求权的人。投保人可以为被保险人。

保险利益是指投保人或者被保险人对保险标的具有的法律上承认的利益。

第十三条　投保人提出保险要求，经保险人同意承保，保险合同成立。保险人应当及时向投保人签发保险单或者其他保险凭证。

保险单或者其他保险凭证应当载明当事人双方约定的合同内容。当事人也可以约定采用其他书面形式载明合同内容。

依法成立的保险合同，自成立时生效。投保人和保险人可以对合同的效力约定附条件或者附期限。

第十四条　保险合同成立后，投保人按照约定交付保险费，保险人按照约定的时间开始承担保险责任。

第十五条　除本法另有规定或者保险合同另有约定外，保险合同成立后，投保人可以解除合同，保险人不得解除合同。

第十六条　订立保险合同，保险人就保险标的或者被保险人的有关情况提出询问的，投保人应当如实告知。

投保人故意或者因重大过失未履行前款规定的如实告知义务，足以影响保险人决定是否同意承保或者提高保险费率的，保险人有权解除合同。

前款规定的合同解除权，自保险人知道有解除事由之日起，超过三十日不行使而消灭。自合同成立之日起超过二年的，保险人不得解除合同；发生保险事故的，保险人应当承担赔偿或者给付保险金的责任。

投保人故意不履行如实告知义务的，保险人对于合同解除前发生的保险事故，不承担赔偿或者给付保险金的责任，并不退还保险费。

投保人因重大过失未履行如实告知义务，对保险事故的发生有严重影响的，保险人对于合同解除前发生的保险事故，不承担赔偿或者给付保险金的责任，但应当退还保险费。

保险人在合同订立时已经知道投保人未如实告知的情况的，保险人不得解除合同；发生保险事故的，保险人应当承担赔偿或者给付保险金的责任。

保险事故是指保险合同约定的保险责任范围内的事故。

第十七条　订立保险合同，采用保险人提供的格式条款的，保险人向投保人提供的投保单应当附格式条款，保险人应当向投保人说明合同的内容。

对保险合同中免除保险人责任的条款,保险人在订立合同时应当在投保单、保险单或者其他保险凭证上作出足以引起投保人注意的提示,并对该条款的内容以书面或者口头形式向投保人作出明确说明;未作提示或者明确说明的,该条款不产生效力。

第十九条　采用保险人提供的格式条款订立的保险合同中的下列条款无效:

(一)免除保险人依法应承担的义务或者加重投保人、被保险人责任的;

(二)排除投保人、被保险人或者受益人依法享有的权利的。

第二十一条　投保人、被保险人或者受益人知道保险事故发生后,应当及时通知保险人。故意或者因重大过失未及时通知,致使保险事故的性质、原因、损失程度等难以确定的,保险人对无法确定的部分,不承担赔偿或者给付保险金的责任,但保险人通过其他途径已经及时知道或者应当及时知道保险事故发生的除外。

第二十二条　保险事故发生后,按照保险合同请求保险人赔偿或者给付保险金时,投保人、被保险人或者受益人应当向保险人提供其所能提供的与确认保险事故的性质、原因、损失程度等有关的证明和资料。

保险人按照合同的约定,认为有关的证明和资料不完整的,应当及时一次性通知投保人、被保险人或者受益人补充提供。

第二十三条　保险人收到被保险人或者受益人的赔偿或者给付保险金的请求后,应当及时作出核定;情形复杂的,应当在三十日内作出核定,但合同另有约定的除外。保险人应当将核定结果通知被保险人或者受益人;对属于保险责任的,在与被保险人或者受益人达成赔偿或者给付保险金的协议后十日内,履行赔偿或者给付保险金义务。保险合同对赔偿或者给付保险金的期限有约定的,保险人应当按照约定履行赔偿或者给付保险金义务。

保险人未及时履行前款规定义务的,除支付保险金外,应当赔偿被保险人或者受益人因此受到的损失。

任何单位和个人不得非法干预保险人履行赔偿或者给付保险金的义务,也不得限制被保险人或者受益人取得保险金的权利。

第二十四条　保险人依照本法第二十三条的规定作出核定后,对不属于保险责任的,应当自作出核定之日起三日内向被保险人或者受益人发出拒绝赔偿或者拒绝给付保险金通知书，并说明理由。

第二十五条 保险人自收到赔偿或者给付保险金的请求和有关证明、资料之日起六十日内，对其赔偿或者给付保险金的数额不能确定的，应当根据已有证明和资料可以确定的数额先予支付；保险人最终确定赔偿或者给付保险金的数额后，应当支付相应的差额。

第二十六条 人寿保险以外的其他保险的被保险人或者受益人，向保险人请求赔偿或者给付保险金的诉讼时效期间为二年，自其知道或者应当知道保险事故发生之日起计算。

人寿保险的被保险人或者受益人向保险人请求给付保险金的诉讼时效期间为五年，自其知道或者应当知道保险事故发生之日起计算。

第二十七条 未发生保险事故，被保险人或者受益人谎称发生了保险事故，向保险人提出赔偿或者给付保险金请求的，保险人有权解除合同，并不退还保险费。

投保人、被保险人故意制造保险事故的，保险人有权解除合同，不承担赔偿或者给付保险金的责任；除本法第四十三条规定外，不退还保险费。

保险事故发生后，投保人、被保险人或者受益人以伪造、变造的有关证明、资料或者其他证据，编造虚假的事故原因或者夸大损失程度的，保险人对其虚报的部分不承担赔偿或者给付保险金的责任。

投保人、被保险人或者受益人有前三款规定行为之一，致使保险人支付保险金或者支出费用的，应当退回或者赔偿。

第六十四条 保险人、被保险人为查明和确定保险事故的性质、原因和保险标的的损失程度所支付的必要的、合理的费用，由保险人承担。

4.《最高人民法院关于适用〈中华人民共和国保险法〉若干问题的解释（二）》(2020 年修正)

第一条 财产保险中，不同投保人就同一保险标的分别投保，保险事故发生后，被保险人在其保险利益范围内依据保险合同主张保险赔偿的，人民法院应予支持。

第二条 人身保险中，因投保人对被保险人不具有保险利益导致保险合同无效，投保人主张保险人退还扣减相应手续费后的保险费的，人民法院应予支持。

第三条　投保人或者投保人的代理人订立保险合同时没有亲自签字或者盖章，而由保险人或者保险人的代理人代为签字或者盖章的，对投保人不生效。但投保人已经交纳保险费的，视为其对代签字或者盖章行为的追认。

保险人或者保险人的代理人代为填写保险单证后经投保人签字或者盖章确认的，代为填写的内容视为投保人的真实意思表示。但有证据证明保险人或者保险人的代理人存在保险法第一百一十六条、第一百三十一条相关规定情形的除外。

第四条　保险人接受了投保人提交的投保单并收取了保险费，尚未作出是否承保的意思表示，发生保险事故，被保险人或者受益人请求保险人按照保险合同承担赔偿或者给付保险金责任，符合承保条件的，人民法院应予支持；不符合承保条件的，保险人不承担保险责任，但应当退还已经收取的保险费。

保险人主张不符合承保条件的，应承担举证责任。

第五条　保险合同订立时，投保人明知的与保险标的或者被保险人有关的情况，属于保险法第十六条第一款规定的投保人"应当如实告知"的内容。

第六条　投保人的告知义务限于保险人询问的范围和内容。当事人对询问范围及内容有争议的，保险人负举证责任。

保险人以投保人违反了对投保单询问表中所列概括性条款的如实告知义务为由请求解除合同的，人民法院不予支持。但该概括性条款有具体内容的除外。

第七条　保险人在保险合同成立后知道或者应当知道投保人未履行如实告知义务，仍然收取保险费，又依照保险法第十六条第二款的规定主张解除合同的，人民法院不予支持。

第八条　保险人未行使合同解除权，直接以存在保险法第十六条第四款、第五款规定的情形为由拒绝赔偿的，人民法院不予支持。但当事人就拒绝赔偿事宜及保险合同存续另行达成一致的情况除外。

第九条　保险人提供的格式合同文本中的责任免除条款、免赔额、免赔率、比例赔付或者给付等免除或者减轻保险人责任的条款，可以认定为保险法第十七条第二款规定的"免除保险人责任的条款"。

保险人因投保人、被保险人违反法定或者约定义务，享有解除合同权利的条款，不属于保险法第十七条第二款规定的"免除保险人责任的条款"。

第十条　保险人将法律、行政法规中的禁止性规定情形作为保险合同免责条款的免责事由，保险人对该条款作出提示后，投保人、被保险人或者受益人以保险人未履行明确说明义务为由主张该条款不成为合同内容的，人民法院不予支持。

第十一条　保险合同订立时，保险人在投保单或者保险单等其他保险凭证上，对保险合同中免除保险人责任的条款，以足以引起投保人注意的文字、字体、符号或者其他明显标志作出提示的，人民法院应当认定其履行了保险法第十七条第二款规定的提示义务。

保险人对保险合同中有关免除保险人责任条款的概念、内容及其法律后果以书面或者口头形式向投保人作出常人能够理解的解释说明的，人民法院应当认定保险人履行了保险法第十七条第二款规定的明确说明义务。

第十二条　通过网络、电话等方式订立的保险合同，保险人以网页、音频、视频等形式对免除保险人责任条款予以提示和明确说明的，人民法院可以认定其履行了提示和明确说明义务。

第十三条　保险人对其履行了明确说明义务负举证责任。

投保人对保险人履行了符合本解释第十一条第二款要求的明确说明义务在相关文书上签字、盖章或者以其他形式予以确认的，应当认定保险人履行了该项义务。但另有证据证明保险人未履行明确说明义务的除外。

第十四条　保险合同中记载的内容不一致的，按照下列规则认定：

（一）投保单与保险单或者其他保险凭证不一致的，以投保单为准。但不一致的情形系经保险人说明并经投保人同意的，以投保人签收的保险单或者其他保险凭证载明的内容为准；

（二）非格式条款与格式条款不一致的，以非格式条款为准；

（三）保险凭证记载的时间不同的，以形成时间在后的为准；

（四）保险凭证存在手写和打印两种方式的，以双方签字、盖章的手写部分的内容为准。

第十五条　保险法第二十三条规定的三十日核定期间，应自保险人初次收到索赔请求及投保人、被保险人或者受益人提供的有关证明和资料之日起算。

保险人主张扣除投保人、被保险人或者受益人补充提供有关证明和资料期间的，人民法院应予支持。扣除期间自保险人根据保险法第二十二条规定作出的通知到达投保人、被保险人或者受益人之日起，至投保人、被保险人或者受益人按照通知要求补充提供的有关证明和资料到达保险人之日止。

第十六条 保险人应以自己的名义行使保险代位求偿权。

根据保险法第六十条第一款的规定,保险人代位求偿权的诉讼时效期间应自其取得代位求偿权之日起算。

第十七条 保险人在其提供的保险合同格式条款中对非保险术语所作的解释符合专业意义,或者虽不符合专业意义,但有利于投保人、被保险人或者受益人的,人民法院应予认可。

第十八条 行政管理部门依据法律规定制作的交通事故认定书、火灾事故认定书等,人民法院应当依法审查并确认其相应的证明力,但有相反证据能够推翻的除外。

第十九条 保险事故发生后,被保险人或者受益人起诉保险人,保险人以被保险人或者受益人未要求第三者承担责任为由抗辩不承担保险责任的,人民法院不予支持。

财产保险事故发生后,被保险人就其所受损失从第三者取得赔偿后的不足部分提起诉讼,请求保险人赔偿的,人民法院应予依法受理。

第二十条 保险公司依法设立并取得营业执照的分支机构属于《中华人民共和国民事诉讼法》第四十八条规定的其他组织,可以作为保险合同纠纷案件的当事人参加诉讼。

第二十一条 本解释施行后尚未终审的保险合同纠纷案件,适用本解释;本解释施行前已经终审,当事人申请再审或者按照审判监督程序决定再审的案件,不适用本解释。

5.《最高人民法院关于适用〈中华人民共和国保险法〉若干问题的解释(三)》(2020年修正)

第一条 当事人订立以死亡为给付保险金条件的合同,根据保险法第三十四条的规定,“被保险人同意并认可保险金额”可以采取书面形式、口头形式或者其他形式;可以在合同订立时作出,也可以在合同订立后追认。

有下列情形之一的,应认定为被保险人同意投保人为其订立保险合同并认可保险金额:

(一)被保险人明知他人代其签名同意而未表示异议的;

(二)被保险人同意投保人指定的受益人的;

（三）有证据足以认定被保险人同意投保人为其投保的其他情形。

第二条　被保险人以书面形式通知保险人和投保人撤销其依据保险法第三十四条第一款规定所作出的同意意思表示的，可认定为保险合同解除。

第三条　人民法院审理人身保险合同纠纷案件时，应主动审查投保人订立保险合同时是否具有保险利益，以及以死亡为给付保险金条件的合同是否经过被保险人同意并认可保险金额。

第四条　保险合同订立后，因投保人丧失对被保险人的保险利益，当事人主张保险合同无效的，人民法院不予支持。

第五条　保险合同订立时，被保险人根据保险人的要求在指定医疗服务机构进行体检，当事人主张投保人如实告知义务免除的，人民法院不予支持。

保险人知道被保险人的体检结果，仍以投保人未就相关情况履行如实告知义务为由要求解除合同的，人民法院不予支持。

第六条　未成年人父母之外的其他履行监护职责的人为未成年人订立以死亡为给付保险金条件的合同，当事人主张参照保险法第三十三条第二款、第三十四条第三款的规定认定该合同有效的，人民法院不予支持，但经未成年人父母同意的除外。

第七条　当事人以被保险人、受益人或者他人已经代为支付保险费为由，主张投保人对应的交费义务已经履行的，人民法院应予支持。

第八条　保险合同效力依照保险法第三十六条规定中止，投保人提出恢复效力申请并同意补交保险费的，除被保险人的危险程度在中止期间显著增加外，保险人拒绝恢复效力的，人民法院不予支持。

保险人在收到恢复效力申请后，三十日内未明确拒绝的，应认定为同意恢复效力。

保险合同自投保人补交保险费之日恢复效力。保险人要求投保人补交相应利息的，人民法院应予支持。

第九条　投保人指定受益人未经被保险人同意的，人民法院应认定指定行为无效。

当事人对保险合同约定的受益人存在争议，除投保人、被保险人在保险合同之外另有约定外，按以下情形分别处理：

（一）受益人约定为“法定”或者“法定继承人”的，以民法典规定的法定继承人为受益人；

（二）受益人仅约定为身份关系的，投保人与被保险人为同一主体时，根据保险事故发生时与被保险人的身份关系确定受益人；投保人与被保险人为不同主体时，根据保险合同成立时与被保险人的身份关系确定受益人；

（三）约定的受益人包括姓名和身份关系，保险事故发生时身份关系发生变化的，认定为未指定受益人。

第十条　投保人或者被保险人变更受益人，当事人主张变更行为自变更意思表示发出时生效的，人民法院应予支持。

投保人或者被保险人变更受益人未通知保险人，保险人主张变更对其不发生效力的，人民法院应予支持。

投保人变更受益人未经被保险人同意，人民法院应认定变更行为无效。

第十一条　投保人或者被保险人在保险事故发生后变更受益人，变更后的受益人请求保险人给付保险金的，人民法院不予支持。

第十二条　投保人或者被保险人指定数人为受益人，部分受益人在保险事故发生前死亡、放弃受益权或者依法丧失受益权的，该受益人应得的受益份额按照保险合同的约定处理；保险合同没有约定或者约定不明的，该受益人应得的受益份额按照以下情形分别处理：

（一）未约定受益顺序及受益份额的，由其他受益人平均享有；

（二）未约定受益顺序但约定受益份额的，由其他受益人按照相应比例享有；

（三）约定受益顺序但未约定受益份额的，由同顺序的其他受益人平均享有；同一顺序没有其他受益人的，由后一顺序的受益人平均享有；

（四）约定受益顺序及受益份额的，由同顺序的其他受益人按照相应比例享有；同一顺序没有其他受益人的，由后一顺序的受益人按照相应比例享有。

第十三条　保险事故发生后，受益人将与本次保险事故相对应的全部或者部分保险金请求权转让给第三人，当事人主张该转让行为有效的，人民法院应予支持，但根据合同性质、当事人约定或者法律规定不得转让的除外。

第十四条　保险金根据保险法第四十二条规定作为被保险人遗产，被保险人的继承人要求保险人给付保险金，保险人以其已向持有保险单的被保险人的其他继承人给付保险金为由抗辩的，人民法院应予支持。

第十五条　受益人与被保险人存在继承关系，在同一事件中死亡且不能确定死亡先后顺序的，人民法院应依据保险法第四十二条第二款推定受益人死亡在先，并按照保险法及本解释的相关规定确定保险金归属。

第十六条　保险合同解除时，投保人与被保险人、受益人为不同主体，被保险人或者受益人要求退还保险单的现金价值的，人民法院不予支持，但保险合同另有约定的除外。

投保人故意造成被保险人死亡、伤残或者疾病，保险人依照保险法第四十三条规定退还保险单的现金价值的，其他权利人按照被保险人、被保险人的继承人的顺序确定。

第十七条　投保人解除保险合同，当事人以其解除合同未经被保险人或者受益人同意为由主张解除行为无效的，人民法院不予支持，但被保险人或者受益人已向投保人支付相当于保险单现金价值的款项并通知保险人的除外。

第十八条　保险人给付费用补偿型的医疗费用保险金时，主张扣减被保险人从公费医疗或者社会医疗保险取得的赔偿金额的，应当证明该保险产品在厘定医疗费用保险费率时已经将公费医疗或者社会医疗保险部分相应扣除，并按照扣减后的标准收取保险费。

第十九条　保险合同约定按照基本医疗保险的标准核定医疗费用，保险人以被保险人的医疗支出超出基本医疗保险范围为由拒绝给付保险金的，人民法院不予支持；保险人有证据证明被保险人支出的费用超过基本医疗保险同类医疗费用标准，要求对超出部分拒绝给付保险金的，人民法院应予支持。

第二十条　保险人以被保险人未在保险合同约定的医疗服务机构接受治疗为由拒绝给付保险金的，人民法院应予支持，但被保险人因情况紧急必须立即就医的除外。

第二十一条　保险人以被保险人自杀为由拒绝承担给付保险金责任的，由保险人承担举证责任。

受益人或者被保险人的继承人以被保险人自杀时无民事行为能力为由抗辩的，由其承担举证责任。

第二十二条　保险法第四十五条规定的“被保险人故意犯罪”的认定，应当以刑事侦查机关、检察机关和审判机关的生效法律文书或者其他结论性意见为依据。

第二十三条　保险人主张根据保险法第四十五条的规定不承担给付保险金责任的，应当证明被保险人的死亡、伤残结果与其实施的故意犯罪或者抗拒依法采取的刑事强制措施的行为之间存在因果关系。

被保险人在羁押、服刑期间因意外或者疾病造成伤残或者死亡，保险人主张根据保险法第四十五条的规定不承担给付保险金责任的，人民法院不予支持。

第二十四条　投保人为被保险人订立以死亡为给付保险金条件的保险合同，被保险人被宣告死亡后，当事人要求保险人按照保险合同约定给付保险金的，人民法院应予支持。

被保险人被宣告死亡之日在保险责任期间之外，但有证据证明下落不明之日在保险责任期间之内，当事人要求保险人按照保险合同约定给付保险金的，人民法院应予支持。

第二十五条　被保险人的损失系由承保事故或者非承保事故、免责事由造成难以确定，当事人请求保险人给付保险金的，人民法院可以按照相应比例予以支持。

第二十六条　本解释自2015年12月1日起施行。本解释施行后尚未终审的保险合同纠纷案件，适用本解释；本解释施行前已经终审，当事人申请再审或者按照审判监督程序决定再审的案件，不适用本解释。

6.《最高人民法院关于适用〈中华人民共和国保险法〉若干问题的解释（四）》（2020年修正）

第一条　保险标的已交付受让人，但尚未依法办理所有权变更登记，承担保险标的毁损灭失风险的受让人，依照保险法第四十八条、第四十九条的规定主张行使被保险人权利的，人民法院应予支持。

第二条　保险人已向投保人履行了保险法规定的提示和明确说明义务，保险标的受让人以保险标的转让后保险人未向其提示或者明确说明为由，主张免除保险人责任的条款不成为合同内容的，人民法院不予支持。

第三条　被保险人死亡，继承保险标的的当事人主张承继被保险人的权利和义务的，人民法院应予支持。

第四条　人民法院认定保险标的是否构成保险法第四十九条、第五十二条规定的“危险程度显著增加”时，应当综合考虑以下因素：

（一）保险标的用途的改变；

(二)保险标的使用范围的改变;

(三)保险标的所处环境的变化;

(四)保险标的因改装等原因引起的变化;

(五)保险标的使用人或者管理人的改变;

(六)危险程度增加持续的时间;

(七)其他可能导致危险程度显著增加的因素。

保险标的危险程度虽然增加,但增加的危险属于保险合同订立时保险人预见或者应当预见的保险合同承保范围的,不构成危险程度显著增加。

第五条　被保险人、受让人依法及时向保险人发出保险标的转让通知后,保险人作出答复前,发生保险事故,被保险人或者受让人主张保险人按照保险合同承担赔偿保险金的责任的,人民法院应予支持。

第六条　保险事故发生后,被保险人依照保险法第五十七条的规定,请求保险人承担为防止或者减少保险标的的损失所支付的必要、合理费用,保险人以被保险人采取的措施未产生实际效果为由抗辩的,人民法院不予支持。

第七条　保险人依照保险法第六十条的规定,主张代位行使被保险人因第三者侵权或者违约等享有的请求赔偿的权利的,人民法院应予支持。

第八条　投保人和被保险人为不同主体,因投保人对保险标的的损害而造成保险事故,保险人依法主张代位行使被保险人对投保人请求赔偿的权利的,人民法院应予支持,但法律另有规定或者保险合同另有约定的除外。

第九条　在保险人以第三者为被告提起的代位求偿权之诉中,第三者以被保险人在保险合同订立前已放弃对其请求赔偿的权利为由进行抗辩,人民法院认定上述放弃行为合法有效,保险人就相应部分主张行使代位求偿权的,人民法院不予支持。

保险合同订立时,保险人就是否存在上述放弃情形提出询问,投保人未如实告知,导致保险人不能代位行使请求赔偿的权利,保险人请求返还相应保险金的,人民法院应予支持,但保险人知道或者应当知道上述情形仍同意承保的除外。

第十条　因第三者对保险标的的损害而造成保险事故,保险人获得代位请求赔偿的权利的情况未通知第三者或者通知到达第三者前,第三者在被保险人已经从保险人处获赔的范围内又向被保险人作出赔偿,保险人主张代位行使被保险人对第三者请求赔偿的权利的,人民法院不予支持。保险人就相应保险金主张被保险人返还的,人民法院应予支持。

保险人获得代位请求赔偿的权利的情况已经通知到第三者,第三者又向被保险人作出赔偿,保险人主张代位行使请求赔偿的权利,第三者以其已经向被保险人赔偿为由抗辩的,人民法院不予支持。

第十一条　被保险人因故意或者重大过失未履行保险法第六十三条规定的义务,致使保险人未能行使或者未能全部行使代位请求赔偿的权利,保险人主张在其损失范围内扣减或者返还相应保险金的,人民法院应予支持。

第十二条　保险人以造成保险事故的第三者为被告提起代位求偿权之诉的,以被保险人与第三者之间的法律关系确定管辖法院。

第十三条　保险人提起代位求偿权之诉时,被保险人已经向第三者提起诉讼的,人民法院可以依法合并审理。

保险人行使代位求偿权时,被保险人已经向第三者提起诉讼,保险人向受理该案的人民法院申请变更当事人,代位行使被保险人对第三者请求赔偿的权利,被保险人同意的,人民法院应予准许;被保险人不同意的,保险人可以作为共同原告参加诉讼。

第十四条　具有下列情形之一的,被保险人可以依照保险法第六十五条第二款的规定请求保险人直接向第三者赔偿保险金:

(一)被保险人对第三者所负的赔偿责任经人民法院生效裁判、仲裁裁决确认;

(二)被保险人对第三者所负的赔偿责任经被保险人与第三者协商一致;

(三)被保险人对第三者应负的赔偿责任能够确定的其他情形。

前款规定的情形下,保险人主张按照保险合同确定保险赔偿责任的,人民法院应予支持。

第十五条　被保险人对第三者应负的赔偿责任确定后,被保险人不履行赔偿责任,且第三者以保险人为被告或者以保险人与被保险人为共同被告提起诉讼时,被保险人尚未向保险人提出直接向第三者赔偿保险金的请求的,可以认定为属于保险法第六十五条第二款规定的“被保险人怠于请求”的情形。

第十六条　责任保险的被保险人因共同侵权依法承担连带责任,保险人以该连带责任超出被保险人应承担的责任份额为由,拒绝赔付保险金的,人民法院不予支持。保险人承担保险责任后，主张就超出被保险人责任份额的部分向其他连带责任人追偿的，人民法院应予支持。

第十七条　责任保险的被保险人对第三者所负的赔偿责任已经生效判决确认并已进入执行程序，但未获得清偿或者未获得全部清偿，第三者依法请求保险人赔偿保险金，保险人以前述生效判决已进入执行程序为由抗辩的，人民法院不予支持。

第十八条　商业责任险的被保险人向保险人请求赔偿保险金的诉讼时效期间，自被保险人对第三者应负的赔偿责任确定之日起计算。

第十九条　责任保险的被保险人与第三者就被保险人的赔偿责任达成和解协议且经保险人认可，被保险人主张保险人在保险合同范围内依据和解协议承担保险责任的，人民法院应予支持。

被保险人与第三者就被保险人的赔偿责任达成和解协议，未经保险人认可，保险人主张对保险责任范围以及赔偿数额重新予以核定的，人民法院应予支持。

第二十条　责任保险的保险人在被保险人向第三者赔偿之前向被保险人赔偿保险金，第三者依照保险法第六十五条第二款的规定行使保险金请求权时，保险人以其已向被保险人赔偿为由拒绝赔偿保险金的，人民法院不予支持。保险人向第三者赔偿后，请求被保险人返还相应保险金的，人民法院应予支持。

第二十一条　本解释自2018年9月1日起施行。

本解释施行后人民法院正在审理的一审、二审案件，适用本解释；本解释施行前已经终审，当事人申请再审或者按照审判监督程序决定再审的案件，不适用本解释。

民事诉讼类文书范本之9：民事起诉状（追偿权纠纷）

民事起诉状

原告：×××，男，××××年×月×日出生，汉族，住××省××县××乡××村，身份证号××××××。联系电话：××××××。

被告：××市××商贸有限公司，住所地××市××区××路×号×幢××，统一社会信用代码××××××。联系电话：××××××。

法定代表人：×××，执行董事。

被告：×××，女，××××年×月×日生，汉族，住××省××市××区××小区×号楼×门××，身份证号××××××。联系电话：××××××。

诉讼请求：（1）判令被告××市××商贸有限公司偿还原告代为清偿的借款600万元，并赔偿该笔借款从2020年11月14日起直至被告还清之日止按年利率3.85%计算的损失；（2）判令被告×××对被告××市××商贸有限公司不能偿还的部分分担二分之一的清偿责任。

事实与理由：2018年11月19日，××市××商贸有限公司与××商业银行股份有限公司签订《借款合同》，约定××市××商贸有限公司向××商业银行股份有限公司借款600万元，借款期限为1年，担保方式为个人保证。同日，原告和被告×××分别与××商业银行股份有限公司签订《保证合同》，承诺对××市××商贸有限公司与××商业银行股份有限公司签订的《借款合同》中的借款承担连带保证责任，保证担保的范围包括主债务本金、利息、违约金以及甲方为实现债权而产生的全部费用，保证期间为主债务履行期限届满之日起三年。后××商业银行股份有限公司向××市××商贸有限公司发放了600万元贷款，该笔借款到期后，××市××商贸有限公司未按照约定归还资金，在××商业银行股份有限公司的多次催收下，原告为履行担保义务，于2020年11月13日分两次向××市××商贸有限公司账户汇款600万元，用于代为清偿该笔贷款，该笔资金到账后，××商业银行股份有限公司及时进行了扣划，收回了该笔600万元贷款，原告完全履行了连带保证责任。

上述事实有××商业银行股份有限公司出具的情况说明、××市××商贸有限公司出具的承诺书、《借款合同》《保证合同》以及汇款电子回单等证据为证。

原告认为，原告作为连带保证责任人之一，已经代被告××市××商贸有限公司支付其拖欠××商业银行股份有限公司的银行贷款600万元，履行了连带保证义务。根据《最高人民法院关于适用〈中华人民共和国民法典〉时间效力的若干规定》第一条第二款、原《担保法》第十二条、第三十一条和原《最高人民法院关于适用〈中华人民共和国担保法〉若干问题的解释》第十九条、第二十条以及原《合同法》第一百零七条的规定，被告××市××商贸有限公司应当偿还原告为其清偿的借款600万元，并赔偿原告的损失。原告还认为，被告×××作为案涉借款的另一连带责任保证人，对被告××市××商贸有限公司不能偿还的部分，应与原告平均分担。为了维护原告的合法权益，特诉诸贵院，请贵院依法支持原告的诉讼请求。

此致

××市××区人民法院

起诉人：

年 月 日

《民事起诉状》（追偿权纠纷）精细化写作要领

1. 格式上要符合要求。内容参见《民事起诉状》（离婚纠纷）精细化写作要领。

2. 当事人信息，特别是被告信息要准确、完整。内容参见《民事起诉状》（民间借贷纠纷）精细化写作要领。

3. 所列被告要宁多勿缺。民事案件错列被告不承担责任，但如果遗漏了应当承担责任的被告，不仅存在败诉的风险，还存在执行不能的风险；因此，应尽可能地将被告列全，不能遗漏。保证人基于保证合同承担保证责任后，不仅可以向主债务人追偿,还可以向其他符合条件的保证人追偿。这一点《民法典》与原《担保法》及其司法解释作出了不同的规定。实践中,要根据合同成立时间,选择应当适用法律,起诉时要尽量将能起诉的其他保证人一并列为被告。

4. “诉讼请求”部分是整个民事起诉状的核心,要反复推敲,做到表达准确,没有漏项,项项有依据。“诉讼请求”部分,首先要做到准确,语言表述上要与法律、司法解释的规定保持一致。比如,无论是已经废止的《担保法》,还是现行《民法典》,均规定保证人承担保证责任后,有权向债务人追偿。因此,在诉讼请求中,对债务人进行追偿时,就应当表述为“判令被告×××偿还原告代为清偿的××款××元”。另外,根据《最高人民法院关于适用〈中华人民共和国担保法〉若干问题的解释》《最高人民法院关于适用〈中华人民共和国民法典〉有关担保制度的解释》的规定,对于向债务人不能追偿的部分,向其他共同保证的保证人主张时,准确的表述是“分担”,而不是“承担”。

“诉讼请求”部分,需要注意的是不能有漏项。基于“不告不理”的民事诉讼原则,如果可以主张的项目、费用没有列入诉讼请求,法院是不可能判决的。因此,根据事实、证据和法律,能请求的事项和费用,在诉讼请求中一定都要写上,方能最大限度地维护当事人的合法权益。笔者认为,根据原《合同法》第一百零七条(现《民法典》第五百七十七条)的规定,在追偿权纠纷案件中,作为原告除可以要求被告偿还代为清偿的款项外,还可以要求赔偿代偿款从垫付之日起直至被告还清之日按同期贷款市场报价利率标准计算的损失。另外,在追偿权纠纷中,已经承担保证责任的保证人能否同时起诉债务人和其他保证人,实践中存在争议。笔者认为,基于避免讼累的考虑,作为原告可以在起诉时将债务人和其他保证人一并列为被告,可以像本节起诉状范文一样分两项提出诉讼请求。

“诉讼请求”部分,还应当注意的是每一项诉讼请求都要有相应的法律、司法解释等依据作为支撑。《民法典》实施后,《最高人民法院关于适用〈中华人民共和国民法典〉有关担保制度的解释》第十三条与原有的《担保法》及《最高人民法院关于适用〈中华人民共和国担保法〉若干问题的解释》相比,有显著的变化。根据《最高人民法院关于适用〈中华人民共和国担保法〉若干问题的解释》第二十条第二款的规定,连带共同保证的保证人承担保证责任后,向债务人不能追偿的部分,由各连带保证人按其内部约定的比例分担。没有约定的,平均分担。据此,旧法对于有多个提供连带保证的保证人,没有区分具体的情况,均能相互追偿。但是，根据《最高人民法院关于适用〈中华人民共和国民法典〉有关担保制度的解释》第十三条的规定，同一债务有两个以上第三人提供担保，担保人之间约定相互追偿及分担份额，承担了担保责任的担保人请求其他担保人按照约定分担份额的，人民法院应予支持；担保人之间约定承担连带共同担保，或者约定相互追偿但是未约定分担份额的，各担保人按照比例分担向债务人不能追偿的部分。同一债务有两个以上第三人提供担保，担保人之间未对相互追偿作出约定且未约定承担连带共同担保，但是各担保人在同一份合同书上签字、盖章或者按指印，承担了担保责任的担保人请求其他担保人按照比例分担向债务人不能追偿部分的，人民法院应予支持。除前两款规定的情形外，承担了担保责任的担保人请求其他担保人分担向债务人不能追偿部分的，人民法院不予支持。因此，在起草追偿权纠纷案件的起诉状时，要把握上述司法解释的变化，提出能够得以支持的诉讼请求。

5.“事实与理由”部分是民事起诉状的重点，这部分的任务主要是通过阐述事实，引用证据和适用法律，让法院支持本方的诉讼请求。“事实与理由”部分形式上一般采用“三段论”。第一段写事实，对追偿权纠纷案件，首先要写清楚原告与各被告原有的法律关系，其次写原告为被告代为清偿的有关事实及代为清偿的具体金额，最后写原告代为清偿后向被告追偿或者要求分担的情况。第二段写证据，写清楚上述事实由什么证据来证明，在追偿权纠纷案件中，证据一般有原告与各被告基础法律关系的有关证据材料以及能证明原告履行了代为清偿义务的凭证等。第三段写理由，先简要说明原告已经代被告偿还了相关债务，再引用具体的法律和司法解释条文，论述作为债务人的被告应承担偿还代偿款、赔偿损失的责任，最后论述向债务人不能追偿部分，作为共同保证人的其他被告应与原告分担责任。追偿权纠纷案件，现行有效的法律依据主要有《民法典》第一百七十八条和《最高人民法院关于适用〈中华人民共和国民法典〉有关担保制度的解释》第十三条。若因《民法典》施行前的法律事实引起的追偿权纠纷案件，应适用原《担保法》第十二条、第三十一条和原《最高人民法院关于适用〈中华人民共和国担保法〉若干问题的解释》第十九条、第二十条。具体适用哪些条文要根据案件的实际情况决定，相关法律规定尽可能地列全，以方便法院判决。

“事实与理由”部分，在内容上要紧紧围绕诉讼请求，精雕细琢，言简意赅，一字不多也一字不少。不能写得过于简单，让人看不出据以支持诉讼请求的事实与理由。原则上,与诉讼请求有关的事实和理由都要写上,但也不能长篇大论,事无巨细和盘托出,对诉讼请求没有影响的事实可以不写。

附:相关规定

1.《中华人民共和国民事诉讼法》(2023年修正)

第一百二十四条 起诉状应当记明下列事项:

(一)原告的姓名、性别、年龄、民族、职业、工作单位、住所、联系方式,法人或者其他组织的名称、住所和法定代表人或者主要负责人的姓名、职务、联系方式;

(二)被告的姓名、性别、工作单位、住所等信息,法人或者其他组织的名称、住所等信息;

(三)诉讼请求和所根据的事实与理由;

(四)证据和证据来源,证人姓名和住所。

2.《最高人民法院关于适用〈中华人民共和国民法典〉时间效力的若干规定》(2020年)

第一条 民法典施行后的法律事实引起的民事纠纷案件,适用民法典的规定。

民法典施行前的法律事实引起的民事纠纷案件,适用当时的法律、司法解释的规定,但是法律、司法解释另有规定的除外。

民法典施行前的法律事实持续至民法典施行后,该法律事实引起的民事纠纷案件,适用民法典的规定,但是法律、司法解释另有规定的除外。

3.《中华人民共和国担保法》(1995年,已废止)

第十二条 【共同保证】同一债务有两个以上保证人的,保证人应当按照保证合同约定的保证份额,承担保证责任。没有约定保证份额的,保证人承担连带责任,债权人可以要求任何一个保证人承担全部保证责任,保证人都负有担保全部债权实现的义务。已经承担保证责任的保证人,有权向债务人追偿,或者要求承担连带责任的其他保证人清偿其应当承担的份额。

第三十一条 【保证人的追偿权】保证人承担保证责任后,有权向债务人追偿。

4.《最高人民法院关于适用〈中华人民共和国担保法〉若干问题的解释》(2000年,已废止)

第十九条　两个以上保证人对同一债务同时或者分别提供保证时,各保证人与债权人没有约定保证份额的,应当认定为连带共同保证。

连带共同保证的保证人以其相互之间约定各自承担的份额对抗债权人的,人民法院不予支持。

第二十条　连带共同保证的债务人在主合同规定的债务履行期届满没有履行债务的,债权人可以要求债务人履行债务,也可以要求任何一个保证人承担全部保证责任。

连带共同保证的保证人承担保证责任后,向债务人不能追偿的部分,由各连带保证人按其内部约定的比例分担。没有约定的,平均分担。

5.《最高人民法院关于适用〈中华人民共和国民法典〉有关担保制度的解释》(2020年)

第十三条　同一债务有两个以上第三人提供担保,担保人之间约定相互追偿及分担份额,承担了担保责任的担保人请求其他担保人按照约定分担份额的,人民法院应予支持;担保人之间约定承担连带共同担保,或者约定相互追偿但是未约定分担份额的,各担保人按照比例分担向债务人不能追偿的部分。

同一债务有两个以上第三人提供担保,担保人之间未对相互追偿作出约定且未约定承担连带共同担保,但是各担保人在同一份合同书上签字、盖章或者按指印,承担了担保责任的担保人请求其他担保人按照比例分担向债务人不能追偿部分的,人民法院应予支持。

除前两款规定的情形外,承担了担保责任的担保人请求其他担保人分担向债务人不能追偿部分的,人民法院不予支持。

6.《中华人民共和国合同法》(1999年,已废止)

第一百零七条　【违约责任】当事人一方不履行合同义务或者履行合同义务不符合约定的,应当承担继续履行、采取补救措施或者赔偿损失等违约责任。

7.《中华人民共和国民法典》(2020年)

第一百七十八条　二人以上依法承担连带责任的,权利人有权请求部分或者全部连带责任人承担责任。

连带责任人的责任份额根据各自责任的大小确定;难以确定责任大小的,平均承担责任。实际承担责任超过自己责任份额的连带责任人,有权向其他连带责任人追偿。

连带责任,由法律规定或者当事人约定。

第五百七十七条 当事人一方不履行合同义务或者履行合同义务不符合约定的,应当承担继续履行、采取补救措施或者赔偿损失等违约责任。

第七百条 保证人承担保证责任后,除当事人另有约定外,有权在其承担保证责任的范围内向债务人追偿,享有债权人对债务人的权利,但是不得损害债权人的利益。

民事诉讼类文书范本之10：民事起诉状（执行异议之诉）

民事起诉状

原告（案外人）：××县××乡××村村民委员会，住所地××县××乡××村。

法定代表人：×××，该村村委主任。

被告（申请执行人）：焦某某，女，汉族，××××年×月×日出生，住××县城关镇××××××，身份证号码××××××。联系电话：××××××。

被告（被执行人）：于某某，男，汉族，××××年×月×日出生，住××省××县××××××，身份证号码××××××。联系电话：××××××。

诉讼请求：(1)确认被告于某某在中国邮政储蓄银行股份有限公司××县××乡营业所的账号为××××××的账户内的存款属原告所有；(2)解除对上述账户内××元存款的冻结，不得执行该存款。

事实与理由：××××年，××乡财政所按上级要求统一给各村在邮政储蓄银行开设账户，由于当时被告于某某是原告村委会的会计，故原告村委会便以被告于某某的名义在中国邮政储蓄银行股份有限公司××县××乡营业所开设了账户，账号为××××××，该账户的存折一直由村党支部书记王某某保管并使用。此后，原告便一直以该账户与乡财政所进行财务结算，被告于某某个人从未用过该账户。××××年×月×日，贵院在执行被告焦某某申请执行被告于某某民间借贷纠纷一案中，冻结了上述账户内的存款××元。原告得知后，向贵院提出执行异议，贵院于××××年×月×日作出××号执行裁定书，裁定驳回了原告提出的执行异议，贵院于××××年×月×日将该裁定书送达给了原告。

上述事实由××县××乡人民政府出具的证明、××乡财政所出具的证明、该账户的交易明细、贵院××号执行裁定书等证据为证。

原告认为，被告于某某在中国邮政储蓄银行股份有限公司××县××乡营业所的账号为××××××的账户，是原告以被告于某某名义开设，该账户内的存款属原告所有，根本不属被告于某某所有。贵院在执行被告焦某某与被告于某某民间借贷纠纷一案时，错将该账户内存款作为于某某的个人财产予以冻结并强制执行，原告对该执行标的享有足以排除强制执行的民事权益。根据《最高人民法院关于适用〈中华人民共和国民事诉讼法〉的解释》第三百一十条第一款第（一）项和第二款的规定，应当确认被告于某某在中国邮政储蓄银行股份有限公司××县××乡营业所的账号为××××××的账户内的存款属原告所有，并应当解除对上述账户内××元存款的冻结，不得执行该存款。为了维护原告的合法权益，根据《民事诉讼法》第二百三十四条的规定，特诉诸贵院，请贵院依法支持原告的诉讼请求。

此致

××人民法院

起诉人：

年　月　日

《民事起诉状》（执行异议之诉）精细化写作要领

1. 格式上要符合要求。内容参见《民事起诉状》（离婚纠纷）精细化写作要领。

2. 当事人信息，特别是被告信息要准确、完整。执行异议之诉案件，之前经过执行异议程序。在执行异议之诉案件起诉状中，要列明当事人在执行程序中的地位。根据《最高人民法院关于适用〈中华人民共和国民事诉讼法〉的解释》第三百零五条和第三百零六条的规定，案外人提起执行异议之诉的，以申请执行人为被告。被执行人反对案外人异议的，被执行人为共同被告；被执行人不反对案外人异议的，可以列被执行人为第三人。申请执行人提起执行异议之诉的，以案外人为被告。被执行人反对申请执行人主张的，以案外人和被执行人为共同被告；被执行人不反对申请执行人主张的，可以列被执行人为第三人。

3. “诉讼请求”部分是整个民事起诉状的核心，要反复推敲，做到表达准确，没有漏项。“诉讼请求”部分，首先要做到表述准确，用语要与法律、司法解释的规定保持一致。比如,根据《最高人民法院关于适用〈中华人民共和国民事诉讼法〉的解释》第三百一十条、第三百一十一条的规定,对案外人提起的执行异议之诉,如果案外人就执行标的享有足以排除强制执行的民事权益,判决不得执行该执行标的;对申请执行人提起的执行异议之诉,如果案外人就执行标的不享有足以排除强制执行的民事权益的,判决准许执行该执行标的。因此,如果案外人作为原告提起执行异议之诉,诉讼请求就要表述为"判决不得执行××××";如果申请执行人作为原告提起执行异议之诉,诉讼请求就要表述为"判决准许执行××××"。

"诉讼请求"部分,需要注意的是不能有漏项。基于"不告不理"的民事诉讼原则,如果可以主张的项目、费用没有列入诉讼请求,法院是不可能判决的。因此,根据事实、证据和法律,能请求的事项和费用在诉讼请求中要一并主张,方能最大限度地维护当事人的合法权益。根据《最高人民法院关于适用〈中华人民共和国民事诉讼法〉的解释》第三百一十条第二款的规定,案外人同时提出确认其权利的诉讼请求的,人民法院可以在判决中一并作出裁判。因此,对案外人提起的执行异议之诉,尽量在诉讼请求中提出确认其对执行标的享有权利,以方便法院作出判决。

4."事实与理由"部分是民事起诉状的重点,这部分的任务是通过阐述事实,引用证据和适用法律,让法官支持本方的诉讼请求。"事实与理由"部分形式上一般采用"三段论":第一段写事实,根据《最高人民法院关于适用〈中华人民共和国民事诉讼法〉的解释》第三百零九条的规定,无论是案外人提起的执行异议之诉,还是申请执行人提起的执行异议之诉,案外人都应当就其对执行标的享有足以排除强制执行的民事权益承担举证证明责任。因此,如果是案外人提起的执行异议之诉,要先写原告对执行标的享有的权利或者其对执行标的享有足以排除强制执行的民事权益,然后写法院对该执行标的的执行情况,最后写明原告提出执行异议后被裁定驳回、何时收到执行异议裁定的情况。如果是申请执行人提起的执行异议之诉,要先写案外人对执行标的不享有权利或者其对执行标的享有足以排除强制执行的民事权益的事实和理由,然后写法院对该执行标的的执行情况,最后写明案外人提出执行异议后法院作出中止执行裁定、何时收到执行异议裁定的情况。第二段写证据,列明上述事实都有什么证据证明,在执行异议之诉中,证据一般有执行异议裁定书以及案外人对执行标的享有或者不享有权利的证据材料。第三段写理由,由于执行异议之诉对案外人的权利要进行实质审查,因此,如果是案外人提起的执行异议之诉,这一部分要结合前述事实及相关实体法律,论证执行标的属于案外人或者案外人对执行标的享有足以排除强制执行的民事权益。如果是申请执行人提起的执行异议之诉,这一部分要结合前述事实及相关实体法律,论证执行标的不属于案外人或者案外人对执行标的不享有足以排除强制执行的民事权益。

"事实与理由"部分,在内容上要紧紧围绕诉讼请求,精雕细琢,言简意赅,一字不多也一字不少。不能写得过于简单,让人看不出据以支持诉讼请求的事实与理由。原则上,与诉讼请求有关的事实和理由都要写上,但也不能长篇大论,事无巨细和盘托出,对诉讼请求没有影响的事实可以不写。

附:相关规定

1.《中华人民共和国民事诉讼法》(2023 年修正)

第一百二十四条　起诉状应当记明下列事项:

(一)原告的姓名、性别、年龄、民族、职业、工作单位、住所、联系方式,法人或者其他组织的名称、住所和法定代表人或者主要负责人的姓名、职务、联系方式;

(二)被告的姓名、性别、工作单位、住所等信息,法人或者其他组织的名称、住所等信息;

(三)诉讼请求和所根据的事实与理由;

(四)证据和证据来源,证人姓名和住所。

第二百三十四条　执行过程中,案外人对执行标的提出书面异议的,人民法院应当自收到书面异议之日起十五日内审查,理由成立的,裁定中止对该标的的执行;理由不成立的,裁定驳回。案外人、当事人对裁定不服,认为原判决、裁定错误的,依照审判监督程序办理;与原判决、裁定无关的,可以自裁定送达之日起十五日内向人民法院提起诉讼。

2.《最高人民法院关于适用〈中华人民共和国民事诉讼法〉的解释》(2022 年修正)

第三百零二条　根据民事诉讼法第二百三十四条规定,案外人、当事人对执行异议裁定不服,自裁定送达之日起十五日内向人民法院提起执行异议之诉的,由执行法院管辖。

第三百零三条　案外人提起执行异议之诉,除符合民事诉讼法第一百二十二条规定外,还应当具备下列条件:

(一)案外人的执行异议申请已经被人民法院裁定驳回;

(二)有明确的排除对执行标的执行的诉讼请求,且诉讼请求与原判决、裁定无关;

(三)自执行异议裁定送达之日起十五日内提起。

人民法院应当在收到起诉状之日起十五日内决定是否立案。

第三百零四条　申请执行人提起执行异议之诉,除符合民事诉讼法第一百二十二条规定外,还应当具备下列条件:

(一)依案外人执行异议申请,人民法院裁定中止执行;

(二)有明确的对执行标的继续执行的诉讼请求,且诉讼请求与原判决、裁定无关;

(三)自执行异议裁定送达之日起十五日内提起。

人民法院应当在收到起诉状之日起十五日内决定是否立案。

第三百零五条　案外人提起执行异议之诉的,以申请执行人为被告。被执行人反对案外人异议的,被执行人为共同被告;被执行人不反对案外人异议的,可以列被执行人为第三人。

第三百零六条　申请执行人提起执行异议之诉的,以案外人为被告。被执行人反对申请执行人主张的,以案外人和被执行人为共同被告;被执行人不反对申请执行人主张的,可以列被执行人为第三人。

第三百零七条　申请执行人对中止执行裁定未提起执行异议之诉,被执行人提起执行异议之诉的,人民法院告知其另行起诉。

第三百零八条　人民法院审理执行异议之诉案件,适用普通程序。

第三百零九条　案外人或者申请执行人提起执行异议之诉的,案外人应当就其对执行标的享有足以排除强制执行的民事权益承担举证证明责任。

第三百一十条　对案外人提起的执行异议之诉,人民法院经审理,按照下列情形分别处理:

(一)案外人就执行标的享有足以排除强制执行的民事权益的,判决不得执行该执行标的;

（二）案外人就执行标的不享有足以排除强制执行的民事权益的，判决驳回诉讼请求。

案外人同时提出确认其权利的诉讼请求的，人民法院可以在判决中一并作出裁判。

第三百一十一条　对申请执行人提起的执行异议之诉，人民法院经审理，按照下列情形分别处理：

（一）案外人就执行标的不享有足以排除强制执行的民事权益的，判决准许执行该执行标的；

（二）案外人就执行标的享有足以排除强制执行的民事权益的，判决驳回诉讼请求。

第三百一十二条　对案外人执行异议之诉，人民法院判决不得对执行标的执行的，执行异议裁定失效。

对申请执行人执行异议之诉，人民法院判决准许对该执行标的执行的，执行异议裁定失效，执行法院可以根据申请执行人的申请或者依职权恢复执行。

第三百一十三条　案外人执行异议之诉审理期间，人民法院不得对执行标的进行处分。申请执行人请求人民法院继续执行并提供相应担保的，人民法院可以准许。

被执行人与案外人恶意串通，通过执行异议、执行异议之诉妨害执行的，人民法院应当依照民事诉讼法第一百一十六条规定处理。申请执行人因此受到损害的，可以提起诉讼要求被执行人、案外人赔偿。

第三百一十四条　人民法院对执行标的裁定中止执行后，申请执行人在法律规定的期间内未提起执行异议之诉的，人民法院应当自起诉期限届满之日起七日内解除对该执行标的采取的执行措施。

3.《最高人民法院关于人民法院办理执行异议和复议案件若干问题的规定》(2020年修正)

第一条　异议人提出执行异议或者复议申请人申请复议，应当向人民法院提交申请书。申请书应当载明具体的异议或者复议请求、事实、理由等内容，并附下列材料：

（一）异议人或者复议申请人的身份证明；

（二）相关证据材料；

（三）送达地址和联系方式。

第二条　执行异议符合民事诉讼法第二百二十五条或者第二百二十七条规定条件的，人民法院应当在三日内立案，并在立案后三日内通知异议人和相关当事人。不符合受理条件的，裁定不予受理；立案后发现不符合受理条件的，裁定驳回申请。

执行异议申请材料不齐备的，人民法院应当一次性告知异议人在三日内补足，逾期未补足的，不予受理。

异议人对不予受理或者驳回申请裁定不服的，可以自裁定送达之日起十日内向上一级人民法院申请复议。上一级人民法院审查后认为符合受理条件的，应当裁定撤销原裁定，指令执行法院立案或者对执行异议进行审查。

第三条　执行法院收到执行异议后三日内既不立案又不作出不予受理裁定，或者受理后无正当理由超过法定期限不作出异议裁定的，异议人可以向上一级人民法院提出异议。上一级人民法院审查后认为理由成立的，应当指令执行法院在三日内立案或者在十五日内作出异议裁定。

第四条　执行案件被指定执行、提级执行、委托执行后，当事人、利害关系人对原执行法院的执行行为提出异议的，由提出异议时负责该案件执行的人民法院审查处理；受指定或者受委托的人民法院是原执行法院的下级人民法院的，仍由原执行法院审查处理。

执行案件被指定执行、提级执行、委托执行后，案外人对原执行法院的执行标的提出异议的，参照前款规定处理。

第五条　有下列情形之一的，当事人以外的自然人、法人和非法人组织，可以作为利害关系人提出执行行为异议：

（一）认为人民法院的执行行为违法，妨碍其轮候查封、扣押、冻结的债权受偿的；

（二）认为人民法院的拍卖措施违法，妨碍其参与公平竞价的；

（三）认为人民法院的拍卖、变卖或者以物抵债措施违法，侵害其对执行标的的优先购买权的；

（四）认为人民法院要求协助执行的事项超出其协助范围或者违反法律规定的；

（五）认为其他合法权益受到人民法院违法执行行为侵害的。

第六条　当事人、利害关系人依照民事诉讼法第二百二十五条规定提出异议的，应当在执行程序终结之前提出，但对终结执行措施提出异议的除外。

案外人依照民事诉讼法第二百二十七条规定提出异议的，应当在异议指向的执行标的执行终结之前提出；执行标的由当事人受让的，应当在执行程序终结之前提出。

第七条　当事人、利害关系人认为执行过程中或者执行保全、先予执行裁定过程中的下列行为违法提出异议的，人民法院应当依照民事诉讼法第二百二十五条规定进行审查：

（一）查封、扣押、冻结、拍卖、变卖、以物抵债、暂缓执行、中止执行、终结执行等执行措施；

（二）执行的期间、顺序等应当遵守的法定程序；

（三）人民法院作出的侵害当事人、利害关系人合法权益的其他行为。

被执行人以债权消灭、丧失强制执行效力等执行依据生效之后的实体事由提出排除执行异议的，人民法院应当参照民事诉讼法第二百二十五条规定进行审查。

除本规定第十九条规定的情形外，被执行人以执行依据生效之前的实体事由提出排除执行异议的，人民法院应当告知其依法申请再审或者通过其他程序解决。

第八条　案外人基于实体权利既对执行标的提出排除执行异议又作为利害关系人提出执行行为异议的，人民法院应当依照民事诉讼法第二百二十七条规定进行审查。

案外人既基于实体权利对执行标的提出排除执行异议又作为利害关系人提出与实体权利无关的执行行为异议的，人民法院应当分别依照民事诉讼法第二百二十七条和第二百二十五条规定进行审查。

第九条　被限制出境的人认为对其限制出境错误的，可以自收到限制出境决定之日起十日内向上一级人民法院申请复议。上一级人民法院应当自收到复议申请之日起十五日内作出决定。复议期间，不停止原决定的执行。

第十条　当事人不服驳回不予执行公证债权文书申请的裁定的，可以自收到裁定之日起十日内向上一级人民法院申请复议。上一级人民法院应当自收到复议申请之日起三十日内审查，理由成立的，裁定撤销原裁定，不予执行该公证债权文书;理由不成立的,裁定驳回复议申请。复议期间,不停止执行。

第十一条　人民法院审查执行异议或者复议案件,应当依法组成合议庭。

指令重新审查的执行异议案件,应当另行组成合议庭。

办理执行实施案件的人员不得参与相关执行异议和复议案件的审查。

第十二条　人民法院对执行异议和复议案件实行书面审查。案情复杂、争议较大的,应当进行听证。

第十三条　执行异议、复议案件审查期间,异议人、复议申请人申请撤回异议、复议申请的,是否准许由人民法院裁定。

第十四条　异议人或者复议申请人经合法传唤,无正当理由拒不参加听证,或者未经法庭许可中途退出听证,致使人民法院无法查清相关事实的,由其自行承担不利后果。

第十五条　当事人、利害关系人对同一执行行为有多个异议事由,但未在异议审查过程中一并提出,撤回异议或者被裁定驳回异议后,再次就该执行行为提出异议的,人民法院不予受理。

案外人撤回异议或者被裁定驳回异议后,再次就同一执行标的提出异议的,人民法院不予受理。

第十六条　人民法院依照民事诉讼法第二百二十五条规定作出裁定时,应当告知相关权利人申请复议的权利和期限。

人民法院依照民事诉讼法第二百二十七条规定作出裁定时,应当告知相关权利人提起执行异议之诉的权利和期限。

人民法院作出其他裁定和决定时,法律、司法解释规定了相关权利人申请复议的权利和期限的,应当进行告知。

第十七条　人民法院对执行行为异议,应当按照下列情形,分别处理:

(一)异议不成立的,裁定驳回异议;

(二)异议成立的,裁定撤销相关执行行为;

(三)异议部分成立的,裁定变更相关执行行为;

(四)异议成立或者部分成立,但执行行为无撤销、变更内容的,裁定异议成立或者相应部分异议成立。

第十八条　执行过程中,第三人因书面承诺自愿代被执行人偿还债务而被追加为被执行人后,无正当理由反悔并提出异议的,人民法院不予支持。

第十九条 当事人互负到期债务,被执行人请求抵销,请求抵销的债务符合下列情形的,除依照法律规定或者按照债务性质不得抵销的以外,人民法院应予支持:

(一)已经生效法律文书确定或者经申请执行人认可;

(二)与被执行人所负债务的标的物种类、品质相同。

第二十条 金钱债权执行中,符合下列情形之一,被执行人以执行标的系本人及所扶养家属维持生活必需的居住房屋为由提出异议的,人民法院不予支持:

(一)对被执行人有扶养义务的人名下有其他能够维持生活必需的居住房屋的;

(二)执行依据生效后,被执行人为逃避债务转让其名下其他房屋的;

(三)申请执行人按照当地廉租住房保障面积标准为被执行人及所扶养家属提供居住房屋,或者同意参照当地房屋租赁市场平均租金标准从该房屋的变价款中扣除五至八年租金的。

执行依据确定被执行人交付居住的房屋,自执行通知送达之日起,已经给予三个月的宽限期,被执行人以该房屋系本人及所扶养家属维持生活的必需品为由提出异议的,人民法院不予支持。

第二十一条 当事人、利害关系人提出异议请求撤销拍卖,符合下列情形之一的,人民法院应予支持:

(一)竞买人之间、竞买人与拍卖机构之间恶意串通,损害当事人或者其他竞买人利益的;

(二)买受人不具备法律规定的竞买资格的;

(三)违法限制竞买人参加竞买或者对不同的竞买人规定不同竞买条件的;

(四)未按照法律、司法解释的规定对拍卖标的物进行公告的;

(五)其他严重违反拍卖程序且损害当事人或者竞买人利益的情形。

当事人、利害关系人请求撤销变卖的,参照前款规定处理。

第二十二条 公证债权文书对主债务和担保债务同时赋予强制执行效力的,人民法院应予执行;仅对主债务赋予强制执行效力未涉及担保债务的,对担保债务的执行申请不予受理;仅对担保债务赋予强制执行效力未涉及主债务的,对主债务的执行申请不予受理。

人民法院受理担保债务的执行申请后,被执行人仅以担保合同不属于赋予强制执行效力的公证债权文书范围为由申请不予执行的,不予支持。

第二十三条 上一级人民法院对不服异议裁定的复议申请审查后,应当按照下列情形,分别处理:

(一)异议裁定认定事实清楚,适用法律正确,结果应予维持的,裁定驳回复议申请,维持异议裁定;

(二)异议裁定认定事实错误,或者适用法律错误,结果应予纠正的,裁定撤销或者变更异议裁定;

(三)异议裁定认定基本事实不清、证据不足的,裁定撤销异议裁定,发回作出裁定的人民法院重新审查,或者查清事实后作出相应裁定;

(四)异议裁定遗漏异议请求或者存在其他严重违反法定程序的情形,裁定撤销异议裁定,发回作出裁定的人民法院重新审查;

(五)异议裁定对应当适用民事诉讼法第二百二十七条规定审查处理的异议,错误适用民事诉讼法第二百二十五条规定审查处理的,裁定撤销异议裁定,发回作出裁定的人民法院重新作出裁定。

除依照本条第一款第三、四、五项发回重新审查或者重新作出裁定的情形外,裁定撤销或者变更异议裁定且执行行为可撤销、变更的,应当同时撤销或者变更该裁定维持的执行行为。

人民法院对发回重新审查的案件作出裁定后,当事人、利害关系人申请复议的,上一级人民法院复议后不得再次发回重新审查。

第二十四条 对案外人提出的排除执行异议,人民法院应当审查下列内容:

(一)案外人是否系权利人;

(二)该权利的合法性与真实性;

(三)该权利能否排除执行。

第二十五条 对案外人的异议,人民法院应当按照下列标准判断其是否系权利人:

(一)已登记的不动产,按照不动产登记簿判断;未登记的建筑物、构筑物及其附属设施,按照土地使用权登记簿、建设工程规划许可、施工许可等相关证据判断;

(二)已登记的机动车、船舶、航空器等特定动产,按照相关管理部门的登记判断;未登记的特定动产和其他动产,按照实际占有情况判断;

（三）银行存款和存管在金融机构的有价证券，按照金融机构和登记结算机构登记的账户名称判断；有价证券由具备合法经营资质的托管机构名义持有的，按照该机构登记的实际出资人账户名称判断；

（四）股权按照工商行政管理机关的登记和企业信用信息公示系统公示的信息判断；

（五）其他财产和权利，有登记的，按照登记机构的登记判断；无登记的，按照合同等证明财产权属或者权利人的证据判断。

案外人依据另案生效法律文书提出排除执行异议，该法律文书认定的执行标的权利人与依照前款规定得出的判断不一致的，依照本规定第二十六条规定处理。

第二十六条　金钱债权执行中，案外人依据执行标的被查封、扣押、冻结前作出的另案生效法律文书提出排除执行异议，人民法院应当按照下列情形，分别处理：

（一）该法律文书系就案外人与被执行人之间的权属纠纷以及租赁、借用、保管等不以转移财产权属为目的的合同纠纷，判决、裁决执行标的归属于案外人或者向其返还执行标的且其权利能够排除执行的，应予支持；

（二）该法律文书系就案外人与被执行人之间除前项所列合同之外的债权纠纷，判决、裁决执行标的归属于案外人或者向其交付、返还执行标的的，不予支持。

（三）该法律文书系案外人受让执行标的的拍卖、变卖成交裁定或者以物抵债裁定且其权利能够排除执行的，应予支持。

金钱债权执行中，案外人依据执行标的被查封、扣押、冻结后作出的另案生效法律文书提出排除执行异议的，人民法院不予支持。

非金钱债权执行中，案外人依据另案生效法律文书提出排除执行异议，该法律文书对执行标的权属作出不同认定的，人民法院应当告知案外人依法申请再审或者通过其他程序解决。

申请执行人或者案外人不服人民法院依照本条第一、二款规定作出的裁定，可以依照民事诉讼法第二百二十七条规定提起执行异议之诉。

第二十七条　申请执行人对执行标的依法享有对抗案外人的担保物权等优先受偿权，人民法院对案外人提出的排除执行异议不予支持，但法律、司法解释另有规定的除外。

第二十八条　金钱债权执行中,买受人对登记在被执行人名下的不动产提出异议,符合下列情形且其权利能够排除执行的,人民法院应予支持:

(一)在人民法院查封之前已签订合法有效的书面买卖合同;

(二)在人民法院查封之前已合法占有该不动产;

(三)已支付全部价款,或者已按照合同约定支付部分价款且将剩余价款按照人民法院的要求交付执行;

(四)非因买受人自身原因未办理过户登记。

第二十九条　金钱债权执行中,买受人对登记在被执行的房地产开发企业名下的商品房提出异议,符合下列情形且其权利能够排除执行的,人民法院应予支持:

(一)在人民法院查封之前已签订合法有效的书面买卖合同;

(二)所购商品房系用于居住且买受人名下无其他用于居住的房屋;

(三)已支付的价款超过合同约定总价款的百分之五十。

第三十条　金钱债权执行中,对被查封的办理了受让物权预告登记的不动产,受让人提出停止处分异议的,人民法院应予支持;符合物权登记条件,受让人提出排除执行异议的,应予支持。

第三十一条　承租人请求在租赁期内阻止向受让人移交占有被执行的不动产,在人民法院查封之前已签订合法有效的书面租赁合同并占有使用该不动产的,人民法院应予支持。

承租人与被执行人恶意串通,以明显不合理的低价承租被执行的不动产或者伪造交付租金证据的,对其提出的阻止移交占有的请求,人民法院不予支持。

第三十二条　本规定施行后尚未审查终结的执行异议和复议案件,适用本规定。本规定施行前已经审查终结的执行异议和复议案件,人民法院依法提起执行监督程序的,不适用本规定。

民事诉讼类文书范本之11:民事答辩状

民事答辩状

答辩人:××有限公司,住所地××市××区××路××号,统一社会信用代码××××××。

法定代表人:×××,执行董事。

答辩人为与原告×××产品质量责任纠纷一案,就原告的起诉,提出答辩意见如下:

1. 原告在起诉状中的部分陈述与事实不符,具体表现为:

(1)原告在起诉状中称,其2019年5月购买种猪186头与事实不符,原告根本没有饲养这么多头猪,其也没有证据证明饲养了这么多头猪。

(2)原告在起诉状中还称,其发现所饲养的猪出现死亡后,到××县畜牧局报案,经畜牧局多次联系沟通,答辩人均无故推迟。并称其申请对饲料质量进行鉴定,答辩人不予配合,也都与事实不符。事实上,原告投诉到××县畜牧局后,答辩人一直积极配合畜牧局调查处理,亦没有不配合鉴定的行为。事实上答辩人主动委托第三方对饲料质量进行了鉴定,鉴定结果为合格。

(3)原告在起诉状中还称,其委托律师陪同取样并委托检验,检验结果显示大量元素超标。事实上,原告及其委托律师从未到答辩人处取样,其检验的样品是否答辩人生产尚不能确定,是否已经超过了保质期、是否因受到雨淋、暴晒而变质也不能确定。

(4)原告在起诉状中还称,其饲养的猪死亡106头、低价售卖75头,这也与事实不符。事实上,原告根本没有饲养这么多头猪,也没有死亡这么多头猪,更不存在低价售卖的情况。

2. 原告要求被告退还其购买饲料的价款110,900元、赔偿其各项损失1,076,300元、承担鉴证咨询费用2400元的诉讼请求均不能成立,依法应判决驳回原告的全部诉讼请求。具体理由如下：

（1）答辩人销售给原告的两种饲料均属于符合国家标准的合格产品，不存在质量问题。

①答辩人售给原告共有两种饲料即“××551”和“××552”配合饲料，这两种饲料的生产时间为2019年5月至9月。该两种饲料在销售前都做过产品质量检测，经检测合格后才对外销售。

对于上述两种饲料的各项元素含量，答辩人也委托了第三方机构进行检验，检测结果是符合国家标准。即使参照原告提供的两份检测报告的数据，答辩人所售出的饲料各项元素含量也不超标，饲料质量无任何问题。

②原告没有足够证据能证明答辩人销售给其的饲料存在质量问题。

（2）原告没有足够证据证明其饲养的猪存在非正常死亡问题。

（3）即使原告饲养的猪存在非正常死亡问题，猪的死亡是否因喂养答辩人的饲料造成尚无法确定，也就是说，猪的死亡与答辩人的饲料是否存在因果关系，尚不能认定。理由如下：

①答辩人作为合法登记的有饲料生产资质的企业，其所生产的饲料产品销量巨大，使用答辩人生产的饲料的养殖户众多、分布很广。答辩人将同批次出厂的饲料售于他人使用，其他养殖户用同样饲料喂养的生猪均没有发生任何疾病或意外死亡事件。如果真是因答辩人的饲料质量存在问题，绝不会仅在原告一个养殖户处出现猪死亡现象，但答辩人至今未收到其他人的质量投诉。这也从侧面说明了，原告的生猪即使有死亡，也与答辩人所售的饲料无关。

②原告所饲养生猪如果死亡或发病也是其他原因导致，与使用答辩人生产的饲料无关。能够引起生猪死亡的原因有很多，如口蹄疫、猪瘟、非洲猪瘟、高致病性猪蓝耳病、炭疽、猪丹毒、猪肺疫等疫病、饲养技术和药物中毒等。原告在购进小猪时，没有按照《动物防疫法》第四十二条的规定，要求出售方提供《检疫合格证》，不排除其购买的哪一头小猪自身带有疫病。原告没有按《畜牧法》第二十三条的规定，取得《种畜禽生产经营许可证》，表明其自身不具备种猪生产经营条件。原告也没有按《动物防疫法》第二十条的规定，取得《动物防疫条件合格证》，表明其也不具备防疫条件。原告所饲养的生猪死亡后至今都未做死亡原因鉴定。在无法确定具体死亡原因的前提下，根本不能将死亡原因归结到答辩人所售饲料的质量上。

③饲料如果存在质量问题，也只是营养够不够的问题，根本不可能会造成所养的猪死亡。原告称其饲养的猪因喂养了答辩人的饲料而死亡，缺乏相应证据。

④原告没有提交任何证据证明其饲养的猪死亡106头、低价售卖75头。在本案庭前调解时，原告自称损失30多万元，现在又称损失107万元，可以表明原告有讹诈答辩人的嫌疑。

根据国务院《畜禽规模养殖污染防治条例》第二十一条的规定，病死或者死因不明的畜禽尸体必须进行无害化处理，原告自身没有无害化处理设施，不具备无害化处理能力。在这种情况下，原告应当提交其委托有无害化处理能力的单位对死亡猪只进行处理的证据，用以证明死亡猪只的数量。

综上所述，答辩人认为，原告的诉讼请求均不能成立，答辩人请贵院判决驳回原告的诉讼请求。

此致

××市××区人民法院

答辩人：

年　月　日

《民事答辩状》(一审阶段)精细化写作要领

1. 要书写答辩状。答辩状是被告对原告在起诉状中所陈述的事实和所提的各项诉讼请求进行有针对性的回应，如果仅当庭口头答辩可能会遗漏答辩内容。另外，当庭口头答辩语速较快，书记员可能只会记录要点，导致庭审笔录不能完整的展现答辩内容，不利于维护被告方的合法权益。因此，一定要按要求书写详尽的答辩状，尽早提交给法院。

2. 答辩状在格式上要符合要求，表述要准确。民事答辩状由“标题”“答辩人信息”“答辩内容”“致送法院”和落款“答辩人”“答辩时间”组成，不能有缺项，标题和正文之间要空一行。需要注意的是，有的律师在书写“答辩人信息”后，会书写“被答辩人信息”，这是不严谨的。答辩状是答辩人一方的陈述和辩解，不同于起诉状、上诉状等，不需要列相对方的信息，只需要在“答辩人信息”一项下，写上“答辩人为与原告某某某××纠纷一案，就原告的起诉，提出答辩意见如下"即可。另外,答辩状各部分的表述要准确,一审中答辩人在案件中的地位是被告,但在答辩状中一般用"答辩人"自称,而不表述为"被告",答辩状中表述原告时仍用原告,不能用"被答辩人"。

3."答辩内容"部分是整个民事答辩状的核心,这部分的任务是通过阐述事实、引用证据和适用法律,辩驳原告方观点,让法官不支持原告方的诉讼请求。"答辩内容"一般分为三部分:回应+辩驳+结论。首先要针对原告起诉状中陈述的与事实不符的部分进行回应,讲明实际情况,还原客观事实。然后要针对原告不合理的诉讼请求进行辩驳。最后写答辩的结论,一般用"综上所述"开头,简要写明答辩方观点。如果原告在起诉状中陈述的事实都是客观事实,可以省去"回应"部分,直接写"辩驳"部分。

需要注意的是,"辩驳"部分是答辩内容的重心,不能惜墨,有利的理由和观点都要写。要围绕原告的诉讼请求,结合事实和证据,通过引用法律、司法解释具体条文和权威理论,写清原告诉讼请求不能成立的具体理由。"辩驳"部分要做到说理充分、透彻,法律依据全面、具体,不能空洞无物。比如,本节答辩状范本案例涉及原告用被告的饲料饲养的猪只存在非正常死亡问题,由于猪只的死亡因素有很多,可能主要因素是疫病,那么作为被告在答辩时,就要通过引用《动物防疫法》《畜牧法》等法律条文,论证原告饲养的猪只没有按规定进行防疫,原告的饲养场所不具备防疫条件来论述猪只的死亡可能是其他原因所致,与被告的饲料无关。通过这样深入的辩驳,再结合"谁主张,谁举证"的举证规则,更容易让法官采纳答辩人一方意见,维护当事人合法权益。

还需要注意的是,"答辩内容"不论是"回应"部分,还是"辩驳"部分,都要有条理,不能杂乱无章。如果原告在起诉状中的陈述多处与事实不符,建议分项一一列明,可以表述为:"1.原告在起诉状中的部分陈述与事实不符,具体表现为:(1)……(2)……",行文按照原告在起诉状中陈述的顺序一一回应。如果原告在起诉状中提出了多项诉讼请求,在"辩驳"部分也要逐一进行辩驳,对原告的每项诉讼请求进行辩驳时,如果理由较多,可以分项来写,体现逻辑性和条理性。

附：相关规定

《中华人民共和国民事诉讼法》(2023年修正)

第一百二十八条　人民法院应当在立案之日起五日内将起诉状副本发送被告，被告应当在收到之日起十五日内提出答辩状。答辩状应当记明被告的姓名、性别、年龄、民族、职业、工作单位、住所、联系方式；法人或者其他组织的名称、住所和法定代表人或者主要负责人的姓名、职务、联系方式。人民法院应当在收到答辩状之日起五日内将答辩状副本发送原告。

被告不提出答辩状的，不影响人民法院审理。

民事诉讼类文书范本之12:民事反诉状

民事反诉状

反诉原告(本诉被告):××建设有限公司,住所地××省××市××区××路××号,统一社会信用代码××××××。

法定代表人:×××,执行董事。

反诉被告(本诉原告):××发展有限公司,住所地:××市××区××路××号,统一社会信用代码××××××。

法定代表人:×××,董事长。

诉讼请求:(1)判令反诉被告支付拖欠反诉原告的工程价款5000万元,并从2020年5月1日起按年利率6%计算逾期付款利息直至付清之日止;(2)判令反诉被告赔偿反诉原告机械费、租赁费、停工、窝工等损失1000万元;(3)依法拍卖位于××县××镇的××基地项目,并以拍卖价款优先偿还反诉被告拖欠反诉原告的工程价款。

事实与理由:2018年2月6日,反诉原告和反诉被告签订《建设工程施工合同》一份,约定反诉被告将位于××县××镇的××基地项目承包给反诉原告,承包范围:1#至19#楼宇建筑全部图纸范围内土建、门窗、水电、热水、消防等安装工程;1#、2#、3#、5#楼装饰工程;园区内连廊、水电、雨污水、热水、消防、安防、室外音响、景观绿化等工程;综合楼前广场工程全部内容,包括土建、水电安装、雨污水管网、绿化、安防、室外音响、消防、照明亮化、景观、道路等。合同约定竣工结算执行《河南省建设工程工程量清单综合单价(2008)》。合同还约定,按工程进度支付工程款:(1)每月5日按上月报的月进度支付经监理工程师、发包方代表、发包方聘请的专业造价师签认的已完工程量的80%;(2)工程整体竣工验收合格备案后,支付至合同价的90%,工程决算经审计后付至合同总价的95%,剩余合同价的5%留作质保金,竣工验收合格后按国家规定支付。合同签订后,反诉原告投入大量资金购买施工所需的全部材料、租赁机械设备，并组织大量人力进场施工。在施工过程中，由于反诉被告资金短缺等多种因素，不仅严重影响着工程施工，也给反诉原告造成机械费、租赁费、停工、窝工等损失。由于资金严重短缺，反诉被告从 2019 年 8 月开始拒不按合同约定审定并支付工程进度款，并在 2020 年 3 月决定暂停 6#至 19#楼工程施工，至今也不通知反诉原告复工。截至 2020 年 4 月底，反诉原告克服种种困难完成了 1#至 5#楼的全部工程和 6#至 19#楼的大部分工程。经反诉原告初步核算，反诉被告至今尚拖欠反诉原告工程款 5000 万余元，致使反诉原告无法支付拖欠的农民工工资及材料、设备租赁价款，造成农民工多次上访。2021 年 7 月 6 日，反诉被告向贵院起诉，以本案建设项目未进行招投标为由，要求确认反诉原告和反诉被告 2018 年 2 月 6 日签订的《建设工程施工合同》无效等，贵院已经予以受理。

上述事实，有双方签订的《建设工程施工合同》、会议纪要、工程联系单等证据为证。

反诉原告认为，反诉原告和反诉被告之间系建设工程施工合同关系。根据《民法典》第八百零三条、第八百零四条、第八百零七条及有关司法解释的规定，反诉被告应当支付拖欠反诉原告的工程价款及利息，并应赔偿反诉原告的停工、窝工等损失，反诉原告并有权对承建工程的价款就拍卖的价款优先受偿。为了维护反诉原告的合法权益，特提起反诉，请贵院依法支持反诉原告的诉讼请求。

此致

××市中级人民法院

反诉原告：

年　月　日

《民事反诉状》精细化写作要领

1. 在格式上要符合要求。民事反诉状由“标题”“当事人信息”“诉讼请求”“事实与理由”“致送法院”和落款“反诉原告”“反诉日期”组成，不能缺项，标题和正文之间要空一行，各部分的表述要准确。比如，不能将标题“民事反诉状”写成“民事起诉状”，不能将内容中的“反诉原告”写成“原告”，“反诉被告”写成

"被告"。另外,要在首部"当事人信息"中的"反诉原告""反诉被告"后用括号标注其在本诉中的地位。需要注意的是,根据《最高人民法院关于适用〈中华人民共和国民事诉讼法〉的解释》第二百三十三条第一款的规定,反诉的当事人应当限于本诉的当事人的范围,不能将不是本诉的当事人列为反诉当事人。

2. 反诉是被告提出反请求,目的是抵消本诉原告的诉讼请求。因此,"诉讼请求"部分也是整个民事反诉状的核心,这部分内容的写作要求同民事起诉状相同,要反复推敲,做到表达准确,没有漏项、漏算,项项都有依据。具体写作要求同民事起诉状一样,可参见前文民事起诉状精细化写作要领。

需要注意的是,反诉的目的是让法院将反诉与本诉合并审理,一方面节省司法资源,避免讼累,另一方面可以节省诉讼费成本,因此,反诉的诉讼请求要限定在一定的范围之内。根据《最高人民法院关于适用〈中华人民共和国民事诉讼法〉的解释》第二百三十三条第二款的规定,反诉与本诉的诉讼请求基于相同法律关系、诉讼请求之间具有因果关系,或者反诉与本诉的诉讼请求基于相同事实的,人民法院应当合并审理。

3. "事实与理由"部分是民事反诉状的重点,这部分的任务主要是通过阐述事实,引用证据和适用法律,让法院支持反诉原告的反诉请求。这部分的形式、内容和具体写作要求同民事起诉状一样,可参见前文民事起诉状精细化写作要领。

附:相关规定

1.《中华人民共和国民事诉讼法》(2023 年修正)

第五十四条　原告可以放弃或者变更诉讼请求。被告可以承认或者反驳诉讼请求,有权提起反诉。

2.《最高人民法院关于适用〈中华人民共和国民事诉讼法〉的解释》(2022 年修正)

第二百三十二条　在案件受理后,法庭辩论结束前,原告增加诉讼请求,被告提出反诉,第三人提出与本案有关的诉讼请求,可以合并审理的,人民法院应当合并审理。

第二百三十三条　反诉的当事人应当限于本诉的当事人的范围。

反诉与本诉的诉讼请求基于相同法律关系、诉讼请求之间具有因果关系，或者反诉与本诉的诉讼请求基于相同事实的，人民法院应当合并审理。

反诉应由其他人民法院专属管辖，或者与本诉的诉讼标的及诉讼请求所依据的事实、理由无关联的，裁定不予受理，告知另行起诉。

3.《最高人民法院关于民事诉讼证据的若干规定》(2019年修正)

第一条　原告向人民法院起诉或者被告提出反诉，应当提供符合起诉条件的相应的证据。

民事诉讼类文书范本之13:变更诉讼请求申请书

变更诉讼请求申请书

申请人:××市××建设有限公司,住所地××省××市××区××路××号,统一社会信用代码××××××。

法定代表人:×××,执行董事。

被申请人:××市××置业有限公司,住所地××市××区××路××号,统一社会信用代码××××××。

法定代表人:×××,董事长。

申请事项:将申请人诉被申请人建设工程施工合同纠纷一案(案号:×××××)中申请人的诉讼请求变更为:(1)判令被告支付拖欠原告的工程价款××××万元,并从××××年×月×日起直至付清之日止按年利率6%计算的利息;(2)判令被告赔偿原告停工、窝工等各项损失××××万元。

此致

××市××区人民法院

申请人:

年 月 日

《变更诉讼请求申请书》精细化写作要领

1. 在格式上要符合要求。变更诉讼请求申请书由“标题”“申请人”“被申请人”“申请事项”“致送法院”和落款“申请人”“申请日期”组成,不能缺项,标题和正文之间要空一行,各部分的表述要准确。变更诉讼请求的“申请人”只能是原告,“被申请人”只能是被告或者第三人。

2.“申请事项”部分是变更诉讼请求申请书的实质性内容,要准确写明变更后的具体诉讼请求。变更诉讼请求的案件一般是起诉时数额尚未确定,后经过鉴定等程序需要变更起诉金额。这一部分要先写明申请变更哪一个案件的诉讼请求,一般表述为:“将申请人诉被申请人××××纠纷一案(案号:×××××)中申请人的诉讼请求变更为:”,然后直接写变更后的诉讼请求。变更后的诉讼请求要反复推敲,做到表达准确,没有漏项、漏算,项项都有依据。具体写作要求同民事起诉状中的“诉讼请求”部分一样,可参见前文民事起诉状精细化写作要领。

需要注意的是,法律没有限制原告变更诉讼请求的次数,但是,根据《最高人民法院关于适用〈中华人民共和国民事诉讼法〉的解释》第二百三十二条的规定,变更诉讼请求申请至迟应在法庭辩论终结前提出,如果当庭变更诉讼请求,被告一方可能会提出需要答辩期、举证期,导致案件不能按期开庭。因此,变更诉讼请求申请书要尽量早提交。

附:相关规定

1.《中华人民共和国民事诉讼法》(2023 年修正)

第五十四条　原告可以放弃或者变更诉讼请求。被告可以承认或者反驳诉讼请求,有权提起反诉。

第一百四十三条　原告增加诉讼请求,被告提出反诉,第三人提出与本案有关的诉讼请求,可以合并审理。

2.《最高人民法院关于适用〈中华人民共和国民事诉讼法〉的解释》(2022 年修正)

第二百三十二条　在案件受理后,法庭辩论结束前,原告增加诉讼请求,被告提出反诉,第三人提出与本案有关的诉讼请求,可以合并审理的,人民法院应当合并审理。

3.《最高人民法院关于民事诉讼证据的若干规定》(2019 年修正)

第五十五条　存在下列情形的,举证期限按照如下方式确定:

…………

(四)当事人增加、变更诉讼请求或者提出反诉的,人民法院应当根据案件具体情况重新确定举证期限;

…………

民事诉讼类文书范本之14:证据目录

证据目录

第一组证据(共1份):

证据1:××××年×月×日原告与被告签订的《工程设计与设备供货合同》(原件)。证明:(1)原告与被告之间存在买卖合同关系,合同约定由原告出卖给被告电子配料系统设备、焙烧系统工艺机械设备、电气自动化控制系统设备、除尘消烟及脱硫脱硝设备各一套,同时,原告附带为被告提供工程设计与技术指导、生产系统调试和人员技术培训,合同约定总价款为×××万元;(2)合同约定付款时间为:被告在合同签订5日内支付30%,在发货前支付40%,在安装、调试完成,具备点火生产条件时支付20%,剩余10%作为质保金,在一年质保期满后7日内付清;(3)合同约定若逾期付款,按年利率13%计算逾期付款违约金。

第二组证据(共6份):

证据2-1至5:发货明细表五张(原件)。证明:原告已按约定将出卖的货物全部交付给了被告,并由被告工作人员签收。

证据2-6:窑炉专用产品检验单(原件)。证明:原告向被告所提供的设备产品符合公司制造标准要求,质量合格。

《证据目录》精细化写作要领

1.规范制作证据目录。哪怕只有一份证据,也要制作证据目录。很多律师不制作证据目录,直接在法庭上口头宣读证据名称及所证明的事实,这种做法是不可取的。制作证据目录一方面可以让我们厘清案件事实和证据情况,有利于拟订更优的诉讼方案;另一方面可以让法官更快、更清楚地了解案件证据和能证明的事实,也方便书记员更完整地记录在庭审中展现的证据情况及证明内容,方便法官查阅和采信证据,准确认定案件事实。因此,在举证期限内一定要制作书面证据目录,连同证据一并提交法院。

2. 所有证据要逐一分类、分组、编号。根据《民事诉讼法》第六十六条的规定,民事诉讼中的证据包括当事人的陈述、书证、物证、视听资料、电子数据、证人证言、鉴定意见、勘验笔录。在制作证据目录时,如果证据较多,要分组分类,并不需要按《民事诉讼法》规定的证据种类去分组,将证明方向基本一致的证据放在一组,并按形成时间或者重要程度逐一编号即可。比如,本范本案例是一个买卖合同纠纷,证据比较少,但也将证据分为两组,第一组是双方之间的合同,用以证明双方之间的合同关系及合同约定的主要内容。第二组是证明原告已经按照合同约定履行义务的证据。这样分组逻辑清晰,简单明了。

3. 证据目录的主要内容是证据名称和证明内容。证据名称要写明证据的来源、形成时间、名称、出具单位等信息,证明内容要展现证明方向,要表述得清楚、明白。本方证据是支持本方观点、驳斥对方观点的核心。因此,证据目录要紧紧围绕案件事实,列明证据名称及证明内容,纸质证据还要标明为原件还是复印件。证明内容一定要结合证据能证明的事实,围绕本方观点,表达清晰、准确,不能写得过于简单,让人看不出这些证据要证明的事实,但也不能长篇大论,要直奔主题,言简意赅。

4. 如果证据较多,要装订成册。装订成册一方面可以使证据资料整齐清晰;另一方面便于保存,方便后期案卷归档,遇到类似的案件时也方便查阅。

附:相关规定

1.《中华人民共和国民事诉讼法》(2023 年修正)

第六十六条　证据包括:

(一)当事人的陈述;

(二)书证;

(三)物证;

(四)视听资料;

（五）电子数据；

（六）证人证言；

（七）鉴定意见；

（八）勘验笔录。

证据必须查证属实，才能作为认定事实的根据。

第六十七条　当事人对自己提出的主张，有责任提供证据。

当事人及其诉讼代理人因客观原因不能自行收集的证据，或者人民法院认为审理案件需要的证据，人民法院应当调查收集。

人民法院应当按照法定程序，全面地、客观地审查核实证据。

第六十八条　当事人对自己提出的主张应当及时提供证据。

人民法院根据当事人的主张和案件审理情况，确定当事人应当提供的证据及其期限。当事人在该期限内提供证据确有困难的，可以向人民法院申请延长期限，人民法院根据当事人的申请适当延长。当事人逾期提供证据的，人民法院应当责令其说明理由；拒不说明理由或者理由不成立的，人民法院根据不同情形可以不予采纳该证据，或者采纳该证据但予以训诫、罚款。

第六十九条　人民法院收到当事人提交的证据材料，应当出具收据，写明证据名称、页数、份数、原件或者复印件以及收到时间等，并由经办人员签名或者盖章。

2.《最高人民法院关于民事诉讼证据的若干规定》（2019年修正）

第十九条　当事人应当对其提交的证据材料逐一分类编号，对证据材料的来源、证明对象和内容作简要说明，签名盖章，注明提交日期，并依照对方当事人人数提出副本。

人民法院收到当事人提交的证据材料，应当出具收据，注明证据的名称、份数和页数以及收到的时间，由经办人员签名或者盖章。

民事诉讼类文书范本之15：管辖权异议申请书

管辖权异议申请书

申请人：洛阳×××有限公司，住所地××市××区××路×号，统一社会信用代码××××××。

法定代表人：×××，公司执行董事。

被申请人：辽宁×××有限公司，住所地辽宁省××市××区××路××号，统一社会信用代码××××××。

法定代表人：×××，公司经理。

被申请人：×××自治县×××厂，住所地辽宁省××市××县××镇。经营者：×××。

申请事项：请贵院将被申请人辽宁××有限公司诉申请人等买卖合同纠纷一案移送至河南省洛阳市×××区人民法院管辖。

事实与理由：被申请人辽宁×××有限公司诉申请人、×××自治县×××厂买卖合同纠纷一案，贵院已经受理。申请人认为，贵院对本案没有管辖权，依法应将本案移送至河南省洛阳市×××区人民法院管辖，具体理由如下：

1. 申请人与被申请人辽宁××有限公司之间系买卖合同关系，双方于××××年×月×日签订的《工程设计与设备供货合同》第十三条明确约定："本合同在履行过程中发生的争议，由双方当事人协商解决；协商或调解不成的，应向卖方住所地人民法院起诉。"该约定完全符合《民事诉讼法》第三十五条的规定。根据该约定，本案应由作为卖方的申请人所在地基层人民法院即河南省洛阳市×××区人民法院管辖。

2. 如前所述，申请人与被申请人辽宁××××有限公司之间系买卖合同关系，而被申请人辽宁×××有限公司与本案的第二被告×××自治县×××厂之间系承揽合同关系。案件涉及两个安全不同的法律关系且两被告之间没有任何关系，诉讼标的既不是共同的，也不是同一种类，不符合《民事诉讼法》第五十五条的规定，不应当在同一个案件中处理，原告应当分别起诉。

综上所述，申请人认为，贵院对本案没有管辖权，请贵院依法裁定将本案移送至河南省洛阳市××区人民法院管辖。

此致

××省××市××区人民法院

申请人：

年 月 日

《管辖权异议申请书》精细化写作要领

1.在格式上要符合要求。管辖权异议申请书由"标题""申请人""被申请人""申请事项""事实与理由""致送法院"和落款"申请人""申请日期"组成，不能缺项，标题和正文之间要空一行，各部分的表述要准确。

2."申请事项"部分要写明申请人的具体要求，要表达准确。一般表述为："请贵院将申请人某某某与被申请人某某某××纠纷一案移送至××省××市××区（县）人民法院管辖。"

3."事实与理由"部分是管辖权异议申请书的重点，这部分的任务是通过阐述事实，引用《民事诉讼法》及其司法解释的具体规定，论证受诉法院对本案没有管辖权，应将案件移送至申请人认为的有管辖权的人民法院。管辖分为级别管辖和地域管辖。地域管辖又进一步分为"一般地域管辖""特殊地域管辖""专属管辖"和"协议管辖"。管辖权异议可以就级别管辖提出异议，也可以就地域管辖提出异议。《民事诉讼法》第十八条至第二十一条对四级法院的级别管辖作了规定，第二十二条规定了一般地域管辖，一般适用"原告就被告"原则，第二十三条至第三十三条规定了特殊地域管辖，就十一类民事案件分别规定了"原告住所地""侵权行为地""合同履行地"等不同的连接点。第三十四条规定了专属管辖，第三十五条规定了协议管辖。《最高人民法院关于适用〈中华人民共和国民事诉讼法〉的解释》第一条至第三十四条对民事诉讼法规定的管辖问题作了进一步解释。在提出管辖权异议时，要认真研究这些条文，结合具体案情，研究判断能否提起管辖权异议。

在书写管辖权异议申请书时，要先简单写明受诉法院受理本案的事实，并指出受诉法院没有管辖权，一般表述为："被申请人某某某诉申请人某某某 × × 纠纷一案，贵院已经受理。申请人认为，贵院对本案没有管辖权，依法应将本案移送至 × × 人民法院管辖，具体理由如下"，然后结合案件事实和证据，先分析论证双方之间的法律关系，再通过引用上述关于管辖的具体条文，论证受诉法院对本案不具有管辖权，应将案件移送至申请人认为的有管辖权的人民法院。在分析论证过程中，如果有多个理由，要分开进行阐述，做到条理清晰、论证有力。最后结论部分，作简要概括，一般表述为："综上所述，申请人认为，贵院对本案没有管辖权，请贵院依法裁定将本案移送至 × × 人民法院管辖。"

需要注意的是，管辖权异议申请提出的时间问题，《民事诉讼法》第一百三十条第一款规定："人民法院受理案件后，当事人对管辖权有异议的，应当在提交答辩状期间提出。"但没有规定对超出提交答辩状期间提出的管辖权异议是否进行审查。《最高人民法院关于适用〈中华人民共和国民事诉讼法〉的解释》第三十五条规定："当事人在答辩期间届满后未应诉答辩，人民法院在一审开庭前，发现案件不属于本院管辖的，应当裁定移送有管辖权的人民法院。"再结合《民事诉讼法》第一百三十条第二款和《最高人民法院关于适用〈中华人民共和国民事诉讼法〉的解释》第二百二十三条第二款来看，笔者认为，当事人只要未就案件实体内容进行答辩、陈述或者反诉，即便超出提交答辩状期间，在一审开庭前提出管辖权异议的，受诉人民法院均应当对管辖异议进行审查。但笔者建议管辖应在提交答辩状期间提出，避免造成被动，浪费司法资源。

附：相关规定

1.《中华人民共和国民事诉讼法》(2023 年修正)

第十八条　基层人民法院管辖第一审民事案件，但本法另有规定的除外。

第十九条　中级人民法院管辖下列第一审民事案件：

(一)重大涉外案件；

(二)在本辖区有重大影响的案件；

(三)最高人民法院确定由中级人民法院管辖的案件。

第二十条　高级人民法院管辖在本辖区有重大影响的第一审民事案件。

第二十一条　最高人民法院管辖下列第一审民事案件：

(一)在全国有重大影响的案件；

(二)认为应当由本院审理的案件。

第二十二条　对公民提起的民事诉讼，由被告住所地人民法院管辖；被告住所地与经常居住地不一致的，由经常居住地人民法院管辖。

对法人或者其他组织提起的民事诉讼，由被告住所地人民法院管辖。

同一诉讼的几个被告住所地、经常居住地在两个以上人民法院辖区的，各该人民法院都有管辖权。

第二十三条　下列民事诉讼，由原告住所地人民法院管辖；原告住所地与经常居住地不一致的，由原告经常居住地人民法院管辖：

(一)对不在中华人民共和国领域内居住的人提起的有关身份关系的诉讼；

(二)对下落不明或者宣告失踪的人提起的有关身份关系的诉讼；

(三)对被采取强制性教育措施的人提起的诉讼；

(四)对被监禁的人提起的诉讼。

第二十四条　因合同纠纷提起的诉讼，由被告住所地或者合同履行地人民法院管辖。

第二十五条　因保险合同纠纷提起的诉讼，由被告住所地或者保险标的物所在地人民法院管辖。

第二十六条　因票据纠纷提起的诉讼，由票据支付地或者被告住所地人民法院管辖。

第二十七条　因公司设立、确认股东资格、分配利润、解散等纠纷提起的诉讼，由公司住所地人民法院管辖。

第二十八条　因铁路、公路、水上、航空运输和联合运输合同纠纷提起的诉讼，由运输始发地、目的地或者被告住所地人民法院管辖。

第二十九条　因侵权行为提起的诉讼，由侵权行为地或者被告住所地人民法院管辖。

第三十条　因铁路、公路、水上和航空事故请求损害赔偿提起的诉讼，由事故发生地或者车辆、船舶最先到达地、航空器最先降落地或者被告住所地人民法院管辖。

第三十一条　因船舶碰撞或者其他海事损害事故请求损害赔偿提起的诉讼，由碰撞发生地、碰撞船舶最先到达地、加害船舶被扣留地或者被告住所地人民法院管辖。

第三十二条　因海难救助费用提起的诉讼，由救助地或者被救助船舶最先到达地人民法院管辖。

第三十三条　因共同海损提起的诉讼，由船舶最先到达地、共同海损理算地或者航程终止地的人民法院管辖。

第三十四条　下列案件，由本条规定的人民法院专属管辖：

（一）因不动产纠纷提起的诉讼，由不动产所在地人民法院管辖；

（二）因港口作业中发生纠纷提起的诉讼，由港口所在地人民法院管辖；

（三）因继承遗产纠纷提起的诉讼，由被继承人死亡时住所地或者主要遗产所在地人民法院管辖。

第三十五条　合同或者其他财产权益纠纷的当事人可以书面协议选择被告住所地、合同履行地、合同签订地、原告住所地、标的物所在地等与争议有实际联系的地点的人民法院管辖，但不得违反本法对级别管辖和专属管辖的规定。

第三十六条　两个以上人民法院都有管辖权的诉讼，原告可以向其中一个人民法院起诉；原告向两个以上有管辖权的人民法院起诉的，由最先立案的人民法院管辖。

第三十七条　人民法院发现受理的案件不属于本院管辖的，应当移送有管辖权的人民法院，受移送的人民法院应当受理。受移送的人民法院认为受移送的案件依照规定不属于本院管辖的，应当报请上级人民法院指定管辖，不得再自行移送。

第一百三十条　人民法院受理案件后，当事人对管辖权有异议的，应当在提交答辩状期间提出。人民法院对当事人提出的异议，应当审查。异议成立的，裁定将案件移送有管辖权的人民法院；异议不成立的，裁定驳回。

当事人未提出管辖异议，并应诉答辩或者提出反诉的，视为受诉人民法院有管辖权，但违反级别管辖和专属管辖规定的除外。

2.《最高人民法院关于适用〈中华人民共和国民事诉讼法〉的解释》（2022年修正）

第一条　民事诉讼法第十九条第一项规定的重大涉外案件，包括争议标的额大的案件、案情复杂的案件，或者一方当事人人数众多等具有重大影响的案件。

第二条　专利纠纷案件由知识产权法院、最高人民法院确定的中级人民法院和基层人民法院管辖。

海事、海商案件由海事法院管辖。

第三条　公民的住所地是指公民的户籍所在地，法人或者其他组织的住所地是指法人或者其他组织的主要办事机构所在地。

法人或者其他组织的主要办事机构所在地不能确定的，法人或者其他组织的注册地或者登记地为住所地。

第四条　公民的经常居住地是指公民离开住所地至起诉时已连续居住一年以上的地方，但公民住院就医的地方除外。

第五条　对没有办事机构的个人合伙、合伙型联营体提起的诉讼，由被告注册登记地人民法院管辖。没有注册登记，几个被告又不在同一辖区的，被告住所地的人民法院都有管辖权。

第六条　被告被注销户籍的，依照民事诉讼法第二十三条规定确定管辖；原告、被告均被注销户籍的，由被告居住地人民法院管辖。

第七条　当事人的户籍迁出后尚未落户，有经常居住地的，由该地人民法院管辖；没有经常居住地的，由其原户籍所在地人民法院管辖。

第八条　双方当事人都被监禁或者被采取强制性教育措施的，由被告原住所地人民法院管辖。被告被监禁或者被采取强制性教育措施一年以上的，由被告被监禁地或者被采取强制性教育措施地人民法院管辖。

第九条　追索赡养费、扶养费、抚养费案件的几个被告住所地不在同一辖区的，可以由原告住所地人民法院管辖。

第十条　不服指定监护或者变更监护关系的案件，可以由被监护人住所地人民法院管辖。

第十一条　双方当事人均为军人或者军队单位的民事案件由军事法院管辖。

第十二条　夫妻一方离开住所地超过一年，另一方起诉离婚的案件，可以由原告住所地人民法院管辖。

夫妻双方离开住所地超过一年，一方起诉离婚的案件，由被告经常居住地人民法院管辖；没有经常居住地的，由原告起诉时被告居住地人民法院管辖。

第十三条　在国内结婚并定居国外的华侨，如定居国法院以离婚诉讼须由婚姻缔结地法院管辖为由不予受理，当事人向人民法院提出离婚诉讼的，由婚姻缔结地或者一方在国内的最后居住地人民法院管辖。

第十四条　在国外结婚并定居国外的华侨，如定居国法院以离婚诉讼须由国籍所属国法院管辖为由不予受理，当事人向人民法院提出离婚诉讼的，由一方原住所地或者在国内的最后居住地人民法院管辖。

第十五条　中国公民一方居住在国外，一方居住在国内，不论哪一方向人民法院提起离婚诉讼，国内一方住所地人民法院都有权管辖。国外一方在居住国法院起诉，国内一方向人民法院起诉的，受诉人民法院有权管辖。

第十六条　中国公民双方在国外但未定居，一方向人民法院起诉离婚的，应由原告或者被告原住所地人民法院管辖。

第十七条　已经离婚的中国公民，双方均定居国外，仅就国内财产分割提起诉讼的，由主要财产所在地人民法院管辖。

第十八条　合同约定履行地点的，以约定的履行地点为合同履行地。

合同对履行地点没有约定或者约定不明确，争议标的为给付货币的，接收货币一方所在地为合同履行地；交付不动产的，不动产所在地为合同履行地；其他标的，履行义务一方所在地为合同履行地。即时结清的合同，交易行为地为合同履行地。

合同没有实际履行，当事人双方住所地都不在合同约定的履行地的，由被告住所地人民法院管辖。

第十九条　财产租赁合同、融资租赁合同以租赁物使用地为合同履行地。合同对履行地有约定的，从其约定。

第二十条　以信息网络方式订立的买卖合同，通过信息网络交付标的的，以买受人住所地为合同履行地；通过其他方式交付标的的，收货地为合同履行地。合同对履行地有约定的，从其约定。

第二十一条　因财产保险合同纠纷提起的诉讼，如果保险标的物是运输工具或者运输中的货物，可以由运输工具登记注册地、运输目的地、保险事故发生地人民法院管辖。

因人身保险合同纠纷提起的诉讼，可以由被保险人住所地人民法院管辖。

第二十二条　因股东名册记载、请求变更公司登记、股东知情权、公司决议、公司合并、公司分立、公司减资、公司增资等纠纷提起的诉讼,依照民事诉讼法第二十七条规定确定管辖。

第二十三条 债权人申请支付令,适用民事诉讼法第二十二条规定,由债务人住所地基层人民法院管辖。

第二十四条 民事诉讼法第二十九条规定的侵权行为地,包括侵权行为实施地、侵权结果发生地。

第二十五条 信息网络侵权行为实施地包括实施被诉侵权行为的计算机等信息设备所在地,侵权结果发生地包括被侵权人住所地。

第二十六条 因产品、服务质量不合格造成他人财产、人身损害提起的诉讼,产品制造地、产品销售地、服务提供地、侵权行为地和被告住所地人民法院都有管辖权。

第二十七条 当事人申请诉前保全后没有在法定期间起诉或者申请仲裁,给被申请人、利害关系人造成损失引起的诉讼,由采取保全措施的人民法院管辖。

当事人申请诉前保全后在法定期间内起诉或者申请仲裁,被申请人、利害关系人因保全受到损失提起的诉讼,由受理起诉的人民法院或者采取保全措施的人民法院管辖。

第二十八条 民事诉讼法第三十四条第一项规定的不动产纠纷是指因不动产的权利确认、分割、相邻关系等引起的物权纠纷。

农村土地承包经营合同纠纷、房屋租赁合同纠纷、建设工程施工合同纠纷、政策性房屋买卖合同纠纷,按照不动产纠纷确定管辖。

不动产已登记的,以不动产登记簿记载的所在地为不动产所在地;不动产未登记的,以不动产实际所在地为不动产所在地。

第二十九条 民事诉讼法第三十五条规定的书面协议,包括书面合同中的协议管辖条款或者诉讼前以书面形式达成的选择管辖的协议。

第三十条 根据管辖协议,起诉时能够确定管辖法院的,从其约定;不能确定的,依照民事诉讼法的相关规定确定管辖。

管辖协议约定两个以上与争议有实际联系的地点的人民法院管辖,原告可以向其中一个人民法院起诉。

第三十一条 经营者使用格式条款与消费者订立管辖协议,未采取合理方式提请消费者注意,消费者主张管辖协议无效的,人民法院应予支持。

第三十二条　管辖协议约定由一方当事人住所地人民法院管辖,协议签订后当事人住所地变更的,由签订管辖协议时的住所地人民法院管辖,但当事人另有约定的除外。

第三十三条　合同转让的,合同的管辖协议对合同受让人有效,但转让时受让人不知道有管辖协议,或者转让协议另有约定且原合同相对人同意的除外。

第三十四条　当事人因同居或者在解除婚姻、收养关系后发生财产争议,约定管辖的,可以适用民事诉讼法第三十五条规定确定管辖。

第三十五条　当事人在答辩期间届满后未应诉答辩,人民法院在一审开庭前,发现案件不属于本院管辖的,应当裁定移送有管辖权的人民法院。

第三十六条　两个以上人民法院都有管辖权的诉讼,先立案的人民法院不得将案件移送给另一个有管辖权的人民法院。人民法院在立案前发现其他有管辖权的人民法院已先立案的,不得重复立案;立案后发现其他有管辖权的人民法院已先立案的,裁定将案件移送给先立案的人民法院。

第三十七条　案件受理后,受诉人民法院的管辖权不受当事人住所地、经常居住地变更的影响。

第三十八条　有管辖权的人民法院受理案件后,不得以行政区域变更为由,将案件移送给变更后有管辖权的人民法院。判决后的上诉案件和依审判监督程序提审的案件,由原审人民法院的上级人民法院进行审判;上级人民法院指令再审、发回重审的案件,由原审人民法院再审或者重审。

第三十九条　人民法院对管辖异议审查后确定有管辖权的,不因当事人提起反诉、增加或者变更诉讼请求等改变管辖,但违反级别管辖、专属管辖规定的除外。

人民法院发回重审或者按第一审程序再审的案件,当事人提出管辖异议的,人民法院不予审查。

第二百二十三条　当事人在提交答辩状期间提出管辖异议,又针对起诉状的内容进行答辩的,人民法院应当依照民事诉讼法第一百三十条第一款的规定,对管辖异议进行审查。

当事人未提出管辖异议,就案件实体内容进行答辩、陈述或者反诉的,可以认定为民事诉讼法第一百三十条第二款规定的应诉答辩。

民事诉讼类文书范本之16：追加当事人申请书

追加当事人申请书

申请人：××市×××有限公司，住所地××市××区××路××号，统一社会信用代码××××××。联系电话：××××××。

法定代表人：××××，公司董事长。

被申请人：×××，男，汉族，××××年×月×日出生，住××省××市××区××路××号，身份证号码：××××××。联系电话：××××××。

申请事项：追加被申请人×××为本案被告，并通知其参加诉讼。

事实与理由：原告周××诉申请人健康权纠纷一案，贵院已经受理（案号：×××）。由于被申请人是挂靠申请人施工，原告周××系被申请人从事劳务过程中受伤，被申请人应对原告周××的受伤承担赔偿责任。为了查明案件事实，准确划分责任。根据《民事诉讼法》第一百三十五条，《最高人民法院关于适用〈中华人民共和国民事诉讼法〉的解释》第五十四条、第七十三条的规定，特提出上述申请，请贵院依法予以准许。

此致

××市××区人民法院

申请人：

年　月　日

《追加当事人申请书》精细化写作要领

1. 在格式上要符合要求。追加当事人申请书由“标题”“申请人”“被申请人”“申请事项”“事实与理由”“致送法院”和落款“申请人”“申请日期”组成，不能缺项。追加当事人申请书中的“申请人”既可以是原告，也可以是被告，还可以是第三人，“被申请人”应为申请追加的当事人，既可以是原告，也可以是被告，还可以是第三人。标题与正文之间要空一行，各部分的表述要准确。

2. 要求追加的被申请人信息要准确、完整。被申请人是个人的，要尽量写上身份证号，以免出现与错当事人的情况；被申请人是单位的，要写明全称；被申请人是个体工商户的，以营业执照上登记的经营者为当事人。有字号的，以营业执照上登记的字号为当事人，但应同时注明该字号经营者的基本信息。营业执照上登记的经营者与实际经营者不一致的，以登记的经营者和实际经营者为共同诉讼人。企业已经注销的，不能成为当事人，未依法清算即被注销的，以该企业法人的股东、发起人或者出资人为当事人。

3. “申请事项”部分要表达准确。一般表述为：“追加被申请人 × × × 为本案 × ×（原告、被告或者第三人），并通知其参加本案诉讼。”

4. “事实与理由”部分是追加当事人申请书的重点，这部分的任务是通过阐述事实，引用证据和适用法律，让法院准许申请人提出的追加当事人申请。根据《民事诉讼法》第一百三十五条的规定，必须共同进行诉讼的当事人没有参加诉讼的，人民法院才会通知其参加诉讼。根据《最高人民法院关于适用〈中华人民共和国民事诉讼法〉的解释》第七十二条的规定，当事人尽管可以向人民法院申请追加，但人民法院要对当事人提出的申请进行审查，申请理由成立的，书面通知被追加的当事人参加诉讼。申请理由不成立的，裁定驳回。因此，追加当事人申请书的事实与理由部分要结合案件事实和证据，阐明被申请人与本案的利害关系、在本案中应承担的责任、其参加诉讼的必要性以及法律依据。《最高人民法院关于适用〈中华人民共和国民事诉讼法〉的解释》的第五十四条、第五十八条、第五十九条、第六十条、第六十三条、第六十四条、第六十五条、第六十六条、第六十七条、第七十条、第七十一条、第七十二条对几种必须共同参加诉讼的情形作了规定，具体案件中，要结合这些规定依法申请追加。实践中，人民法院对于与案件处理结果有实质上利害关系的当事人，一般会准许追加，有利于避免讼累、节约司法资源。

附:相关规定

1.《中华人民共和国民事诉讼法》(2023年修正)

第一百三十五条　必须共同进行诉讼的当事人没有参加诉讼的,人民法院应当通知其参加诉讼。

2.《最高人民法院关于适用〈中华人民共和国民事诉讼法〉的解释》(2022年修正)

第五十四条　以挂靠形式从事民事活动,当事人请求由挂靠人和被挂靠人依法承担民事责任的,该挂靠人和被挂靠人为共同诉讼人。

第五十八条　在劳务派遣期间,被派遣的工作人员因执行工作任务造成他人损害的,以接受劳务派遣的用工单位为当事人。当事人主张劳务派遣单位承担责任的,该劳务派遣单位为共同被告。

第五十九条　在诉讼中,个体工商户以营业执照上登记的经营者为当事人。有字号的,以营业执照上登记的字号为当事人,但应同时注明该字号经营者的基本信息。

营业执照上登记的经营者与实际经营者不一致的,以登记的经营者和实际经营者为共同诉讼人。

第六十条　在诉讼中,未依法登记领取营业执照的个人合伙的全体合伙人为共同诉讼人。个人合伙有依法核准登记的字号的,应在法律文书中注明登记的字号。全体合伙人可以推选代表人;被推选的代表人,应由全体合伙人出具推选书。

第六十三条　企业法人合并的,因合并前的民事活动发生的纠纷,以合并后的企业为当事人;企业法人分立的,因分立前的民事活动发生的纠纷,以分立后的企业为共同诉讼人。

第六十四条　企业法人解散的,依法清算并注销前,以该企业法人为当事人;未依法清算即被注销的,以该企业法人的股东、发起人或者出资人为当事人。

第六十五条　借用业务介绍信、合同专用章、盖章的空白合同书或者银行账户的,出借单位和借用人为共同诉讼人。

第六十六条　因保证合同纠纷提起的诉讼,债权人向保证人和被保证人一并主张权利的，人民法院应当将保证人和被保证人列为共同被告。保证合同约定为一般保证，债权人仅起诉保证人的，人民法院应当通知被保证人作为共同被告参加诉讼；债权人仅起诉被保证人的，可以只列被保证人为被告。

第六十七条 无民事行为能力人、限制民事行为能力人造成他人损害的，无民事行为能力人、限制民事行为能力人和其监护人为共同被告。

第七十条 在继承遗产的诉讼中，部分继承人起诉的，人民法院应通知其他继承人作为共同原告参加诉讼；被通知的继承人不愿意参加诉讼又未明确表示放弃实体权利的，人民法院仍应将其列为共同原告。

第七十一条 原告起诉被代理人和代理人，要求承担连带责任的，被代理人和代理人为共同被告。

原告起诉代理人和相对人，要求承担连带责任的，代理人和相对人为共同被告。

第七十二条 共有财产权受到他人侵害，部分共有权人起诉的，其他共有权人为共同诉讼人。

第七十三条 必须共同进行诉讼的当事人没有参加诉讼的，人民法院应当依照民事诉讼法第一百三十五条的规定，通知其参加；当事人也可以向人民法院申请追加。人民法院对当事人提出的申请，应当进行审查，申请理由不成立的，裁定驳回；申请理由成立的，书面通知被追加的当事人参加诉讼。

第七十四条 人民法院追加共同诉讼的当事人时，应当通知其他当事人。应当追加的原告，已明确表示放弃实体权利的，可不予追加；既不愿意参加诉讼，又不放弃实体权利的，仍应追加为共同原告，其不参加诉讼，不影响人民法院对案件的审理和依法作出判决。

民事诉讼类文书范本之17：第三人参加诉讼申请书（有独立请求权）

第三人参加诉讼申请书

申请人：刘××，男，汉族，××××年×月×日出生，住××省××县××镇×××，身份证号码××××××。联系电话：××××××。

被申请人：魏某符，女，汉族，××××年×月×日出生，住××省××县××镇×××，身份证号码××××××。联系电话：××××××。

被申请人：魏某隐，男，汉族，××××年×月×日出生，住××省××县××镇×××，身份证号码××××××。联系电话：××××××。

被申请人魏某符诉被申请人魏某隐遗产继承纠纷一案，贵院已经受理[案号：（××××）豫××××字第××××号]。申请人认为，申请人有独立请求权，依据《民事诉讼法》第五十九条第一款和《最高人民法院关于适用〈中华人民共和国民事诉讼法〉的解释》第八十一条第一款的规定，现申请以有独立请求权第三人的身份参加诉讼。申请人的请求和理由如下：

诉讼请求：（1）准许申请人以有独立请求权第三人的身份参加本案诉讼；（2）确认本案讼争的位于××省××县××镇×号房产为申请人与被申请人魏某隐共有；（3）驳回被申请人魏某符的诉讼请求。

事实与理由：申请人系被申请人魏某隐的丈夫。魏某隐共姐妹三人，老大魏某诺，老二为被申请人魏某符，被申请人魏某隐系老三。她们的父亲魏某敏，母亲张某，一生没有儿子。1994 年申请人与被申请人魏某隐结婚，按农村的招婿养老习俗，申请人结婚后便到被申请人魏某隐家中与其父母共同生活。当年，魏某隐的父亲已年近 70 岁，母亲张某已 71 岁。从那时起，申请人便开始赡养两位老人。1995 年 6 月 5 日，被申请人魏某隐父亲魏某敏与申请人立下《契约》，约定申请人对两位老人活养死葬，继承产业。1997 年 1 月，申请人以××××元的价格从同村的龚××手中购买了争议的一间半瓦房。2003年春，申请人花费10万余元将争议的临街房建起。2015年和2021年，两位老人相继过世，申请人以孝子身份办理了两位老人的丧事。

申请人认为，本案争议的房产系申请人与被申请人魏某隐在夫妻关系存续期间购买和建造，根据《民法典》第二百三十四条和《最高人民法院关于适用〈中华人民共和国民法典〉物权编的解释(一)》第二条的规定，本案争议的房产应确认归申请人与被申请人魏某隐共有，根本不是被申请人魏某符父母魏某敏、张某的遗产。2020年10月4日××县公证处出具的案涉房屋的遗嘱继承公证书是无效的，被申请人魏某符要求继承该房产的诉讼请求不能成立。为了维护申请人的合法权益，特提出上述请求，请贵院依法予以支持。

此致

××县人民法院

申请人：

年　月　日

《第三人参加诉讼申请书》(有独立请求权)精细化写作要领

1. 在格式上要符合要求。有独立请求权的第三人参加诉讼申请书由“标题”“申请人”“被申请人”“诉讼请求”“事实与理由”“致送法院”和落款“申请人”“申请时间”组成，不能缺项，各部分的表述要准确。有独立请求权的第三人参加诉讼，既不同意原告的诉讼请求，也不同意被告的抗辩意见，是以独立的实体权利人的身份，向人民法院提起了一个新的诉讼，在诉讼中的地位相当于原告。所以，这里的“申请人”即有独立请求权的第三人，“被申请人”即原案的原告和被告。

需要注意的是，有独立请求权的第三人参加诉讼，书写的文书标题究竟是“民事起诉状”还是“申请书”，在实践中存在争议。《民事诉讼法》第五十九条规定：“对当事人双方的诉讼标的，第三人认为有独立请求权的，有权提起诉讼。”第一百四十三条规定：“原告增加诉讼请求，被告提出反诉，第三人提出与本案有关的诉讼请求，可以合并审理。”《最高人民法院关于适用〈中华人民共和国民事诉讼法〉的解释》第二百三十六条规定:“有独立请求权的第三人经人民法院传票传唤,无正当理由拒不到庭的,或者未经法庭许可中途退庭的,比照民事诉讼法第一百四十六条的规定,按撤诉处理。”第二百三十七条规定:“有独立请求权的第三人参加诉讼后,原告申请撤诉,人民法院在准许原告撤诉后,有独立请求权的第三人作为另案原告,原案原告、被告作为另案被告,诉讼继续进行。”结合上述规定,笔者认为,有独立请求权的第三人参加诉讼书写的文书标题应为“申请书”,而不是“民事起诉状”,理由有三:一是一个案件只应有一个民事起诉状,不应该有两个以上的民事起诉状;二是既然是第三人参加到一个已经进行的民事诉讼中,只能写作“申请书”;三是从《最高人民法院关于适用〈中华人民共和国民事诉讼法〉的解释》第二百三十七条表述的“人民法院在准许原告撤诉后,有独立请求权的第三人作为另案原告,原案原告、被告作为另案被告”来看,这里的文书标题也应该是“申请书”,而不是“民事起诉状”。

2.“诉讼请求”部分是有独立请求权第三人参加诉讼申请书的核心,要反复推敲,做到表达准确,没有漏项,依据充分。根据《民事诉讼法》第五十九条和第一百四十三条的规定,有独立请求权的第三人,有权提起诉讼,有权提出与本案有关的诉讼请求。有独立请求权的第三人在诉讼中享有与原告一样的权利,提出的诉讼请求直接反映自身的诉求,因此,有独立请求权的第三人的诉讼请求要明确、具体、依据充分。具体写作要求可参见前述民事起诉状的诉讼请求部分。

3.“事实与理由”部分是有独立请求权第三人参加诉讼申请书的重点,这部分的任务主要是通过阐述事实,引用证据和适用法律,让法院支持我方的诉讼请求。根据《最高人民法院关于适用〈中华人民共和国民事诉讼法〉的解释》第八十一条的规定,有独立请求权的第三人有权向人民法院提出诉讼请求和事实、理由。所以,“事实与理由”部分不仅要阐明申请人与本案存在的利害关系,还要通过陈述事实、引用证据和适用法律,论述自己具有独立的请求权。这部分内容基本等同于民事起诉状,具体写作要求可参见前述民事起诉状的事实和理由部分。

附：相关规定

1.《中华人民共和国民事诉讼法》(2023年修正)

第五十九条　对当事人双方的诉讼标的，第三人认为有独立请求权的，有权提起诉讼。

对当事人双方的诉讼标的，第三人虽然没有独立请求权，但案件处理结果同他有法律上的利害关系的，可以申请参加诉讼，或者由人民法院通知他参加诉讼。人民法院判决承担民事责任的第三人，有当事人的诉讼权利义务。

前两款规定的第三人，因不能归责于本人的事由未参加诉讼，但有证据证明发生法律效力的判决、裁定、调解书的部分或者全部内容错误，损害其民事权益的，可以自知道或者应当知道其民事权益受到损害之日起六个月内，向作出该判决、裁定、调解书的人民法院提起诉讼。人民法院经审理，诉讼请求成立的，应当改变或者撤销原判决、裁定、调解书；诉讼请求不成立的，驳回诉讼请求。

第一百四十三条　原告增加诉讼请求，被告提出反诉，第三人提出与本案有关的诉讼请求，可以合并审理。

2.《最高人民法院关于适用〈中华人民共和国民事诉讼法〉的解释》(2022年修正)

第八十一条　根据民事诉讼法第五十九条的规定，有独立请求权的第三人有权向人民法院提出诉讼请求和事实、理由，成为当事人；无独立请求权的第三人，可以申请或者由人民法院通知参加诉讼。

第一审程序中未参加诉讼的第三人，申请参加第二审程序的，人民法院可以准许。

第二百三十六条　有独立请求权的第三人经人民法院传票传唤，无正当理由拒不到庭的，或者未经法庭许可中途退庭的，比照民事诉讼法第一百四十六条的规定，按撤诉处理。

第二百三十七条　有独立请求权的第三人参加诉讼后，原告申请撤诉，人民法院在准许原告撤诉后，有独立请求权的第三人作为另案原告，原案原告、被告作为另案被告，诉讼继续进行。

民事诉讼类文书范本之18：第三人参加诉讼申请书（无独立请求权）

第三人参加诉讼申请书

申请人：魏某诺，女，汉族，××××年×月×日生，住××省××县××镇××××，身份证号码××××××。联系电话：××××××。

申请事项：准许申请人以第三人身份参加原告魏某符诉被告魏某稳遗嘱继承纠纷一案的诉讼。

事实与理由：原告魏某符诉被告魏某稳遗嘱继承纠纷一案，贵院已经受理（案号：××××）。申请人系原告魏某符和被告魏某稳的同胞姐姐。申请人认为，本案的处理结果与申请人有法律上的利害关系，依据《民事诉讼法》第五十九条第二款和《最高人民法院关于适用〈中华人民共和国民事诉讼法〉的解释》第八十一条第一款之规定，特提出上述申请，请贵院予以准许。

此致

××县人民法院

申请人：

年　月　日

《第三人参加诉讼申请书》（无独立请求权）精细化写作要领

1. 在格式上要符合要求。无独立请求权的第三人参加诉讼申请书由“标题”“申请人”“申请事项”“事实与理由”“致送法院”和落款“申请人”“申请日期”组成，不能缺项，各部分的表述要准确。需要注意的是，无独立请求权第三人写申请书时无须列被申请人。

2.“申请事项”部分要表明向法院提交申请的目的，要写明申请参与哪一个案件的诉讼。一般表述为：“准许申请人以第三人身份参加原告某某某诉被告某某某××纠纷一案的诉讼。”

3.“事实与理由”部分要写明申请人与案件的关系及参加诉讼的理由。在书写无独立请求权第三人参加诉讼申请书时，先简单写明受诉法院受理本案的事实，再叙述申请人与本案的利害关系，一般表述为：“原告某某某诉被告某某某××纠纷一案，贵院已经受理（案号：××××）。……申请人认为，本案的处理结果与申请人有法律上的利害关系。”中间的省略号部分写明申请人与本案存在的具体利害关系。本范本案例是姐妹二人之间的遗嘱继承纠纷，申请人作为原被告二人的同胞姐姐，与本案具有法律上的利害关系。实践中，具有法律上的利害关系的情形很多，根据实际情况表述清楚即可，这部分内容无须长篇大论。最后要写上提出第三人参加诉讼申请的法律依据，即《民事诉讼法》第五十九条第二款和《最高人民法院关于适用〈中华人民共和国民事诉讼法〉的解释》第八十一条第一款。

附：相关规定

1.《中华人民共和国民事诉讼法》(2023年修正)

第五十九条　对当事人双方的诉讼标的，第三人认为有独立请求权的，有权提起诉讼。

对当事人双方的诉讼标的，第三人虽然没有独立请求权，但案件处理结果同他有法律上的利害关系的，可以申请参加诉讼，或者由人民法院通知他参加诉讼。人民法院判决承担民事责任的第三人，有当事人的诉讼权利义务。

前两款规定的第三人，因不能归责于本人的事由未参加诉讼，但有证据证明发生法律效力的判决、裁定、调解书的部分或者全部内容错误，损害其民事权益的，可以自知道或者应当知道其民事权益受到损害之日起六个月内，向作出该判决、裁定、调解书的人民法院提起诉讼。人民法院经审理，诉讼请求成立的，应当改变或者撤销原判决、裁定、调解书；诉讼请求不成立的，驳回诉讼请求。

第一百三十五条　必须共同进行诉讼的当事人没有参加诉讼的，人民法院应当通知其参加诉讼。

2.《最高人民法院关于适用〈中华人民共和国民事诉讼法〉的解释》(2022年修正)

第八十一条　根据民事诉讼法第五十九条的规定,有独立请求权的第三人有权向人民法院提出诉讼请求和事实、理由,成为当事人;无独立请求权的第三人,可以申请或者由人民法院通知参加诉讼。

第一审程序中未参加诉讼的第三人,申请参加第二审程序的,人民法院可以准许。

第八十二条　在一审诉讼中,无独立请求权的第三人无权提出管辖异议,无权放弃、变更诉讼请求或者申请撤诉,被判决承担民事责任的,有权提起上诉。

第二百四十条　无独立请求权的第三人经人民法院传票传唤,无正当理由拒不到庭,或者未经法庭许可中途退庭的,不影响案件的审理。

第二百四十九条　在诉讼中,争议的民事权利义务转移的,不影响当事人的诉讼主体资格和诉讼地位。人民法院作出的发生法律效力的判决、裁定对受让人具有拘束力。

受让人申请以无独立请求权的第三人身份参加诉讼的,人民法院可予准许。受让人申请替代当事人承担诉讼的,人民法院可以根据案件的具体情况决定是否准许;不予准许的,可以追加其为无独立请求权的第三人。

民事诉讼类文书范本之19:财产保全申请书(诉前保全)

财产保全申请书

申请保全人:张××,女,汉族,××××年×月×日出生,住××省××县××××××,身份证号码××××××。联系电话:××××××。

被保全人:王××,男,汉族,××××年×月×日出生,住××省××县××××××,身份证号码××××××。联系电话:××××××。

申请事项:冻结被保全人王××在××银行××分行××营业部(账号××××××)存款200万元。

事实与理由:××××年×月×日,被保全人王××因做生意需要借用申请保全人现金300万元,当时约定月利率为1%,借款期限为6个月。借款到期后,经申请保全人多次催要,被保全人仅累计偿还本金100万元,剩余200万元本金及利息至今未还。

上述事实,有被保全人王××向申请保全人出具的借据、申请保全人向被保全人王××的转款凭证等证据为证。

申请保全人认为,申请保全人和被保全人之间系民间借贷关系,被保全人逾期拒不还款的行为属违约行为。根据《民法典》第六百七十四条、第六百七十五条、第六百七十六条和《最高人民法院关于审理民间借贷案件适用法律若干问题的规定》第二十五条的规定,被保全人王××应当承担返还借款和支付利息的违约责任。由于被保全人随时有可能提取并转移其银行存款,情况紧急,不立即申请保全将会使申请保全人的合法权益受到难以弥补的损害,根据《民事诉讼法》第一百零四条的规定,特提出上述申请,请贵院裁定采取保全措施。

此致

××县人民法院

申请保全人：

年 月 日

《财产保全申请书》(诉前保全)精细化写作要领

1.在格式上要符合要求。财产保全申请书由“标题”“申请保全人”“被保全人”“申请事项”“事实与理由”“致送法院”和落款“申请保全人”“申请日期”组成,不能缺项,标题和正文之间要空一行,各部分的表述要准确。

需要注意的是,根据《民事诉讼法》第一百零四条的规定,不仅是诉讼案件,仲裁案件的当事人也可以在申请仲裁前申请财产保全。根据《最高人民法院关于人民法院办理财产保全案件若干问题的规定》第三条的规定,仲裁过程中,当事人申请财产保全的,应当通过仲裁机构向人民法院提交申请书及仲裁案件受理通知书等相关材料。据此,申请仲裁前申请财产保全的“致送单位”也应写法院名称,而不应写仲裁机构名称。

还需要注意的是,根据《民事诉讼法》第一百零四条的规定,无论是诉讼案件,还是仲裁案件,申请诉前财产保全的,应向被保全财产所在地、被申请人住所地或者对案件有管辖权的人民法院申请。

2.当事人信息,特别是被保全人信息要准确、完整。被保全人是个人的,要尽量写上身份证号,以免出现当事人有误的情况;被保全人是单位的,要写明全称;被保全人是个体工商户的,以营业执照上登记的经营者为当事人。有字号的,以营业执照上登记的字号为当事人,但应同时注明该字号经营者的基本信息。营业执照上登记的经营者与实际经营者不一致的,以登记的经营者和实际经营者为共同诉讼人。企业已经注销的,不能成为当事人,未依法清算即被注销的,以该企业法人的股东、发起人或者出资人为当事人。

3.“申请事项”部分要写明申请法院保全的具体财产信息,要确保书写的被保全人财产信息准确。诉前财产保全与诉中财产保全的要求不一样,根据《最高人民法院关于人民法院办理财产保全案件若干问题的规定》第一条、第十条的规定,诉前财产保全申请书除应当载明请求保全数额或者争议标的外,还必须提供明确的被保全财产信息,而当事人在诉讼中申请财产保全,确因客观原因不能提供明确的被保全财产信息,但提供了具体财产线索的,人民法院也可以依法裁定采取财产保全措施。所以,在申请诉前保全前,要查询到被保全人明确的被保全财产信息,包括被保全人的银行账户、房产具体位置、车辆信息等。可保全的财产范围很广,除被保全人的银行存款、房产、土地使用权、车辆外,对被保全人的抵押物、质押物、留置物、到期应得的收益、对他人有到期债权、注册商标权等,都可以申请保全。

4.“事实与理由”部分是诉前财产保全申请书的重点,不仅要写明申请保全人与被保全人纠纷案件的事实、理由和被保全人应承担的责任,还应写明保全的紧急性。诉前财产保全申请书的“事实与理由”部分由两部分组成,第一部分等同于民事起诉状的“事实与理由”部分,申请诉前财产保全时,法院还不了解申请保全人与被保全人之间的纠纷情况,所以要在申请书中写清申请保全人与被保全人纠纷案件的事实、理由和被保全人应承担的责任,让法院通过申请书能够初步判断申请保全被保全人财产是有理由的。第二部分是论述采取保全措施的紧急性,阐述为什么要在起诉之前先保全而不是等立案之后再保全。申请诉前财产保全的理由基本是被保全人有隐匿转移财产的可能性,不立即申请保全将会使申请保全人的合法权益受到难以弥补的损害。一般表述为:“由于被保全人随时有可能……情况紧急,不立即申请保全将会使申请保全人的合法权益受到难以弥补的损害,根据《民事诉讼法》第一百零四条的规定,特提出上述申请,请贵院裁定采取保全措施。”

附:相关规定

1.《中华人民共和国民事诉讼法》(2023 年修正)

第一百零四条　利害关系人因情况紧急,不立即申请保全将会使其合法权益受到难以弥补的损害的,可以在提起诉讼或者申请仲裁前向被保全财产所在地、被申请人住所地或者对案件有管辖权的人民法院申请采取保全措施。申请人应当提供担保,不提供担保的,裁定驳回申请。

人民法院接受申请后,必须在四十八小时内作出裁定;裁定采取保全措施的,应当立即开始执行。

申请人在人民法院采取保全措施后三十日内不依法提起诉讼或者申请仲裁的,人民法院应当解除保全。

第一百零五条 保全限于请求的范围,或者与本案有关的财物。

第一百零六条 财产保全采取查封、扣押、冻结或者法律规定的其他方法。人民法院保全财产后,应当立即通知被保全财产的人。

财产已被查封、冻结的,不得重复查封、冻结。

第一百零七条 财产纠纷案件,被申请人提供担保的,人民法院应当裁定解除保全。

第一百零八条 申请有错误的,申请人应当赔偿被申请人因保全所遭受的损失。

2.《最高人民法院关于适用〈中华人民共和国民事诉讼法〉的解释》(2022年修正)

第一百五十二条 人民法院依照民事诉讼法第一百零三条、第一百零四条规定,在采取诉前保全、诉讼保全措施时,责令利害关系人或者当事人提供担保的,应当书面通知。

利害关系人申请诉前保全的,应当提供担保。申请诉前财产保全的,应当提供相当于请求保全数额的担保;情况特殊的,人民法院可以酌情处理。申请诉前行为保全的,担保的数额由人民法院根据案件的具体情况决定。

在诉讼中,人民法院依申请或者依职权采取保全措施的,应当根据案件的具体情况,决定当事人是否应当提供担保以及担保的数额。

第一百五十三条 人民法院对季节性商品、鲜活、易腐烂变质以及其他不宜长期保存的物品采取保全措施时,可以责令当事人及时处理,由人民法院保存价款;必要时,人民法院可予以变卖,保存价款。

第一百五十四条 人民法院在财产保全中采取查封、扣押、冻结财产措施时,应当妥善保管被查封、扣押、冻结的财产。不宜由人民法院保管的,人民法院可以指定被保全人负责保管;不宜由被保全人保管的,可以委托他人或者申请保全人保管。

查封、扣押、冻结担保物权人占有的担保财产,一般由担保物权人保管;由人民法院保管的,质权、留置权不因采取保全措施而消灭。

第一百五十五条 由人民法院指定被保全人保管的财产,如果继续使用对该财产的价值无重大影响，可以允许被保全人继续使用；由人民法院保管或者委托他人、申请保全人保管的财产，人民法院和其他保管人不得使用。

第一百五十六条 人民法院采取财产保全的方法和措施，依照执行程序相关规定办理。

第一百五十七条 人民法院对抵押物、质押物、留置物可以采取财产保全措施，但不影响抵押权人、质权人、留置权人的优先受偿权。

第一百五十八条 人民法院对债务人到期应得的收益，可以采取财产保全措施，限制其支取，通知有关单位协助执行。

第一百五十九条 债务人的财产不能满足保全请求，但对他人有到期债权的，人民法院可以依债权人的申请裁定该他人不得对本案债务人清偿。该他人要求偿付的，由人民法院提存财物或者价款。

第一百六十条 当事人向采取诉前保全措施以外的其他有管辖权的人民法院起诉的，采取诉前保全措施的人民法院应当将保全手续移送受理案件的人民法院。诉前保全的裁定视为受移送人民法院作出的裁定。

第一百六十一条 对当事人不服一审判决提起上诉的案件，在第二审人民法院接到报送的案件之前，当事人有转移、隐匿、出卖或者毁损财产等行为，必须采取保全措施的，由第一审人民法院依当事人申请或者依职权采取。第一审人民法院的保全裁定，应当及时报送第二审人民法院。

第一百六十二条 第二审人民法院裁定对第一审人民法院采取的保全措施予以续保或者采取新的保全措施的，可以自行实施，也可以委托第一审人民法院实施。

再审人民法院裁定对原保全措施予以续保或者采取新的保全措施的，可以自行实施，也可以委托原审人民法院或者执行法院实施。

第一百六十三条 法律文书生效后，进入执行程序前，债权人因对方当事人转移财产等紧急情况，不申请保全将可能导致生效法律文书不能执行或者难以执行的，可以向执行法院申请采取保全措施。债权人在法律文书指定的履行期间届满后五日内不申请执行的，人民法院应当解除保全。

第一百六十四条 对申请保全人或者他人提供的担保财产，人民法院应当依法办理查封、扣押、冻结等手续。

第一百六十五条 人民法院裁定采取保全措施后，除作出保全裁定的人民法院自行解除或者其上级人民法院决定解除外，在保全期限内，任何单位不得解除保全措施。

第一百六十六条　裁定采取保全措施后，有下列情形之一的，人民法院应当作出解除保全裁定：

（一）保全错误的；

（二）申请人撤回保全申请的；

（三）申请人的起诉或者诉讼请求被生效裁判驳回的；

（四）人民法院认为应当解除保全的其他情形。

解除以登记方式实施的保全措施的，应当向登记机关发出协助执行通知书。

第一百六十七条　财产保全的被保全人提供其他等值担保财产且有利于执行的，人民法院可以裁定变更保全标的物为被保全人提供的担保财产。

第一百六十八条　保全裁定未经人民法院依法撤销或者解除，进入执行程序后，自动转为执行中的查封、扣押、冻结措施，期限连续计算，执行法院无需重新制作裁定书，但查封、扣押、冻结期限届满的除外。

3.《最高人民法院关于人民法院办理财产保全案件若干问题的规定》（2020年修正）

第一条　当事人、利害关系人申请财产保全，应当向人民法院提交申请书，并提供相关证据材料。

申请书应当载明下列事项：

（一）申请保全人与被保全人的身份、送达地址、联系方式；

（二）请求事项和所根据的事实与理由；

（三）请求保全数额或者争议标的；

（四）明确的被保全财产信息或者具体的被保全财产线索；

（五）为财产保全提供担保的财产信息或资信证明，或者不需要提供担保的理由；

（六）其他需要载明的事项。

法律文书生效后，进入执行程序前，债权人申请财产保全的，应当写明生效法律文书的制作机关、文号和主要内容，并附生效法律文书副本。

第二条　人民法院进行财产保全，由立案、审判机构作出裁定，一般应当移送执行机构实施。

第三条　仲裁过程中,当事人申请财产保全的,应当通过仲裁机构向人民法院提交申请书及仲裁案件受理通知书等相关材料。人民法院裁定采取保全措施或者裁定驳回申请的,应当将裁定书送达当事人,并通知仲裁机构。

第四条　人民法院接受财产保全申请后,应当在五日内作出裁定;需要提供担保的,应当在提供担保后五日内作出裁定;裁定采取保全措施的,应当在五日内开始执行。对情况紧急的,必须在四十八小时内作出裁定;裁定采取保全措施的,应当立即开始执行。

第五条　人民法院依照民事诉讼法第一百条规定责令申请保全人提供财产保全担保的,担保数额不超过请求保全数额的百分之三十;申请保全的财产系争议标的的,担保数额不超过争议标的的价值的百分之三十。

利害关系人申请诉前财产保全的,应当提供相当于请求保全数额的担保;情况特殊的,人民法院可以酌情处理。

财产保全期间,申请保全人提供的担保不足以赔偿可能给被保全人造成的损失的,人民法院可以责令其追加相应的担保;拒不追加的,可以裁定解除或者部分解除保全。

第六条　申请保全人或第三人为财产保全提供财产担保的,应当向人民法院出具担保书。担保书应当载明担保人、担保方式、担保范围、担保财产及其价值、担保责任承担等内容,并附相关证据材料。

第三人为财产保全提供保证担保的,应当向人民法院提交保证书。保证书应当载明保证人、保证方式、保证范围、保证责任承担等内容,并附相关证据材料。

对财产保全担保,人民法院经审查,认为违反民法典、公司法等有关法律禁止性规定的,应当责令申请保全人在指定期限内提供其他担保;逾期未提供的,裁定驳回申请。

第七条　保险人以其与申请保全人签订财产保全责任险合同的方式为财产保全提供担保的,应当向人民法院出具担保书。

担保书应当载明,因申请财产保全错误,由保险人赔偿被保全人因保全所遭受的损失等内容,并附相关证据材料。

第八条　金融监管部门批准设立的金融机构以独立保函形式为财产保全提供担保的,人民法院应当依法准许。

第九条 当事人在诉讼中申请财产保全，有下列情形之一的，人民法院可以不要求提供担保：

（一）追索赡养费、扶养费、抚育费、抚恤金、医疗费用、劳动报酬、工伤赔偿、交通事故人身损害赔偿的；

（二）婚姻家庭纠纷案件中遭遇家庭暴力且经济困难的；

（三）人民检察院提起的公益诉讼涉及损害赔偿的；

（四）因见义勇为遭受侵害请求损害赔偿的；

（五）案件事实清楚、权利义务关系明确，发生保全错误可能性较小的；

（六）申请保全人为商业银行、保险公司等由金融监管部门批准设立的具有独立偿付债务能力的金融机构及其分支机构的。

法律文书生效后，进入执行程序前，债权人申请财产保全的，人民法院可以不要求提供担保。

第十条 当事人、利害关系人申请财产保全，应当向人民法院提供明确的被保全财产信息。

当事人在诉讼中申请财产保全，确因客观原因不能提供明确的被保全财产信息，但提供了具体财产线索的，人民法院可以依法裁定采取财产保全措施。

第十一条 人民法院依照本规定第十条第二款规定作出保全裁定的，在该裁定执行过程中，申请保全人可以向已经建立网络执行查控系统的执行法院，书面申请通过该系统查询被保全人的财产。

申请保全人提出查询申请的，执行法院可以利用网络执行查控系统，对裁定保全的财产或者保全数额范围内的财产进行查询，并采取相应的查封、扣押、冻结措施。

人民法院利用网络执行查控系统未查询到可供保全财产的，应当书面告知申请保全人。

第十二条 人民法院对查询到的被保全人财产信息，应当依法保密。除依法保全的财产外，不得泄露被保全人其他财产信息，也不得在财产保全、强制执行以外使用相关信息。

第十三条 被保全人有多项财产可供保全的，在能够实现保全目的的情况下，人民法院应当选择对其生产经营活动影响较小的财产进行保全。

人民法院对厂房、机器设备等生产经营性财产进行保全时，指定被保全人保管的，应当允许其继续使用。

第十四条　被保全财产系机动车、航空器等特殊动产的，除被保全人下落不明的以外，人民法院应当责令被保全人书面报告该动产的权属和占有、使用等情况，并予以核实。

第十五条　人民法院应当依据财产保全裁定采取相应的查封、扣押、冻结措施。

可供保全的土地、房屋等不动产的整体价值明显高于保全裁定载明金额的，人民法院应当对该不动产的相应价值部分采取查封、扣押、冻结措施，但该不动产在使用上不可分或者分割会严重减损其价值的除外。

对银行账户内资金采取冻结措施的，人民法院应当明确具体的冻结数额。

第十六条　人民法院在财产保全中采取查封、扣押、冻结措施，需要有关单位协助办理登记手续的，有关单位应当在裁定书和协助执行通知书送达后立即办理。针对同一财产有多个裁定书和协助执行通知书的，应当按照送达的时间先后办理登记手续。

第十七条　利害关系人申请诉前财产保全，在人民法院采取保全措施后三十日内依法提起诉讼或者申请仲裁的，诉前财产保全措施自动转为诉讼或仲裁中的保全措施；进入执行程序后，保全措施自动转为执行中的查封、扣押、冻结措施。

依前款规定，自动转为诉讼、仲裁中的保全措施或者执行中的查封、扣押、冻结措施的，期限连续计算，人民法院无需重新制作裁定书。

第十八条　申请保全人申请续行财产保全的，应当在保全期限届满七日前向人民法院提出；逾期申请或者不申请的，自行承担不能续行保全的法律后果。

人民法院进行财产保全时，应当书面告知申请保全人明确的保全期限届满日以及前款有关申请续行保全的事项。

第十九条　再审审查期间，债务人申请保全生效法律文书确定给付的财产的，人民法院不予受理。

再审审理期间，原生效法律文书中止执行，当事人申请财产保全的，人民法院应当受理。

第二十条　财产保全期间，被保全人请求对被保全财产自行处分，人民法院经审查，认为不损害申请保全人和其他执行债权人合法权益的，可以准许，但应当监督被保全人按照合理价格在指定期限内处分，并控制相应价款。

被保全人请求对作为争议标的的被保全财产自行处分的，须经申请保全人同意。

人民法院准许被保全人自行处分被保全财产的，应当通知申请保全人；申请保全人不同意的，可以依照民事诉讼法第二百二十五条规定提出异议。

第二十一条　保全法院在首先采取查封、扣押、冻结措施后超过一年未对被保全财产进行处分的，除被保全财产系争议标的外，在先轮候查封、扣押、冻结的执行法院可以商请保全法院将被保全财产移送执行。但司法解释另有特别规定的，适用其规定。

保全法院与在先轮候查封、扣押、冻结的执行法院就移送被保全财产发生争议的，可以逐级报请共同的上级法院指定该财产的执行法院。

共同的上级法院应当根据被保全财产的种类及所在地、各债权数额与被保全财产价值之间的关系等案件具体情况指定执行法院，并督促其在指定期限内处分被保全财产。

第二十二条　财产纠纷案件，被保全人或第三人提供充分有效担保请求解除保全，人民法院应当裁定准许。被保全人请求对作为争议标的的财产解除保全的，须经申请保全人同意。

第二十三条　人民法院采取财产保全措施后，有下列情形之一的，申请保全人应当及时申请解除保全：

（一）采取诉前财产保全措施后三十日内不依法提起诉讼或者申请仲裁的；

（二）仲裁机构不予受理仲裁申请、准许撤回仲裁申请或者按撤回仲裁申请处理的；

（三）仲裁申请或者请求被仲裁裁决驳回的；

（四）其他人民法院对起诉不予受理、准许撤诉或者按撤诉处理的；

（五）起诉或者诉讼请求被其他人民法院生效裁判驳回的；

（六）申请保全人应当申请解除保全的其他情形。

人民法院收到解除保全申请后，应当在五日内裁定解除保全；对情况紧急的，必须在四十八小时内裁定解除保全。

申请保全人未及时申请人民法院解除保全，应当赔偿被保全人因财产保全所遭受的损失。

被保全人申请解除保全,人民法院经审查认为符合法律规定的,应当在本条第二款规定的期间内裁定解除保全。

第二十四条　财产保全裁定执行中,人民法院发现保全裁定的内容与被保全财产的实际情况不符的,应当予以撤销、变更或补正。

第二十五条　申请保全人、被保全人对保全裁定或者驳回申请裁定不服的,可以自裁定书送达之日起五日内向作出裁定的人民法院申请复议一次。人民法院应当自收到复议申请后十日内审查。

对保全裁定不服申请复议的,人民法院经审查,理由成立的,裁定撤销或变更;理由不成立的,裁定驳回。

对驳回申请裁定不服申请复议的,人民法院经审查,理由成立的,裁定撤销,并采取保全措施;理由不成立的,裁定驳回。

第二十六条　申请保全人、被保全人、利害关系人认为保全裁定实施过程中的执行行为违反法律规定提出书面异议的,人民法院应当依照民事诉讼法第二百二十五条规定审查处理。

第二十七条　人民法院对诉讼争议标的以外的财产进行保全,案外人对保全裁定或者保全裁定实施过程中的执行行为不服,基于实体权利对被保全财产提出书面异议的,人民法院应当依照民事诉讼法第二百二十七条规定审查处理并作出裁定。案外人、申请保全人对该裁定不服的,可以自裁定送达之日起十五日内向人民法院提起执行异议之诉。

人民法院裁定案外人异议成立后,申请保全人在法律规定的期间内未提起执行异议之诉的,人民法院应当自起诉期限届满之日起七日内对该被保全财产解除保全。

第二十八条　海事诉讼中,海事请求人申请海事请求保全,适用《中华人民共和国海事诉讼特别程序法》及相关司法解释。

第二十九条　本规定自2016年12月1日起施行。

本规定施行前公布的司法解释与本规定不一致的,以本规定为准。

4.《最高人民法院关于人民法院对注册商标权进行财产保全的解释》(2020年修正)

为了正确实施对注册商标权的财产保全措施,避免重复保全,现就人民法院对注册商标权进行财产保全有关问题解释如下:

第一条 人民法院根据民事诉讼法有关规定采取财产保全措施时，需要对注册商标权进行保全的，应当向国家知识产权局商标局（以下简称商标局）发出协助执行通知书，载明要求商标局协助保全的注册商标的名称、注册人、注册证号码、保全期限以及协助执行保全的内容，包括禁止转让、注销注册商标、变更注册事项和办理商标权质押登记等事项。

第二条 对注册商标权保全的期限一次不得超过一年，自商标局收到协助执行通知书之日起计算。如果仍然需要对该注册商标权继续采取保全措施的，人民法院应当在保全期限届满前向商标局重新发出协助执行通知书，要求继续保全。否则，视为自动解除对该注册商标权的财产保全。

第三条 人民法院对已经进行保全的注册商标权，不得重复进行保全。

民事诉讼类文书范本之20:财产保全申请书(诉讼保全)

财产保全申请书

申请保全人:牛××,男,汉族,××××年×月×日出生,住××省××市××区××路××号,身份证号码××××××。联系电话:××××××。

被保全人:贺××,男,汉族,××××年×月×日出生,住××省××市××区××路××号,身份证号码××××××。联系电话:××××××。

申请事项:冻结被保全人银行存款26万元,或者查封被保全人同等价值的财产。

事实与理由:申请保全人与被保全人民间借贷纠纷一案,贵院已经受理。由于被保全人有隐匿或转移财产的可能,为了保障将来生效判决的执行,维护申请保全人的合法权益,根据《民事诉讼法》第一百零三条的规定,特提出上述申请,请贵院裁定采取保全措施。

此致

××人民法院

申请保全人:

年　月　日

《财产保全申请书》(诉讼保全)精细化写作要领

1. 在格式上要符合要求。诉讼财产保全申请书格式与诉前财产保全书基本相同,由"标题""申请保全人""被保全人""申请事项""事实与理由""致送单位"和落款"申请保全人""申请日期"组成,不能缺项,标题和正文之间要空一行,各部分的表述要准确。

需要注意的是,根据《最高人民法院关于人民法院办理财产保全案件若干问题的规定》第三条的规定,在仲裁过程中,当事人申请财产保全的,应当通过仲裁机构向人民法院提交申请书及仲裁案件受理通知书等相关材料。据此,在申请仲裁中申请财产保全的,“致送单位”也应写法院名称,而不应写仲裁机构名称。

2.“申请事项”部分要写明申请法院保全的明确的被保全财产信息或者具体财产线索。诉讼财产保全是为了避免可能因当事人一方的行为或者其他原因,使判决难以执行或者造成当事人其他损害,此时没有诉前财产保全的情况紧急。因为已经立案,申请时不像诉前财产保全一样要求提供明确的被保全财产信息。根据《最高人民法院关于人民法院办理财产保全案件若干问题的规定》第十条第二款的规定,当事人在诉讼中申请财产保全,确因客观原因不能提供明确的被保全财产信息,但提供了具体财产线索的,人民法院可以依法裁定采取财产保全措施。因此,申请书“申请事项”部分要写明申请法院保全的明确的被保全财产信息,或者具体的财产线索。可保全的财产范围同诉前财产保全一样,可参见前文诉前财产保全精细化写作要领。

3.诉讼财产保全申请书的“事实与理由”部分同诉前财产保全申请书不同,诉中财产保全“事实与理由”部分表述相对简单。因为诉讼财产保全是在案件已经立案后提出的,在起诉状中已经有详细的案件事实,所以诉中财产保全申请书的“事实与理由”部分仅需阐述案件受理情况和申请财产保全的必要性即可。一般表述为:“申请保全人与被保全人××纠纷一案,贵院已经受理。由于被保全人有隐匿或转移财产的可能,为了保障将来生效判决的执行,维护申请保全人的合法权益,根据《民事诉讼法》第一百零三条的规定,特提出上述申请,请贵院裁定采取保全措施。”

附:相关规定

1.《中华人民共和国民事诉讼法》(2023 年修正)

第一百零三条　人民法院对于可能因当事人一方的行为或者其他原因,使判决难以执行或者造成当事人其他损害的案件,根据对方当事人的申请,可以裁定对其财产进行保全、责令其作出一定行为或者禁止其作出一定行为;当事人没有提出申请的,人民法院在必要时也可以裁定采取保全措施。

人民法院采取保全措施,可以责令申请人提供担保,申请人不提供担保的,裁定驳回申请。

人民法院接受申请后,对情况紧急的,必须在四十八小时内作出裁定;裁定采取保全措施的,应当立即开始执行。

第一百零五条　保全限于请求的范围,或者与本案有关的财物。

第一百零六条　财产保全采取查封、扣押、冻结或者法律规定的其他方法。人民法院保全财产后,应当立即通知被保全财产的人。

财产已被查封、冻结的,不得重复查封、冻结。

第一百零七条　财产纠纷案件,被申请人提供担保的,人民法院应当裁定解除保全。

第一百零八条　申请有错误的,申请人应当赔偿被申请人因保全所遭受的损失。

2.《最高人民法院关于适用〈中华人民共和国民事诉讼法〉的解释》(2022年修正)

第一百五十三条　人民法院对季节性商品、鲜活、易腐烂变质以及其他不宜长期保存的物品采取保全措施时,可以责令当事人及时处理,由人民法院保存价款;必要时,人民法院可予以变卖,保存价款。

第一百五十四条　人民法院在财产保全中采取查封、扣押、冻结财产措施时,应当妥善保管被查封、扣押、冻结的财产。不宜由人民法院保管的,人民法院可以指定被保全人负责保管;不宜由被保全人保管的,可以委托他人或者申请保全人保管。

查封、扣押、冻结担保物权人占有的担保财产,一般由担保物权人保管;由人民法院保管的,质权、留置权不因采取保全措施而消灭。

第一百五十五条　由人民法院指定被保全人保管的财产,如果继续使用对该财产的价值无重大影响,可以允许被保全人继续使用;由人民法院保管或者委托他人、申请保全人保管的财产,人民法院和其他保管人不得使用。

第一百五十六条　人民法院采取财产保全的方法和措施,依照执行程序相关规定办理。

第一百五十七条　人民法院对抵押物、质押物、留置物可以采取财产保全措施,但不影响抵押权人、质权人、留置权人的优先受偿权。

第一百五十八条 人民法院对债务人到期应得的收益，可以采取财产保全措施，限制其支取，通知有关单位协助执行。

第一百五十九条 债务人的财产不能满足保全请求，但对他人有到期债权的，人民法院可以依债权人的申请裁定该他人不得对本案债务人清偿。该他人要求偿付的，由人民法院提存财物或者价款。

第一百六十一条 对当事人不服一审判决提起上诉的案件，在第二审人民法院接到报送的案件之前，当事人有转移、隐匿、出卖或者毁损财产等行为，必须采取保全措施的，由第一审人民法院依当事人申请或者依职权采取。第一审人民法院的保全裁定，应当及时报送第二审人民法院。

第一百六十二条 第二审人民法院裁定对第一审人民法院采取的保全措施予以续保或者采取新的保全措施的，可以自行实施，也可以委托第一审人民法院实施。

再审人民法院裁定对原保全措施予以续保或者采取新的保全措施的，可以自行实施，也可以委托原审人民法院或者执行法院实施。

第一百六十三条 法律文书生效后，进入执行程序前，债权人因对方当事人转移财产等紧急情况，不申请保全将可能导致生效法律文书不能执行或者难以执行的，可以向执行法院申请采取保全措施。债权人在法律文书指定的履行期间届满后五日内不申请执行的，人民法院应当解除保全。

第一百六十五条 人民法院裁定采取保全措施后，除作出保全裁定的人民法院自行解除或者其上级人民法院决定解除外，在保全期限内，任何单位不得解除保全措施。

第一百六十六条 裁定采取保全措施后，有下列情形之一的，人民法院应当作出解除保全裁定：

（一）保全错误的；

（二）申请人撤回保全申请的；

（三）申请人的起诉或者诉讼请求被生效裁判驳回的；

（四）人民法院认为应当解除保全的其他情形。

解除以登记方式实施的保全措施的，应当向登记机关发出协助执行通知书。

第一百六十七条 财产保全的被保全人提供其他等值担保财产且有利于执行的，人民法院可以裁定变更保全标的物为被保全人提供的担保财产。

第一百六十八条　保全裁定未经人民法院依法撤销或者解除，进入执行程序后，自动转为执行中的查封、扣押、冻结措施，期限连续计算，执行法院无需重新制作裁定书，但查封、扣押、冻结期限届满的除外。

3.《最高人民法院关于人民法院办理财产保全案件若干问题的规定》（2020年修正）

第一条　当事人、利害关系人申请财产保全，应当向人民法院提交申请书，并提供相关证据材料。

申请书应当载明下列事项：

（一）申请保全人与被保全人的身份、送达地址、联系方式；

（二）请求事项和所根据的事实与理由；

（三）请求保全数额或者争议标的；

（四）明确的被保全财产信息或者具体的被保全财产线索；

（五）为财产保全提供担保的财产信息或资信证明，或者不需要提供担保的理由；

（六）其他需要载明的事项。

法律文书生效后，进入执行程序前，债权人申请财产保全的，应当写明生效法律文书的制作机关、文号和主要内容，并附生效法律文书副本。

第二条　人民法院进行财产保全，由立案、审判机构作出裁定，一般应当移送执行机构实施。

第三条　仲裁过程中，当事人申请财产保全的，应当通过仲裁机构向人民法院提交申请书及仲裁案件受理通知书等相关材料。人民法院裁定采取保全措施或者裁定驳回申请的，应当将裁定书送达当事人，并通知仲裁机构。

第四条　人民法院接受财产保全申请后，应当在五日内作出裁定；需要提供担保的，应当在提供担保后五日内作出裁定；裁定采取保全措施的，应当在五日内开始执行。对情况紧急的，必须在四十八小时内作出裁定；裁定采取保全措施的，应当立即开始执行。

第五条　人民法院依照民事诉讼法第一百条规定责令申请保全人提供财产保全担保的，担保数额不超过请求保全数额的百分之三十；申请保全的财产系争议标的的，担保数额不超过争议标的的价值的百分之三十。

利害关系人申请诉前财产保全的，应当提供相当于请求保全数额的担保；情况特殊的，人民法院可以酌情处理。

财产保全期间，申请保全人提供的担保不足以赔偿可能给被保全人造成的损失的，人民法院可以责令其追加相应的担保；拒不追加的，可以裁定解除或者部分解除保全。

第六条　申请保全人或第三人为财产保全提供财产担保的，应当向人民法院出具担保书。担保书应当载明担保人、担保方式、担保范围、担保财产及其价值、担保责任承担等内容，并附相关证据材料。

第三人为财产保全提供保证担保的，应当向人民法院提交保证书。保证书应当载明保证人、保证方式、保证范围、保证责任承担等内容，并附相关证据材料。

对财产保全担保，人民法院经审查，认为违反民法典、公司法等有关法律禁止性规定的，应当责令申请保全人在指定期限内提供其他担保；逾期未提供的，裁定驳回申请。

第七条　保险人以其与申请保全人签订财产保全责任险合同的方式为财产保全提供担保的，应当向人民法院出具担保书。

担保书应当载明，因申请财产保全错误，由保险人赔偿被保全人因保全所遭受的损失等内容，并附相关证据材料。

第八条　金融监管部门批准设立的金融机构以独立保函形式为财产保全提供担保的，人民法院应当依法准许。

第九条　当事人在诉讼中申请财产保全，有下列情形之一的，人民法院可以不要求提供担保：

（一）追索赡养费、扶养费、抚育费、抚恤金、医疗费用、劳动报酬、工伤赔偿、交通事故人身损害赔偿的；

（二）婚姻家庭纠纷案件中遭遇家庭暴力且经济困难的；

（三）人民检察院提起的公益诉讼涉及损害赔偿的；

（四）因见义勇为遭受侵害请求损害赔偿的；

（五）案件事实清楚、权利义务关系明确，发生保全错误可能性较小的；

（六）申请保全人为商业银行、保险公司等由金融监管部门批准设立的具有独立偿付债务能力的金融机构及其分支机构的。

法律文书生效后，进入执行程序前，债权人申请财产保全的，人民法院可以不要求提供担保。

第十条　当事人、利害关系人申请财产保全,应当向人民法院提供明确的被保全财产信息。

当事人在诉讼中申请财产保全,确因客观原因不能提供明确的被保全财产信息,但提供了具体财产线索的,人民法院可以依法裁定采取财产保全措施。

第十一条　人民法院依照本规定第十条第二款规定作出保全裁定的,在该裁定执行过程中,申请保全人可以向已经建立网络执行查控系统的执行法院,书面申请通过该系统查询被保全人的财产。

申请保全人提出查询申请的,执行法院可以利用网络执行查控系统,对裁定保全的财产或者保全数额范围内的财产进行查询,并采取相应的查封、扣押、冻结措施。

人民法院利用网络执行查控系统未查询到可供保全财产的,应当书面告知申请保全人。

第十二条　人民法院对查询到的被保全人财产信息,应当依法保密。除依法保全的财产外,不得泄露被保全人其他财产信息,也不得在财产保全、强制执行以外使用相关信息。

第十三条　被保全人有多项财产可供保全的,在能够实现保全目的的情况下,人民法院应当选择对其生产经营活动影响较小的财产进行保全。

人民法院对厂房、机器设备等生产经营性财产进行保全时,指定被保全人保管的,应当允许其继续使用。

第十四条　被保全财产系机动车、航空器等特殊动产的,除被保全人下落不明的以外,人民法院应当责令被保全人书面报告该动产的权属和占有、使用等情况,并予以核实。

第十五条　人民法院应当依据财产保全裁定采取相应的查封、扣押、冻结措施。

可供保全的土地、房屋等不动产的整体价值明显高于保全裁定载明金额的,人民法院应当对该不动产的相应价值部分采取查封、扣押、冻结措施,但该不动产在使用上不可分或者分割会严重减损其价值的除外。

对银行账户内资金采取冻结措施的,人民法院应当明确具体的冻结数额。

第十六条　人民法院在财产保全中采取查封、扣押、冻结措施,需要有关单位协助办理登记手续的，有关单位应当在裁定书和协助执行通知书送达后立即办理。针对同一财产有多个裁定书和协助执行通知书的，应当按照送达的时间先后办理登记手续。

第十七条　利害关系人申请诉前财产保全，在人民法院采取保全措施后三十日内依法提起诉讼或者申请仲裁的，诉前财产保全措施自动转为诉讼或仲裁中的保全措施；进入执行程序后，保全措施自动转为执行中的查封、扣押、冻结措施。

依前款规定，自动转为诉讼、仲裁中的保全措施或者执行中的查封、扣押、冻结措施的，期限连续计算，人民法院无需重新制作裁定书。

第十八条　申请保全人申请续行财产保全的，应当在保全期限届满七日前向人民法院提出；逾期申请或者不申请的，自行承担不能续行保全的法律后果。

人民法院进行财产保全时，应当书面告知申请保全人明确的保全期限届满日以及前款有关申请续行保全的事项。

第十九条　再审审查期间，债务人申请保全生效法律文书确定给付的财产的，人民法院不予受理。

再审审理期间，原生效法律文书中止执行，当事人申请财产保全的，人民法院应当受理。

第二十条　财产保全期间，被保全人请求对被保全财产自行处分，人民法院经审查，认为不损害申请保全人和其他执行债权人合法权益的，可以准许，但应当监督被保全人按照合理价格在指定期限内处分，并控制相应价款。

被保全人请求对作为争议标的的被保全财产自行处分的，须经申请保全人同意。

人民法院准许被保全人自行处分被保全财产的，应当通知申请保全人；申请保全人不同意的，可以依照民事诉讼法第二百二十五条规定提出异议。

第二十一条　保全法院在首先采取查封、扣押、冻结措施后超过一年未对被保全财产进行处分的，除被保全财产系争议标的外，在先轮候查封、扣押、冻结的执行法院可以商请保全法院将被保全财产移送执行。但司法解释另有特别规定的，适用其规定。

保全法院与在先轮候查封、扣押、冻结的执行法院就移送被保全财产发生争议的，可以逐级报请共同的上级法院指定该财产的执行法院。

共同的上级法院应当根据被保全财产的种类及所在地、各债权数额与被保全财产价值之间的关系等案件具体情况指定执行法院,并督促其在指定期限内处分被保全财产。

第二十二条　财产纠纷案件,被保全人或第三人提供充分有效担保请求解除保全,人民法院应当裁定准许。被保全人请求对作为争议标的的财产解除保全的,须经申请保全人同意。

第二十三条　人民法院采取财产保全措施后,有下列情形之一的,申请保全人应当及时申请解除保全:

(一)采取诉前财产保全措施后三十日内不依法提起诉讼或者申请仲裁的;

(二)仲裁机构不予受理仲裁申请、准许撤回仲裁申请或者按撤回仲裁申请处理的;

(三)仲裁申请或者请求被仲裁裁决驳回的;

(四)其他人民法院对起诉不予受理、准许撤诉或者按撤诉处理的;

(五)起诉或者诉讼请求被其他人民法院生效裁判驳回的;

(六)申请保全人应当申请解除保全的其他情形。

人民法院收到解除保全申请后,应当在五日内裁定解除保全;对情况紧急的,必须在四十八小时内裁定解除保全。

申请保全人未及时申请人民法院解除保全,应当赔偿被保全人因财产保全所遭受的损失。

被保全人申请解除保全,人民法院经审查认为符合法律规定的,应当在本条第二款规定的期间内裁定解除保全。

第二十四条　财产保全裁定执行中,人民法院发现保全裁定的内容与被保全财产的实际情况不符的,应当予以撤销、变更或补正。

第二十五条　申请保全人、被保全人对保全裁定或者驳回申请裁定不服的,可以自裁定书送达之日起五日内向作出裁定的人民法院申请复议一次。人民法院应当自收到复议申请后十日内审查。

对保全裁定不服申请复议的,人民法院经审查,理由成立的,裁定撤销或变更;理由不成立的,裁定驳回。

对驳回申请裁定不服申请复议的,人民法院经审查,理由成立的,裁定撤销,并采取保全措施;理由不成立的,裁定驳回。

第二十六条　申请保全人、被保全人、利害关系人认为保全裁定实施过程中的执行行为违反法律规定提出书面异议的，人民法院应当依照民事诉讼法第二百二十五条规定审查处理。

第二十七条　人民法院对诉讼争议标的以外的财产进行保全，案外人对保全裁定或者保全裁定实施过程中的执行行为不服，基于实体权利对被保全财产提出书面异议的，人民法院应当依照民事诉讼法第二百二十七条规定审查处理并作出裁定。案外人、申请保全人对该裁定不服的，可以自裁定送达之日起十五日内向人民法院提起执行异议之诉。

人民法院裁定案外人异议成立后，申请保全人在法律规定的期间内未提起执行异议之诉的，人民法院应当自起诉期限届满之日起七日内对该被保全财产解除保全。

第二十八条　海事诉讼中，海事请求人申请海事请求保全，适用《中华人民共和国海事诉讼特别程序法》及相关司法解释。

第二十九条　本规定自2016年12月1日起施行。

本规定施行前公布的司法解释与本规定不一致的，以本规定为准。

4.《最高人民法院关于人民法院对注册商标权进行财产保全的解释》(2020年修正)

为了正确实施对注册商标权的财产保全措施，避免重复保全，现就人民法院对注册商标权进行财产保全有关问题解释如下：

第一条　人民法院根据民事诉讼法有关规定采取财产保全措施时，需要对注册商标权进行保全的，应当向国家知识产权局商标局(以下简称商标局)发出协助执行通知书，载明要求商标局协助保全的注册商标的名称、注册人、注册证号码、保全期限以及协助执行保全的内容，包括禁止转让、注销注册商标、变更注册事项和办理商标权质押登记等事项。

第二条　对注册商标权保全的期限一次不得超过一年，自商标局收到协助执行通知书之日起计算。如果仍然需要对该注册商标权继续采取保全措施的，人民法院应当在保全期限届满前向商标局重新发出协助执行通知书，要求继续保全。否则，视为自动解除对该注册商标权的财产保全。

第三条　人民法院对已经进行保全的注册商标权，不得重复进行保全。

民事诉讼类文书范本之21:担保书

担　保　书

担保人:梁××,女,汉族,××××年×月×日出生,住××省××县××××××,身份证号码××××××。联系电话:××××××。

担保人自愿以本人所有的位于××省××市××区××街××号的房屋(价值100万元),为张某某诉王某某××纠纷一案中张××所提的财产保全申请提供担保。担保人保证上述担保财产此前未设置抵押等他项权利。担保人承诺,若张××申请错误给被申请人造成损失,担保人自愿以担保财产承担赔偿责任。

此致

××人民法院

担保人:

年　月　日

《担保书》精细化写作要领

1.在格式上要符合要求。担保书是申请保全人或第三人因申请保全人申请财产保全或者行为保全,向人民法院提供财产担保时出具的法律文书。根据《民事诉讼法》第一百零三条、第一百零四条的规定,对诉前保全,申请人应当提供担保;对诉讼保全,人民法院可以责令申请人提供担保;申请人不提供担保的,裁定驳回申请。担保书由“标题”“担保人信息”“担保内容”“致送法院”和落款“担保人”“申请日期”组成,不能缺项,标题和正文之间要空一行,各部分的表述要准确。比如,不能将标题的“担保书”写成“保证书”。根据《最高人民法院关于人民法院办理财产保全案件若干问题的规定》第六条第二款的规定，如果第三人为财产保全提供的是保证担保，向人民法院提交的是保证书。

2. 担保人信息要准确、完整。担保书要求由担保人本人书写，要写明姓名、住址、身份证号码、联系方式等基本信息。

3. “担保内容”部分是担保书的核心，要写明担保方式、担保范围、担保财产及其价值、担保责任承担等内容。“担保方式”要写明用什么进行担保，“担保范围”要写明在哪个案件中为谁提出的保全申请进行担保，“担保财产及其价值”要写明担保的财产信息及其价值。例如，以房产提供担保要写明房子的具体位置以及房子此前是否设置抵押、质押等他项权利。可以提供的担保财产范围很广，可以是房产，也可以是银行存款、土地使用权、车辆等。根据《最高人民法院关于人民法院办理财产保全案件若干问题的规定》第五条的规定，申请诉讼财产保全的，担保数额不超过请求保全数额的百分之三十；申请保全的财产系争议标的的，担保数额不超过争议标的的价值的百分之三十。申请诉前财产保全的，应当提供相当于请求保全数额的担保；情况特殊的，人民法院可以酌情处理。“担保责任承担”要写明担保人愿意承担什么样的担保责任。根据《民事诉讼法》第一百零八条的规定，申请有错误的，申请人应当赔偿被申请人因保全所遭受的损失。这部分一般表述为：“担保人承诺，若申请错误给被申请人造成损失，担保人自愿以担保财产承担赔偿责任。”

附：相关规定

1.《中华人民共和国民事诉讼法》(2023 年修正)

第一百零三条　人民法院对于可能因当事人一方的行为或者其他原因，使判决难以执行或者造成当事人其他损害的案件，根据对方当事人的申请，可以裁定对其财产进行保全、责令其作出一定行为或者禁止其作出一定行为；当事人没有提出申请的，人民法院在必要时也可以裁定采取保全措施。

人民法院采取保全措施，可以责令申请人提供担保，申请人不提供担保的，裁定驳回申请。

人民法院接受申请后，对情况紧急的，必须在四十八小时内作出裁定；裁定采取保全措施的，应当立即开始执行。

第一百零四条　利害关系人因情况紧急,不立即申请保全将会使其合法权益受到难以弥补的损害的,可以在提起诉讼或者申请仲裁前向被保全财产所在地、被申请人住所地或者对案件有管辖权的人民法院申请采取保全措施。申请人应当提供担保,不提供担保的,裁定驳回申请。

人民法院接受申请后,必须在四十八小时内作出裁定;裁定采取保全措施的,应当立即开始执行。

申请人在人民法院采取保全措施后三十日内不依法提起诉讼或者申请仲裁的,人民法院应当解除保全。

第一百零八条　申请有错误的,申请人应当赔偿被申请人因保全所遭受的损失。

2.《最高人民法院关于适用〈中华人民共和国民事诉讼法〉的解释》(2022年修正)

第一百五十二条　人民法院依照民事诉讼法第一百零三条、第一百零四条规定,在采取诉前保全、诉讼保全措施时,责令利害关系人或者当事人提供担保的,应当书面通知。

利害关系人申请诉前保全的,应当提供担保。申请诉前财产保全的,应当提供相当于请求保全数额的担保;情况特殊的,人民法院可以酌情处理。申请诉前行为保全的,担保的数额由人民法院根据案件的具体情况决定。

在诉讼中,人民法院依申请或者依职权采取保全措施的,应当根据案件的具体情况,决定当事人是否应当提供担保以及担保的数额。

第一百六十四条　对申请保全人或者他人提供的担保财产,人民法院应当依法办理查封、扣押、冻结等手续。

3.《最高人民法院关于人民法院办理财产保全案件若干问题的规定》(2020年修正)

第五条　人民法院依照民事诉讼法第一百条规定责令申请保全人提供财产保全担保的,担保数额不超过请求保全数额的百分之三十;申请保全的财产系争议标的的,担保数额不超过争议标的的价值的百分之三十。

利害关系人申请诉前财产保全的,应当提供相当于请求保全数额的担保;情况特殊的,人民法院可以酌情处理。

财产保全期间,申请保全人提供的担保不足以赔偿可能给被保全人造成的损失的,人民法院可以责令其追加相应的担保;拒不追加的,可以裁定解除或者部分解除保全。

第六条　申请保全人或第三人为财产保全提供财产担保的,应当向人民法院出具担保书。担保书应当载明担保人、担保方式、担保范围、担保财产及其价值、担保责任承担等内容,并附相关证据材料。

第三人为财产保全提供保证担保的,应当向人民法院提交保证书。保证书应当载明保证人、保证方式、保证范围、保证责任承担等内容,并附相关证据材料。

对财产保全担保,人民法院经审查,认为违反民法典、公司法等有关法律禁止性规定的,应当责令申请保全人在指定期限内提供其他担保;逾期未提供的,裁定驳回申请。

第七条　保险人以其与申请保全人签订财产保全责任险合同的方式为财产保全提供担保的,应当向人民法院出具担保书。

担保书应当载明,因申请财产保全错误,由保险人赔偿被保全人因保全所遭受的损失等内容,并附相关证据材料。

第八条　金融监管部门批准设立的金融机构以独立保函形式为财产保全提供担保的,人民法院应当依法准许。

第九条　当事人在诉讼中申请财产保全,有下列情形之一的,人民法院可以不要求提供担保:

(一)追索赡养费、扶养费、抚育费、抚恤金、医疗费用、劳动报酬、工伤赔偿、交通事故人身损害赔偿的;

(二)婚姻家庭纠纷案件中遭遇家庭暴力且经济困难的;

(三)人民检察院提起的公益诉讼涉及损害赔偿的;

(四)因见义勇为遭受侵害请求损害赔偿的;

(五)案件事实清楚、权利义务关系明确,发生保全错误可能性较小的;

(六)申请保全人为商业银行、保险公司等由金融监管部门批准设立的具有独立偿付债务能力的金融机构及其分支机构的。

法律文书生效后,进入执行程序前,债权人申请财产保全的,人民法院可以不要求提供担保。

民事诉讼类文书范本之22:续行财产保全申请书

续行财产保全申请书

申请保全人:李某某,男,汉族,××××年×月××日出生,住××省××县××镇××村,身份证号码××××××。

被保全人:××房地产开发有限责任公司,住所地××市××区××路××号,统一社会信用代码××××××。

法定代表人:刘某某,该公司执行董事。

申请事项:延长对被保全人××房地产开发有限责任公司所有的位于××市××区××路××号××市场一楼整层房屋(建筑面积5306.35平方米)的查封期限,续行查封期限为三年(2023年11月18日至2026年11月17日)。

事实与理由:申请保全人与被保全人民间借贷纠纷一案,贵院已作出××××号民事判决书,该判决发生效力后,被保全人未按判决履行,申请保全人已向贵院申请执行,但被保全人至今仍未履行该判决确定的给付义务。应申请保全人的申请,贵院已于2020年11月18日查封了被保全人××房地产开发有限责任公司所有的位于××市××区××路××号××市场一楼整层房屋(建筑面积5306.35平方米),查封期限为三年,该查封将于2023年11月17日到期。目前该案尚未得到执行,而查封期限即将届满,为了保证生效判决得以顺利执行,根据《最高人民法院关于适用〈中华人民共和国民事诉讼法〉的解释》第四百八十五条和《最高人民法院关于办理财产保全案件若干问题的规定》第十八条的规定,特提出上述申请,请贵院予以办理续行查封手续。

此致

××县人民法院

申请保全人:

年　月　日

《续行财产保全申请书》精细化写作要领

1. 在格式上要符合要求。续行财产保全申请书在格式上与财产保全申请书类似，由“标题”“申请保全人”“被保全人”“申请事项”“事实与理由”“致送法院”和落款“申请保全人”“申请日期”组成，不能缺项，标题和正文之间要空一行，各部分的表述要准确。

2. “申请事项”部分是续行财产保全申请书的核心，要反复斟酌，确保表述准确、完整。根据《最高人民法院关于适用〈中华人民共和国民事诉讼法〉的解释》第四百八十五条的规定，法院冻结银行存款的期限不得超过一年，查封、扣押动产的期限不得超过两年，查封不动产、冻结其他财产权的期限不得超过三年。申请延长期限的，续行期限不得超过前款规定的期限。因此，在书写续行财产保全申请书时，要根据保全财产类型的不同，依据该规定写明要求延长的期限，为避免反复申请续行财产保全，可以按最高期限申请。这部分一般表述为：“延长对被保全人×××（此处写明保全财产名称）的查封（扣押、冻结）期限，续行查封（扣押、冻结）期限为×年（××××年×月×日至××××年×月×日）。”

3. 续行财产保全申请书的“事实与理由”部分要写明案件情况、保全情况和申请续行财产保全的理由。需要申请续行财产保全，一般是因为一审结束后一方提起了上诉，或者判决生效后迟迟得不到执行，而查封、扣押、冻结期限届满，不得不续行保全。因此，续行财产保全申请书的“事实与理由”部分需要简要陈述案件情况及目前所处的阶段，重点要写明之前的保全时间、保全方式和保全期限，最后要结合案件情况写明申请续行财产保全的理由和依据。续行财产保全的法律根据是《最高人民法院关于适用〈中华人民共和国民事诉讼法〉的解释》第四百八十五条和《最高人民法院关于办理财产保全案件若干问题的规定》第十八条。

需要注意的是，根据《最高人民法院关于人民法院办理财产保全案件若干问题的规定》第十八条的规定，申请保全人申请续行财产保全的，应当在保全期限届满七日前向人民法院提出。因此，在向法院提交续行保全申请书时，要注意提出期限,如逾期申请,需要自行承担不能续行保全的法律后果。

附:相关规定

1.《最高人民法院关于适用〈中华人民共和国民事诉讼法〉的解释》(2022年修正)

第四百八十五条 人民法院冻结被执行人的银行存款的期限不得超过一年,查封、扣押动产的期限不得超过两年,查封不动产、冻结其他财产权的期限不得超过三年。

申请执行人申请延长期限的,人民法院应当在查封、扣押、冻结期限届满前办理续行查封、扣押、冻结手续,续行期限不得超过前款规定的期限。

人民法院也可以依职权办理续行查封、扣押、冻结手续。

2.《最高人民法院关于人民法院办理财产保全案件若干问题的规定》(2020年修正)

第十八条 申请保全人申请续行财产保全的,应当在保全期限届满七日前向人民法院提出;逾期申请或者不申请的,自行承担不能续行保全的法律后果。

人民法院进行财产保全时,应当书面告知申请保全人明确的保全期限届满日以及前款有关申请续行保全的事项。

民事诉讼类文书范本之23:调取证据申请书

调取证据申请书

申请人:张××,男,汉族,××××年×月×日出生,住××县××××××,身份证号码××××××。联系电话:××××××。

被申请人:杨××,男,汉族,××××年×月×日出生,住××市××区××××××,身份证号码××××××。联系电话:××××××。

申请事项:向被申请人杨××的开户银行中国××银行股份有限公司××支行(地址:××市××区××号,联系电话×××××)调取××××年×月×日申请人向被申请人杨××转账的××万元到被申请人杨××账户(账号:××××××)后款项的去向。

事实与理由:申请人与被申请人等民间借贷纠纷一案,贵院已经受理。由于申请人在××××年×月×日将借款××万元转账到被申请人杨××的银行账户上(开户银行:中国××银行股份有限公司××支行,账号:××××××)。因此,该笔款项到达被申请人杨××个人账户后的去向能证明本案借款是否用于被申请人开办的××有限公司的生产经营活动,如果用于××有限公司的生产经营活动,根据《最高人民法院关于审理民间借贷案件适用法律若干问题的规定》第二十二条第二款的规定,本案借款应由被申请人杨××和××有限公司共同承担还款责任。

由于该证据申请人及诉讼代理人因客观原因无法取得,根据《民事诉讼法》第六十七条第二款和《最高人民法院关于适用〈中华人民共和国民事诉讼法〉的解释》第九十四条的规定,特提出上述申请,请贵院予以准许。

此致

××人民法院

申请人：

年　月　日

《调取证据申请书》精细化写作要领

1. 在格式上要符合要求。调取证据申请书由“标题”“申请人”“被申请人”“申请事项”“事实与理由”“致送法院”和落款“申请人”“申请日期”组成，不能缺项，标题和正文之间要空一行，各部分的表述要准确。调取证据申请书的“申请人”既可以是案件的当事人，也可以是当事人的诉讼代理人。

2. “申请事项”部分要写明被调查对象的姓名或单位名称、住所地等基本情况以及所要调查收集的证据名称或具体内容。被调查机关的名称、地址及需要调查收集的证据名称和内容一定要尽可能的具体、明确，信息不明确时，法院在调取证据过程中可能出现调取不能的情况。这部分一般表述为：“向×××（此处写明被调查单位名称或者个人姓名及地址、联系电话等信息）调取×××（此处写明需要调取的证据名称或具体内容）。”

3. 调取证据申请书的“事实与理由”部分要写明案件受理情况、申请调取的证据对本案事实认定或者判决结果的影响以及调查收集证据的必要性。调取证据一般发生在案件审理过程中，此时法官已经对案件情况有了一定的了解。因此，这里只需要简单写明案件受理情况即可，重点要论述申请调取的证据对本案事实认定或者判决结果的影响以及调查收集证据的必要性。根据《最高人民法院关于适用〈中华人民共和国民事诉讼法〉的解释》第九十五条的规定，当事人申请调查收集的证据，与待证事实无关联、对证明待证事实无意义或者其他无调查收集必要的，人民法院不予准许。

需要注意的是，根据《最高人民法院关于民事诉讼证据的若干规定》第二十条的规定，当事人及其诉讼代理人申请人民法院调查收集证据，应当在举证期限届满前提交书面申请。

附:相关规定

1.《中华人民共和国民事诉讼法》(2023年修正)

第六十七条　当事人对自己提出的主张,有责任提供证据。

当事人及其诉讼代理人因客观原因不能自行收集的证据,或者人民法院认为审理案件需要的证据,人民法院应当调查收集。

人民法院应当按照法定程序,全面地、客观地审查核实证据。

2.《最高人民法院关于适用〈中华人民共和国民事诉讼法〉的解释》(2022年修正)

第九十四条　民事诉讼法第六十七条第二款规定的当事人及其诉讼代理人因客观原因不能自行收集的证据包括:

(一)证据由国家有关部门保存,当事人及其诉讼代理人无权查阅调取的;

(二)涉及国家秘密、商业秘密或者个人隐私的;

(三)当事人及其诉讼代理人因客观原因不能自行收集的其他证据。

当事人及其诉讼代理人因客观原因不能自行收集的证据,可以在举证期限届满前书面申请人民法院调查收集。

第九十五条　当事人申请调查收集的证据,与待证事实无关联、对证明待证事实无意义或者其他无调查收集必要的,人民法院不予准许。

3.《最高人民法院关于民事诉讼证据的若干规定》(2019年修正)

第二十条　当事人及其诉讼代理人申请人民法院调查收集证据,应当在举证期限届满前提交书面申请。

申请书应当载明被调查人的姓名或者单位名称、住所地等基本情况、所要调查收集的证据名称或者内容、需要由人民法院调查收集证据的原因及其要证明的事实以及明确的线索。

第二十一条　人民法院调查收集的书证,可以是原件,也可以是经核对无误的副本或者复制件。是副本或者复制件的,应当在调查笔录中说明来源和取证情况。

第二十二条　人民法院调查收集的物证应当是原物。被调查人提供原物确有困难的,可以提供复制品或者影像资料。提供复制品或者影像资料的,应当在调查笔录中说明取证情况。

第二十三条　人民法院调查收集视听资料、电子数据，应当要求被调查人提供原始载体。

提供原始载体确有困难的，可以提供复制件。提供复制件的，人民法院应当在调查笔录中说明其来源和制作经过。

人民法院对视听资料、电子数据采取证据保全措施的，适用前款规定。

第二十四条　人民法院调查收集可能需要鉴定的证据，应当遵守相关技术规范，确保证据不被污染。

民事诉讼类文书范本之24：证据保全申请书

证据保全申请书

申请人：××市××有限公司，住所地××市××区××路××号，统一社会信用代码××××××。

法定代表人：×××，该公司执行董事。

被申请人：××市××工程有限公司，住所地××市××区××路××号，统一社会信用代码××××××。

法定代表人：何××，该公司执行董事。

申请事项：对被申请人公司存放的石灰窑专用旋转布料器、出灰装置、两段密封卸料器、仿真风帽采取拍照、录像、查封等证据保全措施。

事实与理由：申请人于××××年×月×日取得"××××××"的实用新型专利权，专利号为××××××。2021年2月21日至2021年6月1日期间，申请人曾委托被申请人代为加工制造该专利出灰装置以及石灰窑专用旋转布料器等设备，并将有关的图纸等资料交于被申请人。申请人为保护技术秘密，于2021年2月20日与被申请人专门签订《技术保密协议》，协议第一条约定："甲方（即申请人）的技术秘密包括石灰窑专用旋转布料器、出灰装置、两段密封卸料器、仿真风帽等"，协议第二条约定："乙方（即被申请人）不得私自加工制造与上述第一条内容一样或相近的产品进行私下经营谋利"，协议第三条约定："乙方承诺严守技术秘密，切实遵守本协议第二条的要求，不复印、不外传甲方的设备技术资料，不私自加工制造甲方的专用设备进行经营谋利，如有违反，乙方赔付甲方设备造价的五倍金额。"2021年6月1日以后，申请人没有再委托被申请人代为加工过上述设备。可是，2022年5月，申请人的工作人员在被申请人车间内发现被申请人在大肆生产申请人已获得专利的出灰装置等设备。

申请人认为，被申请人未经申请人许可，大肆生产申请人的专利产品谋利的行为，严重侵犯了申请人的专利权，违反了双方之间的保密协议的约定，给申请人造成了巨大经济损失，根据《专利法》第六十五条、第七十一条等有关法律的规定，被申请人应当承担立即停止侵权行为、赔偿申请人实际损失及合理开支等民事责任。

由于被申请人随时都有可能转移侵权产品，而且该重要证据一旦灭失，以后难以取得，情况十分紧急，根据《专利法》第七十三条和《民事诉讼法》第八十四条第二款之规定，特向贵院提出上述申请，请贵院依法裁定采取保全措施。

此致

××市中级人民法院

申请人：

年　月　日

《证据保全申请书》精细化写作要领

1. 在格式上要符合要求。证据保全申请书由“标题”“申请人”“被申请人”“申请事项”“事实与理由”“致送法院”和落款“申请人”“申请日期”组成，不能缺项，标题和正文之间要空一行，各部分的表述要准确。

2. 当事人信息，特别是被申请人信息要准确、完整。被申请人是个人的，要尽量写上身份证号，以免出现当事人错误的情况；被申请人是单位的，要写明全称；被申请人是个体工商户的，以营业执照上登记的经营者为当事人。有字号的，以营业执照上登记的字号为当事人，但应同时注明该字号经营者的基本信息。营业执照上登记的经营者与实际经营者不一致的，以登记的经营者和实际经营者为共同诉讼人。企业已经注销的，不能成为当事人，未依法清算即被注销的，以该企业法人的股东、发起人或者出资人为当事人。

3. “申请事项”部分要写明申请法院保全的具体证据内容。这部分内容要结合案件实际情况，列明需要保全的证据，确保具体、明确。

4. 证据保全申请书的“事实与理由”部分要写明案件事实、被申请人应承担的法律责任及申请证据保全的理由。证据保全申请可以在诉讼中提出，也可以在起诉前提出，但一般是在起诉前提出。诉前证据保全申请书的“事实与理由”

部分一般由两部分组成,第一部分类似民事起诉状的“事实与理由”部分,要写清申请人与被申请人纠纷案件的事实、理由和被申请人应承担的法律责任,让法院通过申请书就能够初步判断申请证据保全的必要性。第二部分写明申请证据保全的必要性和紧迫性。一般表述为:“由于被申请人随时都有可能转移××,而且,该重要证据一旦灭失,以后难以取得,情况十分紧急,根据《民事诉讼法》第八十四条第二款之规定,特向贵院提出上述申请,请贵院依法裁定采取保全措施。”

附:相关规定

1.《中华人民共和国民事诉讼法》(2023 年修正)

第八十四条　在证据可能灭失或者以后难以取得的情况下,当事人可以在诉讼过程中向人民法院申请保全证据,人民法院也可以主动采取保全措施。

因情况紧急,在证据可能灭失或者以后难以取得的情况下,利害关系人可以在提起诉讼或者申请仲裁前向证据所在地、被申请人住所地或者对案件有管辖权的人民法院申请保全证据。

证据保全的其他程序,参照适用本法第九章保全的有关规定。

2.《最高人民法院关于适用〈中华人民共和国民事诉讼法〉的解释》(2022 年修正)

第九十八条　当事人根据民事诉讼法第八十四条第一款规定申请证据保全的,可以在举证期限届满前书面提出。

证据保全可能对他人造成损失的,人民法院应当责令申请人提供相应的担保。

3.《最高人民法院关于民事诉讼证据的若干规定》(2019 年修正)

第二十五条　当事人或者利害关系人根据民事诉讼法第八十一条的规定申请证据保全的,申请书应当载明需要保全的证据的基本情况、申请保全的理由以及采取何种保全措施等内容。

当事人根据民事诉讼法第八十一条第一款的规定申请证据保全的,应当在举证期限届满前向人民法院提出。

法律、司法解释对诉前证据保全有规定的,依照其规定办理。

第二十六条 当事人或者利害关系人申请采取查封、扣押等限制保全标的物使用、流通等保全措施,或者保全可能对证据持有人造成损失的,人民法院应当责令申请人提供相应的担保。

担保方式或者数额由人民法院根据保全措施对证据持有人的影响、保全标的物的价值、当事人或者利害关系人争议的诉讼标的金额等因素综合确定。

第二十七条 人民法院进行证据保全,可以要求当事人或者诉讼代理人到场。

根据当事人的申请和具体情况,人民法院可以采取查封、扣押、录音、录像、复制、鉴定、勘验等方法进行证据保全,并制作笔录。

在符合证据保全目的的情况下,人民法院应当选择对证据持有人利益影响最小的保全措施。

第二十八条 申请证据保全错误造成财产损失,当事人请求申请人承担赔偿责任的,人民法院应予支持。

第二十九条 人民法院采取诉前证据保全措施后,当事人向其他有管辖权的人民法院提起诉讼的,采取保全措施的人民法院应当根据当事人的申请,将保全的证据及时移交受理案件的人民法院。

民事诉讼类文书范本之25：律师调查令申请书

律师调查令申请书

申请人：××律师事务所律师×××，执业证号××××××。联系电话：××××××。

申请人：××律师事务所律师×××，执业证号××××××。联系电话：××××××。

申请事项：依法向申请人开具律师调查令，准许申请人前往××银行股份有限公司××分行营业部查阅并复制户名为××商贸有限公司、账号为××××××××的银行账户自2018年1月1日起至2018年5月11日止的全部交易明细。

事实与理由：上诉人××置业有限公司与被上诉人××商贸有限公司民间借贷纠纷一案，贵院已经受理，申请人系上诉人××置业有限公司委托的诉讼代理人。被上诉人××商贸有限公司系商贸公司，注册资本为1000万元，全部为认缴出资，认缴出资日期为2049年6月30日。根据被上诉人××商贸有限公司一审时提交的证据，显示被上诉人××商贸有限公司通过账号为××××××××的××银行股份有限公司××分行营业部账户分别于2018年4月23日和5月11日向上诉人转账500万元、1000万元。一审庭审中，被上诉人××商贸有限公司承认其出借给上诉人的1500万元中"一部分是从别人处借的，一部分是业务往来"（见一审卷第155页）。根据《最高人民法院关于审理民间借贷案件适用法律若干问题的规定》第十三条的规定，套取金融机构贷款转贷的或者以向其他营利法人借贷、向本单位职工集资，或者以向公众非法吸收存款等方式取得的资金转贷的，人民法院应当认定民间借贷合同无效。

由于被上诉人××商贸有限公司出借给上诉人的1500万元资金的来源决定着本案双方之间的民间借贷合同是否有效，影响着本案的判决，但因为客观条件限制，申请人无法自行收集，根据《民事诉讼法》第六十七条、《最高人民法院关于适用〈中华人民共和国民事诉讼法〉的解释》第九十四条之规定，特提出上述申请，请贵院予以准许。

此致

××人民法院

申请人：

律师事务所章：

年　月　日

《律师调查令申请书》精细化写作要领

1. 在格式上要符合要求。律师调查令申请书由“标题”“申请人”“申请事项”“事实与理由”“致送法院”和落款“申请人”“申请日期”组成，不能缺项，标题和正文之间要空一行，各部分的表述要准确。律师调查令申请书，尽管是律师个人的申请，但一般要求加盖律师事务所公章。需要注意的是，有的地方法院要求律师调查令的申请人必须是两名律师，故在书写的时候要按当地法院的要求书写。

2. “申请事项”部分要表明向法院提交申请的目的，写明申请向哪个单位调取证据以及申请调取的证据具体内容。律师调查令必须指向具体的单位和具体的调取内容，因为法院一旦准许了律师的调查令申请，会按照调查令申请书出具律师调查令。这部分的表述一定要明确、具体，不能含糊其词，一般表述为：“依法向申请人开具律师调查令，准许申请人前往××××（地点）查阅并复制××××。”

需要注意的是，申请调取的范围要认真斟酌，要以满足案件需要为限，不能超出案件涉及的范围，否则，法院有可能不予准许。比如，本范本案例想申请调取对方的银行流水欲证明出借的款项来源于银行的信贷资金，那么申请调取银行流水的时间段就应当截至出借资金之日。

3. “事实与理由”部分是律师调查令申请书的重点，这部分要重点写明申请调取的证据对案件事实认定和判决结果的影响。律师之所以需要申请调查令不仅是因为当事人及诉讼代理人因客观原因不能收集调取,更重要的是该证据会影响案件的事实认定和裁判结果。因此,这部分在写申请调取的证据对案件事实认定和判决结果的影响时,必要时要引用相应的法律、司法解释的具体规定,让法官认为这个证据确实影响到案件的判决。若无法证明相应影响,根据《最高人民法院关于适用〈中华人民共和国民事诉讼法〉的解释》第九十五条的规定,当事人申请调查收集的证据,与待证事实无关联、对证明待证事实无意义或者其他无调查收集必要的,人民法院不予准许。

需要注意的是,根据《最高人民法院关于民事诉讼证据的若干规定》第二十条的规定,当事人及其诉讼代理人申请人民法院调查收集证据,应当在举证期限届满前提交书面申请。因此,在向法院提交律师调查令申请书时,要注意提出期限,如逾期申请或者不申请的,可能需要自行承担举证不能的不利法律后果。

附:相关规定

1.《中华人民共和国民事诉讼法》(2023 年修正)

第六十七条　当事人对自己提出的主张,有责任提供证据。

当事人及其诉讼代理人因客观原因不能自行收集的证据,或者人民法院认为审理案件需要的证据,人民法院应当调查收集。

人民法院应当按照法定程序,全面地、客观地审查核实证据。

2.《最高人民法院关于适用〈中华人民共和国民事诉讼法〉的解释》(2022 年修正)

第九十四条　民事诉讼法第六十七条第二款规定的当事人及其诉讼代理人因客观原因不能自行收集的证据包括:

(一)证据由国家有关部门保存,当事人及其诉讼代理人无权查阅调取的;

(二)涉及国家秘密、商业秘密或者个人隐私的;

(三)当事人及其诉讼代理人因客观原因不能自行收集的其他证据。

当事人及其诉讼代理人因客观原因不能自行收集的证据,可以在举证期限届满前书面申请人民法院调查收集。

第九十五条　当事人申请调查收集的证据,与待证事实无关联、对证明待证事实无意义或者其他无调查收集必要的,人民法院不予准许。

3.《最高人民法院关于民事诉讼证据的若干规定》(2019年修正)

第二十条　当事人及其诉讼代理人申请人民法院调查收集证据,应当在举证期限届满前提交书面申请。

申请书应当载明被调查人的姓名或者单位名称、住所地等基本情况、所要调查收集的证据名称或者内容、需要由人民法院调查收集证据的原因及其要证明的事实以及明确的线索。

4.《中华人民共和国律师法》(2017年修正)

第三十五条　受委托的律师根据案情的需要,可以申请人民检察院、人民法院收集、调取证据或者申请人民法院通知证人出庭作证。

律师自行调查取证的,凭律师执业证书和律师事务所证明,可以向有关单位或者个人调查与承办法律事务有关的情况。

民事诉讼类文书范本之26：司法鉴定申请书

司法鉴定申请书

申请人：××市××建设有限公司，住所地××省××市××区××路××号，统一社会信用代码××××××，联系电话：××××××。

法定代表人：×××，该公司执行董事。

被申请人：××市××置业有限公司，住所地××市××县××镇××路××号，统一社会信用代码××××××，联系电话：××××××。

法定代表人：×××，该公司执行董事。

申请事项：依法委托有关鉴定机构对申请人为被申请人施工的××项目已完成工程量的工程造价进行鉴定。

事实与理由：申请人与被申请人建设工程施工合同纠纷一案贵院已经受理，由于申请人与被申请人对申请人××项目已完成工程量的工程造价存在争议，为确定该事实，依据《民事诉讼法》第七十九条、《最高人民法院关于适用〈中华人民共和国民事诉讼法〉的解释》第一百二十一条的规定，特提出上述申请，请贵院予以准许。

此致

××人民法院

申请人：

年　月　日

《司法鉴定申请书》精细化写作要领

1. 在格式上要符合要求。司法鉴定申请书是一方当事人向法院提出申请，要求法院依法委托鉴定机构对案件涉及的专门性问题进行鉴定的文书。司法鉴定申请书有“标题”“申请人”“被申请人”“申请事项”“事实与理由”“致送法院”和落款“申请人”“申请日期”组成,不能缺项,标题和正文之间要空一行,各部分的表述要准确。

2.“申请事项”部分要写明需要鉴定的具体事项。申请鉴定的事项大多为专门性问题,要根据具体案件情况,写清需要鉴定的事项。一般表述为:“依法委托有关鉴定机构对××××进行鉴定。”如果有多项鉴定事项的,要分项列明,可以表述为:“依法委托有关鉴定机构对下列专门性问题进行鉴定:(1)……;(2)……。”

3.“事实与理由”部分要阐明案件受理情况、申请鉴定的理由和法律依据。申请鉴定的理由一般写申请鉴定的事项与案件事实有关联,涉及专门性问题,双方存在争议。申请鉴定的法律依据是《民事诉讼法》第七十九条和《最高人民法院关于适用〈中华人民共和国民事诉讼法〉的解释》第一百二十一条。

需要注意的是,根据《最高人民法院关于适用〈中华人民共和国民事诉讼法〉的解释》第一百二十一条的规定,当事人申请鉴定,可以在举证期限届满前提出。根据《最高人民法院关于民事诉讼证据的若干规定》第三十一条的规定,当事人申请鉴定,应当在人民法院指定期间内提出,并预交鉴定费用。因此,对负有举证责任的当事人,如果需要申请鉴定,应在规定的举证期限内提出。实践中,有的法院基于审限和审判效率考虑,会让当事人进行诉前鉴定。

附:相关规定

1.《中华人民共和国民事诉讼法》(2023年修正)

第七十九条　当事人可以就查明事实的专门性问题向人民法院申请鉴定。当事人申请鉴定的,由双方当事人协商确定具备资格的鉴定人;协商不成的,由人民法院指定。

当事人未申请鉴定,人民法院对专门性问题认为需要鉴定的,应当委托具备资格的鉴定人进行鉴定。

2.《最高人民法院关于适用〈中华人民共和国民事诉讼法〉的解释》(2022年修正)

第一百二十一条　当事人申请鉴定,可以在举证期限届满前提出。申请鉴定的事项与待证事实无关联,或者对证明待证事实无意义的,人民法院不予准许。

人民法院准许当事人鉴定申请的,应当组织双方当事人协商确定具备相应资格的鉴定人。当事人协商不成的,由人民法院指定。

符合依职权调查收集证据条件的,人民法院应当依职权委托鉴定,在询问当事人的意见后,指定具备相应资格的鉴定人。

3.《最高人民法院关于民事诉讼证据的若干规定》(2019 年修正)

第三十条　人民法院在审理案件过程中认为待证事实需要通过鉴定意见证明的,应当向当事人释明,并指定提出鉴定申请的期间。

符合《最高人民法院关于适用〈中华人民共和国民事诉讼法〉的解释》第九十六条第一款规定情形的,人民法院应当依职权委托鉴定。

第三十一条　当事人申请鉴定,应当在人民法院指定期间内提出,并预交鉴定费用。逾期不提出申请或者不预交鉴定费用的,视为放弃申请。

对需要鉴定的待证事实负有举证责任的当事人,在人民法院指定期间内无正当理由不提出鉴定申请或者不预交鉴定费用,或者拒不提供相关材料,致使待证事实无法查明的,应当承担举证不能的法律后果。

民事诉讼类文书范本之27：证人出庭作证申请书

证人出庭作证申请书

申请人：×××，男，汉族，××××年×月×日出生，住××市××区××路××号，身份证号码××××××。

申请事项：准许并通知证人郭××（男，住××市××区××路××号，身份证号码××××××，联系电话××××××）、赵××（女，住××市××区××路××号，身份证号码××××××，联系电话××××××）出庭作证。

事实与理由：张××诉申请人撤销权纠纷一案，贵院定于××××年×月×日开庭审理。上述证人能证明案涉房屋实际系申请人借用×××的名义购买，购房款系申请人支付，房屋实际上也一直由申请人管理、使用和交纳相关费用，申请人是案涉房屋的实际所有权人。为查清案件事实，需要上述证人出庭作证。依据《最高人民法院关于适用〈中华人民共和国民事诉讼法〉的解释》第一百一十七条第一款和《最高人民法院关于民事诉讼证据的若干规定》第六十九条的规定，特提出上述申请，请贵院予以准许。

此致

××人民法院

申请人：

年　月　日

《证人出庭作证申请书》精细化写作要领

1. 在格式上要符合要求。证人出庭作证申请书是当事人向法院申请证人出庭作证的文书，由"标题""申请人""申请事项""事实与理由""致送法院"和落款“申请人”“申请日期”组成，不能缺项，标题和正文之间要空一行，各部分的表述要准确。

根据《民事诉讼法》第七十五条、第七十六条的规定，凡是知道案件情况的单位和个人，都有义务出庭作证。经人民法院通知，证人应当出庭作证。如果证人因健康原因不能出庭；因路途遥远、交通不便不能出庭；因自然灾害等不可抗力或者因其他有正当理由不能出庭的，经人民法院许可，可以通过书面证言、视听传输技术或者视听资料等方式作证。根据《最高人民法院关于民事诉讼证据的若干规定》第六十八条第三款的规定，无正当理由未出庭的证人以书面等方式提供的证言，不得作为认定案件事实的根据。

2. “申请事项”部分要写明申请出庭证人的姓名、职业、住所、联系方式。一般表述为：“准许并通知证人×××（男/女，住××市××区×××××××，身份证号码×××××××××，联系电话×××××××）出庭作证。”

3. “事实与理由”部分是证人出庭作证申请书的核心，要写明证人作证的主要内容，作证内容与待证事实的关联性以及证人出庭作证的必要性。让法官通过申请书能够看到证人能证明的事实与案件有关联性，有出庭的必要性。根据《最高人民法院关于民事诉讼证据的若干规定》第七十条第二款的规定，当事人申请证人出庭作证的事项与待证事实无关，或者没有通知证人出庭作证必要的，人民法院不予准许当事人的申请。除此之外，这一部分的最后要写明申请证人作证依据的具体条文，即《最高人民法院关于适用〈中华人民共和国民事诉讼法〉的解释》第一百一十七条第一款和《最高人民法院关于民事诉讼证据的若干规定》第六十九条。

需要注意的是，根据《最高人民法院关于适用〈中华人民共和国民事诉讼法〉的解释》第一百一十七条和《最高人民法院关于民事诉讼证据的若干规定》第六十九条的规定，当事人申请证人出庭作证，应当在举证期限届满前提出。因此，在向法院提交证人出庭作证申请书时，要注意提出时间。

附：相关规定

1. 中华人民共和国民事诉讼法（2023 年修正）

第七十五条　凡是知道案件情况的单位和个人，都有义务出庭作证。有关单位的负责人应当支持证人作证。

不能正确表达意思的人,不能作证。

第七十六条　经人民法院通知,证人应当出庭作证。有下列情形之一的,经人民法院许可,可以通过书面证言、视听传输技术或者视听资料等方式作证:

(一)因健康原因不能出庭的;

(二)因路途遥远,交通不便不能出庭的;

(三)因自然灾害等不可抗力不能出庭的;

(四)其他有正当理由不能出庭的。

第七十七条　证人因履行出庭作证义务而支出的交通、住宿、就餐等必要费用以及误工损失,由败诉一方当事人负担。当事人申请证人作证的,由该当事人先行垫付;当事人没有申请,人民法院通知证人作证的,由人民法院先行垫付。

2.《最高人民法院关于适用〈中华人民共和国民事诉讼法〉的解释》(2022年修正)

第一百一十七条　当事人申请证人出庭作证的,应当在举证期限届满前提出。

符合本解释第九十六条第一款规定情形的,人民法院可以依职权通知证人出庭作证。

未经人民法院通知,证人不得出庭作证,但双方当事人同意并经人民法院准许的除外。

3.《最高人民法院关于民事诉讼证据的若干规定》(2019年修正)

第六十七条　不能正确表达意思的人,不能作为证人。

待证事实与其年龄、智力状况或者精神健康状况相适应的无民事行为能力人和限制民事行为能力人,可以作为证人。

第六十八条　人民法院应当要求证人出庭作证,接受审判人员和当事人的询问。证人在审理前的准备阶段或者人民法院调查、询问等双方当事人在场时陈述证言的,视为出庭作证。

双方当事人同意证人以其他方式作证并经人民法院准许的,证人可以不出庭作证。

无正当理由未出庭的证人以书面等方式提供的证言,不得作为认定案件事实的根据。

第六十九条　当事人申请证人出庭作证的，应当在举证期限届满前向人民法院提交申请书。

申请书应当载明证人的姓名、职业、住所、联系方式，作证的主要内容，作证内容与待证事实的关联性，以及证人出庭作证的必要性。

符合《最高人民法院关于适用〈中华人民共和国民事诉讼法〉的解释》第九十六条第一款规定情形的，人民法院应当依职权通知证人出庭作证。

第七十条　人民法院准许证人出庭作证申请的，应当向证人送达通知书并告知双方当事人。通知书中应当载明证人作证的时间、地点，作证的事项、要求以及作伪证的法律后果等内容。

当事人申请证人出庭作证的事项与待证事实无关，或者没有通知证人出庭作证必要的，人民法院不予准许当事人的申请。

民事诉讼类文书范本之28：有专门知识的人出庭申请书

有专门知识的人出庭申请书

申请人：××市××有限公司，住所地××市××区××路××号，统一社会信用代码××××××。

法定代表人：×××，公司执行董事。

申请事项：准许有专门知识的人×××（男，汉族，××××年×月×日出生，住址××省××市××区××路××号，身份证号码××××××）出庭，就本案鉴定意见和涉及的专业问题提出意见。

事实与理由：申请人与原告××有限公司买卖合同纠纷一案，贵院定于××××年×月×日9时开庭审理。由于本案涉及专业鉴定意见和窑炉专业知识且诉讼标的巨大，双方对事实和责任的认定存在较大分歧。为了查清案件相关事实，准确区分责任，依据《民事诉讼法》第八十二条和《最高人民法院关于适用〈中华人民共和国民事诉讼法〉的解释》第一百二十二条的规定，特提出上述申请，请贵院予以准许。

此致

××人民法院

申请人：

年　月　日

《有专门知识的人出庭申请书》精细化写作要领

1. 在格式上要符合要求。《有专门知识的人出庭申请书》是当事人在开庭前向人民法院申请让有专门知识的人出庭的法律文书，由“标题”“申请人”“申请事项”“事实与理由”“致送法院”和落款“申请人”“申请日期”组成,不能缺项,标题和正文之间要空一行,各部分的表述要准确。这里的“申请人”应为案件的当事人,不能是代理人。

2.“申请事项”部分要写明申请出庭的有专门知识的人的基本情况和申请目的。实践中,有的案件因涉及专门性问题有鉴定意见,需要有专门知识的人出庭代表当事人对鉴定意见进行质证,或者对案件事实所涉及的专业问题提出意见。有的案件没有鉴定意见,需要有专门知识的人出庭对案件事实所涉及的专业问题提出意见。“申请事项”部分要结合案件情况,写明申请目的。

3.“事实与理由”部分要写明案件的受理情况、案件涉及哪些方面的专门性问题、有专门知识的人出庭的必要性,以及申请依据即可。一般表述为“申请人与某某某××纠纷一案,贵院已经受理,并定于××××年×月×日×时开庭。由于本案涉及××专业问题,为了查明本案事实,根据《民事诉讼法》第八十二条和《最高人民法院关于适用〈中华人民共和国民事诉讼法〉的解释》第一百二十二条的规定,特提出上述申请,请贵院予以准许”。

需要注意的是,根据《最高人民法院关于适用〈中华人民共和国民事诉讼法〉的解释》第一百二十二条的规定,申请有专门知识的人出庭,应在举证期限届满前申请,申请出庭的有专门知识的人数为一至二名。

附:相关规定

1.《中华人民共和国民事诉讼法》(2023年修正)

第八十二条　当事人可以申请人民法院通知有专门知识的人出庭,就鉴定人作出的鉴定意见或者专业问题提出意见。

2.《最高人民法院关于适用〈中华人民共和国民事诉讼法〉的解释》(2022年修正)

第一百二十二条　当事人可以依照民事诉讼法第八十二条的规定,在举证期限届满前申请一至二名具有专门知识的人出庭,代表当事人对鉴定意见进行质证,或者对案件事实所涉及的专业问题提出意见。

具有专门知识的人在法庭上就专业问题提出的意见,视为当事人的陈述。

人民法院准许当事人申请的,相关费用由提出申请的当事人负担。

第一百二十三条　人民法院可以对出庭的具有专门知识的人进行询问。经法庭准许,当事人可以对出庭的具有专门知识的人进行询问,当事人各自申请的具有专门知识的人可以就案件中的有关问题进行对质。

具有专门知识的人不得参与专业问题之外的法庭审理活动。

3.《最高人民法院关于民事诉讼证据的若干规定》(2019年修正)

第八十三条　当事人依照民事诉讼法第七十九条和《最高人民法院关于适用〈中华人民共和国民事诉讼法〉的解释》第一百二十二条的规定,申请有专门知识的人出庭的,申请书中应当载明有专门知识的人的基本情况和申请的目的。

人民法院准许当事人申请的,应当通知双方当事人。

第八十四条　审判人员可以对有专门知识的人进行询问。经法庭准许,当事人可以对有专门知识的人进行询问,当事人各自申请的有专门知识的人可以就案件中的有关问题进行对质。

有专门知识的人不得参与对鉴定意见质证或者就专业问题发表意见之外的法庭审理活动。

民事诉讼类文书范本之29：延长举证期限申请书

延长举证期限申请书

申请人：××市××有限公司，住所地××市××区××路××号，统一社会信用代码××××××。

法定代表人：×××，该公司执行董事。

申请事项：延长申请人与××市××环保有限公司修理合同纠纷一案的举证期限至2023年10月20日。

事实与理由：申请人与××市××环保有限公司修理合同纠纷一案，贵院已经受理，并确定举证期限截止到2023年10月13日。由于本案存在大量维修签单，涉及司机80余人，且签单时间从2019年至2022年，前后跨度时间长。从2019年至今，该80余名司机部分离职，部分调整工作岗位，申请人需要对案涉证据进行核实并调查取证，在原定的举证期限届满之前申请人无法完成举证。为了查明案件事实，节约司法资源，根据《民事诉讼法》第六十八条第二款、《最高人民法院关于适用〈中华人民共和国民事诉讼法〉的解释》第一百条和《最高人民法院关于民事诉讼证据的若干规定》第五十二条、第五十四条的规定，特提出上述申请，请贵院予以准许。

此致

××人民法院

申请人：

年　月　日

《延长举证期限申请书》精细化写作要领

1. 在格式上要符合要求。根据《民事诉讼法》第六十八条的规定，当事人对自己提出的主张应当及时提供证据。人民法院根据当事人的主张和案件审理情况，确定当事人应当提供的证据及其期限。《延长举证期限申请书》是当事人在人民法院指定的举证期限内无法完成举证时向法院提交的申请延长期限的法律文书。由“申请人”“标题”“致送法院”“事实与理由”和落款“申请人”“申请日期”组成，不能缺项，标题和正文之间要空一行，各部分的表述要准确。《延长举证期限申请书》的“申请人”应为案件的当事人，不能是代理人。

2. “申请事项”部分要写明申请延长哪一个案件的举证期限以及将举证期限延长到什么时候。根据《民事诉讼法》第六十八条第二款的规定，当事人申请延长举证期限的，人民法院根据当事人的申请适当延长。因此，“申请事项”部分要写明申请延长的具体期限，一般表述为：“延长申请人与某某某××纠纷一案的举证期限至××××年×月×日。”

3. “事实与理由”部分是延长举证期限申请书的重点，着重写明在举证期限内提供证据存在客观障碍，也就是申请延长举证期限的具体原因。当事人申请延长举证期限并不一定都会得到准许。根据《最高人民法院关于适用〈中华人民共和国民事诉讼法〉的解释》第一百条第三款的规定，申请理由不成立的，人民法院不予准许。根据《民事诉讼法》第六十八条第二款的规定，当事人申请延长举证期限的法定事由是“当事人在该期限内提供证据确有困难”。根据《最高人民法院关于民事诉讼证据的若干规定》第五十二条的规定，当事人在举证期限内提供证据存在客观障碍，属于“当事人在该期限内提供证据确有困难”的情形，当事人在举证期限内提供证据是否存在客观障碍，由人民法院根据当事人的举证能力、不能在举证期限内提供证据的原因等因素综合判断。必要时，可以听取对方当事人的意见。因此，“事实与理由”部分一定要根据案件的实际情况，详细写明当事人在举证期限内提供证据存在客观障碍和延长举证期限申请的法律依据，《民事诉讼法》第六十八条第二款、《最高人民法院关于适用〈中华人民共和国民事诉讼法〉的解释》第一百条和《最高人民法院关于民事诉讼证据的若干规定》第五十二条、第五十四条。

需要注意的是，根据《最高人民法院关于适用〈中华人民共和国民事诉讼法〉的解释》第一百条第一款和《最高人民法院关于民事诉讼证据的若干规定》第五十四条第一款均规定，当事人申请延长举证期限的，应当在举证期限届满前向人民法院提出书面申请。因此，在向法院提交延长举证期限申请书时，要注意提出申请的时间。

附：相关规定

1.《中华人民共和国民事诉讼法》(2023年修正)

第六十八条　当事人对自己提出的主张应当及时提供证据。

人民法院根据当事人的主张和案件审理情况，确定当事人应当提供的证据及其期限。当事人在该期限内提供证据确有困难的，可以向人民法院申请延长期限，人民法院根据当事人的申请适当延长。当事人逾期提供证据的，人民法院应当责令其说明理由；拒不说明理由或者理由不成立的，人民法院根据不同情形可以不予采纳该证据，或者采纳该证据但予以训诫、罚款。

2.《最高人民法院关于适用〈中华人民共和国民事诉讼法〉的解释》(2022年修正)

第九十九条　人民法院应当在审理前的准备阶段确定当事人的举证期限。举证期限可以由当事人协商，并经人民法院准许。

人民法院确定举证期限，第一审普通程序案件不得少于十五日，当事人提供新的证据的第二审案件不得少于十日。

举证期限届满后，当事人对已经提供的证据，申请提供反驳证据或者对证据来源、形式等方面的瑕疵进行补正的，人民法院可以酌情再次确定举证期限，该期限不受前款规定的限制。

第一百条　当事人申请延长举证期限的，应当在举证期限届满前向人民法院提出书面申请。

申请理由成立的，人民法院应当准许，适当延长举证期限，并通知其他当事人。延长的举证期限适用于其他当事人。

申请理由不成立的，人民法院不予准许，并通知申请人。

第一百零一条　当事人逾期提供证据的，人民法院应当责令其说明理由，必要时可以要求其提供相应的证据。

当事人因客观原因逾期提供证据，或者对方当事人对逾期提供证据未提出异议的，视为未逾期。

第一百零二条　当事人因故意或者重大过失逾期提供的证据，人民法院不予采纳。但该证据与案件基本事实有关的，人民法院应当采纳，并依照民事诉讼法第六十八条、第一百一十八条第一款的规定予以训诫、罚款。

当事人非因故意或者重大过失逾期提供的证据，人民法院应当采纳，并对当事人予以训诫。

当事人一方要求另一方赔偿因逾期提供证据致使其增加的交通、住宿、就餐、误工、证人出庭作证等必要费用的，人民法院可予支持。

3.《最高人民法院关于民事诉讼证据的若干规定》(2019年修正)

第五十一条　举证期限可以由当事人协商，并经人民法院准许。

人民法院指定举证期限的，适用第一审普通程序审理的案件不得少于十五日，当事人提供新的证据的第二审案件不得少于十日。适用简易程序审理的案件不得超过十五日，小额诉讼案件的举证期限一般不得超过七日。

举证期限届满后，当事人提供反驳证据或者对已经提供的证据的来源、形式等方面的瑕疵进行补正的，人民法院可以酌情再次确定举证期限，该期限不受前款规定的期间限制。

第五十二条　当事人在举证期限内提供证据存在客观障碍，属于民事诉讼法第六十五条第二款规定的“当事人在该期限内提供证据确有困难”的情形。

前款情形，人民法院应当根据当事人的举证能力、不能在举证期限内提供证据的原因等因素综合判断。必要时，可以听取对方当事人的意见。

第五十四条　当事人申请延长举证期限的，应当在举证期限届满前向人民法院提出书面申请。

申请理由成立的，人民法院应当准许，适当延长举证期限，并通知其他当事人。延长的举证期限适用于其他当事人。

申请理由不成立的，人民法院不予准许，并通知申请人。

第五十五条　存在下列情形的，举证期限按照如下方式确定：

(一)当事人依照民事诉讼法第一百二十七条规定提出管辖权异议的，举证期限中止，自驳回管辖权异议的裁定生效之日起恢复计算；

（二）追加当事人、有独立请求权的第三人参加诉讼或者无独立请求权的第三人经人民法院通知参加诉讼的，人民法院应当依照本规定第五十一条的规定为新参加诉讼的当事人确定举证期限，该举证期限适用于其他当事人；

（三）发回重审的案件，第一审人民法院可以结合案件具体情况和发回重审的原因，酌情确定举证期限；

（四）当事人增加、变更诉讼请求或者提出反诉的，人民法院应当根据案件具体情况重新确定举证期限；

（五）公告送达的，举证期限自公告期届满之次日起计算。

第五十六条　人民法院依照民事诉讼法第一百三十三条第四项的规定，通过组织证据交换进行审理前准备的，证据交换之日举证期限届满。

证据交换的时间可以由当事人协商一致并经人民法院认可，也可以由人民法院指定。当事人申请延期举证经人民法院准许的，证据交换日相应顺延。

民事诉讼类文书范本之30：先予执行申请书

先予执行申请书

申请人：××市××建设有限公司，住所地××省××市××区××路××，统一社会信用代码××××××。

法定代表人：×××，该公司执行董事。

被申请人：××市××置业有限公司，住所地××市××县×××，统一社会信用代码××××××。

法定代表人：×××，该公司董事长。

申请事项：裁定被申请人××市××置业有限公司先行支付申请人工程价款××元。

事实与理由：申请人与被申请人××纠纷一案贵院已经受理，目前对案涉项目的工程价款正在鉴定中。由于被申请人拖欠申请人工程价款，致使申请人无法支付拖欠的农民工工资、租用机械设备费用和材料价款，严重影响申请人的生产经营和社会稳定。根据《民事诉讼法》第一百零九条和《最高人民法院关于适用〈中华人民共和国民事诉讼法〉的解释》第一百七十条第（五）项的规定，特提出上述申请，请贵院予以准许。

此致

××人民法院

申请人：

年　月　日

《先予执行申请书》精细化写作要领

1. 在格式上要符合要求。《先予执行申请书》是民事案件的原告在受理案件后终审判决作出前因生活、生产经营急需申请人民法院先行裁定进行执行的法律文书。由“标题”“申请人”“被申请人”“申请事项”“事实与理由”“致送法院”和落款“申请人”“申请日期”组成，不能缺项，标题和正文之间要空一行，各部分的表述要准确。

2. “申请事项”部分要写明申请先予执行的具体内容。正常情况下，一个案件只有在判决生效后，才能执行。但有的案件如果等到判决生效后再执行，将严重影响当事人的生活或者生产经营，基于此，《民事诉讼法》规定了先予执行制度。根据《最高人民法院关于适用〈中华人民共和国民事诉讼法〉的解释》第一百六十九条的规定，先予执行应当限于当事人诉讼请求的范围，并以当事人的生活、生产经营的急需为限。因此，《先予执行申请书》申请事项的内容应同时满足在起诉状诉讼请求的范围内并且以生活、生产经营的急需为限两个条件，超出生活、生产经营急需的部分，即使未超出诉讼请求范围，人民法院也不会支持。该部分的具体内容要结合案件情况和诉讼请求去写。

3. “事实与理由”部分是先予执行申请书的重点，着重写明先予执行的必要性和可行性。根据《民事诉讼法》第一百零九条和《最高人民法院关于适用〈中华人民共和国民事诉讼法〉的解释》第一百七十条的规定，能够裁定先予执行的情形限于三类案件：一是追索赡养费、扶养费、抚养费、抚恤金、医疗费用的；二是追索劳动报酬的；三是因情况紧急需要先予执行的。这里的“情况紧急”，包括：(1)需要立即停止侵害、排除妨碍的；(2)需要立即制止某项行为的；(3)追索恢复生产、经营急需的保险理赔费的；(4)需要立即返还社会保险金、社会救助资金的；(5)不立即返还款项，将严重影响权利人生活和生产经营的。因此，《先予执行申请书》的“事实与理由”部分要考虑案件实际情况，围绕上述能够先予执行的情形去写，必要时可以提交相应的证据，让法官了解到先予执行的必要性和迫切性。根据《民事诉讼法》第一百一十条的规定，人民法院裁定先予执行的，应当符合两个条件：一是当事人之间权利义务关系明确，不先予执行将严重影响申请人的生活或者生产经营;二是被申请人有履行能力。因此,《先予执行申请书》的“事实与理由”部分还要阐述被申请人有履行先予执行内容的能力。

附:相关规定

1.《中华人民共和国民事诉讼法》(2023年修正)

第一百零九条　人民法院对下列案件,根据当事人的申请,可以裁定先予执行:

(一)追索赡养费、扶养费、抚养费、抚恤金、医疗费用的;

(二)追索劳动报酬的;

(三)因情况紧急需要先予执行的。

第一百一十条　人民法院裁定先予执行的,应当符合下列条件:

(一)当事人之间权利义务关系明确,不先予执行将严重影响申请人的生活或者生产经营的;

(二)被申请人有履行能力。

人民法院可以责令申请人提供担保,申请人不提供担保的,驳回申请。申请人败诉的,应当赔偿被申请人因先予执行遭受的财产损失。

第一百一十一条　当事人对保全或者先予执行的裁定不服的,可以申请复议一次。复议期间不停止裁定的执行。

2.《最高人民法院关于适用〈中华人民共和国民事诉讼法〉的解释》(2022年修正)

第一百六十九条　民事诉讼法规定的先予执行,人民法院应当在受理案件后终审判决作出前采取。先予执行应当限于当事人诉讼请求的范围,并以当事人的生活、生产经营的急需为限。

第一百七十条　民事诉讼法第一百零九条第三项规定的情况紧急,包括:

(一)需要立即停止侵害、排除妨碍的;

(二)需要立即制止某项行为的;

(三)追索恢复生产、经营急需的保险理赔费的;

(四)需要立即返还社会保险金、社会救助资金的;

(五)不立即返还款项,将严重影响权利人生活和生产经营的。

第一百七十一条　当事人对保全或者先予执行裁定不服的,可以自收到裁定书之日起五日内向作出裁定的人民法院申请复议。人民法院应当在收到复议申请后十日内审查。裁定正确的,驳回当事人的申请;裁定不当的,变更或者撤销原裁定。

第一百七十二条　利害关系人对保全或者先予执行的裁定不服申请复议的,由作出裁定的人民法院依照民事诉讼法第一百一十一条规定处理。

第一百七十三条　人民法院先予执行后,根据发生法律效力的判决,申请人应当返还因先予执行所取得的利益的,适用民事诉讼法第二百四十条的规定。

民事诉讼文书之31：代理词(一审阶段)

代　理　词

审判员：

在原告××县××实验学校诉被告××置业有限公司确认合同效力纠纷一案中，××律师事务所接受被告××置业有限公司的委托，指派我们二人担任××置业有限公司的诉讼代理人，参与本案的一审诉讼。在此之前，我们查阅了本案的全部证据材料和有关的法律法规、司法解释和相关案例，通过刚才的法庭调查，我们对本案的事实已有充分的了解，现结合这些事实，依据法律，发表代理意见如下：

1. 原告要求确认双方在2017年4月5日签订的《协议书》为有效协议的诉讼请求不能成立。代理人认为，双方2017年4月5日签订的《协议书》的基础是2012年7月6日原告与郑州××有限公司签订的《项目开发合作协议书》，因2012年7月6日原告与郑州××有限公司签订的《项目开发合作协议书》属于无效协议，故双方2017年4月5日签订的《协议书》依法应认定为无效协议。具体理由如下：

(1)2012年7月6日原告与郑州××有限公司签订的《项目开发合作协议书》第一段明确载明："甲方(即原告)拥有位于××县城占地152.22亩(丈量至四边路中心线)的土地使用权"，第一条第三款第一项载明："甲方确认本协议合作开发的土地使用权及项目开发权是其合法拥有。"而事实上，原告自始至终都不享有案涉土地的使用权，被告开发的"××××"项目的土地使用权是被告依法通过招拍挂程序从××县国土资源局受让取得，共计52,370,090元的土地出让价款均是被告实际支付，原告没有权利以案涉土地的使用权作为出资与被告进行合作开发。

(2)庭审中原告提交了××县人民政府的会议纪要，欲证明××县人民政府答应将案涉土地交由其开发。对此,本代理人认为,原告提交的会议纪要系复印件,如果是真的,原告的行为明显属于倒卖土地,属于原《合同法》第五十二条第五项规定的“违反法律、行政法规的强制性规定”,不仅违法,更涉嫌刑事犯罪,应移送公安机关立案侦查。

(3)2012 年 7 月 6 日原告与郑州 × × 有限公司签订的《项目开发合作协议书》第三条第一款以及 2013 年 4 月 9 日签订的《〈项目开发合作协议书〉补充协议三》足以证明,2012 年 7 月 6 日原告与郑州 × × 有限公司签订的《项目开发合作协议书》名为“开发合作”,实际上根据协议约定原告仅享有利益而不承担任何风险。根据协议成立的 × × 置业有限公司,原告没有任何实际出资,不实际占有股权,只是名义股东。从这方面来讲,该《项目开发合作协议书》属于原《合同法》第五十二条第三项规定的“以合法形式掩盖非法目的”,应认定为无效。

(4)原告自身不具有开发资质,因此,2012 年 7 月 6 日原告与郑州 × × 有限公司签订的《项目开发合作协议书》第三条第三款约定的“该项目的学生公寓由甲方以 × × 县 × × 实业公司名义独立开发建设,并享有所有权”,明显是无效的,不能要求履行。

2. 退一步讲,即使认定双方 2017 年 4 月 5 日签订的《协议书》有效,《协议书》中双方以房抵债的约定条款也是无效的。理由如下:

双方 2017 年 4 月 5 日签订的《协议书》中约定的用以抵债的 8 号楼房屋在 2021 年 4 月 20 日才取得《建筑工程施工许可证》,在 2021 年 6 月 21 日才取得《商品房预售许可证》。2017 年签订《协议书》时,尚未取得《建筑工程施工许可证》,不可能开工建设,更不可能已经建成。同时,该 37 套房屋当时尚未取得《商品房预售许可证》,不具备预售条件。因此,双方 2017 年 4 月 5 日签订的《协议书》中约定用 8 号楼 37 套房屋抵债,这一约定是无效的。

3. 再退一步讲,即使认定双方 2017 年 4 月 5 日签订的《协议书》及其中的以房抵债约定均有效,原告要求被告将位于 × × 县 × × 路的 × × 项目 8 号楼 2 - 2603、2 - 2503、2 - 2403、2 - 2103、2 - 2003、2 - 1903、1 - 1803、2 - 1703、1 - 1601、1 - 1501、1 - 1401、1 - 1402、1 - 1301、1 - 1302、1 - 1201、1 - 1202、1 - 1101、1 - 1102、1 - 1001、1 - 1002、1 - 901、1 - 801、1 - 802、1 - 701、1 - 702、1 - 601、1 - 602、1 - 501、1 - 502、1 - 401、1 - 402、1 - 301、1 - 302、1 - 201、1 - 202、1 - 101、1 - 102 房与原告指定的主体签订《商品房买卖合同》、出具购房发票,并

将上述房屋交付给原告,同时协助原告将上述房屋权属证书登记至原告指定的主体名下,这一诉讼请求也不能成立。具体理由如下:

(1)该《协议书》中尽管有以37套房屋抵债的约定,但只是预约合同的性质,不具备《商品房销售管理办法》第十六条规定的商品房买卖合同的主要内容,根据《最高人民法院关于审理商品房买卖合同纠纷案件适用法律若干问题的解释》第五条的规定,该协议不应当认定为商品房买卖合同,不能产生以房抵债的法律效力。理由如下:

原告要求被告交付上述约定房产的前提是双方应签订商品房买卖合同,以及具备交付房产的条件。双方2017年4月5日签订的《协议书》中尽管有"乙方同意以该项目已建成且未出售的房屋出售给甲方,甲方以对乙方的1205万元债权冲抵房款"的约定,但该《协议书》同时约定"双方的房屋买卖权利义务关系另行签订购房合同确认",而双方至今并没有另行签订购房合同约定双方的具体房屋买卖权利义务。而且,双方2017年4月5日签订《协议书》时,该37套房屋所在的8号楼实际还没有开始建设,根本不具备销售条件,该协议书中关于以37套房屋抵债的约定不具有商品房买卖合同的性质,也不具备《商品房销售管理办法》第十六条规定的商品房买卖合同的主要内容,根据《最高人民法院关于审理商品房买卖合同纠纷案件适用法律若干问题的解释》第五条的规定,该协议不应当认定为商品房买卖合同。

在刚才的法庭审理中,原告法定代表人及原告代理人提出该《协议书》是以房抵债形式的商品房买卖合同。对此,本代理人认为,无论是以房抵债形式的商品房买卖合同,还是正常的商品房买卖合同,均应具有商品房买卖合同的主要内容。本案该协议书中尽管有以37套房屋抵债的约定,但不具有商品房买卖合同的主要内容,只是预约合同的性质,根本不能产生以房抵债的法律效力。

(2)该《协议书》中以房抵债的约定不能产生物权变动的效力。理由如下:

根据原《物权法》第九条的规定,不动产物权的设立、变更、转让和消灭,经依法登记,发生效力。本案中,因该以房抵债的约定不能产生物权变动的效力,该协议也不是房屋买卖合同,在双方未签订商品房买卖合同的前提下,原被告之间并未从金钱债权债务关系转化为房屋买卖关系。原告无权要求被告将上述房屋交付给原告同时协助原告将上述房屋权属证书登记至原告指定的主体名下。

(3)民事主体之间是否订立合同、订立什么样的合同以及合同的具体内容,

属当事人意思自治范畴,预约合同任何一方当事人不能请求另一方强制缔结本约。理由如下:

《民法典》第四百九十五条规定:"当事人约定在将来一定期限内订立合同的认购书、订购书、预订书等,构成预约合同。当事人一方不履行预约合同约定的订立合同义务的,对方可以请求其承担预约合同的违约责任。"也就是说,对预约合同,对方当事人不履行订立合同义务的,另一方不能强制要求对方订立合同,只能要求承担违约责任。道理很简单,合同是由具体的双方权利义务构成的,具体的合同条款只能由双方当事人协商一致后才能确定,如果法院判决双方签订合同,那么具体的条款内容如何确定?如果另一方判决后还是不履行,又该如何去执行?这些问题显然是无法解决的。

如前所述,本案中双方2017年《协议书》中以37套房屋抵债的约定只是预约合同的性质,对于是否签署《商品房买卖合同》,以及《商品房买卖合同》的各项具体条款如何约定,都需要合同双方当事人协商才能确定,人民法院无法干预和判决当事人签订合同。

(4)张××、刘×在2021年8月6日均不是被告的股东,该二人2021年8月6日在《8号楼房源明细表》上签署的签名无权代表被告,被告也不予认可。因此,该《8号楼房源明细表》上显示变更产权的8套房屋,不能产生效力。

以上是我们的代理意见,请审判员考虑采纳。

谢谢!

被告××置业有限公司的代理人:

××律师事务所律师:××× ×××

年 月 日

《代理词》(一审阶段)精细化写作要领

1.格式要正确。代理词是代理人就案件发表的综合性代理意见。由"标题"、"抬头"、"序言"、"正文"和"落款"组成,各部分的表述要准确。"标题"一般写为"代理词""代理意见"或者"××一案代理词""××一案代理意见"。因代理意见是对合议庭或者审判员发表的,故"抬头"部分应写为"审判长、各位审判员”，如果是独任审判，写为“审判员”，而不能写为“××人民法院”。“序言”部分一般写明所代理的案件当事人、案由以及接受委托后所从事的工作。“落款”部分要写明所代理的当事人名称、代理人所属律所、代理人姓名和日期。特别需要提出的是，在代理词最后写“此致××人民法院”是不严谨的，因为代理词“抬头”部分已经有“审判长、各位审判员”或者“审判员”的相关表述，“此致××人民法院”只在起诉状、申请书、答辩状等向法院提交的法律文书中才使用。

2. 从结构上来讲，代理词“正文”部分要逻辑清晰、层次分明。代理词正文部分要根据案件具体情况，按一定逻辑顺序分层次、分部分来写，用序号“1. 2. ……”表示。一般情况下，如果涉及合同效力、合同是否成立等问题，要先论述这些大的方面，再论述责任问题。每一部分都采用总分结构，先概况写观点，后分项具体写理由。概括部分要提纲挈领、观点鲜明，可以通过特殊字体样式达到提示效果，让法官可以一眼看到代理人的主要观点。分项具体理由部分的任务是支撑概况部分的观点，用序号“（1）（2）……”表示，每一个分项部分如果有多个理由，还可以再分层次写，用序号“①②……”表示。这样逻辑清晰、层次分明，观点和理由一目了然。

3. 从内容上来讲，一审阶段的代理词“正文”部分要结合事实、证据和法律，围绕诉讼请求来写，内容要全面。一审阶段的代理词不同于起诉状、答辩状，起诉状、答辩状既讲事实也讲理由，而一审阶段的代理词主要是围绕诉讼请求的成立与否，通过引用正、反两方面的证据和法律、司法解释及理论，展示己方的理由和观点，内容要全面完整回应对方诉讼请求。代理词的用语要规范，说理要到位，论证要严密，体现律师的专业性。文字表达要理性、中肯，切忌情绪化表达。

需要注意的是，写代理词的目的是说服法官采纳本方观点，不采纳对方观点，因此，代理词要有破有立。一方面要结合证据和法律、司法解释及理论，阐明本方观点。另一方面还要结合庭审争议焦点，对对方观点逐一回应，一般表述为：“在刚才的法庭审理中，原告（被告）代理人提出……对此，本代理人认为……”实践中，有的律师在开庭前已经写好代理词，这样的代理词由于缺少对庭审中对方新观点的回应，必定是不全面的。庭审后要结合庭审中对方的新观点，及时补充完善，再提交给法官。

4. 代理词在形式上要赏心悦目，给人以美感。在形式上，代理词行文格式和排版要规范、美观，字体、字号、字间距、行间距、标点符号、页边距都要尽量精致化。

如果代理词较长,为方便法官阅读,建议准备详、略两版代理词,略版代理词只是提炼代理词的主要内容,直观表达观点。但要将证据分析图表、计算图表、思维导图、参考案例等比较重要的内容作为代理词的附件,附在代理词后面,供法官参考。另外,如果案件涉及的法律、司法解释、规范性文件条文内容较多,也可以整理后作为附件,方便法官对照查阅。代理词内容较多时,建议将代理词装订成册,加装封面和目录。

民事诉讼文书之32:民事上诉状

民事上诉状

上诉人(一审被告):××县××置业有限公司,住所地××县××镇××路××号,统一社会信用代码××××××。

法定代表人:×××,该公司执行董事。

被上诉人(一审原告):××县××实验学校,住所地××县××路×号,统一社会信用代码×××××××。

法定代表人:×××,该学校校长。

上诉人为与被上诉人确认合同效力纠纷一案,不服××省××县人民法院(2023)豫××民初××号民事判决书的判决,现提起上诉,上诉人的上诉请求和上诉理由如下:

上诉请求:撤销××省××县人民法院(2023)豫××民初××号民事判决书的判决,改判驳回被上诉人的诉讼请求,或者发回重审。

上诉理由:

1. 一审判决认定上诉人和被上诉人于2017年4月5日签订的《协议书》合法有效,上诉人认为,一审判决的这一认定是错误的。该《协议书》的基础是2012年7月6日被上诉人与郑州××有限公司签订的《项目开发合作协议书》,因2012年7月6日被上诉人与郑州××有限公司签订的《项目开发合作协议书》属于无效协议,故双方2017年4月5日签订的《协议书》依法也应认定为无效协议。具体理由如下:

(1)上诉人开发的××项目的土地使用权是上诉人依法通过招拍挂程序从××县国土资源局受让取得,被上诉人不享有案涉土地的使用权,无权以案涉土地的使用权作为出资进行合作开发,故被上诉人与郑州××有限公司于2012年7月6日签订《项目开发合作协议书》属于无权处分。

2012年7月6日被上诉人与郑州××有限公司签订的《项目开发合作协议书》第一段明确载明:“甲方(即被上诉人)拥有位于××县城占地152.22亩(丈量至四边路中心线)的土地使用权”,第一条第三款第一项载明:“甲方确认本协议合作开发的土地使用权及项目开发权是其合法拥有。”而事实上,被上诉人自始至终都不享有案涉土地的使用权,上诉人开发的××项目的土地使用权是上诉人依法通过招拍挂程序从××县国土资源局受让取得,共计52,370,090元的土地出让价款均是上诉人实际支付,被上诉人没有权利以案涉土地的使用权作为出资进行合作开发,故被上诉人与郑州××有限公司于2012年7月6日签订《项目开发合作协议书》属于无权处分。

被上诉人在一审庭审中提交了××县政府会议纪要,欲证明××县政府答应将案涉土地交由其开发。由于该会议纪要系复印件,上诉人当庭明确表示不认可,但一审法院没有查明其真实性即予认定。上诉人认为,即便该会议纪要是真实的,也只能证明被上诉人与政府的意向约定,而非实质意义的土地交易。本案上诉人是依法通过招拍挂程序,独立取得的土地使用权。

(2)如果被上诉人对案涉土地享有使用权,其行为也属于倒卖土地使用权,属于原《合同法》第五十二条第五项规定的“违反法律、行政法规的强制性规定”,应认定为无效。

上诉人认为,如果被上诉人对案涉土地享有使用权,被上诉人的行为也属于倒卖土地使用权,属于原《合同法》第五十二条第五项规定的“违反法律、行政法规的强制性规定”,不仅违法,更涉嫌触犯《刑法》第二百二十八条规定的非法转让、倒卖土地使用权犯罪,应移送公安机关立案侦查。

(3)被上诉人与郑州××有限公司于2012年7月6日签订的《项目开发合作协议书》名为“开发合作”,实为转让土地使用权,属于原《合同法》第五十二条第三项规定的“以合法形式掩盖非法目的”,应认定为无效。

2012年7月6日被上诉人与郑州××有限公司签订的《项目开发合作协议书》第三条第一款以及2013年4月9日签订的《〈项目开发合作协议书〉补充协议三》足以证明,《项目开发合作协议书》名为“开发合作”,实际上根据协议约定被上诉人仅享有利益而不承担任何风险。根据协议成立的××县××置业有限公司,被上诉人没有任何实际出资,不实际占有股权,只是名义股东。因此,该《项目开发合作协议书》属于原《合同法》第五十二条第三项规定的“以合法形式掩盖非法目的”，应认定为无效。

2. 退一步讲，即使认定上诉人与被上诉人2017年4月5日签订的《协议书》有效，一审判决将其认定为以物抵债协议也是错误的。该《协议书》中以37套房屋抵债的约定，只是预约合同的性质，不具备《商品房销售管理办法》第十六条规定的商品房买卖合同的主要内容，根据《最高人民法院关于审理商品房买卖合同纠纷案件适用法律若干问题的解释》第五条的规定，该协议不应当认定为商品房买卖合同，不能产生以房抵债的法律效力。具体理由如下：

(1) 该《协议书》明确约定“双方的房屋买卖权利义务关系另行签订购房合同确认”，而双方至今并没有另行签订购房合同，该《协议书》本身不应当认定为商品房买卖合同，不能产生以物抵债的效力。

双方2017年4月5日签订的《协议书》第二条“还款约定”第一款约定：“乙方同意以该项目已建成且未出售的房屋出售给甲方，甲方以对乙方的1205万元债权冲抵房款”，事实上当时房屋没有建成，这个约定是无效的。该《协议书》接着约定：“双方的房屋买卖权利义务关系另行签订购房合同确认。”而双方至今并没有另行签订购房合同约定双方的具体房屋买卖权利义务。

(2) 双方2017年4月5日签订《协议书》时，该37套房屋所在的8号楼还没有开始建设，未取得《建筑工程施工许可证》和《商品房预售许可证》，不具备销售条件，不应当认定为商品房买卖合同，不能产生以物抵债的效力。

一审中，上诉人提交的证据充分证明，《协议书》中约定的用以抵债的8号楼房屋在2021年4月20日才取得《建筑工程施工许可证》，在2021年6月21日才取得《商品房预售许可证》。也就是说，2017年签订《协议书》时，尚未取得《建筑工程施工许可证》，不可能开工建设，更不可能已经建成。同时，该37套房屋当时尚未取得《商品房预售许可证》，不具备预售条件，所以双方签订的《协议书》不应当认定为商品房买卖合同，不能产生以物抵债的效力。

(3) 该《协议书》中关于以37套房屋抵债的约定不具备《商品房销售管理办法》第十六条规定的商品房买卖合同的主要内容，不应当认定为商品房买卖合同，不能产生以物抵债的法律效力。

根据《最高人民法院关于审理商品房买卖合同纠纷案件适用法律若干问题的解释》第五条的规定，商品房的认购、订购、预订等协议具备《商品房销售管理办法》第十六条规定的商品房买卖合同的主要内容，并且出卖人已经按照约定收受购房款的，该协议才能认定为商品房买卖合同。《商品房销售管理办法》第十六条第一款规定："商品房销售时，房地产开发企业和买受人应当订立书面商品房买卖合同。"第二款规定："商品房买卖合同应当明确以下主要内容：(一)当事人名称或者姓名和住所；(二)商品房基本状况；(三)商品房的销售方式；(四)商品房价款的确定方式及总价款、付款方式、付款时间；(五)交付使用条件及日期；(六)装饰、设备标准承诺；(七)供水、供电、供热、燃气、通讯、道路、绿化等配套基础设施和公共设施的交付承诺和有关权益、责任；(八)公共配套建筑的产权归属；(九)面积差异的处理方式；(十)办理产权登记有关事宜；(十一)解决争议的方法；(十二)违约责任；(十三)双方约定的其他事项。"本案中，双方2017年4月5日签订的《协议书》关于以房抵债的约定中，没有约定商品房基本状况、交付使用条件、装饰、设备标准承诺、供水、供电、供热、燃气、通讯、道路、绿化等配套基础设施，公共设施的交付承诺和有关权益、责任、公共配套建筑的产权归属等商品房买卖合同必须具备的主要条款，故该协议不应当认定为商品房买卖合同。

更为重要的是，一审庭审中，被上诉人法定代表人及其代理人也认可该《协议书》并非商品房买卖合同。上诉人认为，以房抵债的基本内容是双方之间新成立一个房屋买卖法律关系，用以抵销之前双方之间存在的债权债务。既然该《协议书》不能认定为商品房买卖合同，无法成立房屋买卖法律关系，那协议中以37套房屋抵债的约定，也就不能产生以房抵债的法律效力。

3. 一审判决认定双方协议约定的用以抵债的37套房屋具备交房条件，这一事实认定是错误的，该37套房屋目前未经竣工验收，根本不具备交付条件。一审判决让上诉人在判决生效之日起15日内向被上诉人交付位于××县××路××小区8号楼2-2601、2-2501、2-2401、2-2101、2-2001、2-1901、1-1801、2-1701、1-1601、1-1501、1-1401、1-1402、1-1301、1-1302、1-1201、1-1202、1-1101、1-1102、1-1001、1-1002、1-901、1-801、1-802、1-701、1-702、1-601、1-602、1-501、1-502、1-401、1-402、1-301、1-302、1-201、1-202、1-101、1-102共计37套房屋缺乏合同基础，没有法律依据，属于事实认定错误。而且，这一判决根本无法履行。具体理由如下：

(1)一审判决交付的37套房屋目前未经竣工验收，不具备交付条件，一审判决认定具备交房条件是错误的。

关于商品房的交付，法律、行政法规对此有明确的强制性规定。《城市房地产管理法》第二十七条第二款规定："房地产开发项目竣工，经验收合格后，方可交付使用。"《建筑法》第六十一条第二款规定："建筑工程竣工经验收合格后，方可交付使用；未经验收或者验收不合格的，不得交付使用。"《城市房地产开发经营管理条例》第十七条规定："房地产开发项目竣工，依照《建设工程质量管理条例》的规定验收合格后，方可交付使用。"《建设工程质量管理条例》第四十九条规定："建设单位应当自建设工程竣工验收合格之日起 15 日内，将建设工程竣工验收报告和规划、公安消防、环保等部门出具的认可文件或者准许使用文件报建设行政主管部门或者其他有关部门备案。建设行政主管部门或者其他有关部门发现建设单位在竣工验收过程中有违反国家有关建设工程质量管理规定行为的，责令停止使用，重新组织竣工验收。"据此，商品房经竣工验收合格，并在当地建设行政主管部门办理竣工验收备案手续，取得建设行政主管部门颁发的《竣工备案表》后，商品房才能交付使用。截至目前，本案中涉案 37 套房屋未取得建设工程竣工验收备案证明文件，根本不具备交付条件，一审判决认定该 37 套房屋具备交房条件，这一事实认定明显是错误的。

(2) 双方 2017 年 4 月 5 日签订的《协议书》不具有商品房买卖合同的性质和效力，一审判决让上诉人向被上诉人交付该 37 套房屋缺乏合同基础，没有法律依据，是错误的。

判决交付房产的前提和基础是双方之间存在合法有效的商品房买卖合同关系，并且房屋具备交付条件。本案中，如前所述，双方 2017 年 4 月 5 日签订的《协议书》不具有商品房买卖合同的性质和效力，在双方未另行签订商品房买卖合同的前提下，上诉人与被上诉人之间并未从金钱债权债务关系转化为房屋买卖关系，一审判决让上诉人向被上诉人交付该 37 套房屋缺乏合同基础，没有法律依据，明显是错误的。

(3) 一审判决交付的 37 套房屋中已有 33 套房屋在被上诉人一审立案之前已被司法机关查封或者已经抵押、出售，这些房屋实际上根本无法交付，一审判决无法执行。

一审判决交付的 37 套房屋所在的 × × 项目，已被 × × 县列为保交楼项目。一审庭审中，上诉人已经提出涉案 37 套房屋中部分已被查封、抵押或出售，但没有引起一审法院重视。一审判决交付的 37 套房屋中，被法院查封的房屋有 9

套,分别为8号楼1－901、1－801、1－701、1－601、1－501、1－401、1－301、1－201、1－101;因保交楼抵押至国家开发银行的房屋有16套,分别为8号楼1－1601、1－1501、1－1401、1－1402、1－1301、1－1302、1－1201、1－1202、1－1101、1－1102、1－1001、1－1002、1－402、1－302、1－202、1－102;已出售的房屋有8套,分别为8号楼2－2601、2－2501、2－2401、2－2101、2－2001、2－1901、1－1801、2－1701。这33套房屋实际上根本无法交付,也无法执行。

4. 一审判决第二项后半部分判令上诉人"按《协议书》约定与案涉房屋主体签订商品房买卖合同",这样判决一方当事人与另一方强制缔约,违背合同的意思自治本质,缺乏事实和法律依据,是明显错误的,也根本无法执行。具体理由如下:

(1)民事主体之间是否订立合同、订立什么样的合同以及合同的具体内容,属当事人意思自治范畴,预约合同任何一方当事人不能请求另一方强制缔结本约。一审判决判令上诉人"与案涉房屋主体签订商品房买卖合同",属于判决一方当事人与另一方强制缔约,违背合同的意思自治本质,缺乏法律依据。

《民法典》第四百九十五条规定:"当事人约定在将来一定期限内订立合同的认购书、订购书、预订书等,构成预约合同。当事人一方不履行预约合同约定的订立合同义务的,对方可以请求其承担预约合同的违约责任。"也就是说,对预约合同,对方当事人不履行订立合同义务的,另一方不能强制要求对方订立合同,只能要求另一方承担违约责任。道理很简单,合同是由具体的双方权利义务构成的,具体的合同条款只能由双方当事人协商一致后才能确定,如果法院判决双方签订合同,那么具体的条款内容如何确定?如果另一方判决后还是不履行,又该如何去执行?这些问题显然是无法解决的。

本案中,如前所述,双方2017年《协议书》中以37套房屋抵债的约定只是预约合同的性质,对于是否签署《商品房买卖合同》,以及《商品房买卖合同》的各项具体条款如何约定,都需要合同双方当事人协商才能确定,人民法院无法干预和判决当事人签订合同。同时,预约合同任何一方当事人不能请求另一方强制缔结本约,一审判决让上诉人"与案涉房屋主体签订商品房买卖合同"没有法律依据(相关案例可参见××县人民法院(2022)豫××××民初×××号、××市中级人民法院(2022)豫××民终××号、××县人民法院(2023)豫××××民初××号判决书)。

(2)一审判决判令上诉人“按《协议书》约定”与案涉房屋主体签订商品房买卖合同,由于《协议书》对很多商品房买卖合同必备条款没有约定,故按《协议书》约定所签订的商品房买卖合同不可能具备《商品房销售管理办法》第十六条规定的完整内容,这样的商品房买卖合同无法到房屋主管部门办理网签、备案,也无法据此办理房屋产权证,在实践中是根本无法履行的。

如前所述,根据《商品房销售管理办法》第十六条第二款的规定,商品房买卖合同必须具备12个方面的主要内容。而本案上诉人与被上诉人2017年4月5日签订的《协议书》中仅约定了这12个方面必备内容中的部分内容,没有约定商品房基本状况、交付使用条件、装饰、设备标准承诺、供水、供电、供热、燃气、通讯、道路、绿化等配套基础设施,公共设施的交付承诺和有关权益、责任、公共配套建筑的产权归属等商品房买卖合同必须具备的重要内容。

如果按照一审判决,上诉人“按《协议书》约定”与案涉房屋主体签订商品房买卖合同,对《协议书》有约定的按《协议书》约定,《协议书》没有约定的在商品房买卖合同中不加约定,这样签订的商品房买卖合同,不可能具备《商品房销售管理办法》第十六条第二款规定的完整内容。将无法到房屋主管部门办理网签、备案,也无法据此办理房屋产权证,在实践中是根本无法履行的。

(3)一审判决判令上诉人“与案涉房屋主体”签订商品房买卖合同,这样判决超出了双方《协议书》的约定,缺乏事实依据。

上诉人与被上诉人2017年4月5日签订的《协议书》第二条第三款约定:“3.乙方保证上述房屋产权在2018年12月31日前登记办理至甲方名下”,第二条第四款进一步约定:“乙方应协助甲方将房屋权属证书办至甲方指定的主体名下。”根据《协议书》的约定,即使上诉人应当签订商品房买卖合同,也应与被上诉人签订商品房买卖合同,并将产权登记在被上诉人名下,然后在被上诉人将房屋再转让给他人时,上诉人协助被上诉人将房屋权属证书办至被上诉人指定的主体名下。而一审判决超出合同约定内容,直接判决上诉人“与案涉房屋主体”签订商品房买卖合同,明显缺乏事实依据,是错误的。

(4)一审判决判令上诉人与“案涉房屋主体”签订商品房买卖合同,“案涉房屋主体”不明确,属判项不明,也无法执行。

综上所述,上诉人认为,一审判决对当事人之间法律关系的性质和效力认定错误,认定的部分事实错误,判决结果错误,判决难以履行。为了维护上诉人的合法权益，特上诉至贵院，请贵院依法支持上诉人的上诉请求。

此致

××省××市中级人民法院

上诉人：

年　月　日

《民事上诉状》精细化写作要领

1. 格式上要符合规定。民事上诉状由“标题”“当事人信息”“上诉请求”“上诉理由”和落款“上诉人”“日期”组成，标题和正文之间要空一行。民事上诉状的当事人有上诉人、被上诉人和原审其他当事人。

由于上诉状是不服一审判决提起的，所以在列明当事人信息后，要写明原审人民法院名称、案件的编号和案由，一般表述为：“上诉人为与被上诉人××纠纷一案，不服××××人民法院××××号民事判决书的判决，现提起上诉，上诉人的上诉请求和上诉理由如下。”

2. “上诉请求”部分是民事上诉状的核心，要表述准确，没有遗漏。根据《最高人民法院关于适用〈中华人民共和国民事诉讼法〉的解释》第三百二十一条的规定，第二审人民法院应当围绕当事人的上诉请求进行审理。当事人没有提出请求的，不予审理，但一审判决违反法律禁止性规定，或者损害国家利益、社会公共利益、他人合法权益的除外。因此，对一审判决的判项部分不服的，都要在上诉请求中有所体现，一般表述为：“撤销××××人民法院××××号民事判决书的判决（或者第×项），改判……”如果一审判决认定基本事实不清或者严重违反法定程序的，上诉请求可以要求撤销一审判决，发回原审人民法院重审。

3. “上诉理由”部分是民事上诉状的重点，这部分的任务是通过阐述事实、引用证据和适用法律，指出一审判决存在的认定事实、适用法律、裁判结果错误或者程序违法之处，论证上诉请求的成立。需要注意的是，上诉状与起诉状和答辩状不同，上诉状针对的是一审判决，而不是起诉状或者答辩状。因此，在“上诉理由”部分要写清一审判决在认定事实、适用法律、裁判结果或者程序方面存在的错误之处，如果一审判决存在多处错误的，要逐一写明，不能抓住一点不顾其他。“上诉理由”部分在内容上一般采用总分结构，先分条提纲挈领的提出上诉理由，接着论证上诉理由成立的事实依据及法律依据，做到说理充分、论证有力、依据准确。

附：相关规定

1.《中华人民共和国民事诉讼法》（2023 年修正）

第一百七十一条　当事人不服地方人民法院第一审判决的，有权在判决书送达之日起十五日内向上一级人民法院提起上诉。

当事人不服地方人民法院第一审裁定的，有权在裁定书送达之日起十日内向上一级人民法院提起上诉。

第一百七十二条　上诉应当递交上诉状。上诉状的内容，应当包括当事人的姓名，法人的名称及其法定代表人的姓名或者其他组织的名称及其主要负责人的姓名；原审人民法院名称、案件的编号和案由；上诉的请求和理由。

第一百七十五条　第二审人民法院应当对上诉请求的有关事实和适用法律进行审查。

第一百七十七条　第二审人民法院对上诉案件，经过审理，按照下列情形，分别处理：

（一）原判决、裁定认定事实清楚，适用法律正确的，以判决、裁定方式驳回上诉，维持原判决、裁定；

（二）原判决、裁定认定事实错误或者适用法律错误的，以判决、裁定方式依法改判、撤销或者变更；

（三）原判决认定基本事实不清的，裁定撤销原判决，发回原审人民法院重审，或者查清事实后改判；

（四）原判决遗漏当事人或者违法缺席判决等严重违反法定程序的，裁定撤销原判决，发回原审人民法院重审。

原审人民法院对发回重审的案件作出判决后，当事人提起上诉的，第二审人民法院不得再次发回重审。

2.《最高人民法院关于适用〈中华人民共和国民事诉讼法〉的解释》(2022年修正)

第三百一十五条 双方当事人和第三人都提起上诉的,均列为上诉人。人民法院可以依职权确定第二审程序中当事人的诉讼地位。

第三百一十六条 民事诉讼法第一百七十三条、第一百七十四条规定的对方当事人包括被上诉人和原审其他当事人。

第三百一十七条 必要共同诉讼人的一人或者部分人提起上诉的,按下列情形分别处理:

(一)上诉仅对与对方当事人之间权利义务分担有意见,不涉及其他共同诉讼人利益的,对方当事人为被上诉人,未上诉的同一方当事人依原审诉讼地位列明;

(二)上诉仅对共同诉讼人之间权利义务分担有意见,不涉及对方当事人利益的,未上诉的同一方当事人为被上诉人,对方当事人依原审诉讼地位列明;

(三)上诉对双方当事人之间以及共同诉讼人之间权利义务承担有意见的,未提起上诉的其他当事人均为被上诉人。

第三百一十八条 一审宣判时或者判决书、裁定书送达时,当事人口头表示上诉的,人民法院应告知其必须在法定上诉期间内递交上诉状。未在法定上诉期间内递交上诉状的,视为未提起上诉。虽递交上诉状,但未在指定的期限内交纳上诉费的,按自动撤回上诉处理。

第三百一十九条 无民事行为能力人、限制民事行为能力人的法定代理人,可以代理当事人提起上诉。

第三百二十一条 第二审人民法院应当围绕当事人的上诉请求进行审理。

当事人没有提出请求的,不予审理,但一审判决违反法律禁止性规定,或者损害国家利益、社会公共利益、他人合法权益的除外。

第三百二十三条 下列情形,可以认定为民事诉讼法第一百七十七条第一款第四项规定的严重违反法定程序:

(一)审判组织的组成不合法的;

(二)应当回避的审判人员未回避的;

(三)无诉讼行为能力人未经法定代理人代为诉讼的;

(四)违法剥夺当事人辩论权利的。

第三百三十二条　原判决、裁定认定事实或者适用法律虽有瑕疵，但裁判结果正确的，第二审人民法院可以在判决、裁定中纠正瑕疵后，依照民事诉讼法第一百七十七条第一款第一项规定予以维持。

第三百三十三条　民事诉讼法第一百七十七条第一款第三项规定的基本事实，是指用以确定当事人主体资格、案件性质、民事权利义务等对原判决、裁定的结果有实质性影响的事实。

民事诉讼文书之33：民事答辩状(二审阶段)

民事答辩状

答辩人：关某某，男，汉族，××××年×月×日出生，住××市×××××××，身份证号码××××××。联系电话：××××××。

答辩人为与上诉人××市××××有限公司等民间借贷纠纷一案，就上诉人××市××××有限公司的上诉，提出答辩意见如下：

1. 上诉人提出的一审法院认定事实存在错误的上诉理由不能成立，具体理由如下：

(1)上诉人提出的一审法院认定答辩人出资386万元有误的上诉理由不能成立。理由如下：

根据一审时答辩人提交的经上诉人法定代表人赵某某签字确认的算账单，答辩人实际累计向上诉人公司出资362万元，加上上诉人法定代表人赵某某认可的答辩人为出资提前取出购买的理财产品款项所造成的利息损失24万元，上诉人为答辩人出具的借条上载明的386万元即为答辩人出资。

(2)上诉人提出的一审法院认为存在"股转债"的事实没有依据的上诉理由也不能成立。理由如下：

《最高人民法院关于审理民间借贷案件适用法律若干问题的规定》第十四条第一款规定："原告以借据、收据、欠条等债权凭证为依据提起民间借贷诉讼，被告依据基础法律关系提出抗辩或者反诉，并提供证据证明债权纠纷非民间借贷行为引起的，人民法院应当依据查明的案件事实，按照基础法律关系审理。"第二款规定："当事人通过调解、和解或者清算达成的债权债务协议，不适用前款规定。"《民法典》第四百六十九条规定："当事人订立合同，可以采用书面形式、口头形式或者其他形式。"

本案中，签订协议的甲方是××市××××有限公司，乙方是答辩人，表明这份协议的签订主体是上诉人和答辩人，协议约定由答辩人向上诉人公司投资350万元，用于公司购买设备及支付场地基建的相关费用，并约定答辩人出资到位后享有公司50%的股权。很显然，根据这份协议，答辩人与上诉人之间原系投资关系，根本不是上诉人所称的合伙关系，一审判决也认定答辩人与上诉人原系投资关系。

协议签订后不久，答辩人发现被赵某某欺骗，就一直向赵某某主张返还投资款。××××年×月×日，答辩人和赵某某一起到××县××乡派出所讲明情况，派出所工作人员让双方先自行和解。二人当即在××县××乡派出所算账并形成书面的算账记录单。在派出所内，赵某某亲笔在答辩人持有的双方签订的协议上批注："此协议关某某共原件两份，只交回一份，另一份自动作废，不作为任何依据使用"，赵某某让答辩人在该批注内容下方签上自己的名字和日期后将答辩人持有的协议原件收回。随后，赵某某以公司法定代表人名义向答辩人出具借条一份，载明："今借到关某某现金人民币386万元。此款用于支付工人工资及购买机器设备"，并加盖了公司公章。根据《民法典》第四百六十九条的规定，本案中，上诉人和答辩人双方算账、在双方签订的协议上批注"作废"、打借条这一系列行为，完全可以认定上诉人和答辩人经协商和解解除了双方签订的协议，并将答辩人对上诉人的投资款转化成了上诉人的借款。根据《最高人民法院关于审理民间借贷案件适用法律若干问题的规定》第十四条第二款的规定，一审判决认定双方对解除原投资协议达成了合意，并对投资关系进行了清算，将投资款转化为借款，这样认定是完全正确的。

上诉人在上诉状中称答辩人采用多种方式对赵某某进行恐吓，胁迫赵某某为答辩人出具借条，这完全是无稽之谈。答辩人因投资被骗向公安机关报案绝对不可能构成恐吓。借条是赵某某在派出所办公室内与答辩人算账后出具的，当时只有赵某某和答辩人两个人在场，而且在派出所内，答辩人也不可能对赵某某进行胁迫。如果答辩人对赵某某进行胁迫，赵某某为何不报警？一审时答辩人提交的派出所工作人员拍摄的视频清楚表明，赵某某和答辩人和解、向答辩人出具借条后还一再对派出所民警表示感谢，怎么可能存在恐吓、胁迫？更为重要的是，在赵某某出具借条×个月后的××××年×月×日，赵某某在接受公安机关询问时，还明确承认，他在给答辩人写借条的时候，已经在原协议上写明合同作废了，赵某某的该份笔录明确表示双方之间的关系已经转化为民间借贷关系。

如果存在上诉人所称的恐吓、胁迫，赵某某在××××年×月×日单独接受公安机关询问时，怎么不讲出来？答辩人认为，赵某某因为欺诈答辩人面临被刑事追诉的时候，一再表示与答辩人已经和解，原投资协议已经解除，双方已经转化为民间借贷关系。如今，没有刑事风险了，又谎称借条是答辩人胁迫的产物，辩称双方之间的关系没有转化为民间借贷关系，这种行为实在令人不齿！

2. 上诉人提出的一审法院认可本案存在"股转债"，使答辩人逃避合伙亏损严重违背法律强制性规定的上诉理由也不能成立。理由如下：

如前所述，本案答辩人与上诉人之间原系投资关系，根本不是上诉人所称的合伙关系。在答辩人与上诉人之间的原协议中，也根本不存在上诉人所称的"保底条款"，上诉人在上诉状中引用的《最高人民法院关于审理联营合同纠纷案件若干问题的解答》更是与本案不相关。答辩人起诉上诉人的事实依据是双方之间已经通过协商自愿解除了原投资协议，通过和解、清算，达成了债权债务协议，法律依据是《最高人民法院关于审理民间借贷案件适用法律若干问题的规定》第十四条的规定，根本不是依据上诉人所谓的"保底条款"，更不存在上诉人所称的以合法形式掩盖非法目的、违反法律强制性规定。

另外，本案答辩人在与上诉人签订协议、注入资金几个月后，便发现被赵某某欺骗，此后一直在向赵某某追索被骗的投资款。××市××××有限公司至今没有开始生产经营，何来亏损一说？签订投资协议后，答辩人也没有在工商行政机关登记为股东，何来承担亏损一说？

3. 上诉人提出的一审法院就本案证据的调取和认定不符合法律规定的上诉理由也不能成立，理由如下：

(1) 一审开庭前一天，答辩人才知道××××年×月×日赵某某在接受公安机关询问时有关于对借条、双方关系的陈述，当天答辩人的律师到××县公安局刑侦队调取该笔录，被告知该笔录只能由法院才能调取。于是，在开庭当天答辩人才向法院申请调取。这完全符合《最高人民法院关于适用〈中华人民共和国民事诉讼法〉的解释》第一百零一条第二款的规定。因此，上诉人提出的一审法院对本案证据调取不符合法律规定，这一上诉理由不能成立。

(2) 如前所述，一审判决是根据上诉人和答辩人双方算账后形成有赵某某签字确认的算账记录单、××××年×月×日在派出所内赵某某在双方签订的协议上批注"作废"、上诉人××××年×月×日向答辩人出具借条这一系列行为以及赵某某在××××年×月×日笔录中的自认，综合认定上诉人和答辩人经协商解除了××××年×月×日签订的协议，并将答辩人对上诉人的投资款转化成了上诉人的借款。答辩人在一审时提交的证据完全能够证明上述事实。因此，上诉人提出的一审法院对有关证据的认定经不起推敲，这一上诉理由也不能成立。

4. 上诉人提出的一审判决案由确定错误，没有从根本上解决争议，这一上诉理由也不能成立，理由如下：

答辩人在一审庭审时已经将诉讼请求明确为要求判令被告偿还借款及支付利息，答辩人起诉的主要证据是上诉人和答辩人双方算账后形成有赵某某签字确认的算账记录单、赵某某××××年×月×日批注"作废"的××××年×月×日协议，以及上诉人××××年×月×日出具的借条，答辩人起诉的主要法律依据是《最高人民法院关于审理民间借贷案件适用法律若干问题的规定》第十四条第二款的规定。因此，本案一审判决将案由确定为民间借贷纠纷，是完全正确的。

如前所述，××市××××有限公司至今没有开始生产经营，根本不存在亏损的问题，上诉人在上诉状中称其将随时对答辩人提起合伙亏损追偿之诉，足可见其骗取答辩人投资款的险恶用心。

不论上诉人有没有可能以及是否提起合伙亏损追偿之诉，与本案都不属于同一法律关系，上诉人以此为由认为一审判决案由确定错误，没有从根本上解决争议，完全是在混淆视听，根本不能成立。

5. 上诉人提出的一审判决让其从借条出具之日承担利息不符合法律规定的上诉理由，也不能成立。理由如下：

《民法典》第六百七十五条规定："借款人应当按照约定的期限返还借款。对借款期限没有约定或者约定不明确，依照本法第五百一十条的规定仍不能确定的，借款人可以随时返还；贷款人可以催告借款人在合理期限内返还。"上诉人在上诉状中引用的《最高人民法院关于审理民间借贷案件适用法律若干问题的规定》第二十八条第二款第一项也规定："既未约定借期内的利率，也未约定逾期利率，出借人主张借款人自逾期还款之日起参照当时一年期贷款市场报价利率标准计算的利息承担逾期还款违约责任的，人民法院应予支持。"

如前所述，本案借条中载明的款项系投资款转化而来，答辩人也一直不间断向上诉人主张偿还,赵某某在与答辩人通话中,也一直承诺偿还,但至今未履行还款义务。根据上述法律和司法解释的规定,一审判决上诉人返还原告借款××××元并支付该款从××××年×月×日起参照当时一年期贷款市场报价利率标准计算利息,这完全是正确的。

综上所述,答辩人认为,一审判决是完全正确的,上诉人的上诉请求和上诉理由不能成立,答辩人请贵院判决驳回上诉人的上诉,维持原判。

此致

××市中级人民法院

答辩人:

年　月　日

《民事答辩状》(二审阶段)精细化写作要领

1. 格式要正确。二审答辩状在格式上与一审答辩状基本相同,由"标题""答辩人信息""答辩内容""致送法院"和落款"答辩人""答辩时间"组成,标题和正文之间要空一行,各部分的表述要准确。二审中答辩人在案件中的地位是被上诉人(双方都上诉的,互为上诉人和被上诉人),在答辩状中用"答辩人"表示,不能表述为"被上诉人",但在答辩状中表述上诉人时仍用上诉人,不能用"被答辩人"。在"答辩人信息"一项下,要写上"答辩人为与上诉人某某某××纠纷一案,就上诉人某某某的上诉,提出答辩意见如下"。

2. "答辩内容"部分是二审答辩状的核心,要围绕对方的上诉理由和上诉请求,结合案件事实和一审判决来书写通过逐一驳斥对方的上诉理由和上诉请求,达到让二审法院驳回对方的上诉的目的。二审答辩状的"答辩内容"分为三部分:回应+辩驳+结论。首先要针对对方在上诉状中陈述的事实部分进行回应,对方如果对一审判决认定的事实有异议在上诉状中提出的,作为答辩人要在答辩状中进行回应,坚持一审判决的认定或者讲明实际情况。其次要针对对方的上诉请求引用证据和法律一一进行辩驳。最后写答辩的结论,一般用"综上所述"开头,简要写明答辩方观点,可以表述为:"综上所述,答辩人认为,一审判决是完全正确的,上诉人的上诉请求和上诉理由不能成立,答辩人请贵院判决驳回上诉人的上诉,维持原判。”如果答辩人对一审判决也有异议,提出了上诉,就表述为:“综上所述,答辩人认为,上诉人的上诉请求和上诉理由不能成立,答辩人请贵院判决驳回上诉人的上诉。”如果对方在上诉状中对一审判决认定的事实没有提出异议,答辩状中可以省去“回应”部分,直接写“辩驳”部分。

二审答辩状“答辩内容”的“辩驳”部分同样要求要做到说理充分、透彻,法律依据全面、具体。“回应”和“辩驳”部分要有条理,逻辑清晰。具体要求参见前述民事答辩状(一审阶段)精细化写作要领。

需要注意的是,根据《民事诉讼法》第一百七十五条的规定,第二审人民法院应当对上诉请求的有关事实和适用法律进行审查。因此,二审答辩状要围绕上诉人在上诉状中提出的事实、上诉请求和上诉理由,结合一审判决认定的案件事实和引用的法律、司法解释,写清对方上诉请求不能成立的具体理由。

在书写二审答辩状时,还需要注意的是,有时候一审判决的结论是正确的,但是在说理或者适用法律上不够充分,或者存在明显错误,在这种情况下,二审答辩状中就需要通过加强说理,全面引用正确的法律、司法解释条文,来弥补一审判决的不足和错误,争取让二审法院在裁判结果上维持一审判决。

附:相关规定

《中华人民共和国民事诉讼法》(2023 年修正)

第一百七十四条　原审人民法院收到上诉状,应当在五日内将上诉状副本送达对方当事人,对方当事人在收到之日起十五日内提出答辩状。人民法院应当在收到答辩状之日起五日内将副本送达上诉人。对方当事人不提出答辩状的,不影响人民法院审理。

原审人民法院收到上诉状、答辩状,应当在五日内连同全部案卷和证据,报送第二审人民法院。

第一百七十五条　第二审人民法院应当对上诉请求的有关事实和适用法律进行审查。

民事诉讼文书之34:代理词(二审阶段)

代 理 词

审判长、审判员:

在上诉人周××与被上诉人××省××疗养院合同纠纷一案中,××律师事务所接受上诉人周××的委托,指派我们二人担任上诉人周××的代理人,参与本案的二审程序。在此之前,我们查阅了本案的全部案卷材料和与本案相关的法律、法规、司法解释,通过刚才的法庭调查,我们对本案的事实已有了充分的了解,现结合本案的事实和证据,依据法律发表代理意见如下:

1. 关于上诉人与被上诉人之间的法律关系,代理人认为,上诉人与被上诉人是合作关系。一方面上诉人出资与被上诉人合作在被上诉人提供的土地上建房,另一方面上诉人根据被上诉人的专科特色建设发展需要与被上诉人共同合作经营医学康复科。一审判决认定上诉人借用被上诉人资质是错误的。具体理由如下:

(1)根据上诉人与被上诉人于2006年7月18日签订的合同书,双方的主要权利义务是:被上诉人负责提供位于××省××疗养院内面积为3100平方米的土地,交由上诉人建设养老公寓。上诉人负责在被上诉人提供的空地上全额出资260万元,建设3500平方米、容纳150人的养老公寓两幢和配套建设,同时上诉人无偿为被上诉人重建洗衣房及门前约50米长的公共道路铺设,被上诉人负责协助办理土地建设相关手续。建成后上诉人享有30年使用权,在合同期内,上诉人要向被上诉人交纳管理费及公共部分分摊费用。30年使用期满后,上诉人要将土地及建筑物全部无偿交付给被上诉人。根据双方合同的约定,能明显看出,上诉人与被上诉人之间是合作关系,一方提供土地使用权,另一方提供资金,房屋建成后提供资金的一方只享有一定期限的使用权,期满后无偿交给另一方,房屋的所有权归另一方所有,建设—经营—移交,类似于基础设施建设领域的 PPP 和 BOT 模式。

(2)上诉人与被上诉人于 2008 年 10 月 20 日签订的补充协议是在 2006 年 7 月 18 日签订的养老公寓建设经营合同的基础上,双方就开展医学康复专科相关事宜达成的补充协议。通过该补充协议的内容能够看出,被上诉人是为其专科特色建设发展需要,才与上诉人签订补充协议,上诉人完全是按照被上诉人的要求开展相关业务,并接受被上诉人的监督和指导,医学康复科的主任 ×××、副主任 ×× 及其他 16 名医护人员,均是被上诉人 ×× 省 ×× 疗养院的正式职工。上诉人仅是提供开展康复专科业务所需要的床位、各种设备及日常运行的辅助管理业务,医学康复科所有收入及人员工资发放、日常管理费用的报销等都是由被上诉人的人事科、审计监督科进行核算,并由被上诉人的院领导进行签字确认。由此可见,医学康复科的业务实际上是由被上诉人 ×× 省 ×× 疗养院开展的,上诉人仅是与被上诉人合作,参与部分管理工作,不能认定为被上诉人出借《医疗执业许可证》给上诉人使用,更不能将上诉人认定为开展康复业务的主体,一审判决认定上诉人使用被上诉人资质是完全错误的。2016 年 10 月 28 日,被上诉人给上诉人发送通知称:"康复科的医学康复业务的开展是在院里的监督和管理下开展的。康复科是我院的一个业务科室。康复科的医务人员的管理是院里统一管理的。康复科的病人管理是按照对病人管理的相关要求,实行统一管理。"该份通知更加印证了康复科业务是被上诉人与上诉人合作开展,不能将实施主体认定为上诉人。

2. 代理人认为,上诉人与被上诉人签订的合同书及协议书、补充协议等一系列合同均应认定为有效合同,一审认定双方合同无效是错误的。理由如下:

(1)上诉人与被上诉人签订的一系列合同,符合当时国家倡导社会各方力量积极兴办社会福利事业的政策要求和被上诉人单位职工代表大会表决通过的"招商引资"议案要求。

1995 年 10 月 13 日,中华总工会发布的《关于职工疗休养事业面向市场深化改革的决定》中明确提出"各院根据不同情况,在双方有利的前提下,经上级工会同意,采取与企业联办、承包、租赁、与个人合作等形式,加快疗休养的改造和发展"。

2000 年 2 月 27 日,国务院办公厅发布《国务院办公厅转发民政部等部门关于加快实现社会福利社会化意见的通知》,该通知指出,我国已经进入老龄社会……但长期以来，我国社会福利由国家和集体包办，存在资金不足、福利机构少、服务水平低等问题，难以满足人民群众对福利服务需求日益增长的需要……必须从长远和全局出发，广泛动员和依靠社会力量，大力推进社会福利社会化，加快社会福利事业的发展。

2005年11月16日，民政部发布《关于支持社会力量兴办社会福利机构的意见》，该意见称，"自2000年国务院办公厅转发民政部等11部委《关于加快实现社会福利社会化的意见》以来，社会力量兴办的社会福利机构发展迅速，已成为我国社会福利事业的一个重要组成部分""为进一步调动社会力量参与社会福利事业的积极性，维护社会办福利机构的合法权益，推动社会福利社会化进程，根据国家法律、法规和政策的有关规定，就支持社会办福利机构提出意见：多渠道、多形式筹集资金，支持社会办福利机构的发展，各地要采取多种形式，打破所有制界限，加大对社会办福利机构的资金投入，充分调动社会力量参与社会福利事业积极性"。

2003年8月25日，被上诉人单位召开第四届职工代表大会，经过投票、选举，与会代表一致同意被上诉人"招商引资"议案的报告，利用外部资金开发××省××疗养院，推动该院医疗转型。

上诉人与被上诉人基于当时国家倡导社会各方力量积极兴办社会福利事业的大背景，以及被上诉人单位利用外部资金开发××省××疗养院，推动被上诉人单位医疗转型的"招商引资"方案，协商签订的合同书及协议书、补充协议，符合当时的国家政策和被上诉人单位职工代表大会表决一致同意的"招商引资"议案的要求。

(2)涉案合同已经履行多年，不违反公共利益，且对双方均有利。

2006年，包括被上诉人在内的很多事业单位，由于严重缺乏资金，设施陈旧又无力投入，经营惨淡，举步维艰，连工人工资都难以为继。正是在上述社会背景下，上诉人积极响应国家和政府号召，和被上诉人于2006年7月18日签订了合同书，合同在序言部分明确载明"为了响应政府号召，积极推进社会福利社会化，引导社会力量兴办社会福利事业，经双方的友好协商，本着互利互惠，共同发展的原则，由乙方(即上诉人)投资经营养老公寓"。合同签订后这10多年的实践也证明，上诉人基于该合同对被上诉人的投资，保证了双方的互惠互利，拯救了被上诉人这个濒临倒闭的事业单位和被上诉人面临失业困境的工人，维护了社会稳定，更使其焕发了生机和活力。

(3)上诉人与被上诉人签订的一系列合同不违反法律和行政法规的效力性强制性规定。

双方签订的合同书及协议书、补充协议，其目的在于上诉人投入资金，与被上诉人合作经营，双方签订的一系列合同不违反法律强制性规定。审慎认定合同效力，鼓励和促进交易，维护交易安全和稳定，是人民法院处理合同纠纷案件遵循的基本原则。原《最高人民法院关于适用〈中华人民共和国合同法〉若干问题的解释(二)》第十四条规定："合同法第五十二条第(五)项规定的'强制性规定'，是指效力性强制性规定。"《医疗机构管理条例》作为行政法规，其规定只是管理性强制性规定，不是效力性强制性规定，不能据此认定合同无效。

最高人民法院民事审判第二庭在编著的《〈全国法院民商事审判工作会议纪要〉理解与适用》一书中认为，即使违反了效力性强制性规定，"仍要进行法益衡量，特别是要考察有无对善意相对人保护的必要、所要保护的法益是否构成公共利益、违法行为的法律后果以及能否通过履行治愈等因素，综合认定合同效力"(第247页)，"如果不是严重的瑕疵，则在合同已经履行的情况下，也要考量履行的要素，在一定情况下承认合同有效，否则，会极大浪费社会成本"(第246页)。

本案中，上诉人与被上诉人之间的合同已经履行了10多年且合同的履行并不损害公共利益，而帮助被上诉人这一濒临倒闭的事业单位渡过了难关，使其获得了新生，上诉人作为善意相对人，利益应当受到保护，即使认为双方的合同违反了效力性强制性规定，也不应认定双方之间的合同无效。

3. 即使认定双方合同为无效合同，也应判决被上诉人赔偿和支付上诉人经营性资金3,330,021.18元和房屋、设备等价值8,455,493元，一审全部驳回上诉人诉讼请求是错误的。理由如下：

(1)原《合同法》第五十八条规定："合同无效或者被撤销后，因该合同取得的财产，应当予以返还；不能返还或者没有必要返还的，应当折价补偿。有过错的一方应当赔偿对方因此所受到的损失，双方都有过错的，应当各自承担相应的责任。"返还或折价补偿，并且赔偿损失，是这一规定确立的无效合同的处理原则。无效合同的后果只是尚未履行的部分不再履行，对已经履行的部分，要返还或折价补偿，并且赔偿损失。

代理人特别要提出的是,《最高人民法院关于审理涉及国有土地使用权合同纠纷案件适用法律问题的解释》第十八条明确规定:“当事人违反规划开发建设的房屋,被有批准权的人民政府主管部门认定为违法建筑责令拆除,当事人对损失承担协商不成的,按照当事人过错确定责任;过错无法确定的,按照约定的投资比例确定责任;没有约定投资比例的,按照约定的利润分配比例确定责任。”

《全国法院民商事审判工作会议纪要》第32条规定:“在确定合同不成立、无效或者被撤销后财产返还或者折价补偿范围时,要根据诚实信用原则的要求,在当事人之间合理分配,不能使不诚信的当事人因合同不成立、无效或者被撤销而获益。合同不成立、无效或者被撤销情况下,当事人所承担的缔约过失责任不应超过合同履行利益。”第33条规定:“在标的物已经灭失、转售他人或者其他无法返还的情况下,当事人主张返还原物的,人民法院不予支持,但其主张折价补偿的,人民法院依法予以支持。”第35条规定:“合同不成立、无效或者被撤销时,仅返还财产或者折价补偿不足以弥补损失,一方还可以向有过错的另一方请求损害赔偿。”

代理人还要提出的是,在无效合同极为普遍的建设工程施工合同领域,无论是《民法典》实施前还是《民法典》实施后,最高人民法院在关于审理建设工程施工合同纠纷案件的司法解释中均规定,即使建设工程施工合同无效,只要工程质量合格,也要参照合同约定支付工程价款。

本案中,一审判决认定双方一系列合同无效后,不考虑返还或折价补偿,也不考虑赔偿损失,更不考虑被上诉人的过错和不诚信,全部驳回上诉人的诉讼请求,这明显违反了原《合同法》第五十八条,《最高人民法院关于审理涉及国有土地使用权合同纠纷案件适用法律问题的解释》第十八条,《全国法院民商事审判工作会议纪要》第32条、第33条、第35条的规定,是错误的。

(2)涉案被拆除屋的所有权人为被上诉人,房屋被拆除是被上诉人的过错造成,应由被上诉人承担房屋被拆除的风险和后果。

根据《建筑法》第七条的规定,申请领取施工许可证的义务主体是建设单位。根据《城乡规划法》第四十条的规定,申请办理建设工程规划许可证的义务主体也是建设单位。上诉人与被上诉人签订的合同书中也明确约定,上诉人出资建房,被上诉人负责协助办理土地建设相关手续。建成后上诉人享有30年使用权,在合同期内,上诉人要向被上诉人交纳管理费及公共部分分摊费用。30

年使用期满后，上诉人要将土地及建筑物全部无偿交付给被上诉人。

××市自然资源和规划局于2020年8月13日作出的[2020]×规拆决字第××号《限期拆除决定书》，认定被上诉人将土地出租给上诉人建设康复科，未办理《建设工程规划许可证》，此行为违反了《城乡规划法》第四十条第一款规定，未办理建设工程规划许可证，属违法建设，作出“限期拆除”的处罚决定。××省自然资源厅2020年11月2日作出的《驳回行政复议申请决定书》，认定[2020]×规拆决字第××号《限期拆除决定书》的处罚主体为被上诉人××省××疗养院，与上诉人不具有直接利害关系。

综上所述，涉案被拆除的康复科南楼、北楼的房屋所有权人为被上诉人××省××疗养院，政府拆迁和处罚的主体是被上诉人，而不是上诉人。因被上诉人应当但却未办理建设工程规划许可证，导致涉案房屋被拆除，故应由被上诉人承担房屋被拆除的风险和后果。

(3)双方之间于2018年11月16日最终签订的协议书是对双方相关合同解除以及经营性资金、房屋、设备价值等问题达成的清算协议，该清算协议是双方的真实意思表示，依法应按双方在该协议中的约定判决被上诉人履行支付义务。

2018年11月16日双方签订的协议书第五条约定：“截至2018年10月31日，双方确定甲方(被上诉人)应支付乙方(上诉人)的经营性资金333万元(实际金额以2018年12月10日双方签字确认为准)。”第六条约定：“双方共同委托有资质的评估公司对乙方的房屋、设施、设备等进行评估，确认评估价值。评估结论双方自觉签收，不签收视为认可。双方依据评估结论确定清场方案。”2018年12月10日，上诉人与被上诉人双方签署的××省××疗养院与康复科经营性账面资金对账汇总单载明，被上诉人应支付上诉人经营性资金为3,330,021.18元。

2019年4月1日，被上诉人与上诉人签订评估协议，约定评估范围为康复科自建房屋，南楼、北楼建筑面积共计4600m^2，康复相关设施设备。评估方式为：双方从××市政府采购中心发布的名单中共同确定由××市××房地产估价有限责任公司对上述范围进行评估，康复科南楼(2600m^2)按照2007年7月18日房屋建设及装修的工程造价标准进行评估，由于南楼2018年进行了再次装修，新装修费用依据装修合同上的金额进行结算，不再纳入评估范围。康复科北楼(2000m^2)按照2010年9月1日房屋建设及装修的工程造价标准进行评估。2019 年 4 月 10 日，××市××房地产估价有限责任公司出具的房地产估价报告载明，南楼房地产市场价值为 3,803,800 元，北楼房产市场价值为 3,058,000 元，估价对象的配套设施、设备价值为 515,690 元，评估价值共计 7,377,490 元。加上上诉人 2018 年装修康复科花费的 889,885.6 元和康复科南楼、北楼制作钢架彩钢顶花费的 188,117.4 元，共计为 8,455,493 元。

代理人认为，上诉人与被上诉人于 2018 年 11 月 16 日最终签订的协议书及 2019 年 4 月 1 日签订的评估协议是双方在平等自愿、协商一致的情况下达成，内容不违反法律、行政法规的效力性强制性规定，为有效协议。对 2019 年 4 月 10 日××市××房地产估价有限责任公司出具的房地产估价报告，双方均未异议。因此，依法应按双方的约定判决被上诉人履行支付义务。

综上所述，代理人认为，一审法院对上诉人与被上诉人之间法律关系的性质和效力认定错误，机械适用现有法律，孤立、割裂认定上诉人系借用被上诉人的《医疗机构执业许可证》，错误认定双方所签订的一系列合同为无效合同，从而作出了严重违背法律和公平原则的判决。请贵院充分考虑双方之间系响应当时政策前提下的合作关系，从整体上准确分析认定双方之间的法律关系，依法保护上诉人作为善意相对人签订合同时的合理预期，作出公平、公正的判决。

以上是我们的代理意见，请合议庭考虑采纳。

谢谢！

上诉人周某某代理人：

××律师事务所律师：×××

年 月 日

《代理词》(二审阶段)精细化写作要领

1. 格式要正确。具体内容参见《代理词》(一审阶段)精细化写作要领。

2. 从结构上来讲，代理词“正文”部分要逻辑清晰、层次分明。具体内容参见《代理词》(一审阶段)精细化写作要领。

3. 从内容上来讲，二审阶段的代理词“正文”部分要结合事实、证据和法律，围绕一审判决和上诉请求来写，这一点与一审阶段代理词不同。二审阶段的代理词主要是通过引用证据，适用法律、司法解释，参照理论，围绕一审判决在认定事实、适用法律、裁判结果和程序方面的正确与否以及上诉方提出的上诉请求与上诉理由的成立与否，写明观点和具体理由。实践中，有的律师书写的二审阶段代理词仍然围绕一审的诉讼请求或者答辩意见是不正确的。

需要注意的是，二审阶段的代理词同样要有破有立，不仅要结合证据、法律、司法解释及理论，阐明本方观点。还要结合二审庭审争议焦点，对对方观点逐一回应。

4. 代理词在形式上要赏心悦目，给人以美感。具体内容参见《代理词》（一审阶段）精细化写作要领。

民事诉讼文书之35:再审申请书

再审申请书

再审申请人(原审被告):××集团××有限公司,住所地××县××镇××村,统一社会信用代码×××××。

法定代表人:路××,该公司执行董事。

被申请人(原审原告):王×利,女,汉族,××××年×月×日出生,住××市××区××××××,身份证号码××××××。联系电话:××××××。

再审申请人为与被申请人合同纠纷一案,认为××县人民法院××××号民事判决书的判决确有错误,根据《民事诉讼法》第二百一十一条第三项、第四项、第六项、第九项、第十项的规定,特申请再审,再审申请人的再审请求和再审理由如下:

再审请求:撤销××县人民法院××××号民事判决书的判决,驳回被申请人的诉讼请求。

事实与理由:

1. 原判认定事实不清,主要证据是伪造的。理由如下:

原审中,被申请人王某某提交的投资合同及收据是原审判决的主要证据。这些证据上的"××集团××有限公司"的合同专用章、财务用章以及法定代表人王×利的私人印章,均是案外人李××私刻的印章,并非再审申请人在公安机关已经进行备案登记的印章,上述投资合同及收据没有再审申请人负责人或者财务人员的任何签名,再审申请人对此毫不知情。被申请人王某某2020年8月21日出具的情况说明以及银行流水能够证明其款项转给了李××,投资协议也是李××为其办理的,整件事情均是李××一手操作完成。李××并非再审申请人的工作人员,该款项与再审申请人没有任何关系。

2. 原判决认定事实的主要证据未经质证。理由如下：

原审时，再审申请人一方未经传票传唤参与到诉讼程序中，未参加整个庭审活动，对上述主要证据未进行质证。

3. 原判决适用法律确有错误。理由如下：

（1）最高人民法院2019年11月8日发布的关于印发《全国法院民商事审判工作会议纪要》的通知“（三）关于借款合同规定：“人民法院在审理借款合同纠纷案件过程中，……自2019年8月20日起，中国人民银行已经授权全国银行间同业拆借中心于每月20日（遇节假日顺延）9时30分公布贷款市场报价利率（LPR），中国人民银行贷款基准利率这一标准已经取消。因此，自此之后人民法院裁判贷款利息的基本标准应改为全国银行间同业拆借中心公布的贷款市场报价利率……”本案原审立案时间为2020年8月10日，法院判决时应依据《全国法院民商事审判工作会议纪要》中关于借贷合同的利息的基本标准即“全国银行间同业拆借中心公布的贷款市场报价利率”进行判决，而非依据《最高人民法院关于审理民间借贷案件适用法律若干问题的规定》第二十五条之规定作出判决。

（2）《最高人民法院关于修改〈关于审理民间借贷案件适用法律若干问题的规定〉的决定》已经将第二十五条修改为：“出借人请求借款人按照合同约定利率支付利息的，人民法院应予支持，但是双方约定的利率超过合同成立时一年期贷款市场报价利率四倍的除外。前款所称‘一年期贷款市场报价利率’，是指中国人民银行授权全国银行间同业拆借中心自2019年8月20日起每月发布的一年期贷款市场报价利率。”本案判决时，该修改决定正在实施，而本案并没有依据修改后的内容进行判决，显属适用法律错误。

4. 原审判决程序严重违法，违反法律规定，剥夺当事人辩论权利。理由如下：

（1）被申请人起诉时被告名称错误，依法应驳回起诉，不能进行实体审理。

被申请人起诉状中的被告名字为“××集团××金矿有限公司”而非再审申请人“××集团××有限公司”的名称，被告名称有误。根据《民事诉讼法》的规定，“有明确的被告”是原告起诉的条件之一。“有明确的被告”不仅要求被告具有诉讼主体资格，能以自己的名义应诉，还要求被告的名称、联系方式、地址具有准确性和特定性。被申请人起诉的被告根本不存在，应视为被申请人起诉无明确的被告,应裁定驳回被申请人的起诉。

(2)原判决违反法律规定,剥夺当事人辩论权利。

《最高人民法院关于适用〈中华人民共和国民事诉讼法〉的解释》第三百八十九条规定:“原审开庭过程中有下列情形之一的,应当认定为民事诉讼法第二百零七条第九项规定的剥夺当事人辩论权利……(三)违反法律规定送达起诉状副本或者上诉状副本,致使当事人无法行使辩论权利的;(四)违法剥夺当事人辩论权利的其他情形。”

本案原审法院于2020年8月10日立案,邮寄起诉状副本等文书的时间却是2020年7月17日15时,开庭时间为立案仅三天后的2020年8月13日9时,程序明显违法,且未将起诉状副本、传票等应诉文书送达至申请人的法定代表人、主要负责人或者办公室、收发室、值班室等负责收件的人签收,致使申请人无法行使辩论权利。

5. 原审判决未经传票传唤,缺席判决。理由如下:

《民事诉讼法》第八十八条规定:“……受送达人是法人或者其他组织的,应当由法人的法定代表人、其他组织的主要负责人或者该法人、组织负责收件的人签收。”《最高人民法院关于适用〈中华人民共和国民事诉讼法〉的解释》第一百三十条规定:“向法人或者其他组织送达诉讼文书,应当由法人的法定代表人、该组织的主要负责人或者办公室、收发室、值班室等负责收件的人签收或者盖章,拒绝签收或者盖章的,适用留置送达。”

本案原审法院邮寄开庭应诉文书,EMS邮寄单上的被告名称为“××集团××有限公司”,文件签收人为“李××,身份证号为××××××”,该人并非申请人的工作人员,与申请人并无任何关系,申请人没有收到原审法院的任何文书。

综上所述,再审申请人认为,原审判决认定事实不清、程序严重违法、适用法律明显错误,判决明显不当,符合《民事诉讼法》第二百一十一条第三项、第四项、第六项、第九项、第十项之规定,依法应予再审。为了维护申请人的合法权益,特提出上述申请,请贵院依法支持申请人的再审请求。

此致

××市中级人民法院

申请人:

年　月　日

《再审申请书》精细化写作要领

1. 在格式上要符合要求。再审申请书是当事人、必须共同进行诉讼的当事人认为已经发生法律效力的判决、裁定有错误或者调解书的内容违反法律强制性规定、调解违反自愿原则,或者案外人认为原判决、裁定、调解书内容错误损害其民事权益,向人民法院申请再审的法律文书。再审申请书由"标题""再审申请人""被申请人""再审请求""事实与理由""致送法院"和落款"再审申请人""申请日期"组成,不能缺项,标题和正文之间要空一行,各部分的表述要准确。比如,不能将"标题"的"再审申请书"写为"申诉书"。另外,在首部的"当事人信息"中要用括号分别标注"再审申请人""被申请人"在原审中的地位。

在写明当事人基本信息后,要写明原审人民法院的名称、原审裁判文书案号和申请再审的法定情形。一般表述为:"再审申请人为与被申请人××纠纷一案,认为××人民法院××××号民事判决书的判决确有错误,根据《民事诉讼法》第二百一十一条第×项的规定,特申请再审,再审申请人的再审请求和再审理由如下。"

2. "再审请求"部分要写明再审申请人的具体要求,要表达准确。再审申请书只是启动再审审查程序的法律文书,当事人主张的再审事由成立且符合《民事诉讼法》和《最高人民法院关于适用〈中华人民共和国民事诉讼法〉的解释》规定的申请再审条件的,法院只是裁定再审。进入再审程序后,才能就实体问题进行审理。但作为再审申请书的"再审请求"不能只写申请对案件进行再审,应写明实体上的请求。一般表述为:"撤销××人民法院××××号民事判决书的判决,改判……"

需要注意的是,再审请求应当以原审诉讼请求为限,不能超出原审诉讼请求,否则,人民法院不予审理,除非已经发生法律效力的判决、裁定损害国家利益、社会公共利益、他人合法权益。

3. "事实与理由"部分是再审申请书的重点,这部分的任务是通过阐述事实、引用证据、适用法律,指出原生效裁判的错误之处,论证再审事由成立且符合《民事诉讼法》第二百一十一条和《最高人民法院关于适用〈中华人民共和国民事诉讼法〉的解释》规定的再审条件。《民事诉讼法》第二百一十一条规定了13种应当再审的情形,具体包括:(1)有新的证据,足以推翻原判决、裁定的;(2)原判决、裁定认定的基本事实缺乏证据证明的;(3)原判决、裁定认定事实的主要证据是伪造的;(4)原判决、裁定认定事实的主要证据未经质证的;(5)对审理案件需要的主要证据,当事人因客观原因不能自行收集,书面申请人民法院调查收集,人民法院未调查收集的;(6)原判决、裁定适用法律确有错误的;(7)审判组织的组成不合法或者依法应当回避的审判人员没有回避的;(8)无诉讼行为能力人未经法定代理人代为诉讼或者应当参加诉讼的当事人,因不能归责于本人或者其诉讼代理人的事由,未参加诉讼的;(9)违反法律规定,剥夺当事人辩论权利的;(10)未经传票传唤,缺席判决的;(11)原判决、裁定遗漏或者超出诉讼请求的;(12)据以作出原判决、裁定的法律文书被撤销或者变更的;(13)审判人员审理该案件时有贪污受贿,徇私舞弊,枉法裁判行为的。《最高人民法院关于适用〈中华人民共和国民事诉讼法〉的解释》第三百八十五条至第三百九十二条对《民事诉讼法》第二百一十一条规定的这13种情形进行了解释。《最高人民法院关于适用〈中华人民共和国民事诉讼法〉的解释》第三百九十三条规定:"当事人主张的再审事由成立,且符合民事诉讼法和本解释规定的申请再审条件的,人民法院应当裁定再审。当事人主张的再审事由不成立,或者当事人申请再审超过法定申请再审期限、超出法定再审事由范围等不符合民事诉讼法和本解释规定的申请再审条件的,人民法院应当裁定驳回再审申请。"

因此,再审申请书的"事实与理由"部分在内容上要结合案件事实、证据和法律、司法解释及理论,紧紧围绕《民事诉讼法》第二百一十一条规定的这13种情形去写,如果存在这13种情形中的多种情形,要逐条逐项去写。比如,本范本分5个方面写了5个再审事由。这部分内容不能惜墨,要能写尽写。因为只要符合这13种情形中的一种,且不存在超过法定申请期限、超出再审审查范围等情形的,人民法院就应当进行再审。

需要注意的是,再审申请书与民事起诉状、民事上诉状不同。民事起诉状是通过陈述事实、引用证据、适用法律论述诉讼请求应得到支持。民事上诉状是通过论述一审判决在认定事实、适用法律和程序等方面的错误,论述上诉请求应得到支持。而再审申请书是通过论述原生效裁判在认定事实、适用法律、程序等方面的错误之处,论述案件符合《民事诉讼法》第二百一十一条规定的13种再审事由、应当予以再审。实践中，有的律师书写的再审申请书一直围绕诉讼请求或者上诉请求写，这样的再审申请书很难达到效果。

“事实与理由”部分还要做到条理清晰、说理透彻，依据全面、具体，体现出专业度。

附：相关规定

1.《中华人民共和国民事诉讼法》(2023年修正)

第二百一十条　当事人对已经发生法律效力的判决、裁定，认为有错误的，可以向上一级人民法院申请再审；当事人一方人数众多或者当事人双方为公民的案件，也可以向原审人民法院申请再审。当事人申请再审的，不停止判决、裁定的执行。

第二百一十一条　当事人的申请符合下列情形之一的，人民法院应当再审：

(一)有新的证据，足以推翻原判决、裁定的；

(二)原判决、裁定认定的基本事实缺乏证据证明的；

(三)原判决、裁定认定事实的主要证据是伪造的；

(四)原判决、裁定认定事实的主要证据未经质证的；

(五)对审理案件需要的主要证据，当事人因客观原因不能自行收集，书面申请人民法院调查收集，人民法院未调查收集的；

(六)原判决、裁定适用法律确有错误的；

(七)审判组织的组成不合法或者依法应当回避的审判人员没有回避的；

(八)无诉讼行为能力人未经法定代理人代为诉讼或者应当参加诉讼的当事人，因不能归责于本人或者其诉讼代理人的事由，未参加诉讼的；

(九)违反法律规定，剥夺当事人辩论权利的；

(十)未经传票传唤，缺席判决的；

(十一)原判决、裁定遗漏或者超出诉讼请求的；

(十二)据以作出原判决、裁定的法律文书被撤销或者变更的；

(十三)审判人员审理该案件时有贪污受贿，徇私舞弊，枉法裁判行为的。

第二百一十二条　当事人对已经发生法律效力的调解书，提出证据证明调解违反自愿原则或者调解协议的内容违反法律的，可以申请再审。经人民法院审查属实的,应当再审。

第二百一十三条　当事人对已经发生法律效力的解除婚姻关系的判决、调解书,不得申请再审。

第二百一十四条　当事人申请再审的,应当提交再审申请书等材料。人民法院应当自收到再审申请书之日起五日内将再审申请书副本发送对方当事人。对方当事人应当自收到再审申请书副本之日起十五日内提交书面意见;不提交书面意见的,不影响人民法院审查。人民法院可以要求申请人和对方当事人补充有关材料,询问有关事项。

第二百一十五条　人民法院应当自收到再审申请书之日起三个月内审查,符合本法规定的,裁定再审;不符合本法规定的,裁定驳回申请。有特殊情况需要延长的,由本院院长批准。

因当事人申请裁定再审的案件由中级人民法院以上的人民法院审理,但当事人依照本法第二百一十条的规定选择向基层人民法院申请再审的除外。最高人民法院、高级人民法院裁定再审的案件,由本院再审或者交其他人民法院再审,也可以交原审人民法院再审。

第二百一十六条　当事人申请再审,应当在判决、裁定发生法律效力后六个月内提出;有本法第二百一十一条第一项、第三项、第十二项、第十三项规定情形的,自知道或者应当知道之日起六个月内提出。

2.《最高人民法院关于适用〈中华人民共和国民事诉讼法〉的解释》(2022年修正)

第三百七十五条　当事人申请再审,应当提交下列材料:

(一)再审申请书,并按照被申请人和原审其他当事人的人数提交副本;

(二)再审申请人是自然人的,应当提交身份证明;再审申请人是法人或者其他组织的,应当提交营业执照、组织机构代码证书、法定代表人或者主要负责人身份证明书。委托他人代为申请的,应当提交授权委托书和代理人身份证明;

(三)原审判决书、裁定书、调解书;

(四)反映案件基本事实的主要证据及其他材料。

前款第二项、第三项、第四项规定的材料可以是与原件核对无异的复印件。

第三百七十六条　再审申请书应当记明下列事项:

(一)再审申请人与被申请人及原审其他当事人的基本信息;

(二)原审人民法院的名称,原审裁判文书案号;

(三)具体的再审请求;

(四)申请再审的法定情形及具体事实、理由。

再审申请书应当明确申请再审的人民法院,并由再审申请人签名、捺印或者盖章。

第三百七十八条 适用特别程序、督促程序、公示催告程序、破产程序等非讼程序审理的案件,当事人不得申请再审。

第三百七十九条 当事人认为发生法律效力的不予受理、驳回起诉的裁定错误的,可以申请再审。

第三百八十条 当事人就离婚案件中的财产分割问题申请再审,如涉及判决中已分割的财产,人民法院应当依照民事诉讼法第二百零七条的规定进行审查,符合再审条件的,应当裁定再审;如涉及判决中未作处理的夫妻共同财产,应当告知当事人另行起诉。

第三百八十一条 当事人申请再审,有下列情形之一的,人民法院不予受理:

(一)再审申请被驳回后再次提出申请的;

(二)对再审判决、裁定提出申请的;

(三)在人民检察院对当事人的申请作出不予提出再审检察建议或者抗诉决定后又提出申请的。

前款第一项、第二项规定情形,人民法院应当告知当事人可以向人民检察院申请再审检察建议或者抗诉,但因人民检察院提出再审检察建议或者抗诉而再审作出的判决、裁定除外。

第三百八十二条 当事人对已经发生法律效力的调解书申请再审,应当在调解书发生法律效力后六个月内提出。

第三百八十四条 人民法院受理申请再审案件后,应当依照民事诉讼法第二百零七条、第二百零八条、第二百一十一条等规定,对当事人主张的再审事由进行审查。

第三百八十五条 再审申请人提供的新的证据,能够证明原判决、裁定认定基本事实或者裁判结果错误的,应当认定为民事诉讼法第二百零七条第一项规定的情形。

对于符合前款规定的证据，人民法院应当责令再审申请人说明其逾期提供该证据的理由；拒不说明理由或者理由不成立的，依照民事诉讼法第六十八条第二款和本解释第一百零二条的规定处理。

第三百八十六条　再审申请人证明其提交的新的证据符合下列情形之一的，可以认定逾期提供证据的理由成立：

（一）在原审庭审结束前已经存在，因客观原因于庭审结束后才发现的；

（二）在原审庭审结束前已经发现，但因客观原因无法取得或者在规定的期限内不能提供的；

（三）在原审庭审结束后形成，无法据此另行提起诉讼的。

再审申请人提交的证据在原审中已经提供，原审人民法院未组织质证且未作为裁判根据的，视为逾期提供证据的理由成立，但原审人民法院依照民事诉讼法第六十八条规定不予采纳的除外。

第三百八十七条　当事人对原判决、裁定认定事实的主要证据在原审中拒绝发表质证意见或者质证中未对证据发表质证意见的，不属于民事诉讼法第二百零七条第四项规定的未经质证的情形。

第三百八十八条　有下列情形之一，导致判决、裁定结果错误的，应当认定为民事诉讼法第二百零七条第六项规定的原判决、裁定适用法律确有错误：

（一）适用的法律与案件性质明显不符的；

（二）确定民事责任明显违背当事人约定或者法律规定的；

（三）适用已经失效或者尚未施行的法律的；

（四）违反法律溯及力规定的；

（五）违反法律适用规则的；

（六）明显违背立法原意的。

第三百八十九条　原审开庭过程中有下列情形之一的，应当认定为民事诉讼法第二百零七条第九项规定的剥夺当事人辩论权利：

（一）不允许当事人发表辩论意见的；

（二）应当开庭审理而未开庭审理的；

（三）违反法律规定送达起诉状副本或者上诉状副本，致使当事人无法行使辩论权利的；

（四）违法剥夺当事人辩论权利的其他情形。

第三百九十条　民事诉讼法第二百零七条第十一项规定的诉讼请求，包括一审诉讼请求、二审上诉请求，但当事人未对一审判决、裁定遗漏或者超出诉讼请求提起上诉的除外。

第三百九十一条　民事诉讼法第二百零七条第十二项规定的法律文书包括：

（一）发生法律效力的判决书、裁定书、调解书；

（二）发生法律效力的仲裁裁决书；

（三）具有强制执行效力的公证债权文书。

第三百九十二条　民事诉讼法第二百零七条第十三项规定的审判人员审理该案件时有贪污受贿、徇私舞弊、枉法裁判行为，是指已经由生效刑事法律文书或者纪律处分决定所确认的行为。

第三百九十三条　当事人主张的再审事由成立，且符合民事诉讼法和本解释规定的申请再审条件的，人民法院应当裁定再审。

当事人主张的再审事由不成立，或者当事人申请再审超过法定申请再审期限、超出法定再审事由范围等不符合民事诉讼法和本解释规定的申请再审条件的，人民法院应当裁定驳回再审申请。

第三百九十六条　审查再审申请期间，被申请人及原审其他当事人依法提出再审申请的，人民法院应当将其列为再审申请人，对其再审事由一并审查，审查期限重新计算。经审查，其中一方再审申请人主张的再审事由成立的，应当裁定再审。各方再审申请人主张的再审事由均不成立的，一并裁定驳回再审申请。

第三百九十九条　人民法院准许撤回再审申请或者按撤回再审申请处理后，再审申请人再次申请再审的，不予受理，但有民事诉讼法第二百零七条第一项、第三项、第十二项、第十三项规定情形，自知道或者应当知道之日起六个月内提出的除外。

第四百零三条　人民法院审理再审案件应当围绕再审请求进行。当事人的再审请求超出原审诉讼请求的，不予审理；符合另案诉讼条件的，告知当事人可以另行起诉。

被申请人及原审其他当事人在庭审辩论结束前提出的再审请求，符合民事诉讼法第二百一十二条规定的，人民法院应当一并审理。

人民法院经再审，发现已经发生法律效力的判决、裁定损害国家利益、社会公共利益、他人合法权益的,应当一并审理。

第四百零七条 人民法院对调解书裁定再审后,按照下列情形分别处理:

(一)当事人提出的调解违反自愿原则的事由不成立,且调解书的内容不违反法律强制性规定的,裁定驳回再审申请;

(二)人民检察院抗诉或者再审检察建议所主张的损害国家利益、社会公共利益的理由不成立的,裁定终结再审程序。

前款规定情形,人民法院裁定中止执行的调解书需要继续执行的,自动恢复执行。

第四百二十条 必须共同进行诉讼的当事人因不能归责于本人或者其诉讼代理人的事由未参加诉讼的,可以根据民事诉讼法第二百零七条第八项规定,自知道或者应当知道之日起六个月内申请再审,但符合本解释第四百二十一条规定情形的除外。

人民法院因前款规定的当事人申请而裁定再审,按照第一审程序再审的,应当追加其为当事人,作出新的判决、裁定;按照第二审程序再审,经调解不能达成协议的,应当撤销原判决、裁定,发回重审,重审时应追加其为当事人。

第四百二十一条 根据民事诉讼法第二百三十四条规定,案外人对驳回其执行异议的裁定不服,认为原判决、裁定、调解书内容错误损害其民事权益的,可以自执行异议裁定送达之日起六个月内,向作出原判决、裁定、调解书的人民法院申请再审。

第四百二十二条 根据民事诉讼法第二百三十四条规定,人民法院裁定再审后,案外人属于必要的共同诉讼当事人的,依照本解释第四百二十条第二款规定处理。

案外人不是必要的共同诉讼当事人的,人民法院仅审理原判决、裁定、调解书对其民事权益造成损害的内容。经审理,再审请求成立的,撤销或者改变原判决、裁定、调解书;再审请求不成立的,维持原判决、裁定、调解书。

民事诉讼文书之36：代理词（再审阶段）

代　理　词

审判长、审判员：

在再审申请人××集团××有限公司与被申请人王×利合同纠纷申请再审一案中，××律师事务所接受再审申请人××集团××有限公司委托，指派我们二人作为再审申请人××集团××有限公司的代理人，参与本案的再审审查程序。在此之前，代理人查阅了本案的全部案卷材料以及相关的法律、司法解释，通过法庭调查，我们对本案的事实已有了充分的了解，现结合本案的事实和证据，依据法律发表代理意见如下：

1. 原审判决认定事实的主要证据是被申请人提交《投资合同》及收据，但是这些证据上的公司印章以及原法定代表人王×利的印章与申请人公司在公安机关备案的印章均不一致，这些证据是伪造的，不能作为证据采信。具体理由如下：

(1)代理人接到委托后于2021年5月17日到××省××监狱会见申请人××集团××有限公司的原法定代表人王×利，将原审中被申请人王某某提交的主要证据《投资合同》及收据拿给王×利本人进行核对，王×利明确表示：①在2014年5月30日至2016年9月2日，其担任申请人公司的法定代表人期间，并不认识被申请人王某某，也没有委托李××向王某某借款，更没有以××集团××有限公司的名义向王某某借款。②王×利在担任法定代表人期间，公司的印章是由会计保管，公司没有盖章过一审时被申请人提交的"××集团×县××金矿《投资合同》"，公司也没有盖过任何空白的收据和投资合同的印章。③被申请人提交的合同及收据上的公司印章及王×利本人的印章均是假的，与公安机关备案的不一致。

(2)原审中被申请人王某某提交的银行转账流水显示，2014年3月24日，被申请人王某某向案外人李××转账745,000元,该笔转账的收款人为案外人李××,而不是申请人公司或原法定代表人王×利,不能证明被申请人向申请人投资的事实。理由如下:

①原审法院查明,××市人民法院(2018)××刑初××号刑事判决书认定:2014年年初,王×利收购山东××集团位于×县××镇的××金矿,由于缺少资金,王×利委托案外人李××为××集团××有限公司筹集资金。2014年年初,案外人李××在××市××商贸楼××室设立××集团××有限公司新郑服务点。

对此,代理人在中国裁判文书网对××市人民法院(2018)豫××刑初××号刑事判决书进行查阅,判决书中载明:案外人李××于2017年8月27日被××市公安局刑事拘留,2017年10月1日由××市公安局执行逮捕。李××设立上述服务点,招募了出纳、会计以及数名客户经理,以××集团的名义面向社会公众进行宣传,月利率1.5%~5%的高额利息为诱饵,以投资的形式面向社会公众非法吸收资金,与存款客户签订借款协议及借据,存款期限为一至六个月不等,承诺在一定期限内还本付息。被告人李××把以××集团名义吸收的资金,根据王×利的资金需求汇入王×利的个人账户。李××实际收取149名集资参与人存款金额为38,879,250元,截至2017年1月5日,未兑付本金3913万元,已付息2,885,160元,未兑付净额35,994,090元。

②根据上述生效判决书已查明的事实可以看出,被申请人王某某起诉再审申请人支付投资款及收益存在以下矛盾点:

其一,王×利2014年年初委托案外人李××为××集团××有限公司筹集资金,李××在××市设立服务点吸收资金,被申请人王某某是怎么在2013年3月,原法定代表人王×利还未开始收购申请人公司的时候就开始对申请人公司进行投资的?

其二,李××以投资的形式面向社会非法吸收资金,月利率1.5%~5%,与存款客户签订借款协议及借据,被申请人王某某提交的为什么是《投资合同》和收据?这些证据上也只有印章,没有任何人签名。

其三,2014年12月底,申请人公司资金链断裂,无法向集资客户兑付本金及支付利息,依被申请人原审诉称2013年3月至2015年4月1日,投资了1,663,000元。2017年4月1日,投资期满未退还投资款及收益,2017年8月27

日李××被××市公安局刑事拘留，这中间近两三年的时间，被申请人王某某未收到任何投资收益，就一直没有想着找案外人李××催要一下投资款和收益？或者询问了解一下被申请人的资金状况？更不知道李××被公安机关刑拘？和其他受害人一样向公安机关申请填写一下集资客户核实登记表？申请人作为投资金额最大(1,663,000 元)的受害者，竟然在长达两三年的时间里都不去关注自己的投资及收益及投资公司的经营状况，是太相信李××和王×利，还是根本就不存在该笔投资款，该转账流水仅是李××与被申请人王某某之间的个人账目往来，借机向再审申请人公司讹诈一笔费用？这一系列问题，明显是不符合一个正常投资人的逻辑理念的，有悖于客观常理。

代理人特别要提出的是，王×利在担任法定代表人期间，公司的印章由会计保管，并未交由案外人李××使用，没有盖章过原审时被申请人提交的"××集团××县××金矿《投资合同》"，公司也没有盖过任何空白的收据和投资合同的印章。按被申请人诉称 1,663,000 元的投资款时间、约定的投资收益等情况更符合案外人李××非法吸收公众存款罪一案的集资参与人的情形，且该笔投资金额是最大的，但××市人民法院(2018)××刑初××号刑事判决书中却并未进行认定。案外人李××及申请人公司原法定代表人王×利现在均在监狱服刑，申请人公司的实际经营人员已经变更，对前法定代表人王×利经营期间的一些具体事宜并不清楚，认为案外人李××非法吸收公众存款罪一案已经把所涉及的集资参与人均作出了认定。然而被申请人却选择在一切尘埃落定之时单独提起民事诉讼，到目前为止，被申请人王某某已经胜诉了两个案件，试问，如果本案被申请人拿着伪造的《投资合同》及收据胜诉，之后必然会出现更多的已经加盖申请人公司名字假印章的《投资合同》及收据出现，再审申请人公司是不是都得一一接受败诉的风险，一赔再赔，面对一个无底洞，企业继续经营的风险将持续增大。

近年来，我市深入落实国家、省、市各项决策部署，坚持把优化营商环境、建设场域载体作为事关全局的大事要事，着力健全工作机制、完善政策体系、创新工作举措，市场化、法治化、国际化营商环境加快构建，申请人公司希望能够实实在在地在司法过程享受到公平正义，应该承担的法律责任，绝不拒绝，面对外来的恶意的虚假的诉讼致使再审申请人公司不断面临法律风险，再审申请人公司坚决杜绝，绝不姑息。

2. 原判决认定事实的主要证据未经质证,理由如下:

原审时,再审申请人一方未经传票传唤参与到诉讼程序中,未参加整个庭审活动,对上述主要证据未进行质证,也没能够及时地在诉讼中提起对涉案《投资合同》及收据上的有申请人公司及原法定代表人王×利的印章进行司法鉴定。

3. 原判决适用法律确有错误,理由如下:

(1)最高人民法院2019年11月8日发布的关于印发《全国法院民商事审判工作会议纪要》的通知"(三)关于借款合同"中规定:"人民法院在审理借款合同纠纷案件过程中,……自2019年8月20日起,中国人民银行已经授权全国银行间同业拆借中心于每月20日(遇节假日顺延)9时30分公布贷款市场报价利率(LPR),中国人民银行贷款基准利率这一标准已经取消。因此,自此之后人民法院裁判贷款利息的基本标准应改为全国银行间同业拆借中心公布的贷款市场报价利率……"本案原审立案时间为2020年8月10日,法院判决时应依据《全国法院民商事审判工作会议纪要》中关于借贷合同的利息的基本标准即"全国银行间同业拆借中心公布的贷款市场报价利率"进行判决,而非依据《最高人民法院关于审理民间借贷案件适用法律若干问题的规定》第二十五条之规定作出判决。

(2)《最高人民法院关于修改〈关于审理民间借贷案件适用法律若干问题的规定〉的决定》已经将第二十五条修改为:"出借人请求借款人按照合同约定利率支付利息的,人民法院应予支持,但是双方约定的利率超过合同成立时一年期贷款市场报价利率四倍的除外。前款所称'一年期贷款市场报价利率',是指中国人民银行授权全国银行间同业拆借中心自2019年8月20日起每月发布的一年期贷款市场报价利率。"本案判决时,该修改决定正在实施,而本案并没有依据修改后的内容进行判决,显属适用法律错误。

4. 原审判决程序严重违法,违反法律规定,剥夺当事人辩论权利。理由如下:

(1)被申请人起诉时列的被告名称错误,依法应驳回起诉,不能进行实体审理。

被申请人起诉状中的被告名字为"××集团×有限公司"而非再审申请人"××集团××有限公司"的名称,被告名称有误。根据《民事诉讼法》的规定,"有明确的被告"是原告起诉的条件之一。"有明确的被告"不仅要求被告具有诉讼主体资格,能以自己的名义应诉,还要求被告的名称、联系方式、地址具有准确性和特定性。被申请人起诉的被告根本不存在，应视为被申请人起诉无明确的被告，应裁定驳回被申请人的起诉。

(2)原判决违反法律规定，剥夺当事人辩论权利。

《最高人民法院关于适用〈中华人民共和国民事诉讼法〉的解释》第三百八十九条规定："原审开庭过程中有下列情形之一的，应当认定为民事诉讼法第二百零七条第九项规定的剥夺当事人辩论权利……(三)违反法律规定送达起诉状副本或者上诉状副本，致使当事人无法行使辩论权利的；(四)违法剥夺当事人辩论权利的其他情形。"

本案原审法院于2020年8月10日立案，邮寄起诉状副本等文书的时间却是2020年7月17日15时，开庭时间为立案仅三天后的2020年8月13日9时，程序明显违法，且未将起诉状副本、传票等应诉文书送达至申请人的法定代表人、主要负责人或者办公室、收发室、值班室等负责收件的人签收，致使申请人无法行使辩论权利。

5.原审判决未经传票传唤，缺席判决。理由如下：

《民事诉讼法》第八十八条规定："……受送达人是法人或者其他组织的，应当由法人的法定代表人、其他组织的主要负责人或者该法人、组织负责收件的人签收。"《最高人民法院关于适用〈中华人民共和国民事诉讼法〉的解释》第一百三十条规定："向法人或者其他组织送达诉讼文书，应当由法人的法定代表人、该组织的主要负责人或者办公室、收发室、值班室等负责收件的人签收或者盖章，拒绝签收或者盖章的，适用留置送达。"最高人民法院印发《关于进一步加强民事送达工作的若干意见》的通知："八、当事人拒绝确认送达地址或以拒绝应诉、拒接电话、避而不见送达人员、搬离原住所等躲避、规避送达，人民法院不能或无法要求其确认送达地址的，可以分别以下列情形处理……(三)没有约定、当事人也未提交书面材料或者书面材料中未载明地址的，以一年内进行其他诉讼、仲裁案件中提供的地址为送达地址；(四)无以上情形的，以当事人一年内进行民事活动时经常使用的地址为送达地址。"

本案中，再审申请人的注册地址为"×县××镇××村"，××村村面积很大，再审申请人公司地处深沟中。原审法院是邮寄开庭应诉文书，EMS邮寄单上的被告名称为"×集团×有限公司"，地址为"×县××镇××村"。本案再审申请人并不存在拒绝送达、也没有拒绝应诉、拒接电话、避而不见送达人员、搬离原住所等躲避、规避送达的情形。原审法院送达的地址是申请人公司的住所地，也是一年内申请人公司进行其他诉讼提供的送达地址，邮寄送达的地址并没有错误，但最关键的问题在于，邮寄人员为了省事，没有到再审申请人公司去，没有将邮件送交给再审申请人公司，收取文书的人员并非申请人的工作人员，只是申请人公司所在地的村支部书记，其并未转交给申请人公司，申请人公司并没有收到原审法院的任何文书。

综上所述，代理人认为，原审法院存在的程序违法、适用法律错误、事实不清等问题应当通过再审得以纠正。被申请人伪造主要证据，捏造事实提起民事诉讼，严重损害再审申请人的合法权益，涉嫌虚假诉讼，必须依法予以追究和严惩。党中央国务院“三令五申”优化营商环境，保护民营企业，再审申请人作为民营企业，不能任人宰割。请贵院本着实事求是、有错必纠的原则，对本案依法予以再审。

以上是我们的代理意见，请合议庭考虑采纳。

谢谢！

再审申请人××集团××有限公司代理人：

××律师事务所律师：×××

年　月　日

《代理词》（再审阶段）精细化写作要领

1. 格式要正确。具体内容参见《代理词》（一审阶段）精细化写作要领。

2. 从结构上来讲，代理词“正文”部分要逻辑清晰、层次分明。具体内容参见《代理词》（一审阶段）精细化写作要领。

3. 从内容上来讲，再审阶段的代理词“正文”部分要围绕生效判决、裁定在认定事实、适用法律、裁判结果和程序等方面是否存在错误，论证案件是否符合《民事诉讼法》第二百一十一条规定的再审事由、是否应当再审，这一点与一审阶段代理词和二审阶段代理词不同。再审不同于一审、二审，一审阶段的代理词主要是论证诉讼请求是否应予支持，二审阶段的代理词主要是论证一审判决是否正确、上诉请求是否应予支持。根据《最高人民法院关于适用〈中华人民共和国民事诉讼法〉的解释》第三百九十三条的规定，当事人主张的再审事由成立，且符合民事诉讼法和本解释规定的申请再审条件的，人民法院应当裁定再审。当事人主张的再审事由不成立，或者当事人申请再审超过法定申请再审期限、超出法定再审事由范围等不符合民事诉讼法和本解释规定的申请再审条件的，人民法院应当裁定驳回再审申请。因此，再审阶段的代理词要围绕生效裁判在认定事实、适用法律和程序等方面是否存在错误，主要论证案件是否符合《民事诉讼法》第二百一十一条规定的 13 种再审事由。如果存在多方面的再审事由，要逐一列明。比如，本范本案例，存在 5 个大的方面再审事由，在代理词中就分 5 个方面加以阐述，每个方面中有多个理由的，也逐一列明。

需要注意的是，再审阶段的代理词同样要有破有立，不仅要结合事实、证据和法律、司法解释及理论，阐明本方观点。还要结合再审双方争议焦点，对对方观点逐一回应。

4. 代理词在形式上要赏心悦目，给人以美感。具体内容参见《代理词》（一审阶段）精细化写作要领。

第2章

刑事诉讼类文书范本及精细化写作要领

刑事诉讼文书之1:报案材料

报案材料

报案人:××有限公司,住所地××省××县××镇××路××号,统一社会信用代码×××××。

法定代表人:周××,该公司执行董事。

犯罪嫌疑人:×××,女,汉族,××××年×月×日出生,住××省××市××区××××××,身份证号码××××××。联系电话:××××××。

请求事项:依法对犯罪嫌疑人×××伪造公司印章的行为立案侦查。

事实与理由:犯罪嫌疑人×××系××市××镇××石材经营部(个体工商户)的经营者。2021年10月23日,犯罪嫌疑人×××伪造报案人公司的公章,在《商标代理委托书》《同意转让证明》等文件上使用伪造的报案人公司的公章,并伪造报案人法定代表人周××的签名,将上述文件递交给国家知识产权局商标局,将报案人公司所有的"××××""×××""××"三个注册商标非法转让到自己经营的××市××镇××石材经营部名下,给报案人造成巨大经济损失。

上述事实,有报案人从国家知识产权局商标局复制的《商标代理委托书》《同意转让证明》等证据为证。

报案人认为,《刑法》第二百八十条规定:"伪造公司、企业、事业单位、人民团体的印章的,处三年以下有期徒刑、拘役、管制或者剥夺政治权利,并处罚金。"犯罪嫌疑人×××故意伪造公司印章,其行为已触犯《刑法》第二百八十条的规定,已构成伪造公司印章罪。为了维护报案人的合法权益,严惩犯罪,特向贵局报案,请贵局立案侦查。

此致

××县公安局

报案人：

年 月 日

《报案材料》精细化写作要领

1. 格式上要符合要求。报案材料由“标题”“报案人”“犯罪嫌疑人”“请求事项”“事实与理由”“致送公安机关”和落款“报案人”“报案日期”组成，不能缺项，标题和正文之间要空一行，各部分的表述要准确。

需要注意的是，《刑事诉讼法》第一百一十条规定：“任何单位和个人发现有犯罪事实或者犯罪嫌疑人，有权利也有义务向公安机关、人民检察院或者人民法院报案或者举报。”“被害人对侵犯其人身、财产权利的犯罪事实或者犯罪嫌疑人，有权向公安机关、人民检察院或者人民法院报案或者控告。”据此，如果是被害人一方，书写的材料应为“报案材料”或者“控告材料”，如果案件与自己无关，书写的可以是“报案材料”或者“举报材料”。

2. “请求事项”部分是报案材料的实质性内容，要写明报案的要求和目的。一般情况下，报案的目的是要求公安机关对犯罪嫌疑人涉嫌犯罪的行为立案侦查。故这部分一般表述为：“依法对犯罪嫌疑人某某某涉嫌×××的行为立案侦查。”

3. “事实与理由”部分是报案材料的重点，这部分的任务是通过阐述事实，引用《刑法》的具体规定，论证犯罪嫌疑人的行为已经涉嫌犯罪，公安机关应当立案侦查。这部分由事实、证据或证据线索、说理三部分组成，事实部分是重点。报案材料只是一个线索，不要求将犯罪事实讲得十分清楚，但为了便于公安机关受理和立案，要围绕犯罪构成要件写事实，将犯罪构成要件相关的事实写清楚。如果有证据或者证据线索，尽量将证据或证据线索写完整。报案材料的说理部分主要是论述犯罪嫌疑人的行为已涉嫌某种犯罪，要将有关的《刑法》条文写清楚。这部分虽不要求充分论证，但也可以选择从犯罪构成要件逐一分析，详细论证。

附:相关规定

1.《刑事诉讼法》(2018年修正)

第一百一十条　任何单位和个人发现有犯罪事实或者犯罪嫌疑人,有权利也有义务向公安机关、人民检察院或者人民法院报案或者举报。

被害人对侵犯其人身、财产权利的犯罪事实或者犯罪嫌疑人,有权向公安机关、人民检察院或者人民法院报案或者控告。

公安机关、人民检察院或者人民法院对于报案、控告、举报,都应当接受。对于不属于自己管辖的,应当移送主管机关处理,并且通知报案人、控告人、举报人;对于不属于自己管辖而又必须采取紧急措施的,应当先采取紧急措施,然后移送主管机关。

犯罪人向公安机关、人民检察院或者人民法院自首的,适用第三款规定。

第一百一十一条　报案、控告、举报可以用书面或者口头提出。接受口头报案、控告、举报的工作人员,应当写成笔录,经宣读无误后,由报案人、控告人、举报人签名或者盖章。

接受控告、举报的工作人员,应当向控告人、举报人说明诬告应负的法律责任。但是,只要不是捏造事实,伪造证据,即使控告、举报的事实有出入,甚至是错告的,也要和诬告严格加以区别。

公安机关、人民检察院或者人民法院应当保障报案人、控告人、举报人及其近亲属的安全。报案人、控告人、举报人如果不愿公开自己的姓名和报案、控告、举报的行为,应当为他保守秘密。

第一百一十二条　人民法院、人民检察院或者公安机关对于报案、控告、举报和自首的材料,应当按照管辖范围,迅速进行审查,认为有犯罪事实需要追究刑事责任的时候,应当立案;认为没有犯罪事实,或者犯罪事实显著轻微,不需要追究刑事责任的时候,不予立案,并且将不立案的原因通知控告人。控告人如果不服,可以申请复议。

2.《公安机关办理刑事案件程序规定》(2020年修正)

第十五条　刑事案件由犯罪地的公安机关管辖。如果由犯罪嫌疑人居住地的公安机关管辖更为适宜的,可以由犯罪嫌疑人居住地的公安机关管辖。

法律、司法解释或者其他规范性文件对有关犯罪案件的管辖作出特别规定的，从其规定。

第十六条　犯罪地包括犯罪行为发生地和犯罪结果发生地。犯罪行为发生地，包括犯罪行为的实施地以及预备地、开始地、途经地、结束地等与犯罪行为有关的地点；犯罪行为有连续、持续或者继续状态的，犯罪行为连续、持续或者继续实施的地方都属于犯罪行为发生地。犯罪结果发生地，包括犯罪对象被侵害地、犯罪所得的实际取得地、藏匿地、转移地、使用地、销售地。

居住地包括户籍所在地、经常居住地。经常居住地是指公民离开户籍所在地最后连续居住一年以上的地方，但住院就医的除外。单位登记的住所地为其居住地。主要营业地或者主要办事机构所在地与登记的住所地不一致的，主要营业地或者主要办事机构所在地为其居住地。

第二十一条　几个公安机关都有权管辖的刑事案件，由最初受理的公安机关管辖。必要时，可以由主要犯罪地的公安机关管辖。

……

刑事诉讼文书之2:刑事附带民事起诉状

刑事附带民事起诉状

刑事附带民事诉讼原告人:×××,女,汉族,××××年×月×日出生,住××市××区××××××,身份证号码××××××。联系电话:××××××。

被告人:×××,男,汉族,××××年×月×日出生,住××县××镇××村,身份证号码××××××。

刑事附带民事诉讼被告:×××,男,汉族,××××年×月×日出生,住址同上,身份证号码××××××,系被告人×××父亲。联系电话:××××××。

刑事附带民事诉讼被告:×××,女,汉族,××××年×月×日出生,住址同上,身份证号码××××××,系被告人×××母亲。联系电话:××××××。

诉讼请求:1. 依法追究被告人×××故意伤害罪的刑事责任;2. 判令被告人×××赔偿刑事附带民事诉讼原告人医疗费、误工费、交通费、住宿费等各项损失共计10万元,不足部分,由刑事附带民事诉讼被告×××、×××共同赔偿。

事实与理由:刑事附带民事诉讼原告人系××高级中学高二×班数学教师,被告人×××原系该班学生。××××年×月×日上午第二节上数学课期间,由于被告人×××上课期间在教室里与他人说话、嬉闹,扰乱课堂秩序,刑事附带民事诉讼原告人作为教师对被告人×××进行了批评教育。当天下午第三节是数学辅导课,被告人在自己的座位上来回晃动自己的凳子,发出很大的响声,影响其他学生的学习。刑事附带民事诉讼原告人发现这一情况后,多次在讲台上用目光盯视制止被告人,但被告人依然我行我素。刑事附带民事诉讼原告人被迫走下讲台,来到被告人附近,但被告人毫无收敛,反而变本加厉,用书本拍打课桌。为了保持课堂秩序,刑事附带民事诉讼原告人口头责令被告人到教室外面反省,被告人从座位上站起来,并大声说“不出去”。刑事附带民事诉讼原告人用书轻轻拍了被告人背部一下,被告人却一拳打中刑事附带民事诉讼原告人的左耳,将刑事附带民事诉讼原告人打倒在地。经××县中医院诊断,刑事附带民事诉讼原告人的伤情为左耳外伤性鼓膜穿孔。经鉴定,刑事附带民事诉讼原告人的伤情属轻伤二级。

上述事实,有刑事附带民事诉讼原告人的住院病历、医疗费票据、鉴定书等证据为证。

刑事附带民事诉讼原告人认为,被告人×××故意伤害刑事附带民事诉讼原告人并造成轻伤的后果,其行为已触犯《刑法》第二百三十四条之规定,已构成故意伤害罪,依法应当追究其刑事责任。同时,被告人×××的行为也给刑事附带民事诉讼原告人造成了巨大的物质损失。根据《刑事诉讼法》第一百零一条、《最高人民法院关于适用〈中华人民共和国刑事诉讼法〉的解释》第一百七十五条、第一百九十二条等有关法律的规定,被告人×××应当赔偿刑事附带民事诉讼原告人的医疗费、误工费、交通费、住宿费等各项损失。刑事附带民事诉讼原告人还认为,被告人×××犯罪时系未成年人,根据《最高人民法院关于适用〈中华人民共和国刑事诉讼法〉的解释》第一百八十条、《民法典》第一千一百八十八条的规定,刑事附带民事诉讼被告×××、×××作为被告人×××的监护人,依法应当在被告人×××没有财产或者财产不足以赔偿时承担赔偿责任。为了维护刑事附带民事诉讼原告人的合法权益,特诉诸贵院,请贵院依法支持刑事附带民事诉讼原告人的诉讼请求。

此致

××人民法院

起诉人:

年　月　日

《刑事附带民事起诉状》精细化写作要领

1. 格式上要符合要求。刑事附带民事起诉状由“标题”“当事人信息”“诉讼请求”“事实与理由”“致送法院”和落款“起诉人”“起诉时间”组成，不能缺项，各部分的表述要准确。比如，不能将标题“刑事附带民事起诉状”写成“刑事附带民事起诉书”或者“民事起诉状”，不能将“刑事附带民事诉讼原告人”写成“原告人”，“刑事附带民事诉讼被告”写成“被告人”。

2. 当事人信息，特别是刑事附带民事诉讼被告信息要准确、完整。根据《最高人民法院关于适用〈中华人民共和国刑事诉讼法〉的解释》第一百八十条的规定，附带民事诉讼中依法负有赔偿责任的人，可以列为刑事附带民事诉讼的被告，包括未被追究刑事责任的其他共同侵害人、刑事被告人的监护人、死刑罪犯的遗产继承人、共同犯罪案件中案件审结前死亡的被告人的遗产继承人以及对被害人的物质损失依法应当承担赔偿责任的其他单位和个人。为了充分维护被害人的权益，要根据具体案件情况，除了刑事被告人以外，能列的附带民事诉讼被告都要列上。比如，交通肇事案件中肇事车辆的保险人、被挂靠人、违法出借人等。

3. “诉讼请求”部分是整个刑事附带民事起诉状的核心，要反复推敲，做到表达准确，没有漏项漏算，项项都要有依据。

根据《刑事诉讼法》第一百零一条第一款，《最高人民法院关于适用〈中华人民共和国刑事诉讼法〉的解释》第一百七十五条、第一百九十二条第二款的规定，因受到犯罪侵犯，可以就被告人的犯罪行为而遭受的物质损失提起附带民事诉讼或者单独提起民事诉讼。“物质损失”就是财产损失，即可以用金钱加以计算的损失，但不包括作为非物质损害的精神损害。如本范例中的故意伤害案件，刑事附带民事诉讼原告人在诉讼请求中除要求依法追究被告人刑事责任外，还可以要求被告人和刑事附带民事被告赔偿其医疗费、护理费、交通费等为治疗和康复支付的合理费用，以及因误工减少的收入。造成被害人残疾的，还应当赔偿残疾生活辅助器具费等费用，但不能主张精神损害类赔偿。

需要注意的是，根据《最高人民法院关于适用〈中华人民共和国刑事诉讼法〉的解释》第一百九十二条第三款的规定，如果驾驶机动车致人伤亡或者造成公私财产重大损失，构成犯罪的，依照《中华人民共和国道路交通安全法》第七十六条的规定确定赔偿责任，也就是被害人既可以主张物质损害赔偿，还可以主张精神损害赔偿。

4. 刑事附带民事起诉状的“事实与理由”部分与民事起诉状的该部分内容大致相同，主要是通过阐述事实、引用证据和适用法律，让法院支持本方的诉讼请求。刑事附带民事起诉状的"事实与理由"部分依旧是"三段论"的写作模式，具体可参照民事起诉状的"事实与理由"部分。

需要注意的是，刑事附带民事诉讼应当在刑事案件立案后第一审判决宣告前提起。根据《最高人民法院关于适用〈中华人民共和国刑事诉讼法〉的解释》第一百九十八条的规定，第一审期间未提起附带民事诉讼，在第二审期间提起的，第二审人民法院可以依法进行调解；调解不成的，告知当事人可以在刑事判决、裁定生效后另行提起民事诉讼。

附：相关规定

1.《中华人民共和国刑事诉讼法》(2018年修正)

第一百零一条　被害人由于被告人的犯罪行为而遭受物质损失的，在刑事诉讼过程中，有权提起附带民事诉讼。被害人死亡或者丧失行为能力的，被害人的法定代理人、近亲属有权提起附带民事诉讼。

如果是国家财产、集体财产遭受损失的，人民检察院在提起公诉的时候，可以提起附带民事诉讼。

2.《最高人民法院关于适用〈中华人民共和国刑事诉讼法〉的解释》(2021年)

第一百七十五条　被害人因人身权利受到犯罪侵犯或者财物被犯罪分子毁坏而遭受物质损失的，有权在刑事诉讼过程中提起附带民事诉讼；被害人死亡或者丧失行为能力的，其法定代理人、近亲属有权提起附带民事诉讼。

因受到犯罪侵犯，提起附带民事诉讼或者单独提起民事诉讼要求赔偿精神损失的，人民法院一般不予受理。

第一百八十条　附带民事诉讼中依法负有赔偿责任的人包括：

(一)刑事被告人以及未被追究刑事责任的其他共同侵害人；

(二)刑事被告人的监护人；

(三)死刑罪犯的遗产继承人；

(四)共同犯罪案件中，案件审结前死亡的被告人的遗产继承人；

(五)对被害人的物质损失依法应当承担赔偿责任的其他单位和个人。

附带民事诉讼被告人的亲友自愿代为赔偿的，可以准许。

第一百八十一条　被害人或者其法定代理人、近亲属仅对部分共同侵害人提起附带民事诉讼的，人民法院应当告知其可以对其他共同侵害人，包括没有被追究刑事责任的共同侵害人，一并提起附带民事诉讼，但共同犯罪案件中同案犯在逃的除外。

被害人或者其法定代理人、近亲属放弃对其他共同侵害人的诉讼权利的，人民法院应当告知其相应法律后果，并在裁判文书中说明其放弃诉讼请求的情况。

第一百八十二条　附带民事诉讼的起诉条件是：

（一）起诉人符合法定条件；

（二）有明确的被告人；

（三）有请求赔偿的具体要求和事实、理由；

（四）属于人民法院受理附带民事诉讼的范围。

第一百八十三条　共同犯罪案件，同案犯在逃的，不应列为附带民事诉讼被告人。逃跑的同案犯到案后，被害人或者其法定代理人、近亲属可以对其提起附带民事诉讼，但已经从其他共同犯罪人处获得足额赔偿的除外。

第一百八十四条　附带民事诉讼应当在刑事案件立案后及时提起。

提起附带民事诉讼应当提交附带民事起诉状。

第一百九十二条　对附带民事诉讼作出判决，应当根据犯罪行为造成的物质损失，结合案件具体情况，确定被告人应当赔偿的数额。

犯罪行为造成被害人人身损害的，应当赔偿医疗费、护理费、交通费等为治疗和康复支付的合理费用，以及因误工减少的收入。造成被害人残疾的，还应当赔偿残疾生活辅助器具费等费用；造成被害人死亡的，还应当赔偿丧葬费等费用。

驾驶机动车致人伤亡或者造成公私财产重大损失，构成犯罪的，依照《中华人民共和国道路交通安全法》第七十六条的规定确定赔偿责任。

附带民事诉讼当事人就民事赔偿问题达成调解、和解协议的，赔偿范围、数额不受第二款、第三款规定的限制。

第一百九十八条　第一审期间未提起附带民事诉讼，在第二审期间提起的，第二审人民法院可以依法进行调解；调解不成的，告知当事人可以在刑事判决、裁定生效后另行提起民事诉讼。

第二百条　被害人或者其法定代理人、近亲属在刑事诉讼过程中未提起附带民事诉讼,另行提起民事诉讼的,人民法院可以进行调解,或者根据本解释第一百九十二条第二款、第三款的规定作出判决。

第二百零一条　人民法院审理附带民事诉讼案件,除刑法、刑事诉讼法以及刑事司法解释已有规定的以外,适用民事法律的有关规定。

3.《中华人民共和国民法典》(2020年)

第一千一百八十八条　无民事行为能力人、限制民事行为能力人造成他人损害的,由监护人承担侵权责任。监护人尽到监护职责的,可以减轻其侵权责任。

有财产的无民事行为能力人、限制民事行为能力人造成他人损害的,从本人财产中支付赔偿费用;不足部分,由监护人赔偿。

刑事诉讼文书之3:变更强制措施申请书

变更强制措施申请书

申请人:××律师事务所×××律师。

通信地址:××省××市××区××路××号。

联系方式:×××××××。

申请事项:变更对×××采取的逮捕强制措施为取保候审。

申请理由:×××因涉嫌危险驾驶犯罪,于2023年6月12日经贵院批准逮捕,目前羁押在××县看守所。作为×××的辩护人,申请人认为×××不符合《刑事诉讼法》和《最高人民法院关于适用〈中华人民共和国刑事诉讼法〉的解释》规定的逮捕条件,不应被逮捕,具体理由如下:

1."犯罪嫌疑人、被告人可能被判处徒刑以上刑罚"是《刑事诉讼法》第八十一条第一款规定的逮捕必备三个条件之一,危险驾驶罪的最高法定刑是拘役,对危险驾驶的犯罪嫌疑人、被告人不可能被判处徒刑以上刑罚,不符合"可能被判处徒刑以上刑罚"这一逮捕条件,除非犯罪嫌疑人、被告人在取保候审、监视居住期间违反相关规定且情节严重,否则都不应逮捕,应在判决生效后直接交付执行机关执行。理由如下:

(1)《刑事诉讼法》第八十一条第一款规定:"对有证据证明有犯罪事实,可能判处徒刑以上刑罚的犯罪嫌疑人、被告人,采取取保候审尚不足以防止发生下列社会危险性的,应当予以逮捕……"这一规定足以表明,逮捕条件有三个:一是有证据证明有犯罪事实;二是犯罪嫌疑人、被告人可能被判处徒刑以上刑罚;三是采取取保候审尚不足以防止发生社会危险性。这三个条件必须同时具备,缺一不可。《刑事诉讼法》第八十一条第四款规定:"被取保候审、监视居住的犯罪嫌疑人、被告人违反取保候审、监视居住规定,情节严重的,可以予以逮捕。"《全国人民代表大会常务委员会关于〈中华人民共和国刑事诉讼法〉第七十九条第三款的解释》规定:“根据刑事诉讼法第七十九条(现为第八十一条)第三款的规定,对于被取保候审、监视居住的可能判处徒刑以下刑罚的犯罪嫌疑人、被告人,违反取保候审、监视居住规定,严重影响诉讼活动正常进行的,可以予以逮捕。”根据《刑法》第一百三十三条之一的规定,危险驾驶罪最高法定刑是拘役,也就是说,对危险驾驶的犯罪嫌疑人、被告人不可能被判处徒刑以上刑罚,不符合《刑事诉讼法》第八十一条第一款规定的“可能被判处徒刑以上刑罚”这一逮捕条件。除非犯罪嫌疑人、被告人在取保候审、监视居住期间违反取保候审、监视居住规定且情节严重,否则,不应当被逮捕。

(2)最高人民法院、最高人民检察院、公安部2013年12月18日印发的《关于办理醉酒驾驶机动车刑事案件适用法律若干问题的意见》第七条第二款规定:“对醉酒驾驶机动车的犯罪嫌疑人、被告人,根据案件情况,可以拘留或者取保候审。对符合取保候审条件,但犯罪嫌疑人、被告人不能提出保证人,也不交纳保证金的,可以监视居住。对违反取保候审、监视居住规定的犯罪嫌疑人、被告人,情节严重的,可以予以逮捕。”根据这一规定,对醉酒驾驶机动车的犯罪嫌疑人、被告人,可以拘留或者取保候审,不能直接适用监视居住措施。只有对符合取保候审条件,但犯罪嫌疑人、被告人不能提出保证人,也不交纳保证金的,才可以监视居住。对犯罪嫌疑人、被告人违反取保候审、监视居住规定且情节严重的,才可以逮捕。这一规定与《刑事诉讼法》第八十一条的规定是完全一致的。最高人民法院高贵君、马岩、方文军、曾琳撰写的《〈关于办理醉酒驾驶机动车刑事案件适用法律若干问题的意见〉的理解与适用》一文中提到:“在《意见》起草过程中,各地司法机关普遍反映,根据刑事诉讼法的相关规定,对醉酒驾驶机动车的犯罪嫌疑人、被告人不得直接适用逮捕措施,造成实践处理存在诸多困难,如犯罪嫌疑人、被告人脱逃后导致诉讼活动不能正常进行,一审判决生效后收监执行难等等,……经研究,法律的明确规定应当得到严格执行,即使存在犯罪嫌疑人、被告人脱逃的可能性,也不能突破法律规定违法办案。故《意见》第七条强调办理醉酒驾驶机动车刑事案件应当严格执行刑事诉讼法的有关规定,保障犯罪嫌疑人、被告人的诉讼权利,遵守法定诉讼期限、强制措施等规定。只有犯罪嫌疑人、被告人违反取保候审、监视居住规定情节严重的,才可依法予以逮捕。”

(3)《刑事审判参考》第905号案例《孟令悟危险驾驶案——对涉嫌犯危险

驾驶罪的犯罪嫌疑人、被告人能否直接采取逮捕强制措施以及判决文书如何表述刑期起止日期》中也指出，“对于涉嫌犯危险驾驶罪的犯罪嫌疑人、被告人不能直接采取逮捕强制措施，除非在取保候审、监视居住期间严重违反相关规定”。

(4)《刑法》第四十三条第一款规定：“被判处拘役的犯罪分子，由公安机关就近执行。”第二款规定：“在执行期间，被判处拘役的犯罪分子每月可以回家一天至两天；参加劳动的，可以酌量发给报酬。”根据这一规定，如果先行对判处拘役的被告人采取逮捕措施，也无法保证被告人可以享有的每月回家一天至两天的法定权利。因此，从法理上来讲，被判处拘役的被告人，除了在取保候审、监视居住期间严重违反相关规定被逮捕的以外，只能等判决生效后直接交付执行机关执行。

2. ×××在取保候审期间未违反取保候审规定，也不存在《最高人民法院关于适用〈中华人民共和国刑事诉讼法〉的解释》第一百六十四条规定的可以采取逮捕强制措施的 9 类情形，贵院对×××采取逮捕措施不仅是违法的，而且也不符合“少捕、慎诉、慎押”的刑事司法政策。理由如下：

(1)《最高人民法院关于适用〈中华人民共和国刑事诉讼法〉的解释》第一百六十四条规定：“被取保候审的被告人具有下列情形之一的，人民法院应当决定逮捕：(一)故意实施新的犯罪的；(二)企图自杀或者逃跑的；(三)毁灭、伪造证据，干扰证人作证或者串供的；(四)打击报复、恐吓滋扰被害人、证人、鉴定人、举报人、控告人等的；(五)经传唤，无正当理由不到案，影响审判活动正常进行的；(六)擅自改变联系方式或者居住地，导致无法传唤，影响审判活动正常进行的；(七)未经批准，擅自离开所居住的市、县，影响审判活动正常进行，或者两次未经批准，擅自离开所居住的市、县的；(八)违反规定进入特定场所、与特定人员会见或者通信、从事特定活动，影响审判活动正常进行，或者两次违反有关规定的；(九)依法应当决定逮捕的其他情形。”本案中，×××在取保候审期间未违反取保候审规定，也不存在该条前八项列举的情形。关于第九项“依法应当决定逮捕的其他情形”，根据兜底条款的解释规则，这里规定的“依法应当决定逮捕的其他情形”应当与前八项列举的具体情形具有同质性。最高人民法院原副院长江必新主编的《刑事诉讼法司法解释理解与适用》一书中指出，第九项“依法应当决定逮捕的其他情形”，“包括被取保候审人伪造护照等出入境证件、驾驶证件，可能逃避审判或者妨碍诉讼活动的顺利进行等情形”。本案中，在×

××未实施任何与前八项同类性质或后果的行为的情形下，根本不存在“其他情形”的适用空间。

(2)“少捕、慎诉、慎押”是目前我国的刑事司法政策，在取保候审期间未违反任何规定的情况下，对仅涉嫌危险驾驶的×××采取逮捕强制措施，明显违背了“少捕、慎诉、慎押”的刑事司法政策。

(3)本案×××已经提起上诉，一审判决未生效，结合上述规定，不应继续对其采取羁押措施。

综上所述，申请人认为，×××不符合《刑事诉讼法》和《最高人民法院关于适用〈中华人民共和国刑事诉讼法〉的解释》中规定的逮捕条件，不应逮捕，根据《刑事诉讼法》第六十七条第一款第一项、第九十七条的规定，特提出上述申请，请贵院依法予以准许。

此致

××人民法院

申请人：

律师事务所(盖章)：

年 月 日

《变更强制措施申请书》精细化写作要领

1. 格式上要符合要求。变更强制措施申请书由“标题”“申请人”“申请事项”“申请理由”“致送机关”和落款“申请人”“申请日期”组成，不能缺项，标题和正文之间要空一行，各部分的表述要准确。落款部分要加盖律师事务所公章。根据《刑事诉讼法》第九十七条的规定，犯罪嫌疑人、被告人及其法定代理人、近亲属或者辩护人都有权申请变更强制措施。因此，变更强制措施申请书的“申请人”可以是犯罪嫌疑人、被告人及其法定代理人、近亲属或者辩护人。变更强制措施申请可以在侦查阶段、审查起诉阶段和审判阶段任何一个阶段提出，“致送机关”要根据案件所在的阶段，向对应的公安机关、人民检察院或者人民法院提出。

2. “申请事项”部分要写明申请人的具体要求，要表达准确。一般表述为

“将对犯罪嫌疑人×××采取的逮捕强制措施变更为取保候审”。

3.“申请理由”部分是变更强制措施申请书的重点，这部分的任务是通过阐述事实，论证变更强制措施的必要性。犯罪嫌疑人及其法定代理人、近亲属或者辩护人提出变更强制措施申请的，应当说明理由，有证据和其他材料的，应当附上相关材料。这部分内容重点阐述犯罪嫌疑人（被告人）被采取具体强制措施的事实以及申请变更强制措施的必要性，如果有相应证据和其他材料，要结合这些证据材料来具体论证申请变更强制措施的理由。需要注意的是，有的案件可能存在多个理由，这种情况下，要逐一阐明各个理由并充分论证，这样才有可能起到好的效果。

附：相关规定

1.《中华人民共和国刑事诉讼法》(2018 年修正)

第九十七条　犯罪嫌疑人、被告人及其法定代理人、近亲属或者辩护人有权申请变更强制措施。人民法院、人民检察院和公安机关收到申请后，应当在三日以内作出决定；不同意变更强制措施的，应当告知申请人，并说明不同意的理由。

2.《人民检察院刑事诉讼规则》(2019 年)

第八十六条　检察院对于具有下列情形之一的犯罪嫌疑人，可以取保候审：

（一）可能判处管制、拘役或者独立适用附加刑的；

（二）可能判处有期徒刑以上刑罚，采取取保候审不致发生社会危险性的；

（三）患有严重疾病、生活不能自理，怀孕或者正在哺乳自己婴儿的妇女，采取取保候审不致发生社会危险性的；

（四）羁押期限届满，案件尚未办结，需要采取取保候审的。

第八十八条　被羁押或者监视居住的犯罪嫌疑人及其法定代理人、近亲属或者辩护人向人民检察院申请取保候审，人民检察院应当在三日以内作出是否同意的答复。经审查符合本规则第八十六条规定情形之一的，可以对被羁押或者监视居住的犯罪嫌疑人依法办理取保候审手续。经审查不符合取保候审条件的，应当告知申请人，并说明不同意取保候审的理由。

第一百五十一条　犯罪嫌疑人及其法定代理人、近亲属或者辩护人向人民检察院提出变更强制措施申请的，人民检察院应当在收到申请后三日以内作出决定。

经审查，同意变更强制措施的，应当在作出决定的同时通知公安机关执行；不同意变更强制措施的，应当书面告知申请人，并说明不同意的理由。

犯罪嫌疑人及其法定代理人、近亲属或者辩护人提出变更强制措施申请的，应当说明理由，有证据和其他材料的，应当附上相关材料。

3.《公安机关办理刑事案件程序规定》(2020 年修正)

第一百六十条　犯罪嫌疑人及其法定代理人、近亲属或者辩护人有权申请变更强制措施。公安机关应当在收到申请后三日以内作出决定；不同意变更强制措施的，应当告知申请人，并说明理由。

4.《关于依法保障律师执业权利的规定》(2015 年)

第二十二条　辩护律师书面申请变更或者解除强制措施的，办案机关应当在3日以内作出处理决定。辩护律师的申请符合法律规定的，办案机关应当及时变更或者解除强制措施；经审查认为不应当变更或者解除强制措施的，应当告知辩护律师，并书面说明理由。

刑事诉讼文书之4:羁押必要性审查申请书

羁押必要性审查申请书

申请人:××律师事务所×××律师。

通信地址:××省××市××区××路××号。

联系方式:×××××××。

申请事项:对犯罪嫌疑人张××依法启动羁押必要性审查程序,并向××公安局提出变更强制措施为取保候审的建议。

事实与理由:犯罪嫌疑人张××因涉嫌帮助信息网络犯罪活动罪一案,于2022年3月8日经贵院批准逮捕,目前羁押在××看守所,××公安局还在侦查中。作为犯罪嫌疑人张××的辩护人,申请人申请贵院依法启动羁押必要性审查程序,并向××公安局提出变更强制措施为取保候审的建议。具体理由如下:

1. 犯罪嫌疑人张××属于犯罪情节轻微、主观恶性较小的初犯。

《最高人民法院、最高人民检察院关于办理非法利用信息网络、帮助信息网络犯罪活动等刑事案件适用法律若干问题的解释》第十五条规定:"综合考虑社会危害程度、认罪悔罪态度等情节,认为犯罪情节轻微的,可以不起诉或者免予刑事处罚;情节显著轻微危害不大的,不以犯罪论处。"本案犯罪嫌疑人张××犯罪情节轻微,具有悔罪表现,且系主观恶性较小的初犯,不予羁押不致发生社会危险性。《最高人民检察院刑事执行检察厅关于贯彻执行〈人民检察院办理羁押必要性审查案件规定(试行)〉的指导意见》第二十七条规定:"经羁押必要性审查,发现犯罪嫌疑人、被告人具有下列情形之一,且具有悔罪表现,不予羁押不致发生社会危险性的,可以向办案机关提出释放或者变更强制措施的建议……(五)主观恶性较小的初犯;……"据此,对犯罪嫌疑人张××可以变更强制措施。

2. 本案案件事实已经基本查清，证据已经收集固定，符合取保候审条件。

本案自案发至今，经过侦查机关的不懈努力，事实已经基本查清，证据已经收集固定，案涉犯罪嫌疑人已经全部到案。《最高人民检察院刑事执行检察厅关于贯彻执行〈人民检察院办理羁押必要性审查案件规定（试行）〉的指导意见》第二十六条规定："经羁押必要性审查，发现犯罪嫌疑人、被告人具有下列情形之一的，应当向办案机关提出释放或者变更强制措施的建议……（四）案件事实基本查清，证据已经收集固定，符合取保候审或者监视居住条件的。"据此，对犯罪嫌疑人张××也应当变更强制措施。

3. 犯罪嫌疑人张××可能被判处一年以下有期徒刑或者宣告缓刑，且一贯表现良好，没有前科劣迹，也未受过治安行政处罚，悔罪表现强烈，对其取保候审不致发生社会危险，不会影响诉讼活动的顺利进行，可以变更强制措施为取保候审。

根据本案的事实、性质及情节，犯罪嫌疑人张××可能被判处一年以下有期徒刑或者宣告缓刑，案发后犯罪嫌疑人张××积极配合公安机关的侦查工作，认罪态度好，没有逃避法律责任的表现，本人及其家属都表示愿意积极退赃。《最高人民检察院刑事执行检察厅关于贯彻执行〈人民检察院办理羁押必要性审查案件规定（试行）〉的指导意见》第二十七条规定："经羁押必要性审查，发现犯罪嫌疑人、被告人具有下列情形之一，且具有悔罪表现，不予羁押不致发生社会危险性的，可以向办案机关提出释放或者变更强制措施的建议……（十一）可能被判处一年以下有期徒刑或者宣告缓刑的……"据此，对犯罪嫌疑人张××也可以变更强制措施。

综上所述，申请人认为，对犯罪嫌疑人张××不予羁押不致发生社会危险，不需要继续羁押。根据《刑事诉讼法》第九十五条，《人民检察院刑事诉讼规则》第五百七十九条、第五百八十条和《最高人民检察院刑事执行检察厅关于贯彻执行〈人民检察院办理羁押必要性审查案件规定（试行）〉的指导意见》第二十六条、第二十七条的规定，特提出上述申请，请贵院依法予以支持。

此致

××人民检察院

申请人：

律师事务所（盖章）：

年　月　日

《羁押必要性审查申请书》精细化写作要领

1. 在格式上要符合要求。羁押必要性审查是人民检察院对被逮捕的犯罪嫌疑人、被告人有无继续羁押的必要性进行审查,对不需要继续羁押的,建议办案机关予以释放或者变更强制措施的监督活动。根据《人民检察院刑事诉讼规则》第五百七十四条的规定,人民检察院进行羁押必要性审查有三种途径,一是依职权进行羁押必要性审查,二是依犯罪嫌疑人、被告人及其法定代理人、近亲属或者辩护人申请进行羁押必要性审查,三是依看守所建议进行羁押必要性审查。羁押必要性审查申请书与变更强制措施申请书的格式基本相同,由"标题""申请人""申请事项""事实和理由""致送机关"和落款"申请人""申请日期"组成,不能缺项,标题和正文之间要空一行,各部分的表述要准确,落款部分一般要加盖律师事务所公章。羁押必要性审查申请书的"申请人"不限于辩护人,还可以是犯罪嫌疑人、被告人及其法定代理人、近亲属。

需要注意的是,羁押必要性审查是人民检察院基于法律监督机关的地位独自享有的一项职权,无论案件在哪个阶段,犯罪嫌疑人、被告人及其法定代理人、近亲属或者辩护人都可以向人民检察院提出羁押必要性审查申请,提出羁押必要性审查申请的法律依据是《刑事诉讼法》第九十五条。而变更强制措施是公安机关、人民检察院和人民法院都可以行使的职权,犯罪嫌疑人、被告人及其法定代理人、近亲属或者辩护人提出变更强制措施申请的法律依据是《刑事诉讼法》第九十七条。这是羁押必要性审查申请和变更强制措施申请的重要区别,要区分清楚。因此,羁押必要性审查申请书的"标题"是"羁押必要性审查申请书",不能写成"变更强制措施申请书"。羁押必要性审查申请书的"致送机关"只能是办案机关对应的同级人民检察院,具体由人民检察院负责捕诉的部门负责办理。负责刑事执行检察的部门收到有关材料或者发现不需要继续羁押的,会将有关材料和意见移送负责捕诉的部门。

2. "申请事项"部分要写明书写羁押必要性审查申请的具体请求,涉及多项请求的,要逐一表达准确。犯罪嫌疑人、被告人被逮捕后,人民检察院在侦查阶段、审查起诉阶段、审判阶段都应当对羁押的必要性进行审查。因此,书写羁押必要性审查申请书时，要根据案件所处的不同阶段，提出不同的请求。根据《人民检察院刑事诉讼规则》第五百七十五条的规定，负责捕诉的部门依法对侦查和审判阶段的羁押必要性进行审查。经审查认为不需要继续羁押的，应当建议公安机关或者人民法院释放犯罪嫌疑人、被告人或者变更强制措施。审查起诉阶段，负责捕诉的部门经审查认为不需要继续羁押的，应当直接释放犯罪嫌疑人或者变更强制措施。因此，如果案件在侦查阶段，羁押必要性审查申请书的"申请事项"应表述为"对犯罪嫌疑人×××依法启动羁押必要性审查程序，并建议公安机关释放犯罪嫌疑人(或变更强制措施)"。如果案件在审查起诉阶段，羁押必要性审查申请书的"申请事项"应表述为"对犯罪嫌疑人×××依法启动羁押必要性审查程序，并释放犯罪嫌疑人(或变更强制措施)"。如果案件在审判阶段，羁押必要性审查申请书的"申请事项"应表述为"对被告人×××依法启动羁押必要性审查程序，并建议人民法院释放被告人(或变更强制措施)"。

3."事实与理由"部分是羁押必要性审查申请书的重点，这部分的任务是通过阐述事实、引用证据，结合《刑事诉讼法》《人民检察院刑事诉讼规则》《最高人民检察院执行检察厅关于贯彻执行〈人民检察院办理羁押必要性审查案件规定(试行)〉的指导意见》的具体规定，论证犯罪嫌疑人(被告人)不需要继续羁押，应当释放或者变更强制措施。这部分要先简要交代案件情况、犯罪嫌疑人(被告人)羁押情况和案件进展。一般表述为："犯罪嫌疑人(被告人)×××因涉嫌××××罪一案，于××××年×月×日经贵院批准逮捕，目前羁押在××市看守所，案件目前在××阶段。"根据《人民检察院刑事诉讼规则》第五百七十四条的规定，犯罪嫌疑人、被告人及其法定代理人、近亲属或者辩护人申请人民检察院进行羁押必要性审查时，应当说明不需要继续羁押的理由，有相关证据或者其他材料的应当提供。《人民检察院刑事诉讼规则》第五百七十九条和《最高人民检察院执行检察厅关于贯彻执行〈人民检察院办理羁押必要性审查案件规定(试行)〉的指导意见》第二十六条规定了人民检察院在羁押必要性审查过程中应当向办案机关提出释放或者变更强制措施建议的4类具体情形，《人民检察院刑事诉讼规则》第五百八十条和《最高人民检察院执行检察厅关于贯彻执行〈人民检察院办理羁押必要性审查案件规定(试行)〉的指导意见》第二十七条规定了人民检察院在羁押必要性审查过程中可以向办案机关提出释放或者变更强制措施建议的13类具体情形。在书写羁押必要性审查申请书的"事实与理由"部分时，要结合案件情况、证据法律条文的具体规定写理由。最后一段，进行简单总结，一般表述为："综上所述，申请人认为，对犯罪嫌疑人（被告人）×××不予羁押不致发生社会危险，不需要继续羁押。根据《刑事诉讼法》第九十五条，《人民检察院刑事诉讼规则》第五百七十九条、第五百八十条和《最高人民检察院执行检察厅关于贯彻执行〈人民检察院办理羁押必要性审查案件规定（试行）〉的指导意见》第二十六条、第二十七条的规定，特提出上述申请，请贵院依法予以支持。"

需要注意的是，有的案件可能会符合《人民检察院刑事诉讼规则》第五百七十九条、第五百八十条和《最高人民检察院执行检察厅关于贯彻执行〈人民检察院办理羁押必要性审查案件规定（试行）〉的指导意见》第二十六条、第二十七条中的多个理由，这种情况下，要逐一论证。比如，本范本案例有三个理由，笔者就分成三个方面逐一阐述，层次分明、简单明了，能起到较好的效果。

附：相关规定

1.《中华人民共和国刑事诉讼法》（2018年修正）

第九十五条　犯罪嫌疑人、被告人被逮捕后，人民检察院仍应当对羁押的必要性进行审查。对不需要继续羁押的，应当建议予以释放或者变更强制措施。有关机关应当在十日以内将处理情况通知人民检察院。

2.《人民检察院刑事诉讼规则》（2019年）

第二百七十条　批准或者决定逮捕，应当将犯罪嫌疑人涉嫌犯罪的性质、情节，认罪认罚等情况，作为是否可能发生社会危险性的考虑因素。

已经逮捕的犯罪嫌疑人认罪认罚的，人民检察院应当及时对羁押必要性进行审查。经审查，认为没有继续羁押必要的，应当予以释放或者变更强制措施。

第五百七十三条　犯罪嫌疑人、被告人被逮捕后，人民检察院仍应当对羁押的必要性进行审查。

第五百七十四条　人民检察院在办案过程中可以依职权主动进行羁押必要性审查。

犯罪嫌疑人、被告人及其法定代理人、近亲属或者辩护人可以申请人民检察院进行羁押必要性审查。申请时应当说明不需要继续羁押的理由，有相关证据或者其他材料的应当提供。

看守所根据在押人员身体状况,可以建议人民检察院进行羁押必要性审查。

第五百七十五条 负责捕诉的部门依法对侦查和审判阶段的羁押必要性进行审查。经审查认为不需要继续羁押的,应当建议公安机关或者人民法院释放犯罪嫌疑人、被告人或者变更强制措施。

审查起诉阶段,负责捕诉的部门经审查认为不需要继续羁押的,应当直接释放犯罪嫌疑人或者变更强制措施。

负责刑事执行检察的部门收到有关材料或者发现不需要继续羁押的,应当及时将有关材料和意见移送负责捕诉的部门。

第五百七十六条 办案机关对应的同级人民检察院负责控告申诉检察的部门或者负责案件管理的部门收到羁押必要性审查申请后,应当在当日移送本院负责捕诉的部门。

其他人民检察院收到羁押必要性审查申请的,应当告知申请人向办案机关对应的同级人民检察院提出申请,或者在二日以内将申请材料移送办案机关对应的同级人民检察院,并告知申请人。

第五百七十七条 人民检察院可以采取以下方式进行羁押必要性审查:

(一)审查犯罪嫌疑人、被告人不需要继续羁押的理由和证明材料;

(二)听取犯罪嫌疑人、被告人及其法定代理人、辩护人的意见;

(三)听取被害人及其法定代理人、诉讼代理人的意见,了解是否达成和解协议;

(四)听取办案机关的意见;

(五)调查核实犯罪嫌疑人、被告人的身体健康状况;

(六)需要采取的其他方式。

必要时,可以依照有关规定进行公开审查。

第五百七十八条 人民检察院应当根据犯罪嫌疑人、被告人涉嫌的犯罪事实、主观恶性、悔罪表现、身体状况、案件进展情况、可能判处的刑罚和有无再危害社会的危险等因素,综合评估有无必要继续羁押犯罪嫌疑人、被告人。

第五百七十九条 人民检察院发现犯罪嫌疑人、被告人具有下列情形之一的,应当向办案机关提出释放或者变更强制措施的建议:

(一)案件证据发生重大变化,没有证据证明有犯罪事实或者犯罪行为系犯罪嫌疑人、被告人所为的；

（二）案件事实或者情节发生变化，犯罪嫌疑人、被告人可能被判处拘役、管制、独立适用附加刑、免予刑事处罚或者判决无罪的；

（三）继续羁押犯罪嫌疑人、被告人，羁押期限将超过依法可能判处的刑期的；

（四）案件事实基本查清，证据已经收集固定，符合取保候审或者监视居住条件的。

第五百八十条　人民检察院发现犯罪嫌疑人、被告人具有下列情形之一，且具有悔罪表现，不予羁押不致发生社会危险性的，可以向办案机关提出释放或者变更强制措施的建议：

（一）预备犯或者中止犯；

（二）共同犯罪中的从犯或者胁从犯；

（三）过失犯罪的；

（四）防卫过当或者避险过当的；

（五）主观恶性较小的初犯；

（六）系未成年人或者已满七十五周岁的人；

（七）与被害方依法自愿达成和解协议，且已经履行或者提供担保的；

（八）认罪认罚的；

（九）患有严重疾病、生活不能自理的；

（十）怀孕或者正在哺乳自己婴儿的妇女；

（十一）系生活不能自理的人的唯一扶养人；

（十二）可能被判处一年以下有期徒刑或者宣告缓刑的；

（十三）其他不需要继续羁押的情形。

第五百八十一条　人民检察院向办案机关发出释放或者变更强制措施建议书的，应当说明不需要继续羁押犯罪嫌疑人、被告人的理由和法律依据，并要求办案机关在十日以内回复处理情况。

人民检察院应当跟踪办案机关对释放或者变更强制措施建议的处理情况。办案机关未在十日以内回复处理情况的，应当提出纠正意见。

第五百八十二条　对于依申请审查的案件，人民检察院办结后，应当将提出建议的情况和公安机关、人民法院的处理情况，或者有继续羁押必要的审查意见和理由及时书面告知申请人。

3.《人民检察院办理羁押必要性审查案件规定(试行)》(2016年)

第七条　犯罪嫌疑人、被告人及其法定代理人、近亲属、辩护人申请进行羁押必要性审查的,应当说明不需要继续羁押的理由。有相关证明材料的,应当一并提供。

第十三条　人民检察院进行羁押必要性审查,可以采取以下方式:

(一)审查犯罪嫌疑人、被告人不需要继续羁押的理由和证明材料;

(二)听取犯罪嫌疑人、被告人及其法定代理人、辩护人的意见;

(三)听取被害人及其法定代理人、诉讼代理人的意见,了解是否达成和解协议;

(四)听取现阶段办案机关的意见;

(五)听取侦查监督部门或者公诉部门的意见;

(六)调查核实犯罪嫌疑人、被告人的身体状况;

(七)其他方式。

第十四条　人民检察院可以对羁押必要性审查案件进行公开审查。但是,涉及国家秘密、商业秘密、个人隐私的案件除外。

公开审查可以邀请与案件没有利害关系的人大代表、政协委员、人民监督员、特约检察员参加。

第十五条　人民检察院应当根据犯罪嫌疑人、被告人涉嫌犯罪事实、主观恶性、悔罪表现、身体状况、案件进展情况、可能判处的刑罚和有无再危害社会的危险等因素,综合评估有无必要继续羁押犯罪嫌疑人、被告人。

第十六条　评估犯罪嫌疑人、被告人有无继续羁押必要性可以采取量化方式,设置加分项目、减分项目、否决项目等具体标准。犯罪嫌疑人、被告人的得分情况可以作为综合评估的参考。

第十七条　经羁押必要性审查,发现犯罪嫌疑人、被告人具有下列情形之一的,应当向办案机关提出释放或者变更强制措施的建议:

(一)案件证据发生重大变化,没有证据证明有犯罪事实或者犯罪行为系犯罪嫌疑人、被告人所为的;

(二)案件事实或者情节发生变化,犯罪嫌疑人、被告人可能被判处拘役、管制、独立适用附加刑、免予刑事处罚或者判决无罪的;

(三)继续羁押犯罪嫌疑人、被告人,羁押期限将超过依法可能判处的刑期的;

(四)案件事实基本查清,证据已经收集固定,符合取保候审或者监视居住条件的。

第十八条　经羁押必要性审查,发现犯罪嫌疑人、被告人具有下列情形之一,且具有悔罪表现,不予羁押不致发生社会危险性的,可以向办案机关提出释放或者变更强制措施的建议:

(一)预备犯或者中止犯;

(二)共同犯罪中的从犯或者胁从犯;

(三)过失犯罪的;

(四)防卫过当或者避险过当的;

(五)主观恶性较小的初犯;

(六)系未成年人或者年满七十五周岁的人;

(七)与被害方依法自愿达成和解协议,且已经履行或者提供担保的;

(八)患有严重疾病、生活不能自理的;

(九)系怀孕或者正在哺乳自己婴儿的妇女;

(十)系生活不能自理的人的唯一扶养人;

(十一)可能被判处一年以下有期徒刑或者宣告缓刑的;

(十二)其他不需要继续羁押犯罪嫌疑人、被告人的情形。

第十九条　办理羁押必要性审查案件应当制作羁押必要性审查报告,报告中应当写明:犯罪嫌疑人或者被告人基本情况、原案简要情况和诉讼阶段、立案审查理由和证据、办理情况、审查意见等。

刑事诉讼文书之5:提请收集、调取证据申请书

提请收集、调取证据申请书

申请人:××律师事务所×××律师。

通信地址:××省××市××区××路××号。

联系方式:×××××××。

申请事项:依法向××司法鉴定中心调取×××危险驾驶一案中××司法鉴定中心出具的××司鉴〔2023〕毒鉴字第X号司法鉴定意见书相关的全部鉴定档案(包括鉴定事项确认书、检材流转登记表、检材前处理登记表、定性定量分析原始数据记录表、相关色谱图、鉴定主要仪器设备的计量检定证书以及司法鉴定复核、审批表等)。

申请理由:《最高人民法院关于适用〈中华人民共和国刑事诉讼法〉的解释》第九十七条规定:"对鉴定意见应当着重审查以下内容……(三)检材的来源、取得、保管、送检是否符合法律、有关规定,与相关提取笔录、扣押清单等记载的内容是否相符,检材是否可靠;(四)鉴定意见的形式要件是否完备,是否注明提起鉴定的事由、鉴定委托人、鉴定机构、鉴定要求、鉴定过程、鉴定方法、鉴定日期等相关内容,是否由鉴定机构盖章并由鉴定人签名;(五)鉴定程序是否符合法律、有关规定;(六)鉴定的过程和方法是否符合相关专业的规范要求;……"第九十八条规定:"鉴定意见具有下列情形之一的,不得作为定案的根据……(三)送检材料、样本来源不明,或者因污染不具备鉴定条件的;(四)鉴定对象与送检材料、样本不一致的;(五)鉴定程序违反规定的;(六)鉴定过程和方法不符合相关专业的规范要求的;(七)鉴定文书缺少签名、盖章的……(九)违反有关规定的其他情形。"

《司法鉴定程序通则》第二十七条规定:"司法鉴定人应当对鉴定过程进行实时记录并签名。记录可以采取笔记、录音、录像、拍照等方式。记录应当载明

主要的鉴定方法和过程，检查、检验、检测结果，以及仪器设备使用情况等。记录的内容应当真实、客观、准确、完整、清晰，记录的文本资料、音像资料等应当存入鉴定档案。”

本案中，涉案司法鉴定意见书未附任何原始鉴定资料，鉴定结论缺乏依据，无法知道鉴定意见是怎么得出的，无法知道鉴定过程和方法是否符合相关专业要求，无法对鉴定意见的合法性、真实性、科学性、准确性、可靠性进行审查，也无法根据《最高人民法院关于适用〈中华人民共和国刑事诉讼法〉的解释》第九十八条的规定判断涉案鉴定意见能否作为定案的根据。因此，涉案司法鉴定意见书的原始鉴定档案，严重影响本案事实的认定和证据的采信。因申请人无法取得上述证据，根据《刑事诉讼法》第四十三条第一款的规定，特提请贵院予以调取。

此致

××人民法院

申请人(签名)：

律师事务所(盖章)：

年　月　日

《提请收集、调取证据申请书》精细化写作要领

1. 格式上要符合要求。提请收集、调取证据申请书是辩护律师在审查起诉阶段或者审判阶段申请人民检察院、人民法院收集、调取与本案有关的证据材料的法律文书。由“标题”“申请人”“申请事项”“申请理由”“致送机关”和落款“申请人”“申请日期”组成，不能缺项，标题和正文之间要空一行，各部分的表述要准确。根据《刑事诉讼法》第四十三条的规定，能够提请收集、调取证据的只能是辩护律师，犯罪嫌疑人、被告人无权申请，因此，提请收集、调取证据申请书的“申请人”应为辩护律师。“致送机关”只能是人民检察院或者人民法院。落款处一般要加盖律师事务所印章。

2. “申请事项”部分表达准确提请收集、调取材料的具体内容或者需要调查问题的。此处要写明向哪个单位、个人调取什么证据材料或者需要调查哪些问

题，一般表述为“向某某某收集、调取××××。”如果申请收集、调取的证据较多，可以分项列明，但每项证据材料的名称一定要写清楚。

3.“申请理由”部分是收集、调取证据申请书的实质性内容，要写明申请收集、调取证据的理由及与本案的关联性，让人民检察院或者人民法院认为确有必要收集、调取证据。申请收集、调取证据的理由一般是证人或者有关单位、个人不同意辩护律师收集、调取该证据，该证据不宜或者不能由辩护律师收集、调取，具体理由要根据案件的实际情况书写。这部分的重点是要写明待收集、调取的证据对案件事实认定或者判决的影响，要结合案件情况详细加以阐述，不能惜墨。一旦人民检察院或者人民法院认为没有必要收集、调取，就可能作出不予准许的决定，影响案件审理结果。

附：相关规定

1.《中华人民共和国刑事诉讼法》(2018年修正)

第四十三条　辩护律师经证人或者其他有关单位和个人同意，可以向他们收集与本案有关的材料，也可以申请人民检察院、人民法院收集、调取证据，或者申请人民法院通知证人出庭作证。

辩护律师经人民检察院或者人民法院许可，并且经被害人或者其近亲属、被害人提供的证人同意，可以向他们收集与本案有关的材料。

2.《人民检察院刑事诉讼规则》(2019年)

第五十条　案件提请批准逮捕或者移送起诉后，辩护人认为公安机关在侦查期间收集的证明犯罪嫌疑人无罪或者罪轻的证据材料未提交，申请人民检察院向公安机关调取的，人民检察院负责捕诉的部门应当及时审查。经审查，认为辩护人申请调取的证据已收集并且与案件事实有联系的，应当予以调取；认为辩护人申请调取的证据未收集或者与案件事实没有联系的，应当决定不予调取并向辩护人说明理由。公安机关移送相关证据材料的，人民检察院应当在三日以内告知辩护人。

人民检察院办理直接受理侦查的案件，适用前款规定。

第五十二条　案件移送起诉后，辩护律师依据刑事诉讼法第四十三条第一款的规定申请人民检察院收集、调取证据的，人民检察院负责捕诉的部门应当及时审查。经审查,认为需要收集、调取证据的,应当决定收集、调取并制作笔录附卷;决定不予收集、调取的,应当书面说明理由。

人民检察院根据辩护律师的申请收集、调取证据时,辩护律师可以在场。

3.《最高人民法院关于适用〈中华人民共和国刑事诉讼法〉的解释》(2021年)

第五十九条　辩护律师向证人或者有关单位、个人收集、调取与本案有关的证据材料,因证人或者有关单位、个人不同意,申请人民法院收集、调取,或者申请通知证人出庭作证,人民法院认为确有必要的,应当同意。

第六十条　辩护律师直接申请人民法院向证人或者有关单位、个人收集、调取证据材料,人民法院认为确有必要,且不宜或者不能由辩护律师收集、调取的,应当同意。

人民法院向有关单位收集、调取的书面证据材料,必须由提供人签名,并加盖单位印章;向个人收集、调取的书面证据材料,必须由提供人签名。

人民法院对有关单位、个人提供的证据材料,应当出具收据,写明证据材料的名称、收到的时间、件数、页数以及是否为原件等,由书记员、法官助理或者审判人员签名。

收集、调取证据材料后,应当及时通知辩护律师查阅、摘抄、复制,并告知人民检察院。

第六十一条　本解释第五十八条至第六十条规定的申请,应当以书面形式提出,并说明理由,写明需要收集、调取证据材料的内容或者需要调查问题的提纲。

对辩护律师的申请,人民法院应当在五日以内作出是否准许、同意的决定,并通知申请人;决定不准许、不同意的,应当说明理由。

4.《中华人民共和国律师法》(2017年修正)

第三十五条　受委托的律师根据案情的需要,可以申请人民检察院、人民法院收集、调取证据或者申请人民法院通知证人出庭作证。

律师自行调查取证的,凭律师执业证书和律师事务所证明,可以向有关单位或者个人调查与承办法律事务有关的情况。

刑事诉讼文书之6:重新鉴定申请书

重新鉴定申请书

申请人:郭××,男,汉族,××××年×月×日出生,住××省××县××镇××路××号,身份证号码××××××。

申请事项:对刘××的损伤程度重新进行鉴定,并通过重新鉴定确认以下事实:(1)刘××是双侧鼻骨骨折还是单侧鼻骨骨折;(2)刘××的鼻骨骨折因何种原因形成。

申请理由:申请人因涉嫌故意伤害刘××,贵局已经立案侦查。经贵局鉴定,刘××双侧鼻骨骨折构成轻伤,申请人对该鉴定结果有异议,具体理由如下:

1. 刘××在事发后在××县医院检查时显示是单侧鼻骨骨折,时隔10多天后又检查时显示双侧鼻骨骨折,那么,其到底是单侧鼻骨骨折还是双侧鼻骨骨折存在较大疑问。由于单侧鼻骨骨折还是双侧鼻骨骨折具体事实影响到轻伤的认定,因此,申请人要求再一次到更高级别的医院复查确认这一事实。

2. 刘××事发当天喝醉酒后寻衅滋事,无端辱骂、殴打并追逐申请人,申请人报警后,××派出所民警到达现场,出警民警携带执法记录仪。当时申请人脸上有伤并流着血,但民警并没有将申请人和刘××带回派出所询问,也没有带刘××去醒酒,而是让申请人和刘××都各自回家,第二天才开始调查。由于申请人根本没有动手殴打过刘××,而刘××当晚又喝醉了酒,如果刘××确实存在鼻骨骨折,不排除是其醉酒后自己摔倒造成。因此,应当通过鉴定确认刘××的鼻骨骨折因何种原因形成。

据申请人回忆,事发时刘××抱着申请人头部被申请人挣脱后,刘××又抱着申请人的腿,申请人在挣脱的过程中,也可能会碰到刘××的鼻子,这不是申请人故意造成。据此,也应当通过鉴定确认刘××的鼻骨骨折因何种原因形成。

3.《人体损伤程度鉴定标准》附则第 6.7 条规定："骨皮质的砍(刺)痕或者轻微撕脱性骨折(无功能障碍)的，不构成本标准所指的轻伤。"申请人认为，由于申请人确实没有动手殴打刘××，如果是不小心碰到了刘××的鼻子，那么即便其鼻骨骨折，也是轻微撕脱性骨折而且没有功能障碍，不应鉴定为轻伤。

综上所述，申请人认为，原鉴定内容有明显遗漏，鉴定意见不完整，鉴定意见依据明显不足，鉴定结论错误，依法应当重新鉴定。为了维护申请人的合法权益，准确认定案件事实，根据《公安机关办理刑事案件程序规定》第二百五十三条、第二百五十五条的规定，特提出上述申请，请贵局予以准许。

此致

××公安局

申请人：

年　月　日

《重新鉴定申请书》精细化写作要领

1. 格式上要符合要求。重新鉴定申请书是犯罪嫌疑人、被害人或被害人的法定代理人、近亲属、诉讼代理人及审判阶段被告人的辩护人对鉴定意见有异议，申请另行指派或聘请鉴定人就案件涉及的专门性问题重新进行鉴定的法律文书。由"标题""申请人""申请事项""申请理由""致送机关"和落款"申请人""申请日期"组成，不能缺项，标题和正文之间要空一行，各部分的表述要准确。重新鉴定不同于补充鉴定，不能将重新鉴定申请书写为补充鉴定申请书。

需要注意的是，根据《刑事诉讼法》第一百四十八条、第一百九十七条第一款，《公安机关办理刑事案件程序规定》第二百五十三条和《人民检察院刑事诉讼规则》第二百二十一条的规定，在案件的侦查和审查起诉阶段，犯罪嫌疑人、被害人可以申请重新鉴定，被害人死亡或者没有诉讼行为能力的，其法定代理人、近亲属或诉讼代理人可以申请重新鉴定。在审判阶段，当事人和辩护人、诉讼代理人都有权申请重新鉴定。因此，在书写重新鉴定申请书时，要根据案件所处的不同阶段，列申请人信息。

2. "申请事项"部分是重新鉴定申请书的实质性内容，要写明具体要求。一般表述为："对×××的损伤程度重新进行鉴定。"如果对鉴定依据的事实存在争议，就要如本范本中那样，列明需要通过重新鉴定确认的事实内容。

3."事实与理由"部分是重新鉴定申请书的重点，要结合案件事实和与鉴定相关的专业知识，论证原鉴定意见不能采信，应当重新鉴定。这部分要着重论述申请重新鉴定的理由，也就是原鉴定意见存在的错误，论证原鉴定意见不能作为证据采信。《公安机关办理刑事案件程序规定》第二百五十五条第一款规定了应当重新鉴定的六种情形：(1)鉴定程序违法或者违反相关专业技术要求的；(2)鉴定机构、鉴定人不具备鉴定资质和条件的；(3)鉴定人故意作虚假鉴定或者违反回避规定的；(4)鉴定意见依据明显不足的；(5)检材虚假或者被损坏的；(6)其他应当重新鉴定的情形。在书写理由的时候，要结合案件情况，紧紧围绕这些法定情形去写。根据《公安机关办理刑事案件程序规定》第二百五十五条第三款的规定，经审查，不符合上述情形的，经县级以上公安机关负责人批准，作出不准予重新鉴定的决定，并在作出决定后3日以内书面通知申请人。

需要提出的是，如果存在多个重新鉴定的理由，要逐一提出，充分论证，以增加准予重新鉴定的可能性。

附：相关规定

1.《中华人民共和国刑事诉讼法》(2018年修正)

第一百四十六条　为了查明案情，需要解决案件中某些专门性问题的时候，应当指派、聘请有专门知识的人进行鉴定。

第一百四十八条　侦查机关应当将用作证据的鉴定意见告知犯罪嫌疑人、被害人。如果犯罪嫌疑人、被害人提出申请，可以补充鉴定或者重新鉴定。

第一百九十七条　法庭审理过程中，当事人和辩护人、诉讼代理人有权申请通知新的证人到庭，调取新的物证，申请重新鉴定或者勘验。

公诉人、当事人和辩护人、诉讼代理人可以申请法庭通知有专门知识的人出庭，就鉴定人作出的鉴定意见提出意见。

法庭对于上述申请，应当作出是否同意的决定。

第二款规定的有专门知识的人出庭，适用鉴定人的有关规定。

2.《公安机关办理刑事案件程序规定》(2020 年修正)

第二百五十三条　犯罪嫌疑人、被害人对鉴定意见有异议提出申请,以及办案部门或者侦查人员对鉴定意见有疑义的,可以将鉴定意见送交其他有专门知识的人员提出意见。必要时,询问鉴定人并制作笔录附卷。

第二百五十四条　经审查,发现有下列情形之一的,经县级以上公安机关负责人批准,应当补充鉴定:

(一)鉴定内容有明显遗漏的;

(二)发现新的有鉴定意义的证物的;

(三)对鉴定证物有新的鉴定要求的;

(四)鉴定意见不完整,委托事项无法确定的;

(五)其他需要补充鉴定的情形。

经审查,不符合上述情形的,经县级以上公安机关负责人批准,作出不准予补充鉴定的决定,并在作出决定后三日以内书面通知申请人。

第二百五十五条　经审查,发现有下列情形之一的,经县级以上公安机关负责人批准,应当重新鉴定:

(一)鉴定程序违法或者违反相关专业技术要求的;

(二)鉴定机构、鉴定人不具备鉴定资质和条件的;

(三)鉴定人故意作虚假鉴定或者违反回避规定的;

(四)鉴定意见依据明显不足的;

(五)检材虚假或者被损坏的;

(六)其他应当重新鉴定的情形。

重新鉴定,应当另行指派或者聘请鉴定人。

经审查,不符合上述情形的,经县级以上公安机关负责人批准,作出不准予重新鉴定的决定,并在作出决定后三日以内书面通知申请人。

第二百五十六条　公诉人、当事人或者辩护人、诉讼代理人对鉴定意见有异议,经人民法院依法通知的,公安机关鉴定人应当出庭作证。

鉴定人故意作虚假鉴定的,应当依法追究其法律责任。

第二百五十七条　对犯罪嫌疑人作精神病鉴定的时间不计入办案期限,其他鉴定时间都应当计入办案期限。

3.《人民检察院刑事诉讼规则》(2019年)

第二百二十一条 用作证据的鉴定意见,人民检察院办案部门应当告知犯罪嫌疑人、被害人;被害人死亡或者没有诉讼行为能力的,应当告知其法定代理人、近亲属或诉讼代理人。

犯罪嫌疑人、被害人或被害人的法定代理人、近亲属、诉讼代理人提出申请,可以补充鉴定或者重新鉴定,鉴定费用由请求方承担。但原鉴定违反法定程序的,由人民检察院承担。

犯罪嫌疑人的辩护人或者近亲属以犯罪嫌疑人有患精神病可能而申请对犯罪嫌疑人进行鉴定的,鉴定费用由申请方承担。

4.《最高人民法院关于适用〈中华人民共和国刑事诉讼法〉的解释》(2021年)

第二百三十八条 审判长应当告知当事人及其法定代理人、辩护人、诉讼代理人在法庭审理过程中依法享有下列诉讼权利:

(一)可以申请合议庭组成人员、法官助理、书记员、公诉人、鉴定人和翻译人员回避;

(二)可以提出证据,申请通知新的证人到庭、调取新的证据,申请重新鉴定或者勘验;

(三)被告人可以自行辩护;

(四)被告人可以在法庭辩论终结后作最后陈述。

第二百七十三条 法庭审理过程中,控辩双方申请通知新的证人到庭,调取新的证据,申请重新鉴定或者勘验的,应当提供证人的基本信息、证据的存放地点,说明拟证明的事项,申请重新鉴定或者勘验的理由。法庭认为有必要的,应当同意,并宣布休庭;根据案件情况,可以决定延期审理。

人民法院决定重新鉴定的,应当及时委托鉴定,并将鉴定意见告知人民检察院、当事人及其辩护人、诉讼代理人。

刑事诉讼文书之7:辩护意见(批准逮捕阶段)

辩护意见

检察员:

在××县公安局报请批准逮捕的犯罪嫌疑人郭某瑞涉嫌故意伤害罪一案中,××律师事务所接受犯罪嫌疑人郭某瑞近亲属的委托,指派我们二人作为犯罪嫌疑人郭某瑞的辩护人,参与本案侦查阶段的辩护。在此之前,我们会见了犯罪嫌疑人郭某瑞,并查阅了大量的有关故意伤害罪的法律、司法解释及刑法理论。现结合本辩护人初步了解到的事实,依据法律发表辩护意见如下:

1. 现有证据不足以证明犯罪嫌疑人郭某瑞具有非法损害他人身体健康的故意。

依据《刑法》第二百三十四条的规定,故意伤害是指故意非法损害他人身体健康的行为。即行为人明知自己的行为会造成伤害的结果,并且是希望或放任这种结果的发生。

本案中,据犯罪嫌疑人郭某瑞讲,事发当天郭某瑞驾驶满载汽水瓶的三轮电动车回小区,进小区刚过减速带,看到路前方右侧有很多散步的行人,其中刘某江走路摇摇晃晃,于是准备从刘某江左侧绕行。这时刘某江突然跨到路左侧,郭某瑞赶紧刹车,因刹车致使车上瓶子碰撞声很大,刘某江回头一边骂郭某瑞一边朝郭某瑞走来。到车边时伸手打郭某瑞被郭某瑞躲过,郭某瑞闻到刘某江一身酒气,赶紧下车,刘某江走到郭某瑞对面打了郭某瑞一耳光。郭某瑞想着对方喝酒了就忍着没动手,还对刘某江说赶紧回家吧,咱别打人,打人可能要进去的。但是刘某江依然紧追郭某瑞,还说自己所里有人。于是双方在车边周旋了两三分钟,后郭某瑞往小区里面跑,直至郭某瑞母亲赶来拦住刘某江。郭某瑞看刘某江和母亲站着都不动了以为已经平息了,就打算从他们身侧绕到车上去拿钱包。刚走到他们身侧,刘某江冲过来锁住郭某瑞脖子,然后不停殴打郭某瑞,郭某瑞随后挣脱才得以报警。据此,郭某瑞自始没有故意伤害刘某江的故意,甚至自始都不希望任何一方受伤。

2. 现有证据不足以证明犯罪嫌疑人郭某瑞实施了故意伤害他人的行为。

据犯罪嫌疑人郭某瑞讲,因为刘某江一身酒气,郭某瑞一直处于躲避状态,自始没有动手打过刘某江,也不知道刘某江受伤,只是在警察到现场后才看到刘某江胸前有血。至于刘某江受伤,其回忆有可能是在郭某瑞挣脱刘某江束缚时误伤。事发时,刘某江锁住郭某瑞脖子殴打郭某瑞,郭某瑞先是挣脱刘某江对其上身的束缚,后刘某江仍然抱住郭某瑞大腿,郭某瑞再次挣脱,刘某江的伤可能是在此过程中造成。

辩护人认为,犯罪嫌疑人郭某瑞既没有伤害的主观故意,也没有实施客观上的伤害行为。事发现场有监控及行人,建议侦查机关通过调取小区监控以及询问事发时现场人员,以证明郭某瑞所述是否属实。

3. 被害人刘某江的伤情与郭某瑞行为之间的因果关系存疑。

案发时刘某江的伤情经检查为鼻翼单侧骨折,事发后10天又查出是双侧骨折。据以定案的《伤情鉴定意见书》是以第二次诊断出具,而此伤情是否系犯罪嫌疑人郭某瑞所致?是否受到二次伤害?因果关系是否中断存疑。依据《最高人民法院关于适用〈中华人民共和国刑事诉讼法〉的解释》第九十八条之规定,鉴定意见与案件事实没有关联的不得作为定案的根据。

辩护人认为,侦查机关应调取刘某江事发时第一次拍片子的底片予以佐证,并对其伤情进行重新鉴定。

4. 犯罪嫌疑人郭某瑞不具有社会危险性,事发后郭某瑞家属积极配合公安机关调解,郭某瑞一直未更换手机,并未逃避法律责任。依据在案证据不能认定犯罪嫌疑人符合最高人民检察院《人民检察院刑事诉讼规则》第一百二十八条规定的逮捕社会危险性条件,根据《人民检察院刑事诉讼规则》第一百三十五条第二款的规定,也应当作出不批准逮捕的决定。

综上所述,本辩护人认为,现有证据不足以证明犯罪嫌疑人郭某瑞实施了故意伤害犯罪。本案不符合《刑事诉讼法》第八十一条和《人民检察院刑事诉讼规则》第一百二十八条规定的逮捕条件,根据《人民检察院刑事诉讼规则》第一百三十九条第一项的规定,建议对犯罪嫌疑人郭某瑞作出不批准逮捕的决定。待有相应证据证明其构成犯罪时,再采取强制措施。

以上是我们的辩护意见，请检察员考虑采纳。鉴于辩护人目前掌握的证据有限，不当之处，敬请理解。

谢谢！

犯罪嫌疑人郭某瑞的辩护人：

××律师事务所律师：×××　×××

年　月　日

《辩护意见》(批准逮捕阶段)精细化写作要领

1. 格式要符合要求。批准逮捕阶段的辩护意见是辩护人在公安机关提请检察机关批准逮捕犯罪嫌疑人阶段向办理案件的检察官提交的书面意见。《刑事诉讼法》第八十八条和《人民检察院刑事诉讼规则》第二百六十一条均规定，人民检察院审查批准逮捕，可以听取辩护律师的意见；辩护律师提出要求的，应当听取辩护律师的意见。因此，辩护律师要重视批准逮捕阶段辩护意见的书写。批准逮捕阶段的辩护意见由“标题”、“抬头”、“序言”、“正文”和“落款”组成，各部分的表述要准确。“标题”一般写为“辩护意见”或者“××一案辩护意见”。因辩护意见是对检察官提出的，故“抬头”部分应写为“检察员”，不能写成“××人民检察院”。“序言”部分一般写明所辩护案件的当事人、案由以及接受委托后所从事的工作。“落款”部分要写明所辩护的当事人名称、辩护人所属律所、辩护人姓名和日期。特别需要提出的是，实践中有的律师在辩护意见最后还上“此致××人民检察院”，这是不严谨的，一是辩护意见不是申请书，是递交给检察官而不是提交给检察院的，二是已经有“抬头”部分“检察官”，最后不应再写“此致××人民检察院”。

2. 从结构上来讲，辩护意见“正文”部分要逻辑清晰、层次分明。辩护意见正文部分要根据案件具体情况，按一定逻辑顺序分层次、分部分来写，用序号“1.2.……”表示。每一部分都采用总分结构，先概况写观点，后分项具体写理由。概括部分要提纲挈领、观点鲜明，可以用特殊格式以达到提示效果，让承办人一眼就能看到辩护人的主要观点。分项具体理由是支撑概况部分的观点，用序号“(1)(2)……”表示，每一个分项部分如果有多个理由，还可以再分层次写，用序号“①②……”表示。这样逻辑清晰、层次分明，观点和理由一目了然。

3. 从内容上来讲，批准逮捕阶段的辩护意见“正文”部分要根据案件事实和证据，结合法律和理论，论述犯罪嫌疑人不符合逮捕条件的理由。通过充分的说理论证，让检察官采纳辩护人的意见，作出不批准逮捕的决定。根据《刑事诉讼法》第八十一条的规定，除了可能判处十年有期徒刑以上刑罚或者可能判处徒刑以上刑罚且曾经故意犯罪或者不讲真实姓名、住址，身份不明这两种情形外，逮捕必须同时符合 2 个条件：一是有证据证明有犯罪事实，对犯罪嫌疑人、被告人可能判处徒刑以上刑罚；二是采取取保候审尚不足以防止发生《刑事诉讼法》第八十一条规定的 5 类社会危险性，分别为：(1)可能实施新的犯罪的；(2)有危害国家安全、公共安全或者社会秩序的现实危险的；(3)可能毁灭、伪造证据，干扰证人作证或者串供的；(4)可能对被害人、举报人、控告人实施打击报复的；(5)企图自杀或者逃跑的。《人民检察院刑事诉讼规则》第一百二十八条至第一百三十三条对上述规定中“有证据证明有犯罪事实”“可能实施新的犯罪”“有危害国家安全、公共安全或者社会秩序的现实危险”“可能毁灭、伪造证据，干扰证人作证或者串供”“可能对被害人、举报人、控告人实施打击报复”“企图自杀或者逃跑”进行了明确、具体的解释。第一百三十四条规定：“人民检察院办理审查逮捕案件，应当全面把握逮捕条件，对有证据证明有犯罪事实、可能判处徒刑以上刑罚的犯罪嫌疑人，除具有刑事诉讼法第八十一条第三款、第四款规定的情形外，应当严格审查是否具备社会危险性条件。”第一百三十五条规定：“人民检察院审查认定犯罪嫌疑人是否具有社会危险性，应当以公安机关移送的社会危险性相关证据为依据，并结合案件具体情况综合认定。必要时，可以通过讯问犯罪嫌疑人、询问证人等诉讼参与人、听取辩护律师意见等方式，核实相关证据。依据在案证据不能认定犯罪嫌疑人符合逮捕社会危险性条件的，人民检察院可以要求公安机关补充相关证据，公安机关没有补充移送的，应当作出不批准逮捕的决定。”第一百三十九条规定：“对具有下列情形之一的犯罪嫌疑人，人民检察院应当作出不批准逮捕或者不予逮捕的决定：(一)不符合本规则规定的逮捕条件的；(二)具有刑事诉讼法第十六条规定的情形之一的。”因此，批准逮捕阶段辩护意见的正文要结合具体案情和证据，结合这些规定，从犯罪嫌疑人的行为不符合犯罪构成要件、情节显著轻微不应认为是犯罪、现有证据不足以证明有犯罪事实或者犯罪嫌疑人不符合逮捕社会危险性条件这几个方面去论述。如果有多个理由,各个理由都要逐一论述。这部分内容要全面,用语要规范,说理要到位,论证要严密,依据要充分,体现专业性。比如,本范本结合案件情况,不仅在前三部分详细论述了犯罪嫌疑人的行为不构成故意伤害罪,还在第四部分又论述犯罪嫌疑人不具有社会危险性。

批准逮捕阶段辩护意见"正文"部分最后,要将辩护意见进行归纳总结,并通过引用《刑事诉讼法》第八十一条和《人民检察院刑事诉讼规则》第一百三十九条,提出综合性辩护意见。可以表述为:"综上所述,本辩护人认为,现有证据不足以证明犯罪嫌疑人×××实施了××犯罪,犯罪嫌疑人也不符合逮捕的社会危险性条件。本案不符合《刑事诉讼法》第八十一条和《人民检察院刑事诉讼规则》第一百二十八条规定的逮捕条件,根据《人民检察院刑事诉讼规则》第一百三十九条第×项的规定,应对犯罪嫌疑人×××作出不批准逮捕的决定。待有相应证据证明其构成犯罪时,再采取强制措施。"

需要注意的是,因侦查阶段辩护人无权阅卷,掌握的证据极为有限,在写辩护意见的时用词要谦虚、谨慎以体现律师的职业素养。可以在最后表述为:"以上是我们的辩护意见,请检察员考虑采纳。鉴于辩护人目前掌握的证据有限,不当之处,敬请理解。"

4. 辩护意见在形式上要赏心悦目,给人以美感。在形式上,辩护意见的行文格式和排版要规范、美观,字体、字号、字间距、行间距、标点符号、页边距等细节都要留心。

附:有关规定

1.《中华人民共和国刑事诉讼法》(2018 年修正)

第八十条　逮捕犯罪嫌疑人、被告人,必须经过人民检察院批准或者人民法院决定,由公安机关执行。

第八十一条　对有证据证明有犯罪事实,可能判处徒刑以上刑罚的犯罪嫌疑人、被告人,采取取保候审尚不足以防止发生下列社会危险性的,应当予以逮捕:

(一)可能实施新的犯罪的;

(二)有危害国家安全、公共安全或者社会秩序的现实危险的;

（三）可能毁灭、伪造证据，干扰证人作证或者串供的；

（四）可能对被害人、举报人、控告人实施打击报复的；

（五）企图自杀或者逃跑的。

批准或者决定逮捕，应当将犯罪嫌疑人、被告人涉嫌犯罪的性质、情节，认罪认罚等情况，作为是否可能发生社会危险性的考虑因素。

对有证据证明有犯罪事实，可能判处十年有期徒刑以上刑罚的，或者有证据证明有犯罪事实，可能判处徒刑以上刑罚，曾经故意犯罪或者身份不明的，应当予以逮捕。

被取保候审、监视居住的犯罪嫌疑人、被告人违反取保候审、监视居住规定，情节严重的，可以予以逮捕。

第八十七条　公安机关要求逮捕犯罪嫌疑人的时候，应当写出提请批准逮捕书，连同案卷材料、证据，一并移送同级人民检察院审查批准。必要的时候，人民检察院可以派人参加公安机关对于重大案件的讨论。

第八十八条　人民检察院审查批准逮捕，可以讯问犯罪嫌疑人；有下列情形之一的，应当讯问犯罪嫌疑人：

（一）对是否符合逮捕条件有疑问的；

（二）犯罪嫌疑人要求向检察人员当面陈述的；

（三）侦查活动可能有重大违法行为的。

人民检察院审查批准逮捕，可以询问证人等诉讼参与人，听取辩护律师的意见；辩护律师提出要求的，应当听取辩护律师的意见。

第九十条　人民检察院对于公安机关提请批准逮捕的案件进行审查后，应当根据情况分别作出批准逮捕或者不批准逮捕的决定。对于批准逮捕的决定，公安机关应当立即执行，并且将执行情况及时通知人民检察院。对于不批准逮捕的，人民检察院应当说明理由，需要补充侦查的，应当同时通知公安机关。

第九十一条　公安机关对被拘留的人，认为需要逮捕的，应当在拘留后的三日以内，提请人民检察院审查批准。在特殊情况下，提请审查批准的时间可以延长一日至四日。

对于流窜作案、多次作案、结伙作案的重大嫌疑分子，提请审查批准的时间可以延长至三十日。

人民检察院应当自接到公安机关提请批准逮捕书后的七日以内，作出批准逮捕或者不批准逮捕的决定。人民检察院不批准逮捕的,公安机关应当在接到通知后立即释放,并且将执行情况及时通知人民检察院。对于需要继续侦查,并且符合取保候审、监视居住条件的,依法取保候审或者监视居住。

2.《人民检察院刑事诉讼规则》(2019年)

第一百二十八条　人民检察院对有证据证明有犯罪事实,可能判处徒刑以上刑罚的犯罪嫌疑人,采取取保候审尚不足以防止发生下列社会危险性的,应当批准或者决定逮捕:

(一)可能实施新的犯罪的;

(二)有危害国家安全、公共安全或者社会秩序的现实危险的;

(三)可能毁灭、伪造证据,干扰证人作证或者串供的;

(四)可能对被害人、举报人、控告人实施打击报复的;

(五)企图自杀或者逃跑的。

有证据证明有犯罪事实是指同时具备下列情形:

(一)有证据证明发生了犯罪事实;

(二)有证据证明该犯罪事实是犯罪嫌疑人实施的;

(三)证明犯罪嫌疑人实施犯罪行为的证据已经查证属实。

犯罪事实既可以是单一犯罪行为的事实,也可以是数个犯罪行为中任何一个犯罪行为的事实。

第一百二十九条　犯罪嫌疑人具有下列情形之一的,可以认定为“可能实施新的犯罪”:

(一)案发前或者案发后正在策划、组织或者预备实施新的犯罪的;

(二)扬言实施新的犯罪的;

(三)多次作案、连续作案、流窜作案的;

(四)一年内曾因故意实施同类违法行为受到行政处罚的;

(五)以犯罪所得为主要生活来源的;

(六)有吸毒、赌博等恶习的;

(七)其他可能实施新的犯罪的情形。

第一百三十条　犯罪嫌疑人具有下列情形之一的,可以认定为“有危害国家安全、公共安全或者社会秩序的现实危险”:

(一)案发前或者案发后正在积极策划、组织或者预备实施危害国家安全、公共安全或者社会秩序的重大违法犯罪行为的；

（二）曾因危害国家安全、公共安全或者社会秩序受到刑事处罚或者行政处罚的；

（三）在危害国家安全、黑恶势力、恐怖活动、毒品犯罪中起组织、策划、指挥作用或者积极参加的；

（四）其他有危害国家安全、公共安全或者社会秩序的现实危险的情形。

第一百三十一条　犯罪嫌疑人具有下列情形之一的，可以认定为“可能毁灭、伪造证据，干扰证人作证或者串供”：

（一）曾经或者企图毁灭、伪造、隐匿、转移证据的；

（二）曾经或者企图威逼、恐吓、利诱、收买证人，干扰证人作证的；

（三）有同案犯罪嫌疑人或者与其在事实上存在密切关联犯罪的犯罪嫌疑人在逃，重要证据尚未收集到位的；

（四）其他可能毁灭、伪造证据，干扰证人作证或者串供的情形。

第一百三十二条　犯罪嫌疑人具有下列情形之一的，可以认定为“可能对被害人、举报人、控告人实施打击报复”：

（一）扬言或者准备、策划对被害人、举报人、控告人实施打击报复的；

（二）曾经对被害人、举报人、控告人实施打击、要挟、迫害等行为的；

（三）采取其他方式滋扰被害人、举报人、控告人的正常生活、工作的；

（四）其他可能对被害人、举报人、控告人实施打击报复的情形。

第一百三十三条　犯罪嫌疑人具有下列情形之一的，可以认定为“企图自杀或者逃跑”：

（一）着手准备自杀、自残或者逃跑的；

（二）曾经自杀、自残或者逃跑的；

（三）有自杀、自残或者逃跑的意思表示的；

（四）曾经以暴力、威胁手段抗拒抓捕的；

（五）其他企图自杀或者逃跑的情形。

第一百三十四条　人民检察院办理审查逮捕案件，应当全面把握逮捕条件，对有证据证明有犯罪事实、可能判处徒刑以上刑罚的犯罪嫌疑人，除具有刑事诉讼法第八十一条第三款、第四款规定的情形外，应当严格审查是否具备社会危险性条件。

第一百三十五条　人民检察院审查认定犯罪嫌疑人是否具有社会危险性，应当以公安机关移送的社会危险性相关证据为依据，并结合案件具体情况综合认定。必要时，可以通过讯问犯罪嫌疑人、询问证人等诉讼参与人、听取辩护律师意见等方式，核实相关证据。

依据在案证据不能认定犯罪嫌疑人符合逮捕社会危险性条件的，人民检察院可以要求公安机关补充相关证据，公安机关没有补充移送的，应当作出不批准逮捕的决定。

第一百三十六条　对有证据证明有犯罪事实，可能判处十年有期徒刑以上刑罚的犯罪嫌疑人，应当批准或者决定逮捕。

对有证据证明有犯罪事实，可能判处徒刑以上刑罚，犯罪嫌疑人曾经故意犯罪或者不讲真实姓名、住址，身份不明的，应当批准或者决定逮捕。

第一百三十七条　人民检察院经审查认为被取保候审、监视居住的犯罪嫌疑人违反取保候审、监视居住规定，依照本规则第一百零一条、第一百一十一条的规定办理。

对于被取保候审、监视居住的可能判处徒刑以下刑罚的犯罪嫌疑人，违反取保候审、监视居住规定，严重影响诉讼活动正常进行的，可以予以逮捕。

第一百三十八条　对实施多个犯罪行为或者共同犯罪案件的犯罪嫌疑人，符合本规则第一百二十八条的规定，具有下列情形之一的，应当批准或者决定逮捕：

（一）有证据证明犯有数罪中的一罪的；

（二）有证据证明实施多次犯罪中的一次犯罪的；

（三）共同犯罪中，已有证据证明有犯罪事实的犯罪嫌疑人。

第一百三十九条　对具有下列情形之一的犯罪嫌疑人，人民检察院应当作出不批准逮捕或者不予逮捕的决定：

（一）不符合本规则规定的逮捕条件的；

（二）具有刑事诉讼法第十六条规定的情形之一的。

第一百四十条　犯罪嫌疑人涉嫌的罪行较轻，且没有其他重大犯罪嫌疑，具有下列情形之一的，可以作出不批准逮捕或者不予逮捕的决定：

（一）属于预备犯、中止犯，或者防卫过当、避险过当的；

（二）主观恶性较小的初犯，共同犯罪中的从犯、胁从犯，犯罪后自首、有立功表现或者积极退赃、赔偿损失、确有悔罪表现的；

（三）过失犯罪的犯罪嫌疑人，犯罪后有悔罪表现，有效控制损失或者积极赔偿损失的；

（四）犯罪嫌疑人与被害人双方根据刑事诉讼法的有关规定达成和解协议，经审查，认为和解系自愿、合法且已经履行或者提供担保的；

（五）犯罪嫌疑人认罪认罚的；

（六）犯罪嫌疑人系已满十四周岁未满十八周岁的未成年人或者在校学生，本人有悔罪表现，其家庭、学校或者所在社区、居民委员会、村民委员会具备监护、帮教条件的；

（七）犯罪嫌疑人系已满七十五周岁的人。

第二百六十一条　办理审查逮捕案件，犯罪嫌疑人已经委托辩护律师的，可以听取辩护律师的意见。辩护律师提出要求的，应当听取辩护律师的意见。对辩护律师的意见应当制作笔录，辩护律师提出的书面意见应当附卷。

办理审查起诉案件，应当听取辩护人或者值班律师、被害人及其诉讼代理人的意见，并制作笔录。辩护人或者值班律师、被害人及其诉讼代理人提出书面意见的，应当附卷。

对于辩护律师在审查逮捕、审查起诉阶段多次提出意见的，均应如实记录。

辩护律师提出犯罪嫌疑人不构成犯罪、无社会危险性、不适宜羁押或者侦查活动有违法犯罪情形等书面意见的，检察人员应当审查，并在相关工作文书中说明是否采纳的情况和理由。

第二百六十二条　直接听取辩护人、被害人及其诉讼代理人的意见有困难的，可以通过电话、视频等方式听取意见并记录在案，或者通知辩护人、被害人及其诉讼代理人提出书面意见。无法通知或者在指定期限内未提出意见的，应当记录在案。

刑事诉讼文书之8:辩护意见(侦查阶段)

辩护意见

××县公安局森林公安分局:

在贵局侦查的犯罪嫌疑人张某某滥伐林木一案中,××律师事务所接受犯罪嫌疑人张某某本人的委托,指派我们二人担任其侦查阶段的辩护人。在此之前,我们向犯罪嫌疑人询问了解情况,查看现场,查阅大量的相关法律法规、司法解释和案例,对本案的案情已有了初步的了解,现根据我们了解的案情,提出以下辩护意见:

1. 鉴定意见中认定被滥伐树木的株数和活立木蓄积数不准确,实际被伐树木的株数和活立木蓄积数未达刑事立案标准。具体理由如下:

(1)认定嫌疑人张某某滥伐林木数量的鉴定结论,不应当依照××市××司法鉴定所鉴定意见中的统计数字。

①民事诉讼对证据的要求是"高度盖然性"标准,证据标准远低于刑事诉讼要求的"确实、充分"标准。××市××司法鉴定所鉴定意见是在民事审判中形成,只能作为民事赔偿案件的裁判依据,其中的统计数字不能直接作为刑事案件情节认定的依据。本案鉴定意见认定"被滥伐树种为山杏、梨、油桐,共计3360柱,活立木蓄积13.986立方米"。该鉴定意见的数据来源是××市××司法鉴定所《关于××县贾××承包基地经济林果木价值鉴定意见书》中经济林、果木林补偿明细表里的统计数字。

②××市××司法鉴定所对于林木株数和规格的鉴定意见结论明显错误。太阳能光电项目建设占用林地面积与实际滥伐林木的土地面积完全不同,不能根据前者的面积直接计算被伐林木的数量。××市××司法鉴定所鉴定意见计算太阳能光电项目建设占用林地面积为210亩,但这只是项目总占地面积,不是光伏板的占地面积,只有光伏板的占地面积才能作为计算实际被滥伐林木土地

面积的依据(见图1)。项目面积内、光伏板占地面积外的树木,由于不影响施工,在施工时没有被伐掉,目前仍在生长(见图2、图3)。实际光伏板占地面积仅有91亩,而××市××司法鉴定所鉴定意见却是以210亩的项目总占地面积来计算被伐林木数量。若按照91亩的实际占地面积推算,实际被滥伐的树木活立木蓄积应为6.06立方米。

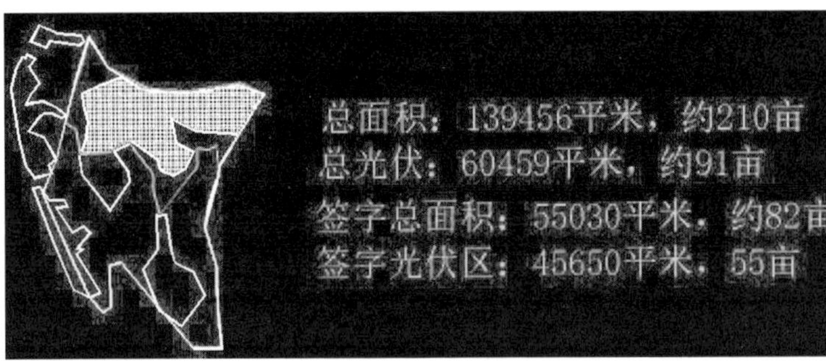

图1

注:上图根据公司的实际施工图纸绘制,红线部分内为项目在贾××承包林地范围内的总占地面积,黄线部分内为太阳能光伏板的总占地面积。

图2

图3

××所鉴定意见以双方认可的6亩林地1104棵林木来推算总林地面积的树木情况,这样推算明显有误。

张某某之所以在2015年12月27日的证明上签字,是为了加快施工进度,经村委协调作出的调解意见,对于树木数量的确认是施工方让步的结果。证明中所写的树木情况根本不具有客观性,不能作为刑事犯罪事实认定的依据。该证明数字的不客观性,从油桐树600棵、杏树500棵这种化零为整的统计方式也可明显看出来。

我们认为,以随机取样的方式统计,更能反映出涉案土地上林木的客观情况。

(2)辩护人认为,作为刑事案件,滥伐林木的数量是否达到刑事立案的标准,应当以刑事侦查过程中取得的证据为依据,客观加以认定。

本辩护人在现场查看时,走完了涉案光伏项目的整个占地区域,现场情况非常清楚地表明,被占地区域在被占用之前只是存在零星的幼小油桐、杏树,还存在不应计算在滥伐林木范围之内的野生枣树,根本没有成片的林木存在,树木的数量远没有张某某在2015年12月27日的证明上认可的那么多。

在项目施工前,××乡人民政府出具的证明明确载明占地区域是荒地,假若占地区域存在大量林木,施工人员不可能冒着坐牢的风险去砍伐。施工之前该区域林木的状况,辩护人请贵局调取之前的卫星拍片图进行确认。

2. 张某某并非本案太阳能光电项目中滥伐林木行为的实施主体。

位于××县××乡××村的50MWp太阳能光伏发电工程项目,原由杨××100%控股的××新能源有限公司(以下简称××新能源公司)施工建设,后杨××退出后由××省××智能系统股份有限公司(以下简称××智能系统公司)承接继续建设。根据杨××、××智能系统公司、××新能源公司签订的股权转让协议第七章第十条10.12项的约定,“甲方提供乙方项目所属土地需满足开工条件,包含但不限于林木砍伐、青苗补偿……上述费用与乙方无关”。张某某系××智能系统公司即合同乙方员工,按照合同约定乙方不负责树木砍伐的义务,张某某也就不可能去组织实施树木砍伐的行为。

以上事实从张某某于2015年12月27日所签字的证明也可以看出,证明第六行明确写“此数量系××光电公司与贾××之间纠纷”(此处的××光电公司全称为××光电科技有限公司,股东有杨××,是项目建设的具体施工单位)。

综上所述,辩护人认为,本案证明滥伐林木数量达到刑事立案标准的证据明显不足,滥伐林木数量未达刑事立案标准,滥伐林木行为也不是张某某实施,建议贵局撤销案件。

以上辩护意见,请贵局予以考虑采纳。鉴于辩护人目前掌握的证据有限,不当之处,敬请理解。

谢谢!

犯罪嫌疑人张某某的辩护人:

××律师事务所律师:××× ×××

年 月 日

辩护意见(侦查阶段)精细化写作要领

1. 格式要符合要求。侦查阶段的辩护意见是辩护人在侦查阶段向办理案件的公安机关提交的书面意见。根据《公安机关办理刑事案件程序规定》第二百八十九条第一款的规定,对侦查终结的案件,公安机关应当制作起诉意见书,连同全部案卷材料、证据,以及辩护律师提出的意见,一并移送同级人民检察院审查决定,同时将案件移送情况告知犯罪嫌疑人及其辩护律师。侦查阶段辩护意见的格式与批准逮捕阶段辩护意见基本相同,只是侦查阶段辩护意见的“抬头”一般写为“××公安局”,其他内容参见批准逮捕阶段辩护意见精细化写作要领。

2. 从结构上来讲，辩护意见“正文”部分要逻辑清晰、层次分明。内容参见批准逮捕阶段辩护意见精细化写作要领。

3. 从内容上来讲，侦查阶段的辩护意见“正文”部分要结合了解到的案件事实和证据，引用法律和理论，提出犯罪嫌疑人无罪、轻罪或者依法应当从轻、减轻、免除刑事处罚的意见。提出侦查阶段辩护意见的目的是让侦查机关撤销案件、终止侦查或者作出对犯罪嫌疑人有利的认定。这与批准逮捕阶段辩护意见有一定差别。因此，侦查阶段辩护意见的正文要结合了解到的事实和证据，分析公安机关立案罪名的构成要件，从犯罪行为是否系犯罪嫌疑人实施、犯罪嫌疑人的行为是否符合立案罪名的构成要件、是否属于情节显著轻微不应认为是犯罪、是否属于其他更轻的犯罪等方面进行论述。如果有多个理由，只要对犯罪嫌疑人有利的，各个方面都要详尽论述。这部分内容要全面，用语要规范，说理要到位，论证要严密，依据要充分，体现专业性。比如，本范本结合案件情况，在第一部分提出本案滥伐林木数量未达刑事立案标准，第二部分提出滥伐林木行为也不是犯罪嫌疑人张某某实施。

侦查阶段辩护意见“正文”部分最后，要将辩护意见进行归纳总结，提出综合性辩护意见，建议撤销案件。

同样需要注意的是，因侦查阶段辩护人无权阅卷，掌握的证据极为有限，在写辩护意见的时候用词要谦虚有礼，以体现律师的职业素养。可以在最后表述为：“以上辩护意见，请贵局予以考虑采纳。鉴于辩护人目前掌握的证据有限，不当之处，敬请理解。”

4. 辩护意见在形式上要赏心悦目，给人以美感。在形式上，辩护意见的行文格式和排版要规范、美观，要注重字体、字号、字间距、行间距、标点符号、页边距等细节。

附：有关规定

1.《中华人民共和国刑事诉讼法》(2018年修正)

第一百六十一条　在案件侦查终结前，辩护律师提出要求的，侦查机关应当听取辩护律师的意见，并记录在案。辩护律师提出书面意见的，应当附卷。

第一百六十二条　公安机关侦查终结的案件，应当做到犯罪事实清楚，证据确实、充分，并且写出起诉意见书，连同案卷材料、证据一并移送同级人民检察院审查决定；同时将案件移送情况告知犯罪嫌疑人及其辩护律师。

犯罪嫌疑人自愿认罪的，应当记录在案，随案移送，并在起诉意见书中写明有关情况。

第一百六十三条　在侦查过程中，发现不应对犯罪嫌疑人追究刑事责任的，应当撤销案件；犯罪嫌疑人已被逮捕的，应当立即释放，发给释放证明，并且通知原批准逮捕的人民检察院。

2.《公安机关办理刑事案件程序规定》(2020年)

第一百八十六条　经过侦查，发现具有下列情形之一的，应当撤销案件：

(一)没有犯罪事实的；

(二)情节显著轻微、危害不大，不认为是犯罪的；

(三)犯罪已过追诉时效期限的；

(四)经特赦令免除刑罚的；

(五)犯罪嫌疑人死亡的；

(六)其他依法不追究刑事责任的。

对于经过侦查，发现有犯罪事实需要追究刑事责任，但不是被立案侦查的犯罪嫌疑人实施的，或者共同犯罪案件中部分犯罪嫌疑人不够刑事处罚的，应当对有关犯罪嫌疑人终止侦查，并对该案件继续侦查。

第二百八十三条　侦查终结的案件，应当同时符合以下条件：

(一)案件事实清楚；

(二)证据确实、充分；

(三)犯罪性质和罪名认定正确；

(四)法律手续完备；

(五)依法应当追究刑事责任。

第二百八十九条　对侦查终结的案件，应当制作起诉意见书，经县级以上公安机关负责人批准后，连同全部案卷材料、证据，以及辩护律师提出的意见，一并移送同级人民检察院审查决定；同时将案件移送情况告知犯罪嫌疑人及其辩护律师。

犯罪嫌疑人自愿认罪的，应当记录在案，随案移送，并在起诉意见书中写明有关情况；认为案件符合速裁程序适用条件的，可以向人民检察院提出适用速裁程序的建议。

刑事诉讼文书之9:辩护词(审查起诉阶段)

辩 护 词

检察员:

在××市公安局××分局提请审查起诉的犯罪嫌疑人王某某骗取贷款一案中,××律师事务所接受犯罪嫌疑人王某某本人的委托,指派我担任其辩护人,依法履行辩护职责。在此之前,我详细查阅了本案的案卷材料,查阅了大量的有关法律、法规、司法解释、理论和案例,对本案的事实和证据已有了充分的了解。现结合本案的事实和证据,依据法律,发表如下辩护意见:

1.辩护人认为,犯罪嫌疑人王某某没有犯罪事实,本案不符合骗取贷款罪的构成要件,依法应作出不起诉决定。具体理由如下:

(1)犯罪嫌疑人王某某在××农商银行取得贷款过程中尽管采取了虚构贷款用途、提供虚假的购销合同等欺骗手段,但这些欺骗行为是××农商银行决定发放贷款的人明知的,××农商银行并没有陷于错误认识,并基于错误认识发放贷款。也就是说,犯罪嫌疑人王某某的欺骗行为与取得贷款之间没有因果关系。不符合骗取贷款罪要求的"以欺骗手段取得银行或者其他金融机构贷款"这一行为要素。

根据《刑法》第一百七十五条之一的规定,骗取贷款罪有两个构成要件:一是行为要素"以欺骗手段取得银行或者其他金融机构贷款";二是结果要素"给银行或者其他金融机构造成重大损失",两个要件必须同时具备,方能构成本罪。

"以欺骗手段取得银行或者其他金融机构贷款",是指行为人在取得银行或者其他金融机构的贷款过程中,提供假合同、假证明、假财务报表、假产权证明等虚假材料,编造虚假用途等,虚构事实、隐瞒真相,骗取了银行或者其他金融机构的信任,从而取得了银行或者其他金融机构的贷款。这里的"欺骗手段"应当是严重影响银行或者其他金融机构对借款人资信状况、还款能力判断,影响银行放贷决策的实质性事项,是银行或者其他金融机构一旦知晓真实情况就会基于风险控制而不会为其融资的事项。

根据刑法理论,欺骗贷款犯罪的逻辑结构是:行为人实施虚构事实、隐瞒真相等欺骗行为→金融机构产生错误认识→金融机构基于错误认识提供贷款→行为人取得金融机构的贷款→金融机构的资金安全受到影响。也就是说,"骗"与"取"之间必须具备因果关系。如果具有决定权的金融机构工作人员明知行为人申请贷款时提交了虚假资料,并未陷入错误认识而发放贷款,那么,就切断了"骗"与"取"之间的桥梁,不能认定为骗取贷款罪。

本案中,据犯罪嫌疑人王某某讲,他与××农商银行的董事长康××、支行行长何××等都是多年的朋友关系,康××、何××等银行领导都知道王某某是做铝加工生意的,资产雄厚,也知道这65笔贷款实际使用人是王某某,贷款实际使用在铝加工生意上。所以他的每一笔贷款,都是事先与康××、何××等银行领导商量好后,让刘××以其他公司名义具体经办的,在经办过程中,银行的具体经办人也都没有认真审查过。这一点,得到了××农商银行信贷员黄××的证实,黄××在2021年1月22日的笔录中,多次提到王某某在他们银行的贷款都是康××亲自交代、打招呼,他们没仔细审核贷款资料的真实性就签字同意了(见证据材料卷一第84~87页)。目前,××农商银行的康××等主要领导均被抓,从暴露出来的该行其他骗取贷款案中,也能看出这些骗贷案件都是××农商银行高层明知、甚至指导、帮助下实施。在这种情况下,不能认定因为犯罪嫌疑人的欺骗行为,让××农商银行陷入错误认识才发放了贷款。

(2)现有证据不能证明犯罪嫌疑人王某某骗取贷款的行为造成重大损失。

根据《刑法》第一百七十五条之一的规定,给银行或者其他金融机构造成重大损失的,才追究刑事责任。最高人民法院2011年7月20日以(2011)刑他字第53号给广东省高级人民法院《关于被告人陈岩骗取贷款请示一案的批复》中明确指出,"骗取贷款罪,虽不要求行为人具有非法占有为目的,但应以危害金融安全为要件。被告人陈岩虽然采用欺骗手段从银行获取贷款的数额特别巨大,但其提供了足额真实抵押,未给银行造成损失,不会危及金融安全,因此陈岩的行为不属于刑法第一百七十五条之一规定的'有其他严重情节',不构成犯罪"。《刑法修正案(十一)》对骗取贷款罪的修改,使骗取贷款罪从行为犯与结果犯的结合变成了纯正的结果犯,提高了入罪门槛。全国人大常委会法制工作委员会在《关于〈中华人民共和国刑法修正案(十一)(草案)〉的说明》中指出:“修改骗取贷款、票据承兑、金融票证罪入罪门槛规定,对由于‘融资门槛高’、‘融资难’等原因,民营企业因生产经营需要,在融资过程中虽然有一些违规行为,但并没有诈骗目的,最后未给银行造成重大损失的,一般不作为犯罪处理。”

“给银行或者其他金融机构造成重大损失”,是指造成银行或者其他金融机构的直接经济损失重大。根据《最高人民检察院公安部关于公安机关管辖的刑事案件立案追诉标准的规定(二)》的规定,给银行或者其他金融机构造成直接经济损失数额在50万元以上的,应予立案追诉。故而“造成直接经济损失数额在50万元以上的”属于“给银行或者其他金融机构造成重大损失”。

根据原《贷款风险分类指导原则》第四条、中国银监会2007年7月3日颁布实施的《贷款风险指引》第五条对贷款“损失”的定义:“在采取所有可能的措施或一切必要的法律程序之后,本息仍然无法收回,或只能收回极少部分”,银行或者其他金融机构在采取诉讼、强制执行等穷尽一切法律手段后仍不能清偿的,才能判定造成重大损失。

根据《刑法》第一百七十五条之一的规定,骗取贷款罪有两档量刑幅度。第一档量刑幅度是,“给银行或者其他金融机构造成重大损失的,处三年以下有期徒刑或者拘役,并处或者单处罚金”;第二档量刑幅度是,“给银行或者其他金融机构造成特别重大损失或者有其他特别严重情节的,处三年以上七年以下有期徒刑,并处罚金”。目前,法律和司法解释对骗取贷款罪中的“特别重大损失或者其他特别严重情节”没有明文规定。河南省高级人民法院、河南省人民检察院、河南省公安厅在《关于我省适用新刑法有关条款中犯罪数额、情节规定的座谈会纪要》中规定,以欺骗手段取得贷款,数额在500万元以上的,属于骗取贷款罪中的“其他特别严重情节”。辩护人认为,第二档量刑幅度中的“其他特别严重情节”是与“造成特别重大损失”并列的情形,鉴于骗取贷款罪以危害金融安全为要件,如果行为人采用欺骗手段从银行获取贷款数额特别巨大,但未给银行造成损失的,不会危及金融安全。因此,认定行为人的行为属于第二档量刑幅度中的“其他特别严重情节”,应当以符合第一档量刑幅度要求的“造成重大损失”为前提。也就是说,不能以行为人以欺骗手段取得贷款的数额在500万元以上,就直接认定行为人属于“其他特别严重情节”,而认定构成骗取贷款罪。这种情况下,仍然要看行为人的行为是否给金融机构造成重大损失。如果行为人以欺骗手段取得贷款的数额在500万元以上,但提供了足额真实抵押,或者没有造成金融机构重大损失,也不构成骗取贷款罪。

本案中,犯罪嫌疑人王某某骗取贷款65笔共计11.5亿元,贷款时××农商银行未要求提供抵押,王某某实际控制的6个实体公司的厂房、土地、机械设备等实物净资产经评估为12.9亿元,这不包括王某某实际控制公司所有的价值1亿余元的门面房及估值65亿元的精品砂石骨料矿产。2021年3月18日,王某某已经将其中34笔共计7.4亿元的贷款通过由王某某实际控制的实体企业××新材料科技有限公司以资产抵押方式,通过新贷还旧贷进行了清理。王某某也已经筹措6000万元利息,现已支付××农商银行3000万元,剩余31笔累计4.1亿元贷款,目前正在积极与××农商银行协商盘活中。因此,正如起诉意见书所言,目前王某某名下资产可以完全覆盖其存量贷款,现有证据不能证明给银行或金融机构造成了重大损失。

2. 最高人民检察院于2020年7月印发的《关于充分发挥检察职能服务保障"六稳""六保"的意见》第三条指出:"二是依法慎重处理贷款类犯罪案件。在办理骗取贷款等犯罪案件时,充分考虑企业'融资难''融资贵'的实际情况,注意从借款人采取的欺骗手段是否属于明显虚构事实或者隐瞒真相,是否与银行工作人员合谋、受其指使,是否非法影响银行放贷决策、危及信贷资金安全,是否造成重大损失等方面,合理判断其行为危害性,不苛求企业等借款人。对于借款人因生产经营需要,在贷款过程中虽有违规行为,但未造成实际损失的,一般不作为犯罪处理。"辩护人认为,在三年疫情的影响下,王某某在艰难经营名下6家实体企业、解决1600余名员工生计问题的同时,仍穷尽各种举措,积极盘活企业名下资产,以彻底解决××农商银行资金问题。其名下企业2022年实现营业收入×××万元,利税××万元,在2022年××省民营企业制造业100强榜单中位居第×位。一旦追究王某某的刑事责任,将对社会造成不良影响。更为重要的是,王某某实际控制的资产足以覆盖其存量贷款,其也一直在积极配合司法机关和××农商银行盘活资产,辩护人认为,目前不宜对王某某提起公诉。

综上所述,辩护人认为,犯罪嫌疑人王某某没有犯罪事实,本案不符合骗取贷款罪的构成要件,根据《刑事诉讼法》第一百七十七条和《人民检察院刑事诉讼规则》第三百六十五条的规定,应对王某某作出不起诉决定。

以上是我的辩护意见,请检察员考虑采纳。

谢谢！

犯罪嫌疑人王某某的辩护人：
××律师事务所律师：×××
年　月　日

辩护词(审查起诉阶段)精细化写作要领

1. 格式要符合要求。审查起诉阶段的辩护意见是辩护人在审查起诉阶段向承办案件的检察官提交犯罪嫌疑人无罪、轻罪或者依法应当从轻、减轻、免除刑事处罚的书面意见。实践中,大多称为辩护词。根据《刑事诉讼法》第一百七十三条的规定,人民检察院审查案件,应当听取辩护人的意见,并记录在案。辩护人提出书面意见的,应当附卷。《人民检察院刑事诉讼规则》第二百六十一条也有类似的规定。因此,辩护律师要重视审查起诉阶段辩护意见的书写。审查起诉阶段的辩护意见由"标题"、"抬头"、"序言"、"正文"和"落款"组成,各部分的表述要准确。"标题"一般写为"辩护词"或者"××一案辩护词"。因辩护意见是对检察官提出的,故"抬头"部分应写为"检察官",不能写成"××人民检察院"。"序言"部分一般写明所辩护案件的当事人、案由以及接受委托后所从事的工作。"落款"部分要写明所辩护的当事人名称、辩护人所属律所、辩护人姓名和日期。特别需要提出的是,实践中有的律师在辩护意见最后写上"此致××人民检察院",这是不严谨的。一是因为辩护意见不是申请书,是递交给检察官的,不是提交给检察院的,二是已经有"抬头"部分"检察官",最后不应再写"此致××人民检察院"。

2. 从结构上来讲,辩护词"正文"部分要逻辑清晰、层次分明。辩护意见正文部分要根据案件具体情况,按一定逻辑顺序分层次、分部分来写,用序号"1.2.……"表示。每一部分都采用总分结构,先概况写观点,后分项具体写理由。概括部分要提纲挈领、观点鲜明,可以通过字符特殊显示达到提示效果,让承办人一眼就能看到辩护人的主要观点。分项具体理由部分的任务是支撑概况部分的观点,用序号"(1)(2)……"表示,每一个分项部分如果有多个理由,还可以再分层次写,用序号"①②……"表示。这样逻辑清晰、层次分明,观点和理由一目了然。

3. 从内容上来讲,审查起诉阶段的辩护词"正文"部分要围绕起诉意见书认定的事实和犯罪嫌疑人涉嫌的罪名,结合案件证据和法律、司法解释、理论、类似案例,提出犯罪嫌疑人无罪、轻罪或者依法应当从轻、减轻、免除刑事责任的意见。如果认为犯罪嫌疑人不构成起诉意见书认定的犯罪,要结合涉嫌罪名的构成要件逐一写清理由。如果辩护人对起诉意见书认定罪名有异议,认为犯罪嫌疑人构成其他较轻罪名,要根据此罪与彼罪的区别并结合案件事实、证据和法律、司法解释的规定阐述理由。如果认为犯罪嫌疑人依法应当从轻、减轻、免除刑事处罚,要结合事实、证据和法律、司法解释的规定详尽论述。这部分内容要全面,面面俱到的同时,重点要突出,有利的辩点一个也不能少,不能只抓住一点不顾其他。而且,用语要规范,说理要到位,论证要严密,依据要充分,表达要理性。律师书写的辩护意见必须要有理有据,不能出现原则性错误,要体现专业性。

需要注意的是,由于审查起诉阶段律师已经可以阅卷,在书写辩护词引用证据内容的时候,建议写明证据的名称和所在的案卷及页码,以方便办案检察官对照查阅。

辩护意见"正文"部分最后,要将辩护意见进行归纳总结,提出综合性的辩护观点。可以表述为:"综上所述,本辩护人认为,……"

4. 辩护词在形式上要赏心悦目,给人以美感。在形式上,辩护词行文格式和排版要规范、美观,字体、字号、字间距、行间距、标点符号、页边距都要做到精致化。

如果辩护词较长,内容较多,可以将辩护词印刷装订成册,并加装封面和目录。为方便检察官阅读,可以将辩护词分略版、详版,略版辩护词只是提炼辩护词的主要内容,直观表达观点。详版辩护词包含完整的辩护词内容,如果有必要,还要将案件涉及的法律、司法解释、规范性文件条文以及证据分析图、证据对比图、同类案例、相关理论文章等比较重要的内容作为附件,附在辩护词后面,以供检察官参考。

附:有关规定

1.《中华人民共和国刑事诉讼法》(2018 年修正)

第一百七十三条　人民检察院审查案件,应当讯问犯罪嫌疑人,听取辩护人或者值班律师、被害人及其诉讼代理人的意见，并记录在案。辩护人或者值班律师、被害人及其诉讼代理人提出书面意见的，应当附卷。

犯罪嫌疑人认罪认罚的，人民检察院应当告知其享有的诉讼权利和认罪认罚的法律规定，听取犯罪嫌疑人、辩护人或者值班律师、被害人及其诉讼代理人对下列事项的意见，并记录在案：

（一）涉嫌的犯罪事实、罪名及适用的法律规定；

（二）从轻、减轻或者免除处罚等从宽处罚的建议；

（三）认罪认罚后案件审理适用的程序；

（四）其他需要听取意见的事项。

人民检察院依照前两款规定听取值班律师意见的，应当提前为值班律师了解案件有关情况提供必要的便利。

第一百七十六条　人民检察院认为犯罪嫌疑人的犯罪事实已经查清，证据确实、充分，依法应当追究刑事责任的，应当作出起诉决定，按照审判管辖的规定，向人民法院提起公诉，并将案卷材料、证据移送人民法院。

犯罪嫌疑人认罪认罚的，人民检察院应当就主刑、附加刑、是否适用缓刑等提出量刑建议，并随案移送认罪认罚具结书等材料。

第一百七十七条　犯罪嫌疑人没有犯罪事实，或者有本法第十六条规定的情形之一的，人民检察院应当作出不起诉决定。

对于犯罪情节轻微，依照刑法规定不需要判处刑罚或者免除刑罚的，人民检察院可以作出不起诉决定。

人民检察院决定不起诉的案件，应当同时对侦查中查封、扣押、冻结的财物解除查封、扣押、冻结。对被不起诉人需要给予行政处罚、处分或者需要没收其违法所得的，人民检察院应当提出检察意见，移送有关主管机关处理。有关主管机关应当将处理结果及时通知人民检察院。

2.《人民检察院刑事诉讼规则》(2019 年)

第二百六十一条　办理审查逮捕案件，犯罪嫌疑人已经委托辩护律师的，可以听取辩护律师的意见。辩护律师提出要求的，应当听取辩护律师的意见。对辩护律师的意见应当制作笔录，辩护律师提出的书面意见应当附卷。

办理审查起诉案件，应当听取辩护人或者值班律师、被害人及其诉讼代理人的意见，并制作笔录。辩护人或者值班律师、被害人及其诉讼代理人提出书面意见的,应当附卷。

对于辩护律师在审查逮捕、审查起诉阶段多次提出意见的,均应如实记录。

辩护律师提出犯罪嫌疑人不构成犯罪、无社会危险性、不适宜羁押或者侦查活动有违法犯罪情形等书面意见的,检察人员应当审查,并在相关工作文书中说明是否采纳的情况和理由。

第二百六十二条　直接听取辩护人、被害人及其诉讼代理人的意见有困难的,可以通过电话、视频等方式听取意见并记录在案,或者通知辩护人、被害人及其诉讼代理人提出书面意见。无法通知或者在指定期限内未提出意见的,应当记录在案。

第三百六十五条　人民检察院对于监察机关或者公安机关移送起诉的案件,发现犯罪嫌疑人没有犯罪事实,或者符合刑事诉讼法第十六条规定的情形之一的,经检察长批准,应当作出不起诉决定。

对于犯罪事实并非犯罪嫌疑人所为,需要重新调查或者侦查的,应当在作出不起诉决定后书面说明理由,将案卷材料退回监察机关或者公安机关并建议重新调查或者侦查。

刑事诉讼文书之10:辩护词(一审阶段)

辩　护　词

审判长、审判员:

在××县人民检察院提起公诉的被告人杨某某等妨害动植物防疫、检疫罪一案中,××律师事务所接受被告人杨某某妻子的委托,并指派我们二人作为被告人杨某某的一审辩护人。在此之前,我们查阅了本案的全部卷宗材料,会见了被告人杨某某,查阅了大量的有关的法律、司法解释、案例和理论,通过刚才的法庭调查,我们对本案的事实和证据已有了充分的了解。现结合本案事实和证据,依据法律,发表如下辩护意见:

1. 本案整体上事实不清、证据不足,不能认定本案存在犯罪事实和被告人有罪。具体理由如下:

(1)起诉书指控涉案发病仔猪的病因为"猪繁殖与呼吸综合征",依据是××县动物疫病预防控制中心的诊断报告和检测意见,而××县动物疫病预防控制中心的诊断报告和检测意见根本不能作为本案定案的根据,因此,涉案发病仔猪的病因不明,不能认定为"猪繁殖与呼吸综合征"。

①卷宗显示,××县动物疫病预防控制中心的诊断报告和检测意见制作时间是2021年3月15日,××县农业农村局将案件移交公安机关的时间是2021年4月12日,这足以表明该诊断报告和检测意见是在行政执法程序中制作。《最高人民法院关于适用〈中华人民共和国刑事诉讼法〉的解释》第七十五条规定:"行政机关在行政执法和查办案件过程中收集的物证、书证、视听资料、电子数据等证据材料,经法庭查证属实,且收集程序符合有关法律、行政法规规定的,可以作为定案的根据。"最高人民法院《刑事诉讼法解释》起草小组编著的《〈最高人民法院关于适用《中华人民共和国刑事诉讼法》的解释〉理解与适用》一书中载明:本条规定的是"物证、书证、视听资料、电子数据等证据材料"在刑事诉

讼中可以作为证据使用，对其中的“等”，原则上应作等内解释，即通常只限于物证、书证、视听资料、电子数据，不包括鉴定意见、勘验、检查笔录；但是，根据案件具体情况，进入刑事诉讼程序后，如已不具备重新鉴定、勘验、检查的条件，且有证据证明行政机关进行的鉴定、勘验、检查程序合法，相关证据能与其他证据相印证，确有必要作“等外”解释的，则可以个案处理（详见附件2：《〈最高人民法院关于适用《中华人民共和国刑事诉讼法》的解释〉理解与适用》第198～200页）。据此可以确认，《刑事诉讼法》第五十四条第二款和《最高人民法院关于适用〈中华人民共和国刑事诉讼法〉的解释》第七十五条中规定的行政机关在行政执法和查办案件过程中收集的鉴定意见、勘验、检查笔录原则上不能作为刑事诉讼案件定案的根据。

在刚才的法庭审理中，公诉人引用《动物防疫法》第三十二条，认为××县动物疾病预防控制中心的资质没有问题。对此，辩护人认为，《动物防疫法》第三十二条的内容是关于动物疫情的认定，并不是动物一、二、三类病的鉴定，两者不是一个概念。同时，《动物防疫法》第三十二条明确规定，重大动植物疫情由省级政府农业农村部门来确认，××县农业农村局并非省级政府部门。因此，公诉人的这一理由根本不能成立。

②即使本案已不具备重新鉴定、勘验、检查的条件，根据《最高人民法院关于适用〈中华人民共和国刑事诉讼法〉的解释》第七十五条的规定，××县动物疫病预防控制中心的诊断报告和检测意见，也只有在经法庭查证属实且收集程序符合有关法律、行政法规规定的前提下，才可以作为定案的根据。而××县动物疫病预防控制中心的诊断报告和检测意见的收集程序根本不符合有关法律、行政法规规定。

一是《最高人民法院关于适用〈中华人民共和国刑事诉讼法〉的解释》第九十八条规定：“鉴定意见具有下列情形之一的，不得作为定案的根据：（一）鉴定机构不具备法定资质，或者鉴定事项超出该鉴定机构业务范围、技术条件的……”根据本辩护人提交的证据能够认定，××县动物疫病中心没有取得检验检测机构鉴定资质。根据《最高人民法院关于适用〈中华人民共和国刑事诉讼法〉的解释》第九十八条第一项的规定，其在本案中出具的检测意见不能作为定案的根据。

辩护人向法庭提供的河南省妨害动植物防疫、检疫罪的两个同类案例，其中一起发生在××,另一起发生在××县,鉴定报告作为这两个案件用于证明引起重大动植物疫情危险且情节严重的重要证据,均是有资质的鉴定机构出具(详见附件 3:类案判决书 2 份)。

二是《最高人民法院关于适用〈中华人民共和国刑事诉讼法〉的解释》第九十八条规定:“鉴定意见具有下列情形之一的,不得作为定案的根据:(三)送检材料、样本来源不明,或者因污染不具备鉴定条件的……”而本案中,××县动物疫病预防控制中心出具的检测意见检材来源不明,不能作为定案的根据。理由如下:

其一,案卷材料中没有提取检材时制作的提取笔录、提取照片和视频,不能证明检材的来源。《最高人民法院关于适用〈中华人民共和国刑事诉讼法〉的解释》第八十六条规定:“在勘验、检查、搜查过程中提取、扣押的物证、书证,未附笔录或者清单,不能证明物证、书证来源的,不得作为定案的根据。”

其二,××县动物疫病预防控制中心出具的检测意见上显示检材为 8 份,而被害人李某龙、李某利在 2021 年 4 月 1 日的笔录(见证据二卷第 97 ~ 110 页)明确载明,当时××县农业农村局在 2021 年 3 月 15 日到现场采集了 30 份样品。说明这 8 头猪样品来源不明,不能说明这 8 头猪来源于被害人家中。

其三,被害人李某龙在 2021 年 3 月 15 日笔录中明确说明其报案时 137 头已经死亡,还有疑似发病的 373 头,说明当时李某龙家里的猪共有 510 头。表明被害人家里还有部分猪不是从××养殖场购买来的,那么,××县动物疫病预防控制中心提取的检材即使是在被害人家中提取,或是在××公司的 499 头猪中提取,还是在被害人家里自有的猪身上提取,也无法查清。

三是《最高人民法院关于适用〈中华人民共和国刑事诉讼法〉的解释》第九十八条规定:“鉴定意见具有下列情形之一的,不得作为定案的根据:(六)鉴定过程和方法不符合相关专业的规范要求的……”而本案中,××县动物疫病预防控制中心出具的检测意见的鉴定过程和方法明显不符合相关专业的规范要求,不能作为定案的根据。

××县动物疫病预防控制中心出具的检测意见显示适用的标准是 GB/T 35912—2018,本辩护人向法庭提交了该鉴定标准,该鉴定标准第 9.2 条“质量控制”明确规定“猪繁殖与呼吸综合征病毒荧光 RT－PCR 检测必须进行阴性对照和阳性对照,同时必须有客观的原始扩增曲线图”。而××县动物疫病预防控制中心出具的检测意见没有显示鉴定时进行了阴性对照和阳性对照，也没有原始曲线图，只是填写了一个C/T值的数据（该数据系人为填写，不具有客观性），这两方面均严重违反了GB/T 35915—2018的明确要求。本辩护人提交的猪繁殖与呼吸综合征病毒荧光RT-PCR检测样本中，既进行了阴性对照和阳性对照，也附有客观的原始扩增曲线图。

（2）本案缺乏现场勘验笔录、提取笔录等客观证据。

①本案应当有现场勘验笔录，而本案缺少这一客观证据。《刑事诉讼法》第一百二十八条规定："侦查人员对于与犯罪有关的场所、物品、人身、尸体应当进行勘验或者检查。在必要的时候，可以指派或者聘请具有专门知识的人，在侦查人员的主持下进行勘验、检查。"第一百三十三条规定："勘验、检查的情况应当写成笔录，由参加勘验、检查的人和见证人签名或者盖章。"

②本案应当有提取笔录，而本案缺少这一客观证据。公安部2015年10月22日发布的《公安机关刑事案件现场勘验检查规则》第五十二条规定："现场勘验、检查中发现与犯罪有关的痕迹、物品，应当固定、提取。提取现场痕迹、物品，应当分别提取，分开包装，统一编号，注明提取的地点、部位、日期，提取的数量、名称、方法和提取人。"《最高人民法院关于适用〈中华人民共和国刑事诉讼法〉的解释》第八十六条规定："在勘验、检查、搜查过程中提取、扣押的物证、书证，未附笔录或者清单，不能证明物证、书证来源的，不得作为定案的根据。"

（3）现有证据不能认定××县动物疫病预防控制中心诊断报告和检测意见认定的仔猪是从×县××公司购买的仔猪。

①如前所述，被害人李某龙在2021年3月15日笔录中明确说明其报案时137头已经死亡，家里还有疑似发病的373头，说明当时李某龙家里的猪共有510头。表明被害人家里还有部分猪不是从××养殖场购买来的，那么，××县动物疫病预防控制中心提取的检材即使是在被害人家中提取，是在来源于××公司的499头猪中提取，还是在被害人家里自有的猪身上提取，无法查清。

②本案由于缺乏提取检材时制作的提取笔录、视频等资料，不能显示提取检材仔猪的耳标号，不能确定就是从××公司购买的，不能排除合理怀疑。

（4）不能认定被害人从×县××公司购买仔猪时疫病就存在，不能排除合理怀疑。案卷显示，包括案涉499头猪在内，在2月底3月初经过×县农业部门的检测，检测结果为合格。且同一批猪在3月4日转运到××县的有1032头，而转运的这些仔猪没有出现问题。运输案涉 499 头猪的运输车本身是拉猪车，不能排除是运输车感染，也不能排除是在运输途中感染。如前所述，除案涉 499 头猪外，被害人家里还有其他猪，不排除到养殖场后因其他猪感染的可能性。

(5) 辩护人特别要提出的是，根据《刑法》第三百三十七条的规定，构成妨害动植物防疫、检疫罪不仅要求行为人的行为违反有关动植物防疫、检疫的国家规定，还要引起重大动植物疫情，或者有引起重大动植物疫情危险并且情节严重。根据《最高人民检察院、公安部关于公安机关管辖的刑事案件立案追诉标准的规定(一)的补充规定》第九条规定："违反有关动植物防疫、检疫的国家规定，有引起重大动植物疫情危险，涉嫌下列情形之一的，才能立案追诉：(一) 非法处置疫区内易感动物或者其产品，货值金额 5 万元以上的；(二) 非法处置因动植物防疫、检疫需要被依法处理的动植物或者其产品，货值金额 2 万元以上的……(七) 其他情节严重的情形。"而本案不具有这三种情形，因为 × 县农业农村局证明 × 县不属于疫区，本案销售的 499 头猪在销售之前也没有被行政机关查封。其他情节严重的情形需要有资质的鉴定机构出具权威的动物疫病报告，才能够证明猪的死亡是一、二、三类动物疫病引起。

辩护人认为，尽管 × 县 × × 公司场内自检疑似非洲猪瘟，本案也不能据此定罪。因为，× 县 × × 公司的自检结果只是疑似，且后来已被 × 县农业农村局的检测结论否定。× × 县动检部门也没有检出案涉仔猪是因非洲猪瘟而死亡，表明之前 × 县 × × 公司自检结果疑似不正确。而且转运到 × × 县的同批 1032 头仔猪都没有问题，进一步说明之前 × 县 × × 公司自检疑似非洲猪瘟是错误的。所以，× 县 × × 公司之前自检疑似非洲猪瘟与现在出现的后果之间没有因果关系，不能以自检疑似非洲猪瘟认定被告人有罪。

辩护人承认，本案中被告人的行为确实违反了动物防疫法的两项规定，一是在发现疑似动物疫病后要向相关部门报告处理，二是在出售仔猪的时候要开具检验检疫票。但辩护人认为，被告人违反这两项规定，应当由行政机关对其进行处罚，而不是面临刑事处罚。行政违法与犯罪之间存在本质的差别，行政处罚与刑事处罚之间存在边界，并非违反行政法的行为就一定是犯罪行为。根据罪行法定原则，不能将违反有关《动物防疫法》规定的行为一律认定为有引起重大动植物疫情危险并且情节严重。本案被告单位及 3 名工作人员的行为不符合妨害动植物防疫、检疫罪的构成要件，仅是违反《动物防疫法》的行政违法行为，且已经受到行政处罚。

2. 即使认定本案有犯罪行为，被告人杨某某也不应认定构成犯罪。具体理由如下：

(1) 杨某某不属于直接负责的主管人员，在公司没有股权。×县××养殖场实质上只是一个养殖场，董某某一人是领导，杨某某名义上是生产厂长，充其量只是一个中层领导，对疑似染疫仔猪的处置没有决定权，也不参与研究决策，不属于直接负责的主管人员。本案中，董某某在笔录中承认出售行为是他自己一个人作出的决定，不需要跟其他人商量。董某某应认定为直接负责的主管人员。

(2) 杨某某不属于直接责任人员。上报计划是根据董某某指令，安排人装猪。杨某某只是一个执行者、"传话筒"，属于一般参与者，不能认定为直接责任人员。本案中，赵某某应认定为直接责任人员。

(3)《全国法院审理金融犯罪案件工作座谈会纪要》中对直接责任人员有明确的限定，会议纪要明确规定，在单位犯罪中对于受单位领导指派或者奉命参与实施了一定犯罪行为的人，一般不宜作为直接责任人员追究刑事责任。本案中，杨某某作为打工者、执行者，还不是×县××公司的人。杨某某只有两个行为，一是上报计划，二是安排人装猪。他的两个行为只是作为执行者的执行行为，属于一般参与者。杨某某在笔录中提到他曾向董某某提议过对这批猪进行深埋处理，但是第二天董某某决定这批猪要卖掉。

辩护人认为，法律不强人所难，不能期待作为打工者、执行者的杨某某不执行领导的命令，也就是说，本案被告人杨某某不具有期待可能性。同时，根据刑法谦抑性，打击面也不宜过大，本案即使按犯罪处理，追究董某某和赵某某两个人的责任就已经足够。

以上是我们的辩护意见，请合议庭考虑采纳。

谢谢！

被告人杨某某的辩护人：

××律师事务所律师：×××　×××

年　月　日

附件1：相关法律条文（略）

附件2：《〈最高人民法院关于适用《中华人民共和国刑事诉讼法》的解释〉

理解与适用》第 198 ~ 200 页(略)

附件 3:类案判决书 2 份(略)

《辩护词》(一审阶段)精细化写作要领

1. 格式要符合要求。内容参见审查起诉阶段辩护词精细化写作要领。

2. 从结构上来讲,辩护词“正文”部分要逻辑清晰、层次分明。内容参见审查起诉阶段辩护词精细化写作要领。

3. 从内容上来讲,一审阶段的辩护词“正文”部分要围绕起诉书指控的事实和罪名,结合控辩双方证据和法律、司法解释、理论以及类似案例,提出被告人无罪、轻罪或者依法应当从轻、减轻、免除刑事责任的意见。这部分具体写作要领与审查起诉阶段辩护词基本相同。

需要注意的是,《最高人民法院关于适用〈中华人民共和国刑事诉讼法〉的解释》第二百八十三条第二款规定:“对被告人不认罪或者辩护人作无罪辩护的案件,法庭辩论时,可以指引控辩双方先辩论定罪问题,后辩论量刑和其他问题。”所以,即使是做无罪辩护,对被告人具有的从轻、减轻、免除处罚情节和意见,也应一并在辩护意见中体现。

还需要注意的是,与审查起诉阶段辩护词不同,一审阶段的辩护词是在庭审之后书写的综合性辩护意见,经过法庭辩论,控辩双方的意见和观点已经充分表达。另外,基于刑事案件的举证责任在控方,证据主要是由控方提交的特点,一审阶段的辩护词重点在辩驳控方观点。不仅要结合证据和法律、司法解释及理论,阐明本方观点,还要结合庭审争议焦点,对控方观点逐一回应,一般表述为:“在刚才的法庭审理中,公诉方提出……对此,本辩护人认为……”实践中,有的律师在开庭前已经写好辩护词,这样的辩护词由于缺少对庭审中控方观点的回应,必定不够全面。庭审后要结合庭审中控方的新观点,对原辩护词及时加以补充完善后,再提交给法官。

辩护意见“正文”部分最后,可以将辩护意见进行归纳总结,提出综合性的辩护观点,可以表述为:“综上所述,本辩护人认为,……”如果辩护点很多,也可以不进行归纳。

4.辩护词在形式上要赏心悦目,给人以美感。内容参见审查起诉阶段辩护词精细化写作要领。

附:有关规定

1.《中华人民共和国刑事诉讼法》(2018年修正)

第一百九十八条　法庭审理过程中,对与定罪、量刑有关的事实、证据都应当进行调查、辩论。

经审判长许可,公诉人、当事人和辩护人、诉讼代理人可以对证据和案件情况发表意见并且可以互相辩论。

审判长在宣布辩论终结后,被告人有最后陈述的权利。

2.《最高人民法院关于适用〈中华人民共和国刑事诉讼法〉的解释》(2021年)

第二百八十三条　对被告人认罪的案件,法庭辩论时,应当指引控辩双方主要围绕量刑和其他有争议的问题进行。

对被告人不认罪或者辩护人作无罪辩护的案件,法庭辩论时,可以指引控辩双方先辩论定罪问题,后辩论量刑和其他问题。

第二百九十条　辩护人应当及时将书面辩护意见提交人民法院。

刑事诉讼文书之11:刑事上诉状

刑事上诉状

上诉人:乔××,男,汉族,××××年×月×日出生,住××省××县××××××,××文化,农民,身份证号码××××××,现羁押于××县看守所。

上诉人因故意杀人、敲诈勒索一案,不服××省××市中级人民法院××××号刑事附带民事判决书的判决,现提起上诉,上诉人的上诉请求和上诉理由如下:

上诉请求:撤销××省××市中级人民法院××××号刑事附带民事判决书的第一项,改判在无期徒刑以下对上诉人判处刑罚。

上诉理由:

1. 一审判决认定上诉人"没有如实供述犯罪事实,不属于认罪,亦没有悔罪表现",这一认定不符合事实。

上诉人到案后,由于内心极度恐惧、焦虑和矛盾,所以前几次供述前后不一。但在侦查机关最后讯问的时候,上诉人还是将实际情况如实进行了供述。庭审时,上诉人也向法庭做了如实供述。一审判决书的第5页载明:"被告人乔××对公诉机关指控其犯罪事实没有异议。"一审判决书第6~7页载明的"经审理查明"部分,也与上诉人在侦查机关最后讯问时和庭审时的供述完全一致。在这种情况下,怎么能认定上诉人"没有如实供述犯罪事实,不属于认罪"呢?

案发后,上诉人的内心是十分后悔的。尽管被害人欠上诉人的钱,尽管当晚是被害人先动的手,尽管当晚被害人也掐住上诉人的脖子不松,但无论如何,同样年轻的、曾经的好朋友最后是死在了上诉人的手下,上诉人一直为当时自己的得理不饶人和不冷静深感后悔。在一审庭审时,上诉人明确表示认罪、悔罪。最后陈述时,上诉人亲手将自己书写的悔罪书交给了法庭。在这种情况下,怎么能认定上诉人"没有悔罪表现"呢?

2. 一审判决认定上诉人“手段特别残忍、情节特别恶劣”，这一认定也不符合事实。

上诉人承认自己的行为造成被害人死亡这个后果是严重的。但一审判决书也认定，当天晚上上诉人和被害人二人因债务纠纷发生争吵、进而厮打，在床上打斗过程中上诉人的脚绊到了被害人的腿，于是被害人头朝下栽倒在床边地上，上诉人顺势倒在被害人身上，后上诉人和被害人继续用双手互相掐着对方脖子导致被害人死亡。而且，尸检报告也认定被害人头部损伤（此处损伤是被害人头朝下栽倒在床边地上造成，不是上诉人故意造成）也是其死亡的原因之一。因此，上诉人的杀人行为根本称不上“手段特别残忍、情节特别恶劣”。

尽管被害人死亡后，上诉人为了掩盖罪责，对被害人的尸体进行了焚烧和掩埋，但这是被害人已经死亡后上诉人的行为，并不是被害人死亡前上诉人的行为，这些行为不能作为对上诉人杀人行为的手段和情节进行评价。

3. 一审判决对上诉人判处死刑，量刑明显过重。上诉人认为，上诉人不属于必须判处死刑的情形，应当对上诉人判处无期徒刑以下刑罚。

(1)上诉人的故意行为不是导致被害人死亡结果的唯一原因，被害人从床上摔倒至地面造成其颅脑损伤也是其死亡的原因之一，对上诉人应从宽处罚。

如前所述，一审判决在“经审理查明”部分也认定，上诉人和被害人先是在床上打斗，在此过程中上诉人的脚绊到了被害人的腿，于是被害人头朝下栽倒在床边地上。公安机关在现场勘验检查时，在上诉人的卧室南墙上和西墙上都发现有血迹，说明当时被害人从床上摔下后头部伤情已很严重。尸检报告也认定被害人头部存在颅脑损伤的情况，而且认定这一损伤也是其死亡的原因之一。

一审判决认为，被害人头朝下栽倒在床边地上是因为打斗过程中上诉人的脚绊到了被害人的腿，认为上诉人对这一后果仍应承担责任。但一审判决没有考虑到上诉人并不是故意用脚去绊被害人的腿，而是上诉人和被害人在床上打斗过程中无意绊住的。

(2)上诉人用手掐被害人脖子的行为具有防卫因素，对上诉人应从宽处罚。

一审判决在“经审理查明”部分也认定，被害人头朝下栽倒在床边地上后，上诉人是顺势倒在了被害人身上，后上诉人和被害人继续用双手互相掐着对方脖子导致被害人死亡。由于当时被害人掐着上诉人的脖子不松手，上诉人才掐着被害人的脖子也不松手。在二人互掐对方脖子期间，上诉人还曾对被害人讲自己先松手让被害人也松手，由于被害人不松手，上诉人才没有松手。众所周知，双手掐他人脖子的行为是足以致命的行为。上诉人与被害人没有深仇大恨，上诉人当时掐被害人脖子只是为了让被害人松手，并不是为了要被害人的命，上诉人的行为很明显具有防卫因素，对上诉人应从宽处罚。

一审判决认为，上诉人主观上不存在防卫意图，主观上是积极追求剥夺被害人生命的故意，这样认定是完全错误的。

(3)《最高人民法院关于贯彻宽严相济刑事政策的若干意见》第 22 条规定："对于因恋爱、婚姻、家庭、邻里纠纷等民间矛盾激化引发的犯罪，因劳动纠纷、管理失当等原因引发、犯罪动机不属恶劣的犯罪，因被害方过错或者基于义愤引发的或者具有防卫因素的突发性犯罪，应酌情从宽处罚。"本案被害人本来就欠上诉人的钱，当晚被害人动手后，被害人也掐住上诉人的脖子不松，该纠纷是因二人债务纠纷矛盾激化引发，依据前述规定，对上诉人应从宽处罚。

(4)上诉人父亲系投案自首，上诉人父亲自首后，向公安机关如实供述了参与犯罪的全过程，此后，上诉人也向公安机关供述了自己的作案细节，该案才得以侦破。根据《刑法》第六十七条第三款和《最高人民法院关于贯彻宽严相济刑事政策的若干意见》第 17 条的规定，应当对上诉人从宽、从轻处罚。

(5)上诉人一家经济条件很差，但在案发后上诉人父亲仍然四处借钱，筹措资金，希望能尽最大努力弥补被害人家属损失，安慰被害人家属。由于被害人家属明确表示不接受上诉人一家的赔偿，最终才没有实际赔偿被害人家属损失。

(6)"严格控制和慎重适用死刑"是我国的基本死刑政策。《最高人民法院关于贯彻宽严相济刑事政策的若干意见》第 29 条规定："要依法严格控制死刑的适用，统一死刑案件的裁判标准，确保死刑只适用于极少数罪行极其严重的犯罪分子……对于罪行极其严重，但只要是依法可不立即执行的，就不应当判处死刑立即执行。"最高人民法院、最高人民检察院、公安部、司法部《关于进一步严格依法办案确保办理死刑案件质量的意见》规定："办理死刑案件，必须根据构建社会主义和谐社会和维护社会稳定的要求，严谨审慎，既要保证根据证据正确认定案件事实，杜绝冤错案件的发生，又要保证定罪准确，量刑适当……对死刑案件适用刑罚时，既要防止重罪轻判，也要防止轻罪重判，做到罪刑相当，罚当其罪，重罪重判，轻罪轻判，无罪不罚。对具有法律规定'应当'从轻、减轻或者免除处罚情节的被告人，依法从宽处理；对具有法律规定'可以'从轻、减轻或者免除处罚情节的被告人，如果没有其他特殊情节，原则上依法从宽处理；对具有酌定从宽处罚情节的也依法予以考虑。”

上诉人一贯表现良好，犯罪时刚满18周岁，本案纯粹属于上诉人和被害人因债务纠纷矛盾激化后，一时冲动造成，上诉人根本不属于“罪行极其严重的犯罪分子”，而且具有多个法定、酌定从宽处罚情节，一审判决对上诉人判处死刑，明显量刑过重。

为了维护上诉人的合法权益，特上诉至贵院，请贵院依法支持上诉人的上诉请求，给上诉人一个改过自新、重新做人的机会。

此致

××省高级人民法院

上诉人：

年　月　日

《刑事上诉状》精细化写作要领

1. 格式上要符合要求。刑事上诉状由“标题”“上诉人”“上诉请求”“上诉理由”“致送法院”和落款“上诉人”“上诉时间”组成，不能缺项，各部分的表述要准确。比如，不能将标题“上诉状”写为“上诉书”，不能将“上诉人”写为“被告人”。被告人的辩护人、近亲属经被告人同意提出上诉的，应当写明其与被告人的关系，并应当以被告人作为上诉人。

需要注意的是，在“上诉人”信息之后，要写明一审判决书、裁定书文号和一审人民法院名称。一般表述为：“上诉人因××××一案，不服××人民法院××××号刑事判决书的判决，现提起上诉，上诉人的上诉请求和上诉理由如下：”

2. “上诉请求”部分是刑事上诉状的核心，要做到表述具体、明确。“上诉请求”部分，要根据一审判决情况和上诉人的具体要求去写，一般表述为：“撤销××人民法院××××号刑事判决书的判决（或者第×项），改判……”

3. “上诉理由”部分是刑事上诉状中最重要的内容，这部分的任务是结合案件事实、引用证据和适用法律，论述一审判决的认定事实是否清楚，证据是否确实、充分，适用法律是否正确，量刑是否适当，程序是否合法，通过摆事实讲道理让法院支持上诉人的上诉请求。“上诉理由”部分形式上一般采用总分结构:先概况写观点,后分项写具体理由。概括部分要提纲挈领、观点鲜明,可以通过字符特殊显示达到提示效果,让法官可以一眼看到上诉人的主要观点。内容要具体明确,提出的观点要围绕认定事实是否清楚,证据是否确实、充分,适用法律是否正确,量刑是否适当,程序是否合法这 5 个方面去写。具体理由部分的任务是支撑概况部分的观点,具体理由部分要围绕观点,结合案件事实和证据,通过引用法律、司法解释具体条文和权威理论去写。如果一审判决存在多方面的错误,要逐一写明,全面阐述。

需要注意的是,“上诉理由”部分要逻辑清晰、层次分明。要根据案件具体情况,按一定逻辑顺序分层次、分部分来写,概括观点部分用序号“1. 2. ……”表示。具体理由部分用序号“(1)(2)……”表示,每一个分项部分如果有多个理由,还可以再分层次写,用序号“①②……”表示。这样逻辑清晰、层次分明,观点和理由一目了然。

还需要注意的是,刑事上诉状通篇语言要客观、理性,避免情绪化表达。如果通篇都是发泄不满或者诉说自身不幸的情绪化语言,不利于法官快速了解上诉人的上诉理由。客观、理性的行文,会让法官在第一时间抓住上诉人的上诉请求和核心理由,更容易作出客观公正的判断。

附:相关规定

1.《中华人民共和国刑事诉讼法》(2018 年修正)

第二百二十七条　被告人、自诉人和他们的法定代理人,不服地方各级人民法院第一审的判决、裁定,有权用书状或者口头向上一级人民法院上诉。被告人的辩护人和近亲属,经被告人同意,可以提出上诉。

附带民事诉讼的当事人和他们的法定代理人,可以对地方各级人民法院第一审的判决、裁定中的附带民事诉讼部分,提出上诉。

对被告人的上诉权,不得以任何借口加以剥夺。

第二百三十条　不服判决的上诉和抗诉的期限为十日,不服裁定的上诉和抗诉的期限为五日,从接到判决书、裁定书的第二日起算。

第二百三十一条　被告人、自诉人、附带民事诉讼的原告人和被告人通过原审人民法院提出上诉的,原审人民法院应当在三日以内将上诉状连同案卷、证据移送上一级人民法院,同时将上诉状副本送交同级人民检察院和对方当事人。

被告人、自诉人、附带民事诉讼的原告人和被告人直接向第二审人民法院提出上诉的,第二审人民法院应当在三日以内将上诉状交原审人民法院送交同级人民检察院和对方当事人。

第二百三十三条　第二审人民法院应当就第一审判决认定的事实和适用法律进行全面审查,不受上诉或者抗诉范围的限制。

共同犯罪的案件只有部分被告人上诉的,应当对全案进行审查,一并处理。

第二百三十四条　第二审人民法院对于下列案件,应当组成合议庭,开庭审理:

(一)被告人、自诉人及其法定代理人对第一审认定的事实、证据提出异议,可能影响定罪量刑的上诉案件;

(二)被告人被判处死刑的上诉案件;

(三)人民检察院抗诉的案件;

(四)其他应当开庭审理的案件。

第二审人民法院决定不开庭审理的,应当讯问被告人,听取其他当事人、辩护人、诉讼代理人的意见。

第二审人民法院开庭审理上诉、抗诉案件,可以到案件发生地或者原审人民法院所在地进行。

第二百三十六条　第二审人民法院对不服第一审判决的上诉、抗诉案件,经过审理后,应当按照下列情形分别处理:

(一)原判决认定事实和适用法律正确、量刑适当的,应当裁定驳回上诉或者抗诉,维持原判;

(二)原判决认定事实没有错误,但适用法律有错误,或者量刑不当的,应当改判;

(三)原判决事实不清楚或者证据不足的,可以在查清事实后改判;也可以裁定撤销原判,发回原审人民法院重新审判。

原审人民法院对于依照前款第三项规定发回重新审判的案件作出判决后,被告人提出上诉或者人民检察院提出抗诉的,第二审人民法院应当依法作出判决或者裁定,不得再发回原审人民法院重新审判。

第二百三十八条　第二审人民法院发现第一审人民法院的审理有下列违反法律规定的诉讼程序的情形之一的，应当裁定撤销原判，发回原审人民法院重新审判：

（一）违反本法有关公开审判的规定的；

（二）违反回避制度的；

（三）剥夺或者限制了当事人的法定诉讼权利，可能影响公正审判的；

（四）审判组织的组成不合法的；

（五）其他违反法律规定的诉讼程序，可能影响公正审判的。

2.《最高人民法院关于适用〈中华人民共和国刑事诉讼法〉的解释》（2021年）

第三百七十八条　地方各级人民法院在宣告第一审判决、裁定时，应当告知被告人、自诉人及其法定代理人不服判决和准许撤回起诉、终止审理等裁定的，有权在法定期限内以书面或者口头形式，通过本院或者直接向上一级人民法院提出上诉；被告人的辩护人、近亲属经被告人同意，也可以提出上诉；附带民事诉讼当事人及其法定代理人，可以对判决、裁定中的附带民事部分提出上诉。

被告人、自诉人、附带民事诉讼当事人及其法定代理人是否提出上诉，以其在上诉期满前最后一次的意思表示为准。

第三百七十九条　人民法院受理的上诉案件，一般应当有上诉状正本及副本。

上诉状内容一般包括：第一审判决书、裁定书的文号和上诉人收到的时间，第一审人民法院的名称，上诉的请求和理由，提出上诉的时间。被告人的辩护人、近亲属经被告人同意提出上诉的，还应当写明其与被告人的关系，并应当以被告人作为上诉人。

第三百八十条　上诉、抗诉必须在法定期限内提出。不服判决的上诉、抗诉的期限为十日；不服裁定的上诉、抗诉的期限为五日。上诉、抗诉的期限，从接到判决书、裁定书的第二日起计算。

对附带民事判决、裁定的上诉、抗诉期限，应当按照刑事部分的上诉、抗诉期限确定。附带民事部分另行审判的，上诉期限也应当按照刑事诉讼法规定的期限确定。

第三百八十八条　第二审人民法院审理上诉、抗诉案件，应当就第一审判决、裁定认定的事实和适用法律进行全面审查,不受上诉、抗诉范围的限制。

第三百八十九条　共同犯罪案件,只有部分被告人提出上诉,或者自诉人只对部分被告人的判决提出上诉,或者人民检察院只对部分被告人的判决提出抗诉的,第二审人民法院应当对全案进行审查,一并处理。

第三百九十条　共同犯罪案件,上诉的被告人死亡,其他被告人未上诉的,第二审人民法院应当对死亡的被告人终止审理;但有证据证明被告人无罪,经缺席审理确认无罪的,应当判决宣告被告人无罪。

具有前款规定的情形,第二审人民法院仍应对全案进行审查,对其他同案被告人作出判决、裁定。

第三百九十一条　对上诉、抗诉案件,应当着重审查下列内容:

(一)第一审判决认定的事实是否清楚,证据是否确实、充分;

(二)第一审判决适用法律是否正确,量刑是否适当;

(三)在调查、侦查、审查起诉、第一审程序中,有无违反法定程序的情形;

(四)上诉、抗诉是否提出新的事实、证据;

(五)被告人的供述和辩解情况;

(六)辩护人的辩护意见及采纳情况;

(七)附带民事部分的判决、裁定是否合法、适当;

(八)对涉案财物的处理是否正确;

(九)第一审人民法院合议庭、审判委员会讨论的意见。

刑事诉讼文书之12:刑事附带民事上诉状

刑事附带民事上诉状

上诉人:贺××,男,汉族,××××年×月×日出生,户籍所在地××省××县××镇××村,住××县××××××,身份证号码××××××,现羁押于××县看守所。

上诉人因涉嫌××××犯罪一案,不服××县人民法院××××号刑事附带民事判决书的判决,现提起上诉,上诉人的上诉请求和上诉理由如下:

上诉请求:(1)撤销××县人民法院××××号刑事附带民事判决书的第一项和第二项;(2)改判对上诉人在有期徒刑×年以下量刑;(3)改判上诉人和同案被告人李某、刘某、王某、沈某某及另两案被告人薛某某、杜某某、申某某八人共同赔偿附带民事诉讼原告人各项经济损失共计××××元。

上诉理由:

1. 关于刑事判决部分,上诉人认为,原审判决没有认定上诉人和同案被告人王某为从犯是错误的,对包括上诉人在内的各被告人的量刑明显过重,而且量刑极不均衡,违背了罚当其罪、罪责刑相适应、量刑均衡、同罪同罚的原则。具体理由如下:

(1)上诉人和同案被告人王某与同案被告人沈某某一样,在共同犯罪中起的是次要或辅助作用,均应认定为从犯。原审判决仅将沈某某一个人认定为从犯,没有将上诉人和王某也认定为从犯,这是错误的。

①根据《刑法》第二十七条的规定,在共同犯罪中起次要或者辅助作用的,是从犯。本案中,非法拘禁被害人进行讨债是另一案被告人薛某某授意本案被告人李某、刘某组织实施的,也是该三人预谋和策划的,上诉人和本案被告人王某、沈某某以及另一案被告人杜某某、申某某均没有参与预谋和策划。同时,李某、刘某二人全程参与了非法拘禁被害人的过程,非法拘禁的整个过程,均是在

李某、刘某的组织和指挥下进行,上诉人和本案被告人王某、沈某某以及另一案被告人杜某某、申某某的所有行为均是听命于李某、刘某的指令被动实施。因此,上诉人和本案被告人王某以及另一案被告人杜某某、申某某所起的作用均属于次要作用。

②上诉人注意到,原审判决之所以没有认定上诉人和本案被告人王某为从犯,仅认定本案被告人沈某某一个人为从犯,唯一的理由是上诉人和王某都动手殴打了被害人,而沈某某没有动手殴打。上诉人承认自己确实用电警棒两次电击了被害人,但上诉人认为,主犯不等于实行犯,实行犯也不等于主犯,不能将所有的实行犯都认定为主犯,也就是说,不能仅因被告人有实行行为而将其不加区分地全部排除在从犯之外。因为,《刑法》第二十七条规定的从犯中,不仅包括起辅助作用的从犯,还包括起次要作用的从犯。本案中,本案被告人沈某某起的是辅助作用,而上诉人和本案被告人王某以及另一案被告人杜某某、申某某起的均是次要作用,五个人均应认定为从犯,只是不属于同一类的从犯而已。如果按照一审判决的逻辑,从犯只有一种,那就是起辅助作用的从犯,而没有起次要作用的从犯。

③目前在案的被告人中,共有八个人参与非法拘禁被害人,除了本案的五名被告人之外,还有另两案的薛某某、杜某某和申某某。八名被告人在共同犯罪中所处的地位和所起的作用明显不同,且差别较大,原审法院竟然将其中七个人都认定为主犯,只认定了一名从犯,这显然是不恰当的。

④尽管上诉人在被害人坠楼后又持电警棒对被害人电击了一下,但该次电击也是在李某的授意下实施。更为重要的是,这一电击行为发生在被害人坠楼后,对非法拘禁行为不产生任何影响,与被害人的死亡也没有任何关系。因此,这一电击行为不应作为对上诉人的量刑情节予以考虑。

(2)原审判决对包括上诉人在内的参与非法拘禁被害人的八名被告人的量刑均过重,违背了罚当其罪、罪责刑相适应的量刑原则。

《最高人民法院、最高人民检察院关于常见犯罪的量刑指导意见(试行)》中规定:“量刑既要考虑被告人所犯罪行的轻重,又要考虑被告人应负刑事责任的大小,做到罪责刑相适应,实现惩罚和预防犯罪的目的。量刑应当贯彻宽严相济的刑事政策,做到该宽则宽,当严则严,宽严相济,罚当其罪,确保裁判法律效果和社会效果的统一。”

根据《刑法》第二百三十八条的规定，犯非法拘禁罪致人死亡的，处十年以上有期徒刑。与《刑法》第二百三十四条规定的故意伤害罪（致人死亡）相比，两个罪的最低刑尽管都是十年有期徒刑，但两个罪中，行为人在主观上和客观上对被害人死亡这一结果的发生有本质的差别，本案既然定性为非法拘禁罪，就是因为被害人是在被非法拘禁期间自己跳楼造成死亡的，那么在量刑上就应当与故意伤害致人死亡有明显的区别。

同时，在量刑时重点要考虑非法拘禁行为对被害人的死亡起了多大的作用。本案作为非法拘禁刑事案件，不考虑从××市区到××县的路途时间，前后持续的时间也就1小时左右，在这1小时过程中，尽管上诉人等人轮番对被害人实施了电击，但却是断断续续的，并且没有任何人对被害人实施任何极端的、残忍的折磨或伤害行为。被害人之所以选择从三楼跳下，是基于楼层不高轻信跳下后不会伤害太重的考虑，其目的是逃脱，被害人不是忍受不了折磨去寻求自杀而跳楼。也就是说，上诉人等人实施的非法拘禁行为，对被害人的跳楼作用效果极其微小。在这种情况下，在目前在案的八个人中，有两个人（薛某某、李某）因非法拘禁罪被顶格判处了十五年有期徒刑，七个人因非法拘禁罪的量刑均在十一年有期徒刑以上，判刑最轻的被告人沈某某根本就没有在非法拘禁现场，只是在作为非法拘禁场所的“×××”洗车行的另一个房间内，就被判处了高达八年的有期徒刑。这样的量刑明显过重，根本不符合罚当其罪、罪责刑相适应的量刑原则。

（3）量刑均衡、同罪同罚是刑法的平等原则在量刑工作中的充分体现，是量刑公正的应有之义，也是贯彻法律面前人人平等原则的内在要求。量刑平衡是指人民法院在一定时期和一定司法区域内对犯罪人裁量刑罚时，在做到罪刑相适应的前提下，对于性质、情节相同（或相类似）的案件，应当适用相同（或相接近）的刑罚，避免量刑此轻彼重、忽重忽轻的不一致现象，以实现司法的公正性、统一性，取得最佳的法律效果与社会效果。《最高人民法院、最高人民检察院关于常见犯罪的量刑指导意见（试行）》中规定：“对于同一地区同一时期案情相似的案件，所判处的刑罚应当基本均衡。”而原审判决量刑明显不均衡，对上诉人的量刑明显过重，违背了量刑均衡、同罪同罚的原则。

①本案中，在李某系累犯，且全程参与，还是组织者、领导者、指挥者的情况下，因非法拘禁罪被判处有期徒刑十五年，而同案被告人刘某作为初犯，且作用明显小于李某，却仅仅比李某少了一年刑期。

②另一案被告人杜某某、申某某从××市区被害人家里开始参与非法拘禁被害人，一直参与到被害人跳楼身亡后，而上诉人和本案被告人王某、沈某某均是在李某、杜某某、申某某等人将被害人非法拘禁到“×××”洗车行后才参与非法拘禁。而且在“×××”洗车行对被害人非法拘禁期间，上诉人和杜某某、申某某所起的作用相当，按常规，对杜某某、申某某二人的量刑应该高于上诉人，但判决结果却是上诉人反倒比该二人还多了一年刑期。

③在非法拘禁过程中，尽管本案被告人王某、沈某某是上诉人开车带到“×××”洗车行的，但该二人是刘某叫去的，并不是上诉人叫去的，该二人只是乘用了上诉人的车辆一同前往而已，这一事实刘某、王某、沈某某在他们的供述中均已承认。在非法拘禁过程中，上诉人与本案被告人王某所起的作用相当，按理说二人的量刑应当一样，但判决结果却是上诉人比王某多了一年刑期。

④参与非法拘禁被害人的八名被告人中，上诉人、杜某某、申某某、王某、沈某某五人所起的作用与薛某某、李某、刘某三人相比，有天壤之别。在刑期长达十多年、量刑余地较宽的情况下，判决结果却是上诉人仅比刘某少了两年，量刑明显不均衡、不公平。上诉人认为，上诉人、杜某某、申某某、王某、沈某某五人的刑期应当大幅度低于李某、刘某二人。

2. 关于附带民事判决部分，上诉人认为，附带民事诉讼原告人因被害人被非法拘禁导致死亡的损失总计为151，257元，参与非法拘禁被害人的人中，目前在案共八人，本应判决该八人共同赔偿附带民事诉讼原告人各项经济损失共计151，257元。而原审是将八个被告人分为三个案件处理的，原审法院在三个案件的判决中均判决被告人赔偿附带民事诉讼原告人各项经济损失共计151，257元，这样判决明显不当。

综上所述，上诉人认为，尽管目前全国在开展扫黑除恶专项斗争，对涉黑涉恶犯罪从严、从重处理。但是，被外界传为“老大”的薛某某仅被认定了两起违法犯罪事实、两个罪名，本案第一被告李某也是被认定了两起违法犯罪事实、两个罪名，在这种情况下，对各被告人能按涉黑涉恶而从严从重处理吗?!

况且，上诉人和薛某某根本就不认识，上诉人与李某也是第一次见面，上诉人只是认识刘某并应刘某的要求才参与其中。上诉人、杜某某、申某某、王某、沈某某五人此次参与非法拘禁，都是第一次、也是唯一的一次跟随并帮助薛某某等人从事违法犯罪行为，而且五人都是初犯，此前没有从事过任何违法犯罪行为。

在这种情况下，即使对薛某某等人按涉黑涉恶从严从重处理，难道对上诉人、杜某某、申某某、王某、沈某某五人也按涉黑涉恶从严从重处理吗？！

即使对涉案被告人都按涉黑涉恶从严从重处理，就可以不考虑罚当其罪了吗？就可以不考虑罪责刑相适应了吗？就可以不考虑量刑均衡了吗？就可以不考虑公平正义了吗？最起码要考虑量刑均衡、同罪同罚和公平正义吧，否则，怎么能"让人民群众在每一个司法案件中感受到公平正义"？

上诉人还要提出的是，在原审诉讼中，包括上诉人在内的各被告人均愿意对被害人家属进行赔偿，但被害人家属提出了高达 1800 万元的巨额赔偿请求，各被告人家属愿意合计赔偿 260 万元，最终也没有达成赔偿协议。上诉人认为，本案尽管造成了被害人死亡的结果，但终究是一个非法拘禁案件，纵使没有赔偿到位、没有取得被害人谅解，原审判决将包括上诉人在内的各被告人都判处如此重的刑罚，也明显违背了量刑的基本原则。为了维护上诉人的合法权益，特提起上诉，请二审法院依法支持上诉人的上诉请求。

此致

××市中级人民法院

上诉人：

年　月　日

《刑事附带民事上诉状》精细化写作要领

1. 格式上要符合要求。刑事附带民事上诉状与刑事上诉状的区别在于被告人不仅对一审判决的刑事部分有异议，对一审判决的附带民事部分也有异议。刑事附带民事上诉状在格式上与刑事上诉状相同，具体内容可参见前文刑事上诉状精细化写作要领。

2. "上诉请求"部分是刑事附带民事上诉状的核心，要做到表述具体、明确。要根据一审判决情况和上诉人的具体要求去写，这部分内容与刑事上诉状相比，不仅有刑事部分的上诉请求，还多了一个附带民事部分的上诉请求。一般表述为："（1）撤销××人民法院××××号刑事附带民事判决书的判决（或者第×项和第×项）；（2）改判……（3）改判……"

3.“上诉理由”部分是刑事附带民事上诉状的主要内容,这部分的任务是结合案件事实、引用证据和适用法律,阐述一审判决的认定事实是否清楚,证据是否确实、充分,适用法律是否正确,量刑是否适当,附带民事部分的判决是否正确,程序是否合法,通过指出一审判决中存在的问题,让法院支持上诉人的上诉请求。刑事附带民事上诉状的“上诉理由”部分写作要领基本与刑事上诉状相同,只是在内容上比刑事上诉状多了附带民事部分。因此,刑事附带民事上诉状的“上诉理由”部分逻辑上可以分成两部分来写,第一部分写刑事部分,第二部分写附带民事部分,这样逻辑清晰、层次分明,观点和理由一目了然。其他内容参见前文刑事上诉状精细化写作要领。

附:相关规定

1.《中华人民共和国刑事诉讼法》(2018 年修正)

第二百二十七条　被告人、自诉人和他们的法定代理人,不服地方各级人民法院第一审的判决、裁定,有权用书状或者口头向上一级人民法院上诉。被告人的辩护人和近亲属,经被告人同意,可以提出上诉。

附带民事诉讼的当事人和他们的法定代理人,可以对地方各级人民法院第一审的判决、裁定中的附带民事诉讼部分,提出上诉。

对被告人的上诉权,不得以任何借口加以剥夺。

第二百三十条　不服判决的上诉和抗诉的期限为十日,不服裁定的上诉和抗诉的期限为五日,从接到判决书、裁定书的第二日起算。

第二百三十三条　第二审人民法院应当就第一审判决认定的事实和适用法律进行全面审查,不受上诉或者抗诉范围的限制。

共同犯罪的案件只有部分被告人上诉的,应当对全案进行审查,一并处理。

第二百三十六条　第二审人民法院对不服第一审判决的上诉、抗诉案件,经过审理后,应当按照下列情形分别处理:

(一)原判决认定事实和适用法律正确、量刑适当的,应当裁定驳回上诉或者抗诉,维持原判;

(二)原判决认定事实没有错误,但适用法律有错误,或者量刑不当的,应当改判;

(三)原判决事实不清楚或者证据不足的,可以在查清事实后改判;也可以裁定撤销原判,发回原审人民法院重新审判。

原审人民法院对于依照前款第三项规定发回重新审判的案件作出判决后,被告人提出上诉或者人民检察院提出抗诉的,第二审人民法院应当依法作出判决或者裁定,不得再发回原审人民法院重新审判。

第二百三十八条　第二审人民法院发现第一审人民法院的审理有下列违反法律规定的诉讼程序的情形之一的,应当裁定撤销原判,发回原审人民法院重新审判:

(一)违反本法有关公开审判的规定的;

(二)违反回避制度的;

(三)剥夺或者限制了当事人的法定诉讼权利,可能影响公正审判的;

(四)审判组织的组成不合法的;

(五)其他违反法律规定的诉讼程序,可能影响公正审判的。

2.《最高人民法院关于适用〈中华人民共和国刑事诉讼法〉的解释》(2021年)

第三百七十八条　地方各级人民法院在宣告第一审判决、裁定时,应当告知被告人、自诉人及其法定代理人不服判决和准许撤回起诉、终止审理等裁定的,有权在法定期限内以书面或者口头形式,通过本院或者直接向上一级人民法院提出上诉;被告人的辩护人、近亲属经被告人同意,也可以提出上诉;附带民事诉讼当事人及其法定代理人,可以对判决、裁定中的附带民事部分提出上诉。

被告人、自诉人、附带民事诉讼当事人及其法定代理人是否提出上诉,以其在上诉期满前最后一次的意思表示为准。

第三百七十九条　人民法院受理的上诉案件,一般应当有上诉状正本及副本。

上诉状内容一般包括:第一审判决书、裁定书的文号和上诉人收到的时间,第一审人民法院的名称,上诉的请求和理由,提出上诉的时间。被告人的辩护人、近亲属经被告人同意提出上诉的,还应当写明其与被告人的关系,并应当以被告人作为上诉人。

第三百八十八条　第二审人民法院审理上诉、抗诉案件,应当就第一审判决、裁定认定的事实和适用法律进行全面审查,不受上诉、抗诉范围的限制。

第三百八十九条　共同犯罪案件,只有部分被告人提出上诉,或者自诉人只对部分被告人的判决提出上诉,或者人民检察院只对部分被告人的判决提出抗诉的,第二审人民法院应当对全案进行审查,一并处理。

第三百九十条　共同犯罪案件,上诉的被告人死亡,其他被告人未上诉的,第二审人民法院应当对死亡的被告人终止审理;但有证据证明被告人无罪,经缺席审理确认无罪的,应当判决宣告被告人无罪。

具有前款规定的情形,第二审人民法院仍应对全案进行审查,对其他同案被告人作出判决、裁定。

第四百零四条　第二审人民法院认为第一审判决事实不清、证据不足的,可以在查清事实后改判,也可以裁定撤销原判,发回原审人民法院重新审判。

有多名被告人的案件,部分被告人的犯罪事实不清、证据不足或者有新的犯罪事实需要追诉,且有关犯罪与其他同案被告人没有关联的,第二审人民法院根据案件情况,可以对该部分被告人分案处理,将该部分被告人发回原审人民法院重新审判。原审人民法院重新作出判决后,被告人上诉或者人民检察院抗诉,其他被告人的案件尚未作出第二审判决、裁定的,第二审人民法院可以并案审理。

第四百零八条　刑事附带民事诉讼案件,只有附带民事诉讼当事人及其法定代理人上诉的,第一审刑事部分的判决在上诉期满后即发生法律效力。

应当送监执行的第一审刑事被告人是第二审附带民事诉讼被告人的,在第二审附带民事诉讼案件审结前,可以暂缓送监执行。

第四百零九条　第二审人民法院审理对附带民事部分提出上诉,刑事部分已经发生法律效力的案件,应当对全案进行审查,并按照下列情形分别处理:

(一)第一审判决的刑事部分并无不当的,只需就附带民事部分作出处理;

(二)第一审判决的刑事部分确有错误的,依照审判监督程序对刑事部分进行再审,并将附带民事部分与刑事部分一并审理。

第四百一十条　第二审期间,第一审附带民事诉讼原告人增加独立的诉讼请求或者第一审附带民事诉讼被告人提出反诉的,第二审人民法院可以根据自愿、合法的原则进行调解;调解不成的,告知当事人另行起诉。

刑事诉讼文书之13：辩护词（二审阶段）

辩　护　词

审判长、审判员：

在上诉人李某某危险驾驶罪一案中，××律师事务所接受上诉人李某某本人的委托，指派我担任上诉人李某某的二审辩护人。在此之前，我查阅了本案的全部卷宗材料，会见了上诉人，查阅了大量的有关的法律、司法解释、案例和理论，对本案的事实和证据已有了充分的了解。现结合本案事实和证据，依据法律，发表如下辩护意见：

1. 辩护人认为，××司法鉴定中心作出的×司鉴中心〔2019〕毒鉴字第7101号司法鉴定意见书不能作为本案定案的根据，一审判决将该证据作为定案根据是错误的。具体理由如下：

（1）本案提取、保存、送检上诉人血样均违反国家强制性标准《车辆驾驶人员血液、呼气酒精含量阈值与检验》（GB 19522—2010）（2017年修改）第5.3.1条以及《公安部关于公安机关办理醉酒驾驶机动车犯罪案件的指导意见》第5条的规定，不符合法定程序，鉴定时检材已受到污染，直接影响到鉴定意见的客观性、合法性，已不具备鉴定条件。

①根据辩护人2020年12月22日对护士陈某某的调查笔录，××县人民医院西药科科长王某某、采购科负责人马某某于2020年12月25日共同出具的证明，辩护人于2020年12月22日在××县人民医院行政办公楼库房拍摄的2张照片，辩护人于2020年12月25日在××县人民医院财务科对财务科工作人员电脑拍摄的2张截屏照片，可以证明××县人民医院购进有××消毒制品有限公司生产的60ml瓶装吉尔碘消毒液，事发当时对上诉人抽血的脑外胸外科在本案事发前领取并使用过这种吉尔碘消毒液，而且该科室现在使用的消毒液依然是吉尔碘。辩护人在询问护士陈某某时，她表示不记得当时对上诉人抽血时用

的是不是吉尔碘,但她证明他们平时都称吉尔碘为碘伏。陈某某确认案卷中的《当事人血样(尿样)提取登记表》的全部内容都不是其填写,表中提取人员的签名也不是其所签。该登记表实际是××县交警大队事故科辅警王某浩(《当事人血样(尿样)提取登记表》中记载其是见证人)自行填写。公诉机关提交的总计11段的执法记录仪视频和抽血时的4张照片也显示不出当时用的是什么品牌的消毒液。上述事实可以证明,对上诉人抽血前使用的消毒液极有可能就是吉尔碘,而吉尔碘含有65%~75%的乙醇成分。

国家强制性标准《车辆驾驶人员血液、呼气酒精含量阈值与检验》(GB 19522—2010)(2017年修改)第5.3.1条规定:"对需要检验血液中酒精含量的,应及时抽取血样。抽取血样应由专业人员按要求进行,不应采用醇类药品对皮肤进行消毒。"据此,应当认定,本案中抽取的上诉人血样在抽取时因使用了含有酒精成分的消毒液,抽取的血样已经受到污染,已不具备鉴定条件。《最高人民法院关于适用〈中华人民共和国刑事诉讼法〉的解释》第九十八条规定:"鉴定意见具有下列情形之一的,不得作为定案的根据……(三)送检材料、样本来源不明,或者因污染不具备鉴定条件的。"据此,××司法鉴定中心作出的×司鉴中心〔2019〕毒鉴字第7101号司法鉴定意见书不能作为本案定案的根据。

②公安部《关于公安机关办理醉酒驾驶机动车犯罪案件的指导意见》第5条明确规定:"提取血样要当场登记封装,并立即送县级以上公安机关检验鉴定机构或者经公安机关认可的其他具备检验鉴定机构进行血液酒精含量检验。因特殊原因不能立即送检的,应当按照规范低温保存,经上级公安机关交通管理部门负责人批准,可以在3日内送检。"《血液储存要求》(WS 399—2012)第5.1.1条规定,全血的储存温度为2~6摄氏度。

本案《当事人血样(尿样)提取登记表》显示血样提取时间为2019年12月3日01时40分,执法记录仪视频显示送检时间为2019年12月4日15时左右,表明送检时血样已经提取了37个小时,迟延送检行为违反了检验期限的规定,公诉机关没有提交经上级公安机关交通管理部门负责人批准的证据。而且,公诉机关亦未出示血液样品是否在低温下保存的证据,提取的血样因没有按要求保存也可能已经污染,已不具备鉴定条件。××县公安交通警察大队事故中队出具的情况说明证明血液样品存入××县交警大队物证室冰箱冷藏柜中,办案单位自己出证明表明自己合法,缺乏客观证据证明,不能予以采信。

据此，根据《最高人民法院关于适用〈中华人民共和国刑事诉讼法〉的解释》第九十八条第三项的规定，××司法鉴定中心作出的×司鉴中心〔2019〕毒鉴字第 7101 号司法鉴定意见书也不能作为定案的根据。

(2)送检血样与提取的血样不具有同一性。

①辩护人 2020 年 12 月 22 日对护士陈某某调查询问时，护士陈某某明确表示她当时对上诉人抽取的血液量为每管 3ml，公诉机关提交的抽血时执法记录仪视频显示，当时对上诉人抽血时，血很难抽出来，这一客观证据能与护士陈某某证明当时每管只抽了 3ml 相印证。而本案《当事人血样(尿样)提取登记表》中“提取量”一栏显示的 A 样本、B 样本提取量均为 4ml。更为重要的是，××司法鉴定中心作出的×司鉴中心〔2019〕毒鉴字第 7101 号司法鉴定意见书载明“鉴定材料：李某某血液约 4ml”。抽血护士证明抽了 3ml，《当事人血样(尿样)提取登记表》中“提取量”显示是 4ml，鉴定意见书显示检材为约 4ml，三者明显不一致。辩护人认为，《当事人血样(尿样)提取登记表》实际是协警王某浩不知在什么地方自行填写，并非医院提取人员填写，表中提取人员的签名也不是其所签。因此，《当事人血样(尿样)提取登记表》中载明的两种样本的“提取量”不能予以确认。因此，抽血护士证明抽了 3ml 与鉴定意见书载明的鉴定材料约 4ml 不一致。应当认定鉴定时的检材血液量与实际提取的上诉人的血液量不一致，不能证明鉴定的血液就是提取的上诉人血液。

《最高人民法院关于适用〈中华人民共和国刑事诉讼法〉的解释》第九十八条规定：“鉴定意见具有下列情形之一的，不得作为定案的根据……(四)鉴定对象与送检材料、样本不一致的。”据此，应当认定，本案中送检血样与提取的血样不具有同一性。××司法鉴定中心作出的×司鉴中心〔2019〕毒鉴字第 7101 号司法鉴定意见书不能作为定案的根据。

②本案中，《当事人血样(尿样)提取登记表》并非医院提取人员填写，执法记录仪视频显示在医院提取上诉人血样后，并没有在当场填写《当事人血样(尿样)提取登记表》，该《当事人血样(尿样)提取登记表》实际是协警王某浩不知在什么地方自行填写。该《当事人血样(尿样)提取登记表》上的“A 样本盛装容器编号”“B 样本盛装容器编号”均没有相应的编号，而是错误地填写为“抗凝管”。但××司法鉴定中心作出的×司鉴中心〔2019〕毒鉴字第 7101 号司法鉴定意见书载明的鉴定材料有编号，显示检材编号为：A16486072，这个有编号的鉴定材

料是否就是提取的上诉人的血样,因为不能与《当事人血样(尿样)提取登记表》相对应,而不能确定。

据此,根据《最高人民法院关于适用〈中华人民共和国刑事诉讼法〉的解释》第九十八条第四项的规定,××司法鉴定中心作出的×司鉴中心〔2019〕毒鉴字第7101号司法鉴定意见书也不能作为定案的根据。

(3)送检血液是否系上诉人李某某的血液不能排除合理怀疑。

本案的《当事人血样(尿样)提取登记表》上没有上诉人的签名,提取人员陈某某也没有在该《当事人血样(尿样)提取登记表》上签名,送检的盛装血液的抗凝管上也没有上诉人的签名。公诉机关提交的执法记录仪视频总计有11段,该11段视频并没有将提取、保存、送检的整个37个小时完完整整地录下来。尽管提取人员陈某某证明她当晚只给上诉人一个人抽了血,但并不能排除其他医护人员给其他人抽过血,也不能排除其他医院的医护人员给其他人抽过血。××县公安交通警察大队事故中队出具的情况说明证明当天只处理了这一起危险驾驶案,只抽了上诉人一个人的血,不存在血液出错可能,这仍然是办案单位自己出证明表明自己合法,缺乏客观证据证明,不能予以采信。加之,如前所述,《当事人血样(尿样)提取登记表》上的"A样本盛装容器编号""B样本盛装容器编号"均没有相应的编号,而××司法鉴定中心作出的×司鉴中心〔2019〕毒鉴字第7101号司法鉴定意见书载明的鉴定材料却有编号。《当事人血样(尿样)提取登记表》"提取量"一栏填写的提取量、司法鉴定意见书上载明的检材量与实际提取上诉人的血液量不一致。因此,送检血液是否系上诉人的血液不能排除合理怀疑。

根据《刑事诉讼法》第五十五条的规定,刑事案件的证据必须达到排除合理怀疑的证明标准。排除合理怀疑原则的立法目的在于,通过严格的证明标准查明案件事实,防止滥用追诉权,切实保障公民权利。如果不能排除合理怀疑,应当坚持疑罪从无原则,作出有利于行为人的认定。最高人民法院、最高人民检察院、公安部、国家安全部、司法部2016年7月20日印发的《关于推进以审判为中心的刑事诉讼制度改革的意见》中也规定:"人民法院作出有罪判决,对于证明犯罪构成要件的事实,应当综合全案证据排除合理怀疑,对于量刑证据存疑的,应当作出有利于被告人的认定。"最高人民法院2017年2月17日印发的《关于全面推进以审判为中心的刑事诉讼制度改革的实施意见》也规定:"人民法院作出有罪判决，对于定罪事实应当综合全案证据排除合理怀疑。”

根据上述规定，本案不能认定送检血液就是上诉人李某某的血液。据此，××司法鉴定中心作出的×司鉴中心〔2019〕毒鉴字第7101号司法鉴定意见书也不能作为定案的根据。

2. ××司法鉴定中心作出的×司鉴中心〔2019〕毒鉴字第7101号司法鉴定意见书不作为本案定案的根据后，本案用于证明上诉人李某某驾驶机动车时属醉酒状态的证据不足，不能认定上诉人有罪。根据《刑事诉讼法》第二百条第三项的规定，应当作出证据不足、指控的犯罪不能成立的无罪判决，一审判决认定上诉人有罪是错误的。具体理由如下：

(1)“犯罪事实清楚，证据确实、充分”是我国刑事诉讼法确立的刑事证明标准。《刑事诉讼法》第五十一条规定：“公诉案件中被告人有罪的举证责任由人民检察院承担。”根据《刑事诉讼法》第二百条的规定，只有“案件事实清楚，证据确实、充分”的，才能认定被告人有罪。《刑事诉讼法》第五十五条明确规定：“证据确实、充分，应当符合以下条件：(一)定罪量刑的事实都有证据证明；(二)据以定案的证据均经法定程序查证属实；(三)综合全案证据，对所认定事实已排除合理怀疑。”《最高人民法院关于适用〈中华人民共和国刑事诉讼法〉的解释》第六十九条规定：“认定案件事实，必须以证据为根据。”《关于推进以审判为中心的刑事诉讼制度改革的意见》中规定：“严格按照法律规定的证据裁判要求，没有证据不得认定犯罪事实”“证据不足，不能认定被告人有罪的，应当按照疑罪从无原则，依法作出无罪判决”。《关于全面推进以审判为中心的刑事诉讼制度改革的实施意见》：“坚持证据裁判原则，认定案件事实，必须以证据为根据，没有证据不得认定案件事实”“坚持疑罪从无原则，认定被告人有罪，必须达到犯罪事实清楚，证据确实、充分的证明标准”“定罪证据不足的案件，不能认定被告人有罪，应当作出证据不足、指控的犯罪不能成立的无罪判决”。

本案作为醉驾案件，血液酒精含量鉴定意见是认定行为人是否构成危险驾驶罪的重要依据。根据前述的理由，本案中××司法鉴定中心作出的×司鉴中心〔2019〕毒鉴字第7101号司法鉴定意见书，应当依法不予采信。排除该证据后，本案认定上诉人醉酒驾驶的证据不确实、不充分，根据《刑事诉讼法》第二百条第三项的规定，应当按照疑罪从无的原则，认定上诉人无罪，一审判决认定上诉人有罪是错误的。

(2)本辩护人特别要提出的是,本案上诉人在驾车前曾经饮酒,这尽管是事实。但是,危险驾驶罪作为刑事犯罪,根据《最高人民法院、最高人民检察院、公安部关于办理醉酒驾驶机动车刑事案件适用法律若干问题的意见》第一条规定,在道路上驾驶机动车,血液酒精含量达到80毫克/100毫升以上的,才属于醉酒驾驶机动车,以危险驾驶罪定罪处罚。第六条规定,血液酒精含量检验鉴定意见是认定犯罪嫌疑人是否醉酒的依据。本案不能仅因为上诉人确实在驾车前有过饮酒行为,就推定上诉人属于醉酒驾驶。

从理论上来讲,刑事推定也只有在相关事实根本无法用直接证据来证明时,才允许采取这种方式进行认定。而且,推定必须以客观事实为基础,不能主观臆测。最高人民法院刑事审判第一庭到第五庭在编著的《刑事审判参考》第265号案例《严静收购赃物案——推定规则在刑事诉讼中的运用,"两罪存疑"案件的处理》中指出:"推定规则的运用具有辅助性。推定只是认定案件事实的一种辅助方法,只能限定在特定的条件下运用……就事实推定规则而言,其适用的辅助性主要体现在:在能够通过收集其他证据直接证明待证事实的情况下,就不允许运用推定方式认定该事实。此外,无论是法律推定还是事实推定,一般仅只能用于认定案件的某一方面事实,而不能直接用来推定被告人有罪。"

本案作为危险驾驶刑事案件,上诉人是否属于醉酒驾驶,完全可以、也只能通过有效的血液酒精含量检验鉴定予以证明,而不是根本无法用证据来证明。因此,本案在排除了血液酒精含量鉴定意见后,不能采用推定方式认定上诉人属于醉酒驾驶。

本辩护人认为,本案侦查机关违反已有明确具体的操作规范,未尽到职责。不论是从有利于规范执法的角度,还是从责任自担的角度,都应当让侦查机关对自己的违规行为承担不利的结果,执法机关的过错不应由作为相对人的上诉人买单。

综上所述,本辩护人认为,本案核心事实方面的证据欠缺,而且无法补正,不能认定上诉人有罪,一审判决认定上诉人构成危险驾驶罪的事实不清、证据不足,判决是错误的,应撤销一审判决,改判上诉人无罪。

以上是我的辩护意见,请合议庭考虑采纳。

谢谢!

上诉人李某某的辩护人：
××律师事务所律师：×××
年　月　日

附件 1：相关标准、规范、法条摘录（略）

附件 2：相关案例 18 件（略）

《辩护词》（二审阶段）精细化写作要领

1. 格式要符合要求。内容参见审查起诉阶段辩护词精细化写作要领。

2. 从结构上来讲，辩护词“正文”部分要逻辑清晰、层次分明。内容参见审查起诉阶段辩护词精细化写作要领。

3. 从内容上来讲，二审阶段的辩护词“正文”部分要围绕一审判决认定的事实和罪名，结合证据和法律、司法解释、理论，指出一审判决在认定事实、适用法律、判决结果和审判程序等方面的错误之处，提出有利于上诉人的意见。这部分其他写作要领可参见审查起诉阶段辩护词精细化写作要领。

需要注意的是，一审阶段的辩护词针对的是起诉书，二审阶段的辩护词针对的应是一审判决书，而不再是起诉书。所以，在写作的时候，要紧紧围绕一审判决的错误之处。对一审判决的错误之处，要一一列举，并结合证据和法律、司法解释、理论，详细加以论述，不能抓住一点不顾其他。

4. 辩护词在形式上要赏心悦目，给人以美感。内容参见审查起诉阶段辩护词精细化写作要领。

附：有关规定

1.《中华人民共和国刑事诉讼法》（2018 年修正）

第二百三十四条　第二审人民法院对于下列案件，应当组成合议庭，开庭审理：

（一）被告人、自诉人及其法定代理人对第一审认定的事实、证据提出异议，可能影响定罪量刑的上诉案件；

（二）被告人被判处死刑的上诉案件；

（三）人民检察院抗诉的案件；

（四）其他应当开庭审理的案件。

第二审人民法院决定不开庭审理的，应当讯问被告人，听取其他当事人、辩护人、诉讼代理人的意见。

第二审人民法院开庭审理上诉、抗诉案件，可以到案件发生地或者原审人民法院所在地进行。

2.《最高人民法院关于适用〈中华人民共和国刑事诉讼法〉的解释》（2021年）

第四百条　第二审案件依法不开庭审理的，应当讯问被告人，听取其他当事人、辩护人、诉讼代理人的意见。合议庭全体成员应当阅卷，必要时应当提交书面阅卷意见。

刑事诉讼文书之14:申诉状

申　诉　状

申诉人:周××,女,汉族,××××年×月×日出生,住××省××县××乡××村,身份证号码××××××,系张某某妻子。联系电话:××××××。

申诉人因丈夫张某某非法经营一案,认为××区人民法院××号刑事判决书和××市中级人民法院××号刑事裁定书确有错误,现提出申诉,申诉人的申诉请求和申诉理由如下:

申诉请求:撤销××区人民法院××号刑事判决书和××市中级人民法院××号刑事裁定书,对本案依法予以再审,并改判申诉人丈夫张某某无罪。

申诉理由:本案的二审裁定尽管维持了一审判决的结果,但实际上是改变了一审判决的理由,也就是改变了一审判决的定罪理由,故申诉人分别论述一审判决和二审裁定的错误。

1. 一审判决据以对申诉人丈夫张某某定罪量刑的证据不确实、不充分。理由如下:

(1)一审判决认定"他人非法经营烟草专卖品"的证据不确实、不充分,完全是在凭空主观认定。

①一审判决适用的《刑法》第二百二十五条第一项规定的是"未经许可经营法律、行政法规规定的专营、专卖物品或者其他限制买卖的物品的",本案的涉案物品卷烟确实属于法律、行政法规规定的专营、专卖物品。根据一审判决适用的《最高人民法院、最高人民检察院关于办理非法生产、销售烟草专卖品等刑事案件具体应用法律若干问题的解释》第一条第五款的规定,无烟草专卖生产企业许可证、烟草专卖批发企业许可证、特种烟草专卖经营企业许可证、烟草专卖零售许可证等许可证明,属于非法经营烟草专卖品,情节严重的,构成非法经营罪。本案中,雇请申诉人丈夫张某某运输这批卷烟的货主至今没有被抓获,申诉

人丈夫张某某也不知道货主有无上述四种证件之一，在这种情况下，这个货主有无上述四种证件之一，是根本不能确定的。货主连是谁都不知道，人都没找着，一审判决凭什么认定他没有烟草经营资格呢?!

②申诉人丈夫张某某运输的这批卷烟尽管被鉴定为假冒他人注册商标且为伪劣卷烟，但是不能因为这批卷烟是假冒他人注册商标且为伪劣卷烟，就主观认定货主没有经营烟草的资格。因为有烟草经营资格的人为了获取高额利润完全也有可能去经营假冒、伪劣卷烟。由于烟草经营资格是颁发给某个人或者某个企业的，而不是针对某一批烟草颁发的。因此，假冒、伪劣卷烟与其经营者没有烟草经营资格绝对不是必然的对应关系，卷烟是假冒、伪劣的事实绝对推导不出其经营者没有烟草经营资格的结论!

③一审判决认定的事实是申诉人丈夫张某某受他人雇请帮助他人运输烟草专卖品，认定的罪名是非法经营罪，并认定申诉人丈夫张某某属于从犯。根据这一认定，货主没有烟草经营资格，货主的行为构成非法经营罪，是认定申诉人丈夫张某某的帮助运输行为构成非法经营罪共犯的基础和前提。这个基础和前提如果不能确定，就根本谈不上本案申诉人丈夫张某某构成非法经营罪共犯的问题，这是共犯理论的性质决定的。在共犯的主犯还没有到案的情况下，尽管可以先对起帮助或者次要作用的从犯进行判决，但前提是现有证据必须足以证明主犯的行为已经构成了某种确定的犯罪。如果现有证据不足以证明主犯的行为构成某种确定的犯罪，是无法对从犯定罪处罚的。本案中，现有证据中没有一份证据能证明这批卷烟的货主没有烟草经营资格，因此，认定申诉人丈夫张某某的帮助运输行为构成非法经营罪共犯的基础和前提根本不存在。

④本案的涉案卷烟由于被认定为假冒他人注册商标且系伪劣产品，而且数量巨大，涉案卷烟的货主可能涉嫌假冒注册商标罪、销售假冒注册商标的商品罪、生产销售伪劣产品罪、非法经营罪四个罪名。货主如果具有烟草经营资格，毫无疑问是不构成非法经营罪的。在货主不构成非法经营罪的时候，还谈何帮助运输的人构成非法经营罪的共犯呢?!

(2)本案证据中没有一份证据能证明申诉人丈夫张某某知道车上装载的是卷烟，更没有一份证据能证明申诉人丈夫张某某明知他人没有烟草经营资格而仍为其提供运输。而且，涉案卷烟的货主即使确实没有烟草经营资格，也不能认定申诉人丈夫张某某明知这一事实。一审判决认定申诉人丈夫张某某“明知他人非法经营烟草专卖品”证据不确实、不充分，事实上是没有任何证据。

①“明知”不等于“应当知道”。“明知”是指行为人事实上已经知道，“应当知道”是指行为人应当预见，是一种推定明知。只有在法律、司法解释明确规定的情况下，才能将“应当知道”这种推定明知认定为“明知”。但是，一审判决适用的《最高人民法院、最高人民检察院关于办理非法生产、销售烟草专卖品等刑事案件具体应用法律若干问题的解释》第六条明文规定的是：“明知他人实施本解释第一条所列犯罪，而为其提供贷款、资金、账号、发票、证明、许可证件，或者提供生产、经营场所、设备、运输、仓储、保管、邮寄、代理进出口等便利条件，或者提供生产技术、卷烟配方的，应当按照共犯追究刑事责任”，这一司法解释并没有将“应当知道”列入其中。因此，从法律规定层面来讲，办理烟草类犯罪，在认定帮助犯是否构成共犯时，根本不能采用推定方式认定被告人明知。

②从理论上来讲，刑事推定只有在相关事实根本无法用直接证据来证明时，才允许采取这种方式进行认定。而且，推定必须以客观事实为基础，不能主观臆测，运用间接证据证明行为人明知，必须形成逻辑自洽的证据链。最高人民法院刑事审判第一庭到第五庭在编著的《刑事审判参考》第265号案例《严静收购赃物案——推定规则在刑事诉讼中的运用，“两罪存疑”案件的处理》中指出：“推定规则的运用具有辅助性。推定只是认定案件事实的一种辅助方法，只能限定在特定的条件下运用……就事实推定规则而言，其适用的辅助性主要体现在：在能够通过收集其他证据直接证明待证事实的情况下，就不允许运用推定方式认定该事实；基础事实与推定事实之间的因果联系必须是已为长期的司法实践所反复证明了的。此外，无论是法律推定还是事实推定，一般仅只能用于认定案件的某一方面事实，而不能直接用来推定上诉人有罪。”

本案目前没有证据能证明申诉人丈夫张某某知道自己运输的是卷烟，没有证据证明他明知货主没有烟草经营资格，这个问题完全可以通过将来收集同案人的供述等证据加以解决，而不是根本无法用证据来证明。因此，从理论层面来讲，本案也不能采用推定方式认定明知。

③本案证据材料中共有5份申诉人丈夫张某某的笔录，申诉人丈夫自始至终一直表示他不知道车上装载的是卷烟，不知道货主有没有烟草经营资格。现有证据中没有一份证据能证明申诉人丈夫知道车上装载的是卷烟，更没有一份证据能证明申诉人丈夫明知他人非法经营烟草专卖品而仍为其提供运输。一审

判决认定申诉人丈夫明知他人非法经营烟草专卖品而仍为其提供运输完全是在推定。本案一审判决这样推定明显是不当的,也是不合理的。

其一,如前所述,无论是从司法解释的明文规定上来讲,还是从理论上来讲,本案没有推定的余地,是不能采用推定方式认定案件事实的。

其二,一审判决推定申诉人丈夫明知他人非法经营烟草专卖品而仍为其提供运输的理由有两个:一是认为申诉人丈夫"作为一名具备从事运输业资格的司机,在雇主没有提供合法经营和准运手续或者其他货物的发货单,且雇主方称运输货物种类前后不一致、没有明确运输目的地的情况下,种种疑点足以反映其所运载货物不具备正规运输条件,其仍帮助雇主从云南将大量货物运往广东省,后途中被执法部门查处,查实所运载的货物全是卷烟";二是认为申诉人丈夫"运输大量卷烟被公安机关查获后没有提供经营或运输卷烟的相关手续亦没有作合理的解释,卷烟扣押至今也没有任何人提供该经营卷烟的合法手续到查处机关说明情况,且查处的卷烟均为假冒注册商标且伪劣卷烟"。申诉人认为,本案确实存在开凯迪拉克的货主和送车人、陈老板对装载货物说法不一致,货主对申诉人丈夫表示让他放心开车有什么问题他们可以摆平等反常情况,但对这些反常情况,申诉人的丈夫也都一一作出了合理解释,并不是没有做合理解释。而且,这些反常情况充其量能说明申诉人丈夫应当意识到自己运输的货物有可能是违禁品。在违禁品种类众多的情况下,申诉人丈夫不可能、也不应当会想到自己运输的是卷烟,而且是假冒、伪劣卷烟。申诉人丈夫能想到的也只可能是自己帮助运输的物品是一种行政上的违法物品,不会想到是触犯刑法的物品,否则,他不可能在光天化日之下走高速、在被执法人员拦停时还积极配合检查而不逃跑。

申诉人一家居住在十分贫困的深山里,家境十分困难,为了养家糊口,申诉人丈夫一个人风餐露宿在外跑运输,在生意难做的情况下,他没有严格按照有关承运货物的规定,尽到一个承运人应尽的责任,没有当场查验运载的货物,不去执意开箱检查已经装载的货物,听从于陈老板的各项要求,也完全情有可原。

其三,一审判决在判决理由部分认为卷烟扣押至今没有人提供该经营卷烟的合法手续到查处机关说明情况,申诉人认为,不能据此就推定货主没有烟草经营资格,就推定申诉人丈夫明知货主没有烟草经营资格。因为,本案查获的卷烟经鉴定是假冒、伪劣卷烟,即使货主有烟草经营资格,货主也已经构成假冒注册商标罪,或者销售假冒注册商标的商品罪,或者生产销售伪劣产品罪,除非公安机关将货主抓获,货主怎么可能自投罗网?

其四,申诉人丈夫在 3 月 25 日上午接受公安机关询问的第一份笔录中便提出了货主是开三个 7 牌照的凯迪拉克,他俩在云南富宁高速出口右边的加油站见面,还提供了这个货主的手机号,申诉人丈夫乘坐的内蒙古牌照奥迪 Q5 的行驶路线及陈老板的手机号。在云南富宁县高速路出口右边的加油站附近出现车牌号里有三个 7 的凯迪拉克和"蒙"字开头的黑色奥迪 Q5,这样的特征已经够明显了,这样明显特征的车辆也不会多,如果公安机关在案发当天便扩大侦查范围,查询沿线的监控,完全有可能查获到这两辆车和驾驶人的信息。遗憾的是,公安机关只是在事发半年之后的 2019 年 9 月才出了一份证明,称加油站和白色服务区没有摄像头,这显然不能让人信服。还有,申诉人丈夫在被现场抓获当天便一再表示,他当天跟货主、陈老板均有通话,并提供了货主和陈老板的手机号,至今公安机关没有去调取这三个手机号的通话记录,也没有通过技术手段去恢复他们的通话、微信、短信记录,更没有到申诉人丈夫手机号的开户地河南去调取申诉人丈夫与货主、陈老板的手机通话、微信聊天、短信等记录。

申诉人认为,本案申诉人丈夫已经及时提供了众多相关线索,是由于公安机关的原因没有查找到货主和其他同案犯,在这种情况下,根本不能作出对申诉人丈夫不利的推定。《刑事审判参考》第 1015 号案例《骆小林运输毒品案——对当场查获毒品的案件,被告人拒不认罪的,如何把握有关被告人主观明知的证据要求》,与本案十分相似,完全可以参考。

2. 二审裁定适用法律确有错误。理由如下:

根据 × × 市中级人民法院 × × 号刑事裁定书的"本院认为"部分,本案的二审裁定尽管维持了一审判决的结果,但实际上是改变了一审判决的理由,也就是改变了一审判决的定罪理由。二审裁定在"本院认为"没有对货主有没有烟草经营资格、申诉人丈夫是否明知货主没有烟草经营资格进行论述,只是认为申诉人丈夫张某某"主观上明知是非正常运输仍然承揽,虽然其对运输的具体货物不确定,但实际运输卷烟的行为并未超出其非法运输的概括犯意,被查获后的供述也证实其没有运输卷烟制品的准运手续,根据主客观相统一的原则,原判认定其构成非法经营罪并无不妥"。很明显,二审裁定的意思是申诉人丈夫张某某由于没有烟草准运证,违反了烟草专卖法的规定,构成非法经营罪。申诉人认为，二审裁定的这个理由很明显属于适用法律错误。

根据《烟草专卖法》第二十一条的规定，运输烟草专卖品确实需要持有烟草专卖行政主管部门或者烟草专卖行政主管部门授权的机构签发的准运证。无准运证的，承运人不得承运。但根据《烟草专卖法》第二十九条的规定，无准运证托运烟草专卖品的法律后果也只是由烟草专卖行政主管部门处以罚款，情节严重的，没收违法运输的烟草专卖品和违法所得，并没有规定可以构成犯罪。更为重要的是，《最高人民法院、最高人民检察院关于办理非法生产、销售烟草专卖品等刑事案件具体应用法律若干问题的解释》并没有将无烟草准运证运输烟草的行为列为犯罪。而且，最高人民法院研究室在《解读"两高"〈关于办理非法生产、销售烟草专卖品等刑事案件具体应用法律若干问题的解释〉》中已明确表示，单纯无准运证托运烟草专卖品的行为不构成非法经营罪。

3. 本案二审裁定改变了一审判决定罪的理由，也改变了公诉机关指控的犯罪事实，程序明显违法。理由如下：

如前所述，二审裁定以申诉人丈夫张某某没有运输烟草制品的准运手续为由，认定申诉人丈夫张某某构成非法经营罪，这不仅是错误的，很明显也改变了公诉机关指控的犯罪事实。根据起诉书的"本院认为"部分，公诉机关指控申诉人丈夫构成非法经营罪的理由是认为申诉人丈夫"明知他人非法经营烟草专卖品，而仍为他人运输"，根本不是以申诉人丈夫没有运输烟草制品的准运手续为由，起诉申诉人丈夫张某某构成非法经营罪的。

综上所述，申诉人认为，××市人民法院的一审判决据以对申诉人丈夫张某某定罪量刑的证据明显不确实、不充分。××市中级人民法院的二审刑事裁定书改变了一审定罪的理由，也改变了公诉机关指控的犯罪事实，程序明显违法，适用法律也确有错误。本案依法应当撤销一审判决和二审裁定，宣告申诉人丈夫张某某无罪。为了维护申诉人丈夫张某某的合法权益，根据《刑事诉讼法》第二百五十三条第二项、第三项的规定，特提出申诉，请贵院依法重新审判。

此致

××市中级人民法院

申诉人：

年 月 日

《申诉状》精细化写作要领

1. 格式要符合要求。申诉状由“标题”“申诉人”“申诉请求”“申诉理由”“致送机关”和落款“申诉人”“申诉时间”组成，不能缺项，各部分的表述要准确。比如，在民事案件中，如果认为生效判决、裁定确有错误，可以申请再审，需要提交《再审申请书》。刑事案件如果认为生效判决、裁定确有错误，可以进行申诉，需要提交《申诉状》。根据《刑事诉讼法》第二百五十二条的规定，当事人及其法定代理人、近亲属，对已经发生法律效力的判决、裁定，可以向人民法院或者人民检察院提出申诉。因此，如果申诉人不是当事人本人，要写明与当事人的关系。如果是向人民法院申诉，“致送机关”写人民法院名称。如果是向人民检察院申诉，“致送机关”写人民检察院名称。

2. “申诉请求”部分要简单扼要写明申诉的具体要求。一般表述为：“撤销××人民法院××号刑事判决书（刑事裁定书），对本案依法予以再审，并改判……”

3. “申诉理由”部分是申诉状中最重要的内容，也是决定刑事案件能否重新审判的关键。这部分的任务是结合案件事实、引用证据和适用法律，指出生效裁判在认定事实、适用法律、量刑、程序等方面的错误之处，让法院对案件重新审判。“申诉理由”部分要逻辑清晰、层次分明，形式上一般采用总分结构：先概况写观点，后分项写具体的申诉理由。概括部分要提纲挈领、观点鲜明，用序号“1. 2. ……”表示。具体申诉理由部分的任务是支撑概况部分的观点，要围绕观点，结合案件事实和证据，通过引用法律、司法解释具体条文和权威理论去写，用序号“（1）（2）……”表示，每一个部分如果有多个理由，还可以再分层次写，用序号“①②……”表示。这样逻辑清晰、层次分明，观点和理由一目了然。

《刑事诉讼法》第二百五十三条规定了应当重新审判的 5 种具体情形，包括：（1）有新的证据证明原判决、裁定认定的事实确有错误，可能影响定罪量刑的；（2）据以定罪量刑的证据不确实、不充分、依法应当予以排除，或者证明案件事实的主要证据之间存在矛盾的；（3）原判决、裁定适用法律确有错误的；（4）违反法律规定的诉讼程序，可能影响公正审判的；（5）审判人员在审理该案件的时候,有贪污受贿,徇私舞弊,枉法裁判行为的。《最高人民法院关于适用〈中华人民共和国刑事诉讼法〉的解释》第四百五十七条规定了应当重新审判的10种具体情形,包括:(1)有新的证据证明原判决、裁定认定的事实确有错误,可能影响定罪量刑的;(2)据以定罪量刑的证据不确实、不充分、依法应当排除的;(3)证明案件事实的主要证据之间存在矛盾的;(4)主要事实依据被依法变更或者撤销的;(5)认定罪名错误的;(6)量刑明显不当的;(7)对违法所得或者其他涉案财物的处理确有明显错误的;(8)违反法律关于溯及力规定的;(9)违反法定诉讼程序,可能影响公正裁判的;(10)审判人员在审理该案件时有贪污受贿、徇私舞弊、枉法裁判行为的。《最高人民法院关于适用〈中华人民共和国刑事诉讼法〉的解释》第四百五十八条对《刑事诉讼法》第二百五十三条第一项规定的"新的证据"进行了解释。除此之外,《人民检察院刑事诉讼规则》第五百九十一条规定了10种应当按照审判监督程序向人民法院提出抗诉的情形,包括:(1)有新的证据证明原判决、裁定认定的事实确有错误,可能影响定罪量刑的;(2)据以定罪量刑的证据不确实、不充分的;(3)据以定罪量刑的证据依法应当予以排除的;(4)据以定罪量刑的主要证据之间存在矛盾的;(5)原判决、裁定的主要事实依据被依法变更或者撤销的;(6)认定罪名错误且明显影响量刑的;(7)违反法律关于追诉时效期限的规定的;(8)量刑明显不当的;(9)违反法律规定的诉讼程序,可能影响公正审判的;(10)审判人员在审理案件的时候有贪污受贿,徇私舞弊,枉法裁判行为的。因此,在内容上,申诉状的"申诉理由"部分要结合案件事实和证据,紧紧围绕上述应当重新审判的具体情形去写。如果生效裁判存在多方面的错误,要逐一写明,全面论述。

附:相关规定

1.《中华人民共和国刑事诉讼法》(2018年修正)

第二百五十二条　当事人及其法定代理人、近亲属,对已经发生法律效力的判决、裁定,可以向人民法院或者人民检察院提出申诉,但是不能停止判决、裁定的执行。

第二百五十三条　当事人及其法定代理人、近亲属的申诉符合下列情形之一的,人民法院应当重新审判:

（一）有新的证据证明原判决、裁定认定的事实确有错误，可能影响定罪量刑的；

（二）据以定罪量刑的证据不确实、不充分、依法应当予以排除，或者证明案件事实的主要证据之间存在矛盾的；

（三）原判决、裁定适用法律确有错误的；

（四）违反法律规定的诉讼程序，可能影响公正审判的；

（五）审判人员在审理该案件的时候，有贪污受贿，徇私舞弊，枉法裁判行为的。

2.《最高人民法院关于适用〈中华人民共和国刑事诉讼法〉的解释》（2021年）

第四百五十一条　当事人及其法定代理人、近亲属对已经发生法律效力的判决、裁定提出申诉的，人民法院应当审查处理。

案外人认为已经发生法律效力的判决、裁定侵害其合法权益，提出申诉的，人民法院应当审查处理。

申诉可以委托律师代为进行。

第四百五十二条　向人民法院申诉，应当提交以下材料：

（一）申诉状。应当写明当事人的基本情况、联系方式以及申诉的事实与理由；

（二）原一、二审判决书、裁定书等法律文书。经过人民法院复查或者再审的，应当附有驳回申诉通知书、再审决定书、再审判决书、裁定书；

（三）其他相关材料。以有新的证据证明原判决、裁定认定的事实确有错误为由申诉的，应当同时附有相关证据材料；申请人民法院调查取证的，应当附有相关线索或者材料。

申诉符合前款规定的，人民法院应当出具收到申诉材料的回执。申诉不符合前款规定的，人民法院应当告知申诉人补充材料；申诉人拒绝补充必要材料且无正当理由的，不予审查。

第四百五十三条　申诉由终审人民法院审查处理。但是，第二审人民法院裁定准许撤回上诉的案件，申诉人对第一审判决提出申诉的，可以由第一审人民法院审查处理。

上一级人民法院对未经终审人民法院审查处理的申诉，可以告知申诉人向终审人民法院提出申诉,或者直接交终审人民法院审查处理,并告知申诉人;案件疑难、复杂、重大的,也可以直接审查处理。

对未经终审人民法院及其上一级人民法院审查处理,直接向上级人民法院申诉的,上级人民法院应当告知申诉人向下级人民法院提出。

第四百五十六条　对立案审查的申诉案件,人民法院可以听取当事人和原办案单位的意见,也可以对原判据以定罪量刑的证据和新的证据进行核实。必要时,可以进行听证。

第四百五十七条　对立案审查的申诉案件,应当在三个月以内作出决定,至迟不得超过六个月。因案件疑难、复杂、重大或者其他特殊原因需要延长审查期限的,参照本解释第二百一十条的规定处理。

经审查,具有下列情形之一的,应当根据刑事诉讼法第二百五十三条的规定,决定重新审判:

(一)有新的证据证明原判决、裁定认定的事实确有错误,可能影响定罪量刑的;

(二)据以定罪量刑的证据不确实、不充分、依法应当排除的;

(三)证明案件事实的主要证据之间存在矛盾的;

(四)主要事实依据被依法变更或者撤销的;

(五)认定罪名错误的;

(六)量刑明显不当的;

(七)对违法所得或者其他涉案财物的处理确有明显错误的;

(八)违反法律关于溯及力规定的;

(九)违反法定诉讼程序,可能影响公正裁判的;

(十)审判人员在审理该案件时有贪污受贿、徇私舞弊、枉法裁判行为的。

申诉不具有上述情形的,应当说服申诉人撤回申诉;对仍然坚持申诉的,应当书面通知驳回。

第四百五十八条　具有下列情形之一,可能改变原判决、裁定据以定罪量刑的事实的证据,应当认定为刑事诉讼法第二百五十三条第一项规定的"新的证据":

(一)原判决、裁定生效后新发现的证据;

(二)原判决、裁定生效前已经发现,但未予收集的证据;

（三）原判决、裁定生效前已经收集，但未经质证的证据；

（四）原判决、裁定所依据的鉴定意见，勘验、检查等笔录被改变或者否定的；

（五）原判决、裁定所依据的被告人供述、证人证言等证据发生变化，影响定罪量刑，且有合理理由的。

第四百五十九条　申诉人对驳回申诉不服的，可以向上一级人民法院申诉。上一级人民法院经审查认为申诉不符合刑事诉讼法第二百五十三条和本解释第四百五十七条第二款规定的，应当说服申诉人撤回申诉；对仍然坚持申诉的，应当驳回或者通知不予重新审判。

3.《人民检察院刑事诉讼规则》（2019年）

第五百九十一条　人民检察院认为人民法院已经发生法律效力的判决、裁定确有错误，具有下列情形之一的，应当按照审判监督程序向人民法院提出抗诉：

（一）有新的证据证明原判决、裁定认定的事实确有错误，可能影响定罪量刑的；

（二）据以定罪量刑的证据不确实、不充分的；

（三）据以定罪量刑的证据依法应当予以排除的；

（四）据以定罪量刑的主要证据之间存在矛盾的；

（五）原判决、裁定的主要事实依据被依法变更或者撤销的；

（六）认定罪名错误且明显影响量刑的；

（七）违反法律关于追诉时效期限的规定的；

（八）量刑明显不当的；

（九）违反法律规定的诉讼程序，可能影响公正审判的；

（十）审判人员在审理案件的时候有贪污受贿，徇私舞弊，枉法裁判行为的。

对于同级人民法院已经发生法律效力的判决、裁定，人民检察院认为可能有错误的，应当另行指派检察官或者检察官办案组进行审查。经审查，认为有前款规定情形之一的，应当提请上一级人民检察院提出抗诉。

对已经发生法律效力的判决、裁定的审查，参照本规则第五百八十五条的规定办理。

第五百九十三条　当事人及其法定代理人、近亲属认为人民法院已经发生法律效力的判决、裁定确有错误，向人民检察院申诉的，由作出生效判决、裁定的人民法院的同级人民检察院依法办理。

当事人及其法定代理人、近亲属直接向上级人民检察院申诉的，上级人民检察院可以交由作出生效判决、裁定的人民法院的同级人民检察院受理；案情重大、疑难、复杂的，上级人民检察院可以直接受理。

当事人及其法定代理人、近亲属对人民法院已经发生法律效力的判决、裁定提出申诉，经人民检察院复查决定不予抗诉后继续提出申诉的，上一级人民检察院应当受理。

第五百九十四条　对不服人民法院已经发生法律效力的判决、裁定的申诉，经两级人民检察院办理且省级人民检察院已经复查的，如果没有新的证据，人民检察院不再复查，但原审被告人可能被宣告无罪或者判决、裁定有其他重大错误可能的除外。

第五百九十五条　人民检察院对已经发生法律效力的判决、裁定的申诉复查后，认为需要提请或者提出抗诉的，报请检察长决定。

地方各级人民检察院对不服同级人民法院已经发生法律效力的判决、裁定的申诉复查后，认为需要提出抗诉的，应当提请上一级人民检察院抗诉。

上级人民检察院对下一级人民检察院提请抗诉的申诉案件进行审查后，认为需要提出抗诉的，应当向同级人民法院提出抗诉。

人民法院开庭审理时，同级人民检察院应当派员出席法庭。

第五百九十六条　人民检察院对不服人民法院已经发生法律效力的判决、裁定的申诉案件复查终结后，应当制作刑事申诉复查通知书，在十日以内通知申诉人。

经复查向上一级人民检察院提请抗诉的，应当在上一级人民检察院作出是否抗诉的决定后制作刑事申诉复查通知书。

第3章

行政诉讼类文书范本及精细化写作要领

行政诉讼类文书之1:行政起诉状

行政起诉状

原告:李××,男,汉族,××××年×月×日出生,住××省××市××××××,身份证号码××××××。联系电话:××××××。

被告:××县住房和城乡建设局,住所地××县××大道××号,统一社会信用代码××××××。

法定代表人:×××,该局局长。

第三人:××置业有限公司,住所地××县××路××号,统一社会信用代码××××××。联系电话:××××××。

法定代表人:×××,该公司执行董事。

诉讼请求:撤销被告于2019年2月3日为第三人××置业有限公司开发的××项目×号楼颁发的《竣工验收备案证书》。

事实与理由:位于××县××路的××项目系第三人××置业有限公司建设开发。2015年12月24日,原告和第三人签订《商品房预售合同》一份,合同约定原告以按揭贷款方式以总价1,361,846元的价格购买该项目×号楼×号房屋。由于第三人严重逾期交房,原告于2018年7月将第三人起诉至××县人民法院,××县人民法院在2019年2月24日作出一审判决后,第三人不服一审判决上诉至××市中级人民法院。2019年4月26日,在××市中级人民法院开庭时,第三人首次出示了被告于2019年2月3日为其颁发的《竣工验收备案证书》。

上述事实,有原告与第三人签订的《商品房预售合同》、被告于2019年2月3日为第三人颁发的《竣工验收备案证书》等证据为证。

原告认为,《建设工程质量管理条例》第四十九条规定:"建设单位应当自建设工程竣工验收合格之日起15日内,将建设工程竣工验收报告和规划、公安消防、环保等部门出具的认可文件或者准许使用文件报建设行政主管部门或者其他有关部门备案。建设行政主管部门或者其他有关部门发现建设单位在竣工验收过程中有违反国家有关建设工程质量管理规定行为的,责令停止使用,重新组织竣工验收。"《房屋建筑和市政基础设施工程竣工验收备案管理办法》第五条明文规定:"建设单位办理工程竣工验收备案应当提交下列文件:(一)工程竣工验收备案表;(二)工程竣工验收报告。竣工验收报告应当包括工程报建日期,施工许可证号,施工图设计文件审查意见,勘察、设计、施工、工程监理等单位分别签署的质量合格文件及验收人员签署的竣工验收原始文件,市政基础设施的有关质量检测和功能性试验资料以及备案机关认为需要提供的有关资料;(三)法律、行政法规规定应当由规划、环保等部门出具的认可文件或者准许使用文件;(四)法律规定应当由公安消防部门出具的对大型的人员密集场所和其他特殊建设工程验收合格的证明文件;(五)施工单位签署的工程质量保修书;(六)法规、规章规定必须提供的其他文件。住宅工程还应当提交《住宅质量保证书》和《住宅使用说明书》。"第七条规定:"工程质量监督机构应当在工程竣工验收之日起5日内,向备案机关提交工程质量监督报告。"建设工程竣工验收备案是建设行政主管部门加强房屋质量监督管理的一种行政行为,被告作为主管本行政区域内工程竣工验收备案管理工作的行政机关,本应当严格依照《建设工程质量管理条例》第四十九条和《房屋建筑和市政基础设施工程竣工验收备案管理办法》第五条的规定进行审查,建设单位提交的备案资料合法有效且具备全部要件的,方能予以备案,备案资料无效或者不具备全部要件的,不能予以备案。《城乡规划法》第四十五条第一款明文规定:"未经核实或者经核实不符合规划条件的,建设单位不得组织竣工验收。"本案房屋在2018年3月12日才取得××县城乡规划局规划核实领导小组出具的《规划核实意见》,而第三人却在尚未经规划核实之前的2017年9月6日组织自己聘请的勘察、设计、施工、监理单位进行了所谓的"竣工验收",第三人的这一竣工验收行为毫无疑问是无效的。同时,第三人也没有按规定向被告提交《住宅质量保证书》和《住宅使用说明书》等资料。在这种情况下,被告通过竣工验收备案并且为第三人颁发《竣工验收备案证书》的行为,明显违反了《建设工程质量管理条例》第四十九条和《房屋建筑和市政基础设施工程竣工验收备案管理办法》第五条等有关法律、法规的规定。依据《行政诉讼法》第七十条第一项、第五项的规定,依法应当撤销被告为第三人颁发的《竣工验收备案证书》。为了维护原告的合法权益，特诉诸贵院，请贵院依法支持原告的诉讼请求。

此致

××人民法院

起诉人：

年　月　日

《行政起诉状》精细化写作要领

1. 格式要符合要求。行政起诉状由“标题”“当事人信息”“诉讼请求”“事实与理由”“致送法院”和落款“起诉人”“起诉时间”组成，不能缺项，各部分的表述要准确。比如，不能将标题“行政起诉状”写成“行政起诉书”等，不能将“原告”写成“原告人”，“被告”写成“被告人”。

需要注意的是，根据《行政诉讼法》第二十五条第一款的规定，行政诉讼的原告不限于行政行为的相对人，其他与行政行为有利害关系的公民、法人或者其他组织也有权以原告身份提起诉讼。根据《最高人民法院关于适用〈中华人民共和国行政诉讼法〉的解释》第十二条的规定，有下列情形之一的，属于行政诉讼法第二十五条第一款规定的“与行政行为有利害关系”：(1)被诉的行政行为涉及其相邻权或者公平竞争权的；(2)在行政复议等行政程序中被追加为第三人的；(3)要求行政机关依法追究加害人法律责任的；(4)撤销或者变更行政行为涉及其合法权益的；(5)为维护自身合法权益向行政机关投诉，具有处理投诉职责的行政机关作出或者未作出处理的；(6)其他与行政行为有利害关系的情形。

2. 当事人信息，特别是被告信息要准确、完整。行政诉讼中，被告比较复杂，在书写起诉状时，要做到准确、完整。如果起诉的被告不适格，人民法院告知原告变更被告后原告不同意变更的，将会被裁定驳回起诉。

根据《行政诉讼法》第二十六条的规定，经复议的案件，如果复议机关维持原行政行为的，应当将作出原行政行为的行政机关和复议机关共同列为被告；如果复议机关改变原行政行为的，仅将复议机关列为被告。如果复议机关在法定期限内未作出复议决定，公民、法人或者其他组织起诉原行政行为的，作出原行政行为的行政机关是被告；如果仅是起诉复议机关不作为的，复议机关是被告。如果是两个以上行政机关作出同一行政行为的，要将共同作出行政行为的行政机关列为共同被告。如果是行政机关委托的组织所作的行政行为的，要将委托的行政机关列为被告。行政机关被撤销或者职权变更的，要将继续行使其职权的行政机关列为被告。根据《最高人民法院关于适用〈中华人民共和国行政诉讼法〉解释》第十九条、第二十条、第二十一条、第二十四条、第二十五条的规定，当事人不服经上级行政机关批准的行政行为向人民法院提起诉讼的，以在对外发生法律效力的文书上署名的机关为被告。行政机关组建并赋予行政管理职能但不具有独立承担法律责任能力的机构，以自己的名义作出行政行为，当事人不服提起诉讼的，应当以组建该机构的行政机关为被告。法律、法规或者规章授权行使行政职权的行政机关内设机构、派出机构或者其他组织，超出法定授权范围实施行政行为，当事人不服提起诉讼的，应当以实施该行为的机构或者组织为被告。没有法律、法规或者规章规定，行政机关授权其内设机构、派出机构或者其他组织行使行政职权的，属于《行政诉讼法》第二十六条规定的委托。当事人不服提起诉讼的，应当以该行政机关为被告。当事人对由国务院、省级人民政府批准设立的开发区管理机构作出的行政行为不服提起诉讼的，以该开发区管理机构为被告；对由国务院、省级人民政府批准设立的开发区管理机构所属职能部门作出的行政行为不服提起诉讼的，以其职能部门为被告；对其他开发区管理机构所属职能部门作出的行政行为不服提起诉讼的，以开发区管理机构为被告；开发区管理机构没有行政主体资格的，以设立该机构的地方人民政府为被告。当事人对村民委员会或者居民委员会依据法律、法规、规章的授权履行行政管理职责的行为不服提起诉讼的，以村民委员会或者居民委员会为被告。当事人对村民委员会、居民委员会受行政机关委托作出的行为不服提起诉讼的，以委托的行政机关为被告。当事人对高等学校等事业单位以及律师协会、注册会计师协会等行业协会依据法律、法规、规章的授权实施的行政行为不服提起诉讼的，以该事业单位、行业协会为被告。当事人对高等学校等事业单位以及律师协会、注册会计师协会等行业协会受行政机关委托作出的行为不服提起诉讼的，以委托的行政机关为被告。市、县级人民政府确定的房屋征收部门组织实施房屋征收与补偿工作过程中作出行政行为，被征收人不服提起诉讼的，以房屋征收部门为被告。征收实施单位受房屋征收部门委托,在委托范围内从事的行为,被征收人不服提起诉讼的,应当以房屋征收部门为被告。因此,在书写行政起诉状时,需要结合案件情况,有针对性地列明被告。

3.“诉讼请求”部分是整个行政起诉状的核心,要表述明确、具体。行政诉讼和民事诉讼一样,必须有具体的诉讼请求,如果未能正确表达诉讼请求,人民法院会要求其明确诉讼请求。这里所说的“有具体的诉讼请求”是指:(1)请求判决撤销或者变更行政行为;(2)请求判决行政机关履行特定法定职责或者给付义务;(3)请求判决确认行政行为违法;(4)请求判决确认行政行为无效;(5)请求判决行政机关予以赔偿或者补偿;(6)请求解决行政协议争议;(7)请求一并审查规章以下规范性文件;(8)请求一并解决相关民事争议;(9)其他诉讼请求。需要注意的是,当事人单独或者一并提起行政赔偿、补偿诉讼的,应当有具体的赔偿、补偿事项以及数额;请求一并审查规章以下规范性文件的,应当提供明确的文件名称或者审查对象;请求一并解决相关民事争议的,应当有具体的民事诉讼请求。因此,在书写行政起诉状时,要结合案件情况,提出具体的诉讼请求。

4.“事实与理由”部分是行政起诉状的重点,这部分的任务是通过阐述事实、引用证据、适用法律,论证行政机关或者行政机关工作人员的行政行为侵犯了原告的合法权益,让法院支持原告的诉讼请求。“事实与理由”部分形式上一般用“三段论”:第一段写事实,要围绕诉讼请求,将与诉讼请求有关的事实都写清楚。第二段写证据,写明上述事实都有什么证据来证明。第三段写理由,要根据第一段写的事实,围绕诉讼请求,通过引用法律、法规和司法解释的具体条文,论述行政机关或者行政机关工作人员的行政行为侵犯了原告的合法权益,原告的诉讼请求应得到支持。

“事实与理由”部分,在内容上要紧紧围绕诉讼请求,精雕细琢,言简意赅,一字不多一字不少。不能写得过于简单,让人看不出据以支持诉讼请求的事实与理由。原则上,与诉讼请求有关的事实和理由都要写上,但也不能长篇大论,事无巨细和盘托出,对诉讼请求没有影响的事实可以不写。

附：相关规定

1.《中华人民共和国行政诉讼法》(2017 年修正)

第二条 公民、法人或者其他组织认为行政机关和行政机关工作人员的行政行为侵犯其合法权益，有权依照本法向人民法院提起诉讼。

前款所称行政行为，包括法律、法规、规章授权的组织作出的行政行为。

第十二条 人民法院受理公民、法人或者其他组织提起的下列诉讼：

(一)对行政拘留、暂扣或者吊销许可证和执照、责令停产停业、没收违法所得、没收非法财物、罚款、警告等行政处罚不服的；

(二)对限制人身自由或者对财产的查封、扣押、冻结等行政强制措施和行政强制执行不服的；

(三)申请行政许可，行政机关拒绝或者在法定期限内不予答复，或者对行政机关作出的有关行政许可的其他决定不服的；

(四)对行政机关作出的关于确认土地、矿藏、水流、森林、山岭、草原、荒地、滩涂、海域等自然资源的所有权或者使用权的决定不服的；

(五)对征收、征用决定及其补偿决定不服的；

(六)申请行政机关履行保护人身权、财产权等合法权益的法定职责，行政机关拒绝履行或者不予答复的；

(七)认为行政机关侵犯其经营自主权或者农村土地承包经营权、农村土地经营权的；

(八)认为行政机关滥用行政权力排除或者限制竞争的；

(九)认为行政机关违法集资、摊派费用或者违法要求履行其他义务的；

(十)认为行政机关没有依法支付抚恤金、最低生活保障待遇或者社会保险待遇的；

(十一)认为行政机关不依法履行、未按照约定履行或者违法变更、解除政府特许经营协议、土地房屋征收补偿协议等协议的；

(十二)认为行政机关侵犯其他人身权、财产权等合法权益的。

除前款规定外，人民法院受理法律、法规规定可以提起诉讼的其他行政案件。

第十三条 人民法院不受理公民、法人或者其他组织对下列事项提起的诉讼：

（一）国防、外交等国家行为；

（二）行政法规、规章或者行政机关制定、发布的具有普遍约束力的决定、命令；

（三）行政机关对行政机关工作人员的奖惩、任免等决定；

（四）法律规定由行政机关最终裁决的行政行为。

第二十五条 行政行为的相对人以及其他与行政行为有利害关系的公民、法人或者其他组织，有权提起诉讼。

有权提起诉讼的公民死亡，其近亲属可以提起诉讼。

有权提起诉讼的法人或者其他组织终止，承受其权利的法人或者其他组织可以提起诉讼。

人民检察院在履行职责中发现生态环境和资源保护、食品药品安全、国有财产保护、国有土地使用权出让等领域负有监督管理职责的行政机关违法行使职权或者不作为，致使国家利益或者社会公共利益受到侵害的，应当向行政机关提出检察建议，督促其依法履行职责。行政机关不依法履行职责的，人民检察院依法向人民法院提起诉讼。

第二十六条 公民、法人或者其他组织直接向人民法院提起诉讼的，作出行政行为的行政机关是被告。

经复议的案件，复议机关决定维持原行政行为的，作出原行政行为的行政机关和复议机关是共同被告；复议机关改变原行政行为的，复议机关是被告。

复议机关在法定期限内未作出复议决定，公民、法人或者其他组织起诉原行政行为的，作出原行政行为的行政机关是被告；起诉复议机关不作为的，复议机关是被告。

两个以上行政机关作出同一行政行为的，共同作出行政行为的行政机关是共同被告。

行政机关委托的组织所作的行政行为，委托的行政机关是被告。

行政机关被撤销或者职权变更的，继续行使其职权的行政机关是被告。

第二十七条 当事人一方或者双方为二人以上，因同一行政行为发生的行政案件，或者因同类行政行为发生的行政案件、人民法院认为可以合并审理并经当事人同意的,为共同诉讼。

第二十八条　当事人一方人数众多的共同诉讼,可以由当事人推选代表人进行诉讼。代表人的诉讼行为对其所代表的当事人发生效力,但代表人变更、放弃诉讼请求或者承认对方当事人的诉讼请求,应当经被代表的当事人同意。

第二十九条　公民、法人或者其他组织同被诉行政行为有利害关系但没有提起诉讼,或者同案件处理结果有利害关系的,可以作为第三人申请参加诉讼,或者由人民法院通知参加诉讼。

人民法院判决第三人承担义务或者减损第三人权益的,第三人有权依法提起上诉。

第四十九条　提起诉讼应当符合下列条件:

(一)原告是符合本法第二十五条规定的公民、法人或者其他组织;

(二)有明确的被告;

(三)有具体的诉讼请求和事实根据;

(四)属于人民法院受案范围和受诉人民法院管辖。

第五十条　起诉应当向人民法院递交起诉状,并按照被告人数提出副本。

书写起诉状确有困难的,可以口头起诉,由人民法院记入笔录,出具注明日期的书面凭证,并告知对方当事人。

2.《最高人民法院关于适用〈中华人民共和国行政诉讼法〉解释》(2018 年)

第一条　公民、法人或者其他组织对行政机关及其工作人员的行政行为不服,依法提起诉讼的,属于人民法院行政诉讼的受案范围。

下列行为不属于人民法院行政诉讼的受案范围:

(一)公安、国家安全等机关依照刑事诉讼法的明确授权实施的行为;

(二)调解行为以及法律规定的仲裁行为;

(三)行政指导行为;

(四)驳回当事人对行政行为提起申诉的重复处理行为;

(五)行政机关作出的不产生外部法律效力的行为;

(六)行政机关为作出行政行为而实施的准备、论证、研究、层报、咨询等过程性行为;

(七)行政机关根据人民法院的生效裁判、协助执行通知书作出的执行行为,但行政机关扩大执行范围或者采取违法方式实施的除外;

（八）上级行政机关基于内部层级监督关系对下级行政机关作出的听取报告、执法检查、督促履责等行为；

（九）行政机关针对信访事项作出的登记、受理、交办、转送、复查、复核意见等行为；

（十）对公民、法人或者其他组织权利义务不产生实际影响的行为。

第二条　行政诉讼法第十三条第一项规定的“国家行为”，是指国务院、中央军事委员会、国防部、外交部等根据宪法和法律的授权，以国家的名义实施的有关国防和外交事务的行为，以及经宪法和法律授权的国家机关宣布紧急状态等行为。

行政诉讼法第十三条第二项规定的“具有普遍约束力的决定、命令”，是指行政机关针对不特定对象发布的能反复适用的规范性文件。

行政诉讼法第十三条第三项规定的“对行政机关工作人员的奖惩、任免等决定”，是指行政机关作出的涉及行政机关工作人员公务员权利义务的决定。

行政诉讼法第十三条第四项规定的“法律规定由行政机关最终裁决的行政行为”中的“法律”，是指全国人民代表大会及其常务委员会制定、通过的规范性文件。

第十二条　有下列情形之一的，属于行政诉讼法第二十五条第一款规定的“与行政行为有利害关系”：

（一）被诉的行政行为涉及其相邻权或者公平竞争权的；

（二）在行政复议等行政程序中被追加为第三人的；

（三）要求行政机关依法追究加害人法律责任的；

（四）撤销或者变更行政行为涉及其合法权益的；

（五）为维护自身合法权益向行政机关投诉，具有处理投诉职责的行政机关作出或者未作出处理的；

（六）其他与行政行为有利害关系的情形。

第十三条　债权人以行政机关对债务人所作的行政行为损害债权实现为由提起行政诉讼的，人民法院应当告知其就民事争议提起民事诉讼，但行政机关作出行政行为时依法应予保护或者应予考虑的除外。

第十四条　行政诉讼法第二十五条第二款规定的“近亲属”，包括配偶、父母、子女、兄弟姐妹、祖父母、外祖父母、孙子女、外孙子女和其他具有扶养、赡养关系的亲属。

公民因被限制人身自由而不能提起诉讼的,其近亲属可以依其口头或者书面委托以该公民的名义提起诉讼。近亲属起诉时无法与被限制人身自由的公民取得联系,近亲属可以先行起诉,并在诉讼中补充提交委托证明。

第十五条 合伙企业向人民法院提起诉讼的,应当以核准登记的字号为原告。未依法登记领取营业执照的个人合伙的全体合伙人为共同原告;全体合伙人可以推选代表人,被推选的代表人,应当由全体合伙人出具推选书。

个体工商户向人民法院提起诉讼的,以营业执照上登记的经营者为原告。有字号的,以营业执照上登记的字号为原告,并应当注明该字号经营者的基本信息。

第十六条 股份制企业的股东大会、股东会、董事会等认为行政机关作出的行政行为侵犯企业经营自主权的,可以企业名义提起诉讼。

联营企业、中外合资或者合作企业的联营、合资、合作各方,认为联营、合资、合作企业权益或者自己一方合法权益受行政行为侵害的,可以自己的名义提起诉讼。

非国有企业被行政机关注销、撤销、合并、强令兼并、出售、分立或者改变企业隶属关系的,该企业或者其法定代表人可以提起诉讼。

第十七条 事业单位、社会团体、基金会、社会服务机构等非营利法人的出资人、设立人认为行政行为损害法人合法权益的,可以自己的名义提起诉讼。

第十八条 业主委员会对于行政机关作出的涉及业主共有利益的行政行为,可以自己的名义提起诉讼。

业主委员会不起诉的,专有部分占建筑物总面积过半数或者占总户数过半数的业主可以提起诉讼。

第十九条 当事人不服经上级行政机关批准的行政行为,向人民法院提起诉讼的,以在对外发生法律效力的文书上署名的机关为被告。

第二十条 行政机关组建并赋予行政管理职能但不具有独立承担法律责任能力的机构,以自己的名义作出行政行为,当事人不服提起诉讼的,应当以组建该机构的行政机关为被告。

法律、法规或者规章授权行使行政职权的行政机关内设机构、派出机构或者其他组织,超出法定授权范围实施行政行为,当事人不服提起诉讼的,应当以实施该行为的机构或者组织为被告。

没有法律、法规或者规章规定,行政机关授权其内设机构、派出机构或者其他组织行使行政职权的,属于行政诉讼法第二十六条规定的委托。当事人不服提起诉讼的,应当以该行政机关为被告。

第二十一条 当事人对由国务院、省级人民政府批准设立的开发区管理机构作出的行政行为不服提起诉讼的,以该开发区管理机构为被告;对由国务院、省级人民政府批准设立的开发区管理机构所属职能部门作出的行政行为不服提起诉讼的,以其职能部门为被告;对其他开发区管理机构所属职能部门作出的行政行为不服提起诉讼的,以开发区管理机构为被告;开发区管理机构没有行政主体资格的,以设立该机构的地方人民政府为被告。

第二十二条 行政诉讼法第二十六条第二款规定的"复议机关改变原行政行为",是指复议机关改变原行政行为的处理结果。复议机关改变原行政行为所认定的主要事实和证据、改变原行政行为所适用的规范依据,但未改变原行政行为处理结果的,视为复议机关维持原行政行为。

复议机关确认原行政行为无效,属于改变原行政行为。

复议机关确认原行政行为违法,属于改变原行政行为,但复议机关以违反法定程序为由确认原行政行为违法的除外。

第二十三条 行政机关被撤销或者职权变更,没有继续行使其职权的行政机关的,以其所属的人民政府为被告;实行垂直领导的,以垂直领导的上一级行政机关为被告。

第二十四条 当事人对村民委员会或者居民委员会依据法律、法规、规章的授权履行行政管理职责的行为不服提起诉讼的,以村民委员会或者居民委员会为被告。

当事人对村民委员会、居民委员会受行政机关委托作出的行为不服提起诉讼的,以委托的行政机关为被告。

当事人对高等学校等事业单位以及律师协会、注册会计师协会等行业协会依据法律、法规、规章的授权实施的行政行为不服提起诉讼的,以该事业单位、行业协会为被告。

当事人对高等学校等事业单位以及律师协会、注册会计师协会等行业协会受行政机关委托作出的行为不服提起诉讼的,以委托的行政机关为被告。

第二十五条　市、县级人民政府确定的房屋征收部门组织实施房屋征收与补偿工作过程中作出行政行为，被征收人不服提起诉讼的，以房屋征收部门为被告。

征收实施单位受房屋征收部门委托，在委托范围内从事的行为，被征收人不服提起诉讼的，应当以房屋征收部门为被告。

第二十六条　原告所起诉的被告不适格，人民法院应当告知原告变更被告；原告不同意变更的，裁定驳回起诉。

应当追加被告而原告不同意追加的，人民法院应当通知其以第三人的身份参加诉讼，但行政复议机关作共同被告的除外。

第二十七条　必须共同进行诉讼的当事人没有参加诉讼的，人民法院应当依法通知其参加；当事人也可以向人民法院申请参加。

人民法院应当对当事人提出的申请进行审查，申请理由不成立的，裁定驳回；申请理由成立的，书面通知其参加诉讼。

前款所称的必须共同进行诉讼，是指按照行政诉讼法第二十七条的规定，当事人一方或者双方为两人以上，因同一行政行为发生行政争议，人民法院必须合并审理的诉讼。

第二十八条　人民法院追加共同诉讼的当事人时，应当通知其他当事人。应当追加的原告，已明确表示放弃实体权利的，可不予追加；既不愿意参加诉讼，又不放弃实体权利的，应追加为第三人，其不参加诉讼，不能阻碍人民法院对案件的审理和裁判。

第二十九条　行政诉讼法第二十八条规定的“人数众多”，一般指十人以上。

根据行政诉讼法第二十八条的规定，当事人一方人数众多的，由当事人推选代表人。当事人推选不出的，可以由人民法院在起诉的当事人中指定代表人。

行政诉讼法第二十八条规定的代表人为二至五人。代表人可以委托一至二人作为诉讼代理人。

第三十条　行政机关的同一行政行为涉及两个以上利害关系人，其中一部分利害关系人对行政行为不服提起诉讼，人民法院应当通知没有起诉的其他利害关系人作为第三人参加诉讼。

与行政案件处理结果有利害关系的第三人，可以申请参加诉讼，或者由人民法院通知其参加诉讼。人民法院判决其承担义务或者减损其权益的第三人，有权提出上诉或者申请再审。

行政诉讼法第二十九条规定的第三人，因不能归责于本人的事由未参加诉讼，但有证据证明发生法律效力的判决、裁定、调解书损害其合法权益的，可以依照行政诉讼法第九十条的规定，自知道或者应当知道其合法权益受到损害之日起六个月内，向上一级人民法院申请再审。

第六十七条　原告提供被告的名称等信息足以使被告与其他行政机关相区别的，可以认定为行政诉讼法第四十九条第二项规定的“有明确的被告”。

起诉状列写被告信息不足以认定明确的被告的，人民法院可以告知原告补正；原告补正后仍不能确定明确的被告的，人民法院裁定不予立案。

第六十八条　行政诉讼法第四十九条第三项规定的“有具体的诉讼请求”是指：

（一）请求判决撤销或者变更行政行为；

（二）请求判决行政机关履行特定法定职责或者给付义务；

（三）请求判决确认行政行为违法；

（四）请求判决确认行政行为无效；

（五）请求判决行政机关予以赔偿或者补偿；

（六）请求解决行政协议争议；

（七）请求一并审查规章以下规范性文件；

（八）请求一并解决相关民事争议；

（九）其他诉讼请求。

当事人单独或者一并提起行政赔偿、补偿诉讼的，应当有具体的赔偿、补偿事项以及数额；请求一并审查规章以下规范性文件的，应当提供明确的文件名称或者审查对象；请求一并解决相关民事争议的，应当有具体的民事诉讼请求。

当事人未能正确表达诉讼请求的，人民法院应当要求其明确诉讼请求。

行政诉讼类文书之2：行政案件答辩状

行政案件答辩状

答辩人：××县人民政府，住所地：××县××镇××路××号。

法定代表人：×××，县长。

答辩人为与原告××电力发展有限公司、××工贸有限公司行政行为一案，就原告的起诉，提出答辩意见如下：

1. 从程序上来讲，本案不属于人民法院行政诉讼的受案范围，根据《最高人民法院关于适用〈中华人民共和国行政诉讼法〉的解释》第一条第二款第五项、第十项和第六十九条第一款第一项、第八项、第十项的规定，本案应裁定驳回二原告的起诉。理由如下：

(1)本案原告要求撤销的是答辩人的《××××号会议纪要》，该会议纪要属于行政机关作出的不产生外部法律效力的行为，而且该会议纪要本身对二原告的权利义务不产生实际影响。

会议纪要是用于记载、传达会议情况和议定事项的公文。行政机关的会议纪要在转化为对外发生法律效力的行政行为之前，只对行政机关内部产生约束力，对外不具有法律上的强制执行力，也不会对行政管理相对人的权利和义务产生直接影响。因此，行政机关的会议纪要只有在外化后，也就是相关行政机关根据该会议纪要形成相应的外部行政行为后，才由内部的决议转变成了外部行政行为，才可以对根据该会议纪要形成的行政行为提起行政诉讼。如果行政机关的会议纪要没有外化为行政行为，是不能提起行政诉讼的。同时，即使行政机关的会议纪要外化为行政行为，也只能针对外化后的行政行为提起行政诉讼，而不能针对会议纪要本身提起行政诉讼。

本案中，根据答辩人的×政纪《××××号会议纪要》形成的在××县工商行政管理局注册成立“××工贸中心”的行为和××工贸中心以货币出资1600

万元与××电力发展集团有限责任公司以货币出资6400万元在××市工商行政管理局注册成立“××电力有限公司”的行为，对答辩人或是××县财政局、××工贸中心而言，均属于民事行为，不属于行政行为。而且，该行为对二原告的权利义务也不产生任何影响。

答辩人认为，××县国土资源局代表县政府为××电力有限公司颁发《国有土地使用证》的行为尽管是行政行为，但由于该158.55亩国有土地使用权是××电力有限公司通过招拍挂程序竞拍取得，与二原告没有任何关系，对二原告的权利义务没有影响。退一步讲，即使原告与该158.55亩国有土地使用权有关，原告认为不应该为××电力有限公司颁发《国有土地使用证》，原告也只能直接起诉要求撤销该《国有土地使用证》，而不是要求撤销答辩人的×政纪×××号《会议纪要》。

《最高人民法院关于适用〈中华人民共和国行政诉讼法〉的解释》第一条第二款规定：“下列行为不属于人民法院行政诉讼的受案范围……(五)行政机关作出的不产生外部法律效力的行为……(十)对公民、法人或者其他组织权利义务不产生实际影响的行为。”据此，应当认定本案不属于人民法院行政诉讼的受案范围。

(2)答辩人认为，原告与答辩人及相关企业之间的争议实际上都属于民事争议。而且，二原告也已经在2018年5月向贵院对答辩人先行提起了民事诉讼(案号：××号)，贵院受理后，已经于2018年7月3日开庭进行了审理。

2.从实体上来讲，原告在其起诉状中的部分陈述与事实不符，原告的诉讼请求也不能成立。理由如下：

(1)原告在其起诉状中称，“……使用权已归诚某和某源公司所有的土地，全部为被告××县政府通过这一《会议纪要》组成的××公司建电厂二期工程所侵占”，这不是事实。事实上，如前所述，××电力有限公司是在2010年6月通过招拍挂程序以8,495,708.6元的价格竞得了105,702.94平方米(合158.55亩)国有土地的使用权，该公司直接与××县国土资源局签订的《国有建设用地使用权出让合同》，根本不存在××电力有限公司侵占之说。

(2)原告在起诉状中多次提到××工贸中心注册资本3260万元，实际出资0元。这也与事实不符。事实上，根据××县工商局××工贸中心设立档案，该公司作为国有独资公司，其资产全部来源于政府拨付，填写有《国有资产产权登记表》,××县国有资产管理办公室出具有验资证明,根本不是原告所说的实际出资0元。更为重要的是,××市工商行政管理局××电力有限公司设立档案中验资报告记载,××工贸中心是于2003年5月22日以货币出资1600万元与××电力发展集团有限责任公司货币出资6400万元成立"××电力有限公司"的。

答辩人认为,××工贸中心自身的实收资本是多少,有没有到位,并不影响、也不足以否定××工贸中心于2003年5月22日为设立××电力有限公司以货币出资1600万元的事实。

答辩人还认为,××工贸中心自身的实收资本是多少,有没有到位,与二原告也没有任何关系,也不能因此就推定××工贸中心侵占了二原告的资产。

(3)原告在其起诉状中还称,2002年4月1日其委托的××房地产估价事务所对××电厂的固定资产投资进行了评估,结论是截至2002年4月1日的市场价为4891万元。2003年1月6日,二原告签订《合作创设经营××企业合同》,用上述评估价中的1600万元在该公司占有20%股权,剩余3291万元全被××工贸中心所侵占。这也不是事实。事实上,第一,市场价4891万元的评估报告是原告单方委托鉴定的,没有得到他人认可。第二,原告自己决定与××电力发展集团有限责任公司签订《合作创设经营××企业合同》,用其全部资产作价1600万元在××有限公司中占有20%股权,并不是原告所说用资产中的1600万元在该公司占有20%股权。第三,××工贸中心用什么方式侵占了原告所谓的3291万元资产?侵占的是什么资产?

答辩人认为,退一步讲,即使××工贸中心侵占了原告的3291万元资产,那也是原告与××工贸中心之间的民事纠纷。×政纪《××××号会议纪要》没有也不可能让××工贸中心去侵占原告的资产。

(4)原告在其起诉状中还称,"通过2003年5月12日×政纪《××××号会议纪要》作出决定,以零注册资金成立"××工贸中心",参与成立"××公司",通过占用原告二公司在××电厂投资3200万元建设资金所形成的护坡、道路、院落、围墙、办公楼、宿舍楼、烟囱、冷却塔等固定资产,建设3×5.75二期电厂,这也都不是事实。事实上,第一,根据原告与××电力发展集团有限责任公司签订的《合作创设经营××企业合同》,原告是用其全部资产作价1600万元在××有限公司中占有20%股权;第二,××电力有限公司现使用的158.55亩土地是该公司在2010年6月通过招拍挂程序从××县国土资源局竞买到的；第三，作为二期电厂的××电力有限公司是××工贸中心以货币出资1600万元和××电力发展集团有限责任公司以货币出资6400万元共同设立的，不存在侵占二原告以3200万元建设资金所形成的护坡、道路、院落、围墙、办公楼、宿舍楼、烟囱、冷却塔等固定资产问题。

答辩人认为，即使原告所说的该问题存在，那也是二原告与××电力有限公司、××工贸中心、××电力发展集团有限责任公司之间的民事纠纷。

综上所述，答辩人认为，本案不属于人民法院行政诉讼的受案范围，二原告的诉讼请求在实体上也不能成立，本案应裁定驳回二原告的起诉，或者判决驳回二原告的诉讼请求。

此致

××市中级人民法院

答辩人：

年　月　日

《行政答辩状》精细化写作要领

1. 要书写并及时提交答辩状。根据《行政诉讼法》的规定，被告应当在收到起诉状副本之日起15日内提交答辩状。被告不提交答辩状的，不影响人民法院审理。但如果不提交书面答辩状，当庭口头答辩可能会遗漏答辩内容。另外，当庭口头答辩语速较快，书记员可能只会记录要点，导致庭审笔录不能完整展现答辩内容，不利于维护被告方的合法权益。及时提交书面答辩状，方便法官庭前了解案件有关事实，有利于案件的处理。因此，一定要按要求书写详尽的答辩状，尽早提交给法院。

2. 答辩状在格式上要符合要求，表述要准确。行政答辩状在格式上同民事答辩状相同。由“标题”“答辩人信息”“答辩内容”“致送法院”和落款“答辩人”“答辩时间”组成，不能有缺项，标题和正文之间要空一行。需要注意的是，有的律师在写完“答辩人信息”后，还写“被答辩人信息”，这是不严谨的，答辩状是答辩人一方的陈述和辩解，不同于起诉状、上诉状、申请书等，不需要列相对方的信息，只需要在“答辩人信息”一项下，写上“答辩人为与某某某××纠纷一案，就×××的起诉（上诉），提出答辩意见如下”即可。另外，答辩状各部分的表述要准确，一审中答辩人在案件中的地位是被告，但在答辩状中一般用“答辩人”代替“被告”，不能直接表述为“被告”，一审答辩状中表述原告时仍用“原告”，不能用“被答辩人”。二审中答辩人在案件中的地位是被上诉人，但在答辩状中仍用“答辩人”代替“被上诉人”，不能表述为“被上诉人”，二审答辩状中表述上诉人时仍用“上诉人”，不能用“被答辩人”。

3.“答辩内容”部分是整个行政答辩状的核心，这部分的任务是通过阐述事实、引用证据和适用法律，辩驳原告方观点，让法官不支持或者不完全支持原告方的诉讼请求。“答辩内容”一般分为三部分：回应+辩驳+结论。首先要针对原告起诉状中陈述的与事实不符的部分进行回应，讲明实际情况，还原客观事实。其次要针对原告不合理的诉讼请求进行辩驳。最后写清答辩的结论，一般用“综上所述”开头，简要写明答辩方观点。如果原告在起诉状中陈述的事实都是客观事实，可以省去“回应”部分，直接写“辩驳”部分。“辩驳”部分是答辩内容的重心，有利的理由和观点都要写。要围绕原告的诉讼请求，结合事实和证据，通过引用法律、司法解释具体条文和权威理论，写清原告诉讼请求不能成立的具体理由。“辩驳”部分要做到说理充分、透彻，法律依据全面、具体，不能空洞无物。

需要注意的是，“答辩内容”无论是“回应”部分，还是“辩驳”部分，都要有条理，不能杂乱无章。如果原告在起诉状中的陈述多处与事实不符，建议分项一一列明，可以表述为：“1. 原告在起诉状中的部分陈述与事实不符，这表现在：（1）……（2）……”按照原告在起诉状中陈述的顺序一一回应。如果原告在起诉状中提出了多项诉讼请求，在“辩驳”部分也要逐一进行辩驳，对原告的每一项诉讼请求进行辩驳时，如果理由较多，可以分项来写，体现逻辑性和条理性。

还需要注意的是，行政案件和民事案件不同，行政案件的受案范围是很有限的，《行政诉讼法》第十三条列举了4类人民法院不受理的诉讼，《最高人民法院关于适用〈中华人民共和国行政诉讼法〉的解释》第一条第二款又列举了10类行为规定不属于人民法院行政诉讼的受案范围。因此，在书写行政案件的答辩状时，首先要考虑案件是否属于行政案件的受案范围，如果不属于行政案件的受案范围，要像本范本案例一样，从程序和实体两个方面分别去写，不能抓住一点不管其他。

附:相关规定

1.《中华人民共和国行政诉讼法》(2017年修正)

第十三条　人民法院不受理公民、法人或者其他组织对下列事项提起的诉讼:

(一)国防、外交等国家行为;

(二)行政法规、规章或者行政机关制定、发布的具有普遍约束力的决定、命令;

(三)行政机关对行政机关工作人员的奖惩、任免等决定;

(四)法律规定由行政机关最终裁决的行政行为。

第六十七条　人民法院应当在立案之日起五日内,将起诉状副本发送被告。被告应当在收到起诉状副本之日起十五日内向人民法院提交作出行政行为的证据和所依据的规范性文件,并提出答辩状。人民法院应当在收到答辩状之日起五日内,将答辩状副本发送原告。

被告不提出答辩状的,不影响人民法院审理。

2.《最高人民法院关于适用〈中华人民共和国行政诉讼法〉的解释》(2018年)

第一条　公民、法人或者其他组织对行政机关及其工作人员的行政行为不服,依法提起诉讼的,属于人民法院行政诉讼的受案范围。

下列行为不属于人民法院行政诉讼的受案范围:

(一)公安、国家安全等机关依照刑事诉讼法的明确授权实施的行为;

(二)调解行为以及法律规定的仲裁行为;

(三)行政指导行为;

(四)驳回当事人对行政行为提起申诉的重复处理行为;

(五)行政机关作出的不产生外部法律效力的行为;

(六)行政机关为作出行政行为而实施的准备、论证、研究、层报、咨询等过程性行为;

(七)行政机关根据人民法院的生效裁判、协助执行通知书作出的执行行为,但行政机关扩大执行范围或者采取违法方式实施的除外;

（八）上级行政机关基于内部层级监督关系对下级行政机关作出的听取报告、执法检查、督促履责等行为；

（九）行政机关针对信访事项作出的登记、受理、交办、转送、复查、复核意见等行为；

（十）对公民、法人或者其他组织权利义务不产生实际影响的行为。

第二条　行政诉讼法第十三条第一项规定的“国家行为”，是指国务院、中央军事委员会、国防部、外交部等根据宪法和法律的授权，以国家的名义实施的有关国防和外交事务的行为，以及经宪法和法律授权的国家机关宣布紧急状态等行为。

行政诉讼法第十三条第二项规定的“具有普遍约束力的决定、命令”，是指行政机关针对不特定对象发布的能反复适用的规范性文件。

行政诉讼法第十三条第三项规定的“对行政机关工作人员的奖惩、任免等决定”，是指行政机关作出的涉及行政机关工作人员公务员权利义务的决定。

行政诉讼法第十三条第四项规定的“法律规定由行政机关最终裁决的行政行为”中的“法律”，是指全国人民代表大会及其常务委员会制定、通过的规范性文件。

第4章

执行类文书范本及精细化写作要领

执行类文书之1:申请执行书

申请执行书

申请执行人:王××,男,汉族,××××年×月×日出生,住××省××市××××××,身份证号码××××××。联系电话:××××××。

被执行人:周××,男,汉族,××××年×月×日出生,住××省××市××××××,身份证号码××××××。联系电话:××××××。

被执行人:向××,女,汉族,××××年×月×日出生,住××省××市××××××,身份证号码××××××。联系电话:××××××。

执行标的:(1)借款本金××××元;(2)自××××年×月×日起至上述借款还清之日止按年利率15%计算的一般债务利息;(3)上述借款本金从2021年6月15日起直至被执行人履行完毕之日止按日万分之一点七五计算的加倍部分债务利息。

申请执行的理由和事项:申请执行人与二被执行人因民间借贷纠纷一案,××县人民法院已作出××××号民事判决书,××市中级人民法院已作出××××号民事判决书。××市中级人民法院××××号民事判决书已于2021年5月15日发生法律效力,二被执行人未履行该判决确定的给付义务,根据《民事诉讼法》第二百四十七条第一款的规定,特向贵院申请执行。

被执行人可供执行的财产:银行存款、位于×××的房产等。

此致

××人民法院

申请执行人:

年　月　日

《申请执行书》精细化写作要领

1.在格式上要符合要求。申请执行书是有给付内容的法律文书生效后，因义务人在生效法律文书确定的期限内未履行或者未完全履行法律文书确定的义务，生效法律文书确定的权利人或其继承人、权利承受人向有管辖权的人民法院申请执行的法律文书。申请执行书由“标题”“申请执行人”“被执行人”“执行标的”“申请执行的理由和事项”“被执行人可供执行的财产”“致送法院”和落款“申请执行人”“申请日期”组成，不能缺项，标题和正文之间要空一行，各部分的表述要准确。比如，不能将“申请执行书”写成“强制执行申请书”，不能将“申请执行人”写成“申请人”。申请执行书中的“申请执行人”应是生效法律文书确定的权利人或其继承人、权利承受人。“被执行人”应是生效法律文书确定的义务人或者继承义务人财产的继承人、权利义务承受人。

2.“执行标的”部分要写明申请执行的具体内容。根据《最高人民法院关于适用〈中华人民共和国民事诉讼法〉的解释》第四百六十一条的规定，申请人民法院执行的生效法律文书必须权利义务主体明确、给付内容明确，法律文书确定继续履行合同的，应当明确继续履行的具体内容。所以，这一部分要严格依据生效法律文书确定的可以执行的内容书写，不能有遗漏。比如，判决有利息的，利息部分也要列入申请执行标的。

需要注意的是，根据《民事诉讼法》第二百六十四条的规定，被执行人未按判决、裁定和其他法律文书指定的期间履行给付金钱义务的，应当加倍支付迟延履行期间的债务利息。被执行人未按判决、裁定和其他法律文书指定的期间履行其他义务的，应当支付迟延履行金。根据《最高人民法院关于执行程序中计算迟延履行期间的债务利息适用法律若干问题的解释》第一条第三款的规定，加倍部分债务利息的计算方法为：加倍部分债务利息 = 债务人尚未清偿的生效法律文书确定的除一般债务利息之外的金钱债务 × 日万分之一点七五 × 迟延履行期间。根据《最高人民法院关于适用〈中华人民共和国民事诉讼法〉的解释》第五百零四条的规定，被执行人迟延履行的，迟延履行期间的利息或者迟延履行金自判决、裁定和其他法律文书指定的履行期间届满之日起计算。第五百零五条的规定，被执行人未按判决、裁定和其他法律文书指定的期间履行非金钱给付义务的，无论是否已给申请执行人造成损失，都应当支付迟延履行金。已经造成损失的，双倍补偿申请执行人已经受到的损失；没有造成损失的，迟延履行金可以由人民法院根据具体案件情况决定。据此，在书写申请执行书的时候，除了生效法律文书确定的义务外，还可以一并主张加倍支付迟延履行期间的债务利息或者迟延履行金。

3. "申请执行的理由和事项"部分要写明申请执行的法律文书名称、何时发生法律效力以及被执行人逾期未履行的情况。根据《民事诉讼法》的规定，可以申请执行的法律文书不仅包括发生法律效力的民事判决书、裁定书、调解书，还包括依法设立的仲裁机构的裁决、公证机关依法赋予强制执行效力的债权文书。"申请执行的理由和事项"部分要写明申请执行人与被执行人因什么纠纷，哪个司法机关、仲裁机构或者公证机构于何时作出法律文书，法律文书何时发生法律效力，还要写明被执行人履行该法律文书确定的义务情况。

4. "被执行人可供执行的财产"部分要列明了解到的被执行人的财产状况或财产线索。尽管在执行过程中，法院会依职权调查被执行人的财产线索，但作为申请执行人，仍有必要在申请执行书中写明已知晓的被执行人的财产状况或财产线索，如被执行人的房产位置、车辆情况等，以方便法院及时采取查控和执行措施。需要注意的是，如果诉前或者诉中做过财产保全，要将保全情况在这一部分列明。

附：相关规定

1.《中华人民共和国民事诉讼法》(2023年修正)

第二百三十五条　发生法律效力的民事判决、裁定，以及刑事判决、裁定中的财产部分，由第一审人民法院或者与第一审人民法院同级的被执行的财产所在地人民法院执行。

法律规定由人民法院执行的其他法律文书，由被执行人住所地或者被执行的财产所在地人民法院执行。

第二百三十七条　人民法院自收到申请执行书之日起超过六个月未执行的，申请执行人可以向上一级人民法院申请执行。上一级人民法院经审查，可以责令原人民法院在一定期限内执行，也可以决定由本院执行或者指令其他人民法院执行。

第二百四十三条　作为被执行人的公民死亡的，以其遗产偿还债务。作为被执行人的法人或者其他组织终止的，由其权利义务承受人履行义务。

第二百四十七条　发生法律效力的民事判决、裁定，当事人必须履行。一方拒绝履行的，对方当事人可以向人民法院申请执行，也可以由审判员移送执行员执行。

调解书和其他应当由人民法院执行的法律文书，当事人必须履行。一方拒绝履行的，对方当事人可以向人民法院申请执行。

第二百四十八条　对依法设立的仲裁机构的裁决，一方当事人不履行的，对方当事人可以向有管辖权的人民法院申请执行。受申请的人民法院应当执行。

被申请人提出证据证明仲裁裁决有下列情形之一的，经人民法院组成合议庭审查核实，裁定不予执行：

（一）当事人在合同中没有订有仲裁条款或者事后没有达成书面仲裁协议的；

（二）裁决的事项不属于仲裁协议的范围或者仲裁机构无权仲裁的；

（三）仲裁庭的组成或者仲裁的程序违反法定程序的；

（四）裁决所根据的证据是伪造的；

（五）对方当事人向仲裁机构隐瞒了足以影响公正裁决的证据的；

（六）仲裁员在仲裁该案时有贪污受贿，徇私舞弊，枉法裁决行为的。

人民法院认定执行该裁决违背社会公共利益的，裁定不予执行。

裁定书应当送达双方当事人和仲裁机构。

仲裁裁决被人民法院裁定不予执行的，当事人可以根据双方达成的书面仲裁协议重新申请仲裁，也可以向人民法院起诉。

第二百四十九条　对公证机关依法赋予强制执行效力的债权文书，一方当事人不履行的，对方当事人可以向有管辖权的人民法院申请执行，受申请的人民法院应当执行。

公证债权文书确有错误的，人民法院裁定不予执行，并将裁定书送达双方当事人和公证机关。

第二百五十条　申请执行的期间为二年。申请执行时效的中止、中断，适用法律有关诉讼时效中止、中断的规定。

前款规定的期间，从法律文书规定履行期间的最后一日起计算；法律文书规定分期履行的，从最后一期履行期限届满之日起计算；法律文书未规定履行期间的，从法律文书生效之日起计算。

第二百六十四条　被执行人未按判决、裁定和其他法律文书指定的期间履行给付金钱义务的，应当加倍支付迟延履行期间的债务利息。被执行人未按判决、裁定和其他法律文书指定的期间履行其他义务的，应当支付迟延履行金。

2.《最高人民法院关于适用〈中华人民共和国民事诉讼法〉的解释》(2022年修正)

第四百六十一条　当事人申请人民法院执行的生效法律文书应当具备下列条件：

(一)权利义务主体明确；

(二)给付内容明确。

法律文书确定继续履行合同的，应当明确继续履行的具体内容。

第四百八十条　人民法院应当在收到申请执行书或者移交执行书后十日内发出执行通知。

执行通知中除应责令被执行人履行法律文书确定的义务外，还应通知其承担民事诉讼法第二百六十条规定的迟延履行利息或者迟延履行金。

第四百八十一条　申请执行人超过申请执行时效期间向人民法院申请强制执行的，人民法院应予受理。被执行人对申请执行时效期间提出异议，人民法院经审查异议成立的，裁定不予执行。

被执行人履行全部或者部分义务后，又以不知道申请执行时效期间届满为由请求执行回转的，人民法院不予支持。

第五百零四条　被执行人迟延履行的，迟延履行期间的利息或者迟延履行金自判决、裁定和其他法律文书指定的履行期间届满之日起计算。

第五百零五条　被执行人未按判决、裁定和其他法律文书指定的期间履行非金钱给付义务的，无论是否已给申请执行人造成损失，都应当支付迟延履行金。已经造成损失的，双倍补偿申请执行人已经受到的损失；没有造成损失的，迟延履行金可以由人民法院根据具体案件情况决定。

3.《最高人民法院关于人民法院执行工作若干问题的规定(试行)》(2020年修正)

16. 人民法院受理执行案件应当符合下列条件:

(1)申请或移送执行的法律文书已经生效;

(2)申请执行人是生效法律文书确定的权利人或其继承人、权利承受人;

(3)申请执行的法律文书有给付内容,且执行标的和被执行人明确;

(4)义务人在生效法律文书确定的期限内未履行义务;

(5)属于受申请执行的人民法院管辖。

人民法院对符合上述条件的申请,应当在七日内予以立案;不符合上述条件之一的,应当在七日内裁定不予受理。

17. 生效法律文书的执行,一般应当由当事人依法提出申请。

发生法律效力的具有给付赡养费、扶养费、抚育费内容的法律文书、民事制裁决定书,以及刑事附带民事判决、裁定、调解书,由审判庭移送执行机构执行。

18. 申请执行,应向人民法院提交下列文件和证件:

(1)申请执行书。申请执行书中应当写明申请执行的理由、事项、执行标的,以及申请执行人所了解的被执行人的财产状况。

申请执行人书写申请执行书确有困难的,可以口头提出申请。人民法院接待人员对口头申请应当制作笔录,由申请执行人签字或盖章。

外国一方当事人申请执行的,应当提交中文申请执行书。当事人所在国与我国缔结或共同参加的司法协助条约有特别规定的,按照条约规定办理。

(2)生效法律文书副本。

(3)申请执行人的身份证明。自然人申请的,应当出示居民身份证;法人申请的,应当提交法人营业执照副本和法定代表人身份证明;非法人组织申请的,应当提交营业执照副本和主要负责人身份证明。

(4)继承人或权利承受人申请执行的,应当提交继承或承受权利的证明文件。

(5)其他应当提交的文件或证件。

19. 申请执行仲裁机构的仲裁裁决,应当向人民法院提交有仲裁条款的合同书或仲裁协议书。

申请执行国外仲裁机构的仲裁裁决的,应当提交经我国驻外使领馆认证或我国公证机关公证的仲裁裁决书中文本。

4.《最高人民法院关于执行程序中计算迟延履行期间的债务利息适用法律若干问题的解释》(2014年)

第一条　根据民事诉讼法第二百五十三条规定加倍计算之后的迟延履行期间的债务利息,包括迟延履行期间的一般债务利息和加倍部分债务利息。

迟延履行期间的一般债务利息,根据生效法律文书确定的方法计算;生效法律文书未确定给付该利息的,不予计算。

加倍部分债务利息的计算方法为:加倍部分债务利息 = 债务人尚未清偿的生效法律文书确定的除一般债务利息之外的金钱债务 × 日万分之一点七五 × 迟延履行期间。

第二条　加倍部分债务利息自生效法律文书确定的履行期间届满之日起计算;生效法律文书确定分期履行的,自每次履行期间届满之日起计算;生效法律文书未确定履行期间的,自法律文书生效之日起计算。

第三条　加倍部分债务利息计算至被执行人履行完毕之日;被执行人分次履行的,相应部分的加倍部分债务利息计算至每次履行完毕之日。

人民法院划拨、提取被执行人的存款、收入、股息、红利等财产的,相应部分的加倍部分债务利息计算至划拨、提取之日;人民法院对被执行人财产拍卖、变卖或者以物抵债的,计算至成交裁定或者抵债裁定生效之日;人民法院对被执行人财产通过其他方式变价的,计算至财产变价完成之日。

非因被执行人的申请,对生效法律文书审查而中止或者暂缓执行的期间及再审中止执行的期间,不计算加倍部分债务利息。

第四条　被执行人的财产不足以清偿全部债务的,应当先清偿生效法律文书确定的金钱债务,再清偿加倍部分债务利息,但当事人对清偿顺序另有约定的除外。

第五条　生效法律文书确定给付外币的,执行时以该种外币按日万分之一点七五计算加倍部分债务利息,但申请执行人主张以人民币计算的,人民法院应予准许。

以人民币计算加倍部分债务利息的,应当先将生效法律文书确定的外币折算或者套算为人民币后再进行计算。

外币折算或者套算为人民币的,按照加倍部分债务利息起算之日的中国外汇交易中心或者中国人民银行授权机构公布的人民币对该外币的中间价折合成人民币计算；中国外汇交易中心或者中国人民银行授权机构未公布汇率中间价的外币，按照该日境内银行人民币对该外币的中间价折算成人民币，或者该外币在境内银行、国际外汇市场对美元汇率，与人民币对美元汇率中间价进行套算。

第六条 执行回转程序中，原申请执行人迟延履行金钱给付义务的，应当按照本解释的规定承担加倍部分债务利息。

第七条 本解释施行时尚未执行完毕部分的金钱债务，本解释施行前的迟延履行期间债务利息按照之前的规定计算；施行后的迟延履行期间债务利息按照本解释计算。

本解释施行前本院发布的司法解释与本解释不一致的，以本解释为准。

执行类文书之2:追加被执行人申请书

追加被执行人申请书

申请人:潘××,男,汉族,××××年×月×日出生,住××县××镇××村,身份证号码××××××。联系电话:××××××。

被申请人:潘×平,男,汉族,××××年×月×日出生,住××县××镇××村,身份证号码××××××。联系电话:××××××。

被申请人:董××,男,汉族,××××年×月×日出生,住××市××区××路××,身份证号码××××××。联系电话:××××××。

申请事项:(1)裁定追加二被申请人为申请人申请执行××市××××置业有限公司建设工程施工合同纠纷一案的被执行人;(2)裁定被申请人潘×平在应缴纳的490万元出资范围内对××县人民法院××××号民事判决书中××市××××置业有限公司对申请人的债务承担清偿责任;(3)裁定被申请人董××在应缴纳的510万元出资范围内对××县人民法院××××号民事判决书中××市××××置业有限公司对申请人的债务承担清偿责任。

事实与理由:二被申请人系××市××××置业有限公司的股东,其中被申请人潘×平占49%的股权,被申请人董××占51%的股权。由于××市××××置业有限公司拖欠申请人劳务费,申请人于2021年7月15日将××市××××置业有限公司起诉至××县人民法院。××县人民法院于2021年12月12日作出××××号民事判决书,判令该公司支付申请人劳务费370万元,并支付2021年7月15日起的利息。该公司不服一审判决,上诉至××市中级人民法院,××市中级人民法院于2022年5月7日作出××终字××民事判决书,维持了一审判决。判决生效后,申请人向贵院申请执行,至今未执行分文。经查,××市××××置业有限公司注册资本1000万元,其中被申请人潘×平认缴出资490万元,认缴期限为2018年12月31日前。被申请人董××认缴出资510

万元，认缴期限为2018年12月31日前。认缴期限届满后，二被申请人实际均未出资。

申请人认为，××市××××置业有限公司作为营利法人，其财产不足以清偿生效法律文书确定的债务，二被申请人作为××市××××置业有限公司的股东，未缴纳出资，损害了申请人的利益，根据《最高人民法院关于民事执行中变更、追加当事人若干问题的规定》第十七条的规定，二被申请人应在尚未缴纳出资的范围内对××市××××置业有限公司对申请人的债务承担清偿责任。为了维护申请人的合法权益，特提出上述申请，请贵院依法予以支持。

此致

××人民法院

申请人：

年　月　日

《追加被执行人申请书》精细化写作要领

1. 在格式上要符合要求。追加被执行人申请书是申请执行人在执行过程中向人民法院申请追加生效法律文书确定的义务人以外的单位或个人为被执行人的法律文书。追加被执行人申请书由“标题”“申请人”“被申请人”“申请事项”“事实与理由”“致送法院”和落款“申请人”“申请日期”组成，不能缺项，标题和正文之间要空一行，各部分的表述要准确。这里的“申请人”应是执行案件的申请执行人，被执行人无权申请追加被执行人。这里的“被申请人”是申请执行人要求追加为被执行人的单位或个人。

2. “申请事项”部分要表达准确、完整。追加被执行人申请书的申请事项有两项：一是要求追加被申请人为哪个案件的被执行人；二是要求这个被追加的被执行人承担什么样的责任。《最高人民法院关于民事执行中变更、追加当事人若干问题的规定》第十条至第二十五条对各类可以追加被执行人的情形及追加的被执行人应承担的责任范围做了明确规定，在书写追加被执行人申请书的时候，要结合案件的实际情况，严格按照这些规定书写。比如，本范本案例是根据《最高人民法院关于民事执行中变更、追加当事人若干问题的规定》第十七条的规定,未缴纳或未足额缴纳出资的股东,应在尚未缴纳出资的范围内承担责任,申请追加被执行人。因此,本案申请追加被执行人申请书就写为:“裁定被申请人×××在应缴纳的××万元出资范围内对××县人民法院××××号民事判决书中××市××××置业有限公司对申请人的债务承担清偿责任。”

3.“事实与理由”部分是追加被执行人申请书的重点,这部分的任务是通过阐述事实,引用证据和适用法律,让法院准许申请人提出的追加被执行人申请。《最高人民法院关于民事执行中变更、追加当事人若干问题的规定》第一条规定,执行过程中,申请执行人或其继承人、权利承受人可以向人民法院申请变更、追加当事人。申请符合法定条件的,人民法院应予支持。追加被执行人,意味着法院的执行机构要突破原生效法律文书确定的义务主体,将其他依法应当承担责任的人也列为被执行人。因此,追加被执行人申请书的“事实与理由”部分就要结合案件事实和证据,详细陈述被申请人在本案中应承担的责任以及追加其为被执行人的必要性,并写明申请追加的具体法律依据。追加被执行人申请书“事实与理由”部分可以参照民事起诉状的“事实与理由”部分来写,形式上用“三段论”:第一段写事实,写明为什么要追加被申请人为被执行人;第二段写证据,就上述事实都有什么证据来证明;第三段简要写理由和法律依据。《最高人民法院关于民事执行中变更、追加当事人若干问题的规定》第十条至第二十五条对各类可以追加被执行人的情形及追加的被执行人应承担的责任范围作了明确规定。《公司法》第六十三条和《最高人民法院关于适用〈中华人民共和国公司法〉若干问题的规定(三)》中也有具体的规定。在书写追加被执行人申请书的时候,可以引用相应的上述规定。

附:相关规定

1.《最高人民法院关于适用〈中华人民共和国民事诉讼法〉的解释》(2022年修正)

第四百七十条　依照民事诉讼法第二百三十九条规定,执行中作为被执行人的法人或者其他组织分立、合并的,人民法院可以裁定变更后的法人或者其他组织为被执行人;被注销的,如果依照有关实体法的规定有权利义务承受人的,可以裁定该权利义务承受人为被执行人。

第四百七十一条 其他组织在执行中不能履行法律文书确定的义务的,人民法院可以裁定执行对该其他组织依法承担义务的法人或者公民个人的财产。

第四百七十二条 在执行中,作为被执行人的法人或者其他组织名称变更的,人民法院可以裁定变更后的法人或者其他组织为被执行人。

第四百七十三条 作为被执行人的公民死亡,其遗产继承人没有放弃继承的,人民法院可以裁定变更被执行人,由该继承人在遗产的范围内偿还债务。继承人放弃继承的,人民法院可以直接执行被执行人的遗产。

2.《最高人民法院关于民事执行中变更、追加当事人若干问题的规定》(2020年修正)

第一条 执行过程中,申请执行人或其继承人、权利承受人可以向人民法院申请变更、追加当事人。申请符合法定条件的,人民法院应予支持。

第十条 作为被执行人的自然人死亡或被宣告死亡,申请执行人申请变更、追加该自然人的遗产管理人、继承人、受遗赠人或其他因该自然人死亡或被宣告死亡取得遗产的主体为被执行人,在遗产范围内承担责任的,人民法院应予支持。

作为被执行人的自然人被宣告失踪,申请执行人申请变更该自然人的财产代管人为被执行人,在代管的财产范围内承担责任的,人民法院应予支持。

第十一条 作为被执行人的法人或非法人组织因合并而终止,申请执行人申请变更合并后存续或新设的法人、非法人组织为被执行人的,人民法院应予支持。

第十二条 作为被执行人的法人或非法人组织分立,申请执行人申请变更、追加分立后新设的法人或非法人组织为被执行人,对生效法律文书确定的债务承担连带责任的,人民法院应予支持。但被执行人在分立前与申请执行人就债务清偿达成的书面协议另有约定的除外。

第十三条 作为被执行人的个人独资企业,不能清偿生效法律文书确定的债务,申请执行人申请变更、追加其出资人为被执行人的,人民法院应予支持。个人独资企业出资人作为被执行人的,人民法院可以直接执行该个人独资企业的财产。

个体工商户的字号为被执行人的,人民法院可以直接执行该字号经营者的财产。

第十四条　作为被执行人的合伙企业，不能清偿生效法律文书确定的债务，申请执行人申请变更、追加普通合伙人为被执行人的，人民法院应予支持。

作为被执行人的有限合伙企业，财产不足以清偿生效法律文书确定的债务，申请执行人申请变更、追加未按期足额缴纳出资的有限合伙人为被执行人，在未足额缴纳出资的范围内承担责任的，人民法院应予支持。

第十五条　作为被执行人的法人分支机构，不能清偿生效法律文书确定的债务，申请执行人申请变更、追加该法人为被执行人的，人民法院应予支持。法人直接管理的责任财产仍不能清偿债务的，人民法院可以直接执行该法人其他分支机构的财产。

作为被执行人的法人，直接管理的责任财产不能清偿生效法律文书确定债务的，人民法院可以直接执行该法人分支机构的财产。

第十六条　个人独资企业、合伙企业、法人分支机构以外的非法人组织作为被执行人，不能清偿生效法律文书确定的债务，申请执行人申请变更、追加依法对该非法人组织的债务承担责任的主体为被执行人的，人民法院应予支持。

第十七条　作为被执行人的营利法人，财产不足以清偿生效法律文书确定的债务，申请执行人申请变更、追加未缴纳或未足额缴纳出资的股东、出资人或依公司法规定对该出资承担连带责任的发起人为被执行人，在尚未缴纳出资的范围内依法承担责任的，人民法院应予支持。

第十八条　作为被执行人的营利法人，财产不足以清偿生效法律文书确定的债务，申请执行人申请变更、追加抽逃出资的股东、出资人为被执行人，在抽逃出资的范围内承担责任的，人民法院应予支持。

第十九条　作为被执行人的公司，财产不足以清偿生效法律文书确定的债务，其股东未依法履行出资义务即转让股权，申请执行人申请变更、追加该原股东或依公司法规定对该出资承担连带责任的发起人为被执行人，在未依法出资的范围内承担责任的，人民法院应予支持。

第二十条　作为被执行人的一人有限责任公司，财产不足以清偿生效法律文书确定的债务，股东不能证明公司财产独立于自己的财产，申请执行人申请变更、追加该股东为被执行人，对公司债务承担连带责任的，人民法院应予支持。

第二十一条　作为被执行人的公司，未经清算即办理注销登记，导致公司无法进行清算，申请执行人申请变更、追加有限责任公司的股东、股份有限公司的董事和控股股东为被执行人，对公司债务承担连带清偿责任的，人民法院应予支持。

第二十二条　作为被执行人的法人或非法人组织，被注销或出现被吊销营业执照、被撤销、被责令关闭、歇业等解散事由后，其股东、出资人或主管部门无偿接受其财产，致使该被执行人无遗留财产或遗留财产不足以清偿债务，申请执行人申请变更、追加该股东、出资人或主管部门为被执行人，在接受的财产范围内承担责任的，人民法院应予支持。

第二十三条　作为被执行人的法人或非法人组织，未经依法清算即办理注销登记，在登记机关办理注销登记时，第三人书面承诺对被执行人的债务承担清偿责任，申请执行人申请变更、追加该第三人为被执行人，在承诺范围内承担清偿责任的，人民法院应予支持。

第二十四条　执行过程中，第三人向执行法院书面承诺自愿代被执行人履行生效法律文书确定的债务，申请执行人申请变更、追加该第三人为被执行人，在承诺范围内承担责任的，人民法院应予支持。

第二十五条　作为被执行人的法人或非法人组织，财产依行政命令被无偿调拨、划转给第三人，致使该被执行人财产不足以清偿生效法律文书确定的债务，申请执行人申请变更、追加该第三人为被执行人，在接受的财产范围内承担责任的，人民法院应予支持。

第二十六条　被申请人在应承担责任范围内已承担相应责任的，人民法院不得责令其重复承担责任。

第二十七条　执行当事人的姓名或名称发生变更的，人民法院可以直接将姓名或名称变更后的主体作为执行当事人，并在法律文书中注明变更前的姓名或名称。

第二十八条　申请人申请变更、追加执行当事人，应当向执行法院提交书面申请及相关证据材料。

除事实清楚、权利义务关系明确、争议不大的案件外，执行法院应当组成合议庭审查并公开听证。经审查，理由成立的，裁定变更、追加；理由不成立的，裁定驳回。

执行法院应当自收到书面申请之日起六十日内作出裁定。有特殊情况需要延长的，由本院院长批准。

第二十九条　执行法院审查变更、追加被执行人申请期间，申请人申请对被申请人的财产采取查封、扣押、冻结措施的，执行法院应当参照民事诉讼法第一百条的规定办理。

申请执行人在申请变更、追加第三人前，向执行法院申请查封、扣押、冻结该第三人财产的，执行法院应当参照民事诉讼法第一百零一条的规定办理。

第三十条　被申请人、申请人或其他执行当事人对执行法院作出的变更、追加裁定或驳回申请裁定不服的，可以自裁定书送达之日起十日内向上一级人民法院申请复议，但依据本规定第三十二条的规定应当提起诉讼的除外。

第三十二条　被申请人或申请人对执行法院依据本规定第十四条第二款、第十七条至第二十一条规定作出的变更、追加裁定或驳回申请裁定不服的，可以自裁定书送达之日起十五日内，向执行法院提起执行异议之诉。

被申请人提起执行异议之诉的，以申请人为被告。申请人提起执行异议之诉的，以被申请人为被告。

3.《中华人民共和国公司法》(2018 年修正)

第六十三条　一人有限责任公司的股东不能证明公司财产独立于股东自己的财产的，应当对公司债务承担连带责任。

4.《最高人民法院关于适用〈中华人民共和国公司法〉若干问题的规定(三)》(2020 年修正)

第十三条　股东未履行或者未全面履行出资义务，公司或者其他股东请求其向公司依法全面履行出资义务的，人民法院应予支持。

公司债权人请求未履行或者未全面履行出资义务的股东在未出资本息范围内对公司债务不能清偿的部分承担补充赔偿责任的，人民法院应予支持；未履行或者未全面履行出资义务的股东已经承担上述责任，其他债权人提出相同请求的，人民法院不予支持。

股东在公司设立时未履行或者未全面履行出资义务，依照本条第一款或者第二款提起诉讼的原告，请求公司的发起人与被告股东承担连带责任的，人民法院应予支持；公司的发起人承担责任后，可以向被告股东追偿。

股东在公司增资时未履行或者未全面履行出资义务，依照本条第一款或者第二款提起诉讼的原告，请求未尽公司法第一百四十七条第一款规定的义务而使出资未缴足的董事、高级管理人员承担相应责任的，人民法院应予支持；董事、高级管理人员承担责任后,可以向被告股东追偿。

第十四条　股东抽逃出资,公司或者其他股东请求其向公司返还出资本息、协助抽逃出资的其他股东、董事、高级管理人员或者实际控制人对此承担连带责任的,人民法院应予支持。

公司债权人请求抽逃出资的股东在抽逃出资本息范围内对公司债务不能清偿的部分承担补充赔偿责任、协助抽逃出资的其他股东、董事、高级管理人员或者实际控制人对此承担连带责任的,人民法院应予支持;抽逃出资的股东已经承担上述责任,其他债权人提出相同请求的,人民法院不予支持。

第十七条　有限责任公司的股东未履行出资义务或者抽逃全部出资,经公司催告缴纳或者返还,其在合理期间内仍未缴纳或者返还出资,公司以股东会决议解除该股东的股东资格,该股东请求确认该解除行为无效的,人民法院不予支持。

在前款规定的情形下,人民法院在判决时应当释明,公司应当及时办理法定减资程序或者由其他股东或者第三人缴纳相应的出资。在办理法定减资程序或者其他股东或者第三人缴纳相应的出资之前,公司债权人依照本规定第十三条或者第十四条请求相关当事人承担相应责任的,人民法院应予支持。

第十八条　有限责任公司的股东未履行或者未全面履行出资义务即转让股权,受让人对此知道或者应当知道,公司请求该股东履行出资义务、受让人对此承担连带责任的,人民法院应予支持;公司债权人依照本规定第十三条第二款向该股东提起诉讼,同时请求前述受让人对此承担连带责任的,人民法院应予支持。

受让人根据前款规定承担责任后,向该未履行或者未全面履行出资义务的股东追偿的,人民法院应予支持。但是,当事人另有约定的除外。

第十九条　公司股东未履行或者未全面履行出资义务或者抽逃出资,公司或者其他股东请求其向公司全面履行出资义务或者返还出资,被告股东以诉讼时效为由进行抗辩的,人民法院不予支持。

公司债权人的债权未过诉讼时效期间,其依照本规定第十三条第二款、第十四条第二款的规定请求未履行或者未全面履行出资义务或者抽逃出资的股东承担赔偿责任,被告股东以出资义务或者返还出资义务超过诉讼时效期间为由进行抗辩的,人民法院不予支持。

执行类文书之3：执行异议书（执行行为异议）

执行异议书

异议人（被执行人）：××市××置业有限公司，住所地××省××市××××××，统一社会信用代码××××××。联系电话：××××××。

法定代表人：×××，该公司执行董事。

异议人为与申请执行人××省××置业有限公司合作开发房地产合同纠纷一案，贵院于××××年×月×日作出××××号民事调解书，并于××××年×月×日立案执行。在执行中，贵院冻结并划拨了异议人在××银行××支行账号为×××××××的商品房预售资金专用监管账户内资金350万元。异议人认为，该执行行为是错误的，依法应当予以撤销。异议人的具体请求和理由如下。

请求事项：撤销对异议人在××银行××支行账号为×××××××的商品房预售资金专用监管账户内资金的冻结、划拨，将划拨该账户的350万元资金返还至异议人该账户。

事实与理由：根据××××年×月×日异议人与××银行××支行签订的《××县商品房预售资金监管协议》的约定，异议人在××银行××支行的账号为×××××××的账户是异议人开发建设××项目第6、7、8号楼的商品房预售资金专用监管账户。《城市房地产管理法》第四十五条第三款明确规定"商品房预售所得款项，必须用于有关的工程建设"。2013年3月26日《国务院办公厅关于继续做好房地产市场调控工作的通知》也要求各地制定本地区商品房预售资金的监管办法。《洛阳市商品房预售资金监管办法》第八条规定："商品房预售资金监管期限，自核发商品房预售许可证开始，至取得《竣工验收备案证书》后止。商品房预售资金应当用于工程建设，其中包括购买建筑材料、设备和支付该项目建设的施工进度款、法定税费及其他相关费用，不得挪作他用。"

(2018)最高法执监105号案例认为,商品房预售资金在形式上为开发商所有,但该资金在用途上受到严格的限制和监管。人民法院对于该账户的保全、执行,相较于普通账户,应采取更为谨慎的态度。即使是在执行阶段,也应在设立该账户的目的已经实现后,或账户资金满足项目建设所需资金之外的部分,可采取执行措施。(2016)最高法执复42号案例认为,就本案所涉普通债权的执行,应当综合考虑相关法律、法规及规范性文件对有关商品房预售资金的管理规定,在保证建设工程施工正常进行的情况下,可冻结监管账户的相应款项;在确保工程建设资金充足的前提下,或者待工程竣工后,依债权性质依法执行。根据上述法律、规范性文件及最高人民法院案例,异议人该账户内资金应当用于有关工程建设,只能对满足项目建设所需资金之外的部分,才可采取执行措施。而该项目第6、7、8号楼目前尚欠工程建设费用800万余元,该账户内资金根本不能满足工程建设的资金需求,不能用于本案的普通债权执行。

上述事实,有异议人与××银行××支行签订的《××县商品房预售资金监管协议》、××银行××支行出具的情况说明、异议人与施工单位××建设有限公司签订的《建设工程施工合同》等证据为证。

异议人认为,贵院冻结并划拨异议人在××银行××支行账号为×××××××的商品房预售资金专用监管账户内资金350万元的执行行为是错误的,该行为将严重影响工程建设,损害购房户利益,影响社会稳定。根据《最高人民法院关于人民法院办理执行异议和复议案件若干问题的规定》第十七条的规定,该执行行为依法应予撤销。为了维护异议人的合法权益,根据《民事诉讼法》第二百三十六条的规定,特提出上述申请,请贵院依法予以支持。

此致

××市中级人民法院

异议人:

年 月 日

《执行异议书》(执行行为异议)精细化写作要领

1. 在格式上要符合要求。执行异议书由"标题""异议人""请求事项""事实与理由”“致送法院”和落款“异议人”“日期”组成，不能缺项，标题和正文之间要空一行，各部分的表述要准确。根据《民事诉讼法》第二百三十六条的规定，当事人、利害关系人都可以提出执行异议。在首部的“异议人”后一般要用括号标注其在诉讼中的地位。

需要注意的是，执行异议书不需要列其他当事人，但需要在首部的“异议人”之后，写明案件情况及有异议的执行行为。一般表述为：“异议人为与某某某因××纠纷一案，贵院于××××年×月×日作出××××号民事判决书，并于××××年×月×日立案执行。在执行中，贵院……。异议人认为，贵院的该执行行为是错误的，依法应当予以撤销，异议人的具体请求和理由如下。”

2. “请求事项”部分要表达准确，阐明提出执行异议的具体要求。对执行行为可以提出异议的情形有很多，如当事人、利害关系人认为执行过程中或者执行保全、先予执行裁定过程中的查封、扣押、冻结、拍卖、变卖、以物抵债、暂缓执行、中止执行、终结执行等执行措施违法的；利害关系人认为人民法院的执行行为违法，妨碍其轮候查封、扣押、冻结的债权受偿的；利害关系人认为人民法院的拍卖措施违法，妨碍其参与公平竞价的；利害关系人认为人民法院的拍卖、变卖或者以物抵债措施违法，侵害其对执行标的的优先购买权的；利害关系人认为人民法院要求协助执行的事项超出其协助范围或者违反法律规定的；利害关系人认为其他合法权益受到人民法院违法执行行为侵害的等。执行异议书的“请求事项”一般是请求法院撤销或者变更某项执行行为，在书写执行异议书的请求事项时，要根据案件情况，写清具体要求。

3. “事实与理由”部分是执行异议书的重点，这部分的任务是通过阐述事实，引用证据和适用法律，让法院认定异议人提出异议的执行行为是错误的，从而撤销或者变更该执行行为。因为是对人民法院的执行行为提出异议，所以，执行异议书的“事实与理由”部分要结合案件事实、证据和法律法规、司法解释的规定，详细阐述执行行为存在的错误之处。执行异议书的“事实与理由”部分也可以参照民事起诉状的“事实与理由”部分来写，形式上用“三段论”：第一段写事实，写明执行行为的错误之处；第二段写证据，写异议人认为执行行为错误有什么证据来证明；第三段简要写理由和法律依据。这方面的依据有《最高人民法院关于人民法院办理执行异议和复议案件若干问题的规定》第十七条，程序上的依据是《民事诉讼法》第二百三十六条。

需要注意的是，根据《最高人民法院关于人民法院办理执行异议和复议案件若干问题的规定》第十五条的规定，当事人、利害关系人对同一执行行为有多个异议事由，但未在异议审查过程中一并提出，撤回异议或者被裁定驳回异议后，再次就该执行行为提出异议的，人民法院不予受理。案外人撤回异议或者被裁定驳回异议后，再次就同一执行标的提出异议的，人民法院不予受理。据此，如果异议人对同一执行行为有多个异议事由的，应在执行异议书中一并提出。

附：相关规定

1.《中华人民共和国民事诉讼法》(2023年修正)

第二百三十六条　当事人、利害关系人认为执行行为违反法律规定的，可以向负责执行的人民法院提出书面异议。当事人、利害关系人提出书面异议的，人民法院应当自收到书面异议之日起十五日内审查，理由成立的，裁定撤销或者改正；理由不成立的，裁定驳回。当事人、利害关系人对裁定不服的，可以自裁定送达之日起十日内向上一级人民法院申请复议。

2.《最高人民法院关于人民法院办理执行异议和复议案件若干问题的规定》(2020年修正)

第一条　异议人提出执行异议或者复议申请人申请复议，应当向人民法院提交申请书。申请书应当载明具体的异议或者复议请求、事实、理由等内容，并附下列材料：

(一)异议人或者复议申请人的身份证明；

(二)相关证据材料；

(三)送达地址和联系方式。

第二条　执行异议符合民事诉讼法第二百二十五条或者第二百二十七条规定条件的，人民法院应当在三日内立案，并在立案后三日内通知异议人和相关当事人。不符合受理条件的，裁定不予受理；立案后发现不符合受理条件的，裁定驳回申请。

执行异议申请材料不齐备的，人民法院应当一次性告知异议人在三日内补足，逾期未补足的，不予受理。

异议人对不予受理或者驳回申请裁定不服的，可以自裁定送达之日起十日内向上一级人民法院申请复议。上一级人民法院审查后认为符合受理条件的，应当裁定撤销原裁定，指令执行法院立案或者对执行异议进行审查。

第三条　执行法院收到执行异议后三日内既不立案又不作出不予受理裁定，或者受理后无正当理由超过法定期限不作出异议裁定的，异议人可以向上一级人民法院提出异议。上一级人民法院审查后认为理由成立的，应当指令执行法院在三日内立案或者在十五日内作出异议裁定。

第四条　执行案件被指定执行、提级执行、委托执行后，当事人、利害关系人对原执行法院的执行行为提出异议的，由提出异议时负责该案件执行的人民法院审查处理；受指定或者受委托的人民法院是原执行法院的下级人民法院的，仍由原执行法院审查处理。

执行案件被指定执行、提级执行、委托执行后，案外人对原执行法院的执行标的提出异议的，参照前款规定处理。

第五条　有下列情形之一的，当事人以外的自然人、法人和非法人组织，可以作为利害关系人提出执行行为异议：

（一）认为人民法院的执行行为违法，妨碍其轮候查封、扣押、冻结的债权受偿的；

（二）认为人民法院的拍卖措施违法，妨碍其参与公平竞价的；

（三）认为人民法院的拍卖、变卖或者以物抵债措施违法，侵害其对执行标的的优先购买权的；

（四）认为人民法院要求协助执行的事项超出其协助范围或者违反法律规定的；

（五）认为其他合法权益受到人民法院违法执行行为侵害的。

第六条　当事人、利害关系人依照民事诉讼法第二百二十五条规定提出异议的，应当在执行程序终结之前提出，但对终结执行措施提出异议的除外。

案外人依照民事诉讼法第二百二十七条规定提出异议的，应当在异议指向的执行标的执行终结之前提出；执行标的由当事人受让的，应当在执行程序终结之前提出。

第七条　当事人、利害关系人认为执行过程中或者执行保全、先予执行裁定过程中的下列行为违法提出异议的，人民法院应当依照民事诉讼法第二百二十五条规定进行审查：

（一）查封、扣押、冻结、拍卖、变卖、以物抵债、暂缓执行、中止执行、终结执行等执行措施；

（二）执行的期间、顺序等应当遵守的法定程序；

（三）人民法院作出的侵害当事人、利害关系人合法权益的其他行为。

被执行人以债权消灭、丧失强制执行效力等执行依据生效之后的实体事由提出排除执行异议的，人民法院应当参照民事诉讼法第二百二十五条规定进行审查。

除本规定第十九条规定的情形外，被执行人以执行依据生效之前的实体事由提出排除执行异议的，人民法院应当告知其依法申请再审或者通过其他程序解决。

第八条　案外人基于实体权利既对执行标的提出排除执行异议又作为利害关系人提出执行行为异议的，人民法院应当依照民事诉讼法第二百二十七条规定进行审查。

案外人既基于实体权利对执行标的提出排除执行异议又作为利害关系人提出与实体权利无关的执行行为异议的，人民法院应当分别依照民事诉讼法第二百二十七条和第二百二十五条规定进行审查。

第九条　被限制出境的人认为对其限制出境错误的，可以自收到限制出境决定之日起十日内向上一级人民法院申请复议。上一级人民法院应当自收到复议申请之日起十五日内作出决定。复议期间，不停止原决定的执行。

第十条　当事人不服驳回不予执行公证债权文书申请的裁定的，可以自收到裁定之日起十日内向上一级人民法院申请复议。上一级人民法院应当自收到复议申请之日起三十日内审查，理由成立的，裁定撤销原裁定，不予执行该公证债权文书；理由不成立的，裁定驳回复议申请。复议期间，不停止执行。

第十三条　执行异议、复议案件审查期间，异议人、复议申请人申请撤回异议、复议申请的，是否准许由人民法院裁定。

第十五条　当事人、利害关系人对同一执行行为有多个异议事由，但未在异议审查过程中一并提出，撤回异议或者被裁定驳回异议后，再次就该执行行为提出异议的，人民法院不予受理。

案外人撤回异议或者被裁定驳回异议后，再次就同一执行标的提出异议的，人民法院不予受理。

第十六条　人民法院依照民事诉讼法第二百二十五条规定作出裁定时，应当告知相关权利人申请复议的权利和期限。

人民法院依照民事诉讼法第二百二十七条规定作出裁定时，应当告知相关权利人提起执行异议之诉的权利和期限。

人民法院作出其他裁定和决定时，法律、司法解释规定了相关权利人申请复议的权利和期限的，应当进行告知。

第十七条　人民法院对执行行为异议，应当按照下列情形，分别处理：

（一）异议不成立的，裁定驳回异议；

（二）异议成立的，裁定撤销相关执行行为；

（三）异议部分成立的，裁定变更相关执行行为；

（四）异议成立或者部分成立，但执行行为无撤销、变更内容的，裁定异议成立或者相应部分异议成立。

执行类文书之4：执行异议书（执行标的异议）

执行异议书

异议人（案外人）：××市××旅游发展有限公司，住所地××省××县××镇××路，统一社会信用代码××××××××××。

法定代表人：×××，该公司执行董事。

贵院在执行申请执行人张××与被执行人王××一案中，曾作出×××号执行裁定书，并向××县××镇人民政府下发协助执行通知书，要求协助扣留、提取异议人在××县××镇人民政府的30万元土地补偿款。异议人认为，该30万元土地补偿款不是被执行人王××的财产，贵院不应对该30万元土地补偿款采取执行措施。异议人的具体请求和理由如下。

请求事项：中止对异议人在××县××镇人民政府的30万元土地补偿款的执行。

事实与理由：异议人系五名自然人股东设立的有限公司，本案被执行人王××是异议人的股东之一。被执行人王××因未履行生效判决确定的债务，贵院在执行中，作出×××号执行裁定书，并向××县××镇人民政府下发协助执行通知书，要求协助扣留、提取异议人在××县××镇人民政府的30万元土地补偿款。

上述事实，有异议人的企业基本信息查询单、异议人与××县××镇人民政府签订的补偿协议书等证据为证。

异议人认为，公司的资产系公司的独立法人财产，不属于包括股东、实际控制人在内的任何个人所有。公司财产只能用于清偿公司债务，而不能用于清偿个人债务。人民法院在执行中，对被执行人个人在某公司中享有权益的，只能冻结、执行该被执行人在某公司中的相应股权，而不能直接执行该公司的财产。本案中，异议人在××县××镇人民政府的30万元土地补偿款是属于异议人的法人财产，而不是被执行人王 × ×的个人财产，贵院在该案执行中要求扣留、提取该 30 万元土地补偿款是错误的。根据《最高人民法院关于适用〈中华人民共和国民事诉讼法〉的解释》第四百六十三条第一款第二项的规定，应认定异议人对该 30 万元土地补偿款享有足以排除强制执行的权益，应裁定中止执行。为了维护异议人的合法权益，根据《民事诉讼法》第二百三十八条的规定，特提出上述申请，请贵院依法予以支持。

此致

× ×人民法院

异议人：

年　月　日

《执行异议书》（执行标的异议）精细化写作要领

1. 在格式上要符合要求。这部分内容可参见《执行异议书》（执行行为异议）精细化写作要领。

2. “请求事项”部分要表达准确，写明要求中止执行的具体标的物。执行标的异议与执行行为异议不同，执行标的异议是异议人认为对执行标的享有足以排除强制执行的权益，要求人民法院中止对该标的物的执行。执行标的异议与执行异议之诉的请求事项也不同，执行异议之诉的请求事项中可以一并要求确认执行标的的权属，而执行标的异议只能要求中止对异议标的物的执行。因此，这部分通常表述为：“裁定中止对 × × × ×的执行。”

3. “事实与理由”部分是执行异议书的重点，这部分的任务是通过阐述事实，引用证据和适用法律，让法院认定异议人对执行标的享有足以排除强制执行的权益，裁定中止对执行标的的执行。《最高人民法院关于适用〈中华人民共和国民事诉讼法〉的解释》第四百六十三条第一款规定：“案外人对执行标的提出的异议，经审查，按照下列情形分别处理：（一）案外人对执行标的不享有足以排除强制执行的权益的，裁定驳回其异议；（二）案外人对执行标的享有足以排除强制执行的权益的，裁定中止执行。”因此，这一部分内容要结合案件事实、证据和法律法规、司法解释的规定，充分阐述异议人对执行标的享有足以排除强制执行的权益。《最高人民法院关于人民法院办理执行异议和复议案件若干问题的规定》第二十五条至第三十一条对各类财产和权益如何判断权利人以及是否能够排除执行作了具体的规定，在书写事实和理由的时候，可以作为依据。需要注意的是，根据《最高人民法院关于适用〈中华人民共和国民事诉讼法〉的解释》第四百六十二条的规定，案外人对执行标的提出异议的，应当在该执行标的执行程序终结前提出。

附：相关规定

1.《中华人民共和国民事诉讼法》(2023 年修正)

第二百三十八条　执行过程中，案外人对执行标的提出书面异议的，人民法院应当自收到书面异议之日起十五日内审查，理由成立的，裁定中止对该标的的执行；理由不成立的，裁定驳回。案外人、当事人对裁定不服，认为原判决、裁定错误的，依照审判监督程序办理；与原判决、裁定无关的，可以自裁定送达之日起十五日内向人民法院提起诉讼。

2.《最高人民法院关于适用〈中华人民共和国民事诉讼法〉的解释》(2022 年修正)

第四百六十二条　根据民事诉讼法第二百三十四条规定，案外人对执行标的提出异议的，应当在该执行标的的执行程序终结前提出。

第四百六十三条　案外人对执行标的提出的异议，经审查，按照下列情形分别处理：

(一)案外人对执行标的不享有足以排除强制执行的权益的，裁定驳回其异议；

(二)案外人对执行标的享有足以排除强制执行的权益的，裁定中止执行。

驳回案外人执行异议裁定送达案外人之日起十五日内，人民法院不得对执行标的进行处分。

3.《最高人民法院关于人民法院办理执行异议和复议案件若干问题的规定》(2020 年修正)

第一条　异议人提出执行异议或者复议申请人申请复议，应当向人民法院提交申请书。申请书应当载明具体的异议或者复议请求、事实、理由等内容，并附下列材料：

（一）异议人或者复议申请人的身份证明；

（二）相关证据材料；

（三）送达地址和联系方式。

第二条　执行异议符合民事诉讼法第二百二十五条或者第二百二十七条规定条件的，人民法院应当在三日内立案，并在立案后三日内通知异议人和相关当事人。不符合受理条件的，裁定不予受理；立案后发现不符合受理条件的，裁定驳回申请。

执行异议申请材料不齐备的，人民法院应当一次性告知异议人在三日内补足，逾期未补足的，不予受理。

异议人对不予受理或者驳回申请裁定不服的，可以自裁定送达之日起十日内向上一级人民法院申请复议。上一级人民法院审查后认为符合受理条件的，应当裁定撤销原裁定，指令执行法院立案或者对执行异议进行审查。

第三条　执行法院收到执行异议后三日内既不立案又不作出不予受理裁定，或者受理后无正当理由超过法定期限不作出异议裁定的，异议人可以向上一级人民法院提出异议。上一级人民法院审查后认为理由成立的，应当指令执行法院在三日内立案或者在十五日内作出异议裁定。

第六条　当事人、利害关系人依照民事诉讼法第二百二十五条规定提出异议的，应当在执行程序终结之前提出，但对终结执行措施提出异议的除外。

案外人依照民事诉讼法第二百二十七条规定提出异议的，应当在异议指向的执行标的执行终结之前提出；执行标的由当事人受让的，应当在执行程序终结之前提出。

第八条　案外人基于实体权利既对执行标的提出排除执行异议又作为利害关系人提出执行行为异议的，人民法院应当依照民事诉讼法第二百二十七条规定进行审查。

案外人既基于实体权利对执行标的提出排除执行异议又作为利害关系人提出与实体权利无关的执行行为异议的，人民法院应当分别依照民事诉讼法第二百二十七条和第二百二十五条规定进行审查。

第二十四条　对案外人提出的排除执行异议，人民法院应当审查下列内容：

（一）案外人是否系权利人；

(二)该权利的合法性与真实性;

(三)该权利能否排除执行。

第二十五条　对案外人的异议,人民法院应当按照下列标准判断其是否系权利人:

(一)已登记的不动产,按照不动产登记簿判断;未登记的建筑物、构筑物及其附属设施,按照土地使用权登记簿、建设工程规划许可、施工许可等相关证据判断;

(二)已登记的机动车、船舶、航空器等特定动产,按照相关管理部门的登记判断;未登记的特定动产和其他动产,按照实际占有情况判断;

(三)银行存款和存管在金融机构的有价证券,按照金融机构和登记结算机构登记的账户名称判断;有价证券由具备合法经营资质的托管机构名义持有的,按照该机构登记的实际出资人账户名称判断;

(四)股权按照工商行政管理机关的登记和企业信用信息公示系统公示的信息判断;

(五)其他财产和权利,有登记的,按照登记机构的登记判断;无登记的,按照合同等证明财产权属或者权利人的证据判断。

案外人依据另案生效法律文书提出排除执行异议,该法律文书认定的执行标的权利人与依照前款规定得出的判断不一致的,依照本规定第二十六条规定处理。

第二十六条　金钱债权执行中,案外人依据执行标的被查封、扣押、冻结前作出的另案生效法律文书提出排除执行异议,人民法院应当按照下列情形,分别处理:

(一)该法律文书系就案外人与被执行人之间的权属纠纷以及租赁、借用、保管等不以转移财产权属为目的的合同纠纷,判决、裁决执行标的归属于案外人或者向其返还执行标的且其权利能够排除执行的,应予支持;

(二)该法律文书系就案外人与被执行人之间除前项所列合同之外的债权纠纷,判决、裁决执行标的归属于案外人或者向其交付、返还执行标的的,不予支持。

(三)该法律文书系案外人受让执行标的的拍卖、变卖成交裁定或者以物抵债裁定且其权利能够排除执行的,应予支持。

金钱债权执行中,案外人依据执行标的被查封、扣押、冻结后作出的另案生效法律文书提出排除执行异议的,人民法院不予支持。

非金钱债权执行中,案外人依据另案生效法律文书提出排除执行异议,该法律文书对执行标的权属作出不同认定的,人民法院应当告知案外人依法申请再审或者通过其他程序解决。

申请执行人或者案外人不服人民法院依照本条第一、二款规定作出的裁定,可以依照民事诉讼法第二百二十七条规定提起执行异议之诉。

第二十七条　申请执行人对执行标的依法享有对抗案外人的担保物权等优先受偿权,人民法院对案外人提出的排除执行异议不予支持,但法律、司法解释另有规定的除外。

第二十八条　金钱债权执行中,买受人对登记在被执行人名下的不动产提出异议,符合下列情形且其权利能够排除执行的,人民法院应予支持:

(一)在人民法院查封之前已签订合法有效的书面买卖合同;

(二)在人民法院查封之前已合法占有该不动产;

(三)已支付全部价款,或者已按照合同约定支付部分价款且将剩余价款按照人民法院的要求交付执行;

(四)非因买受人自身原因未办理过户登记。

第二十九条　金钱债权执行中,买受人对登记在被执行的房地产开发企业名下的商品房提出异议,符合下列情形且其权利能够排除执行的,人民法院应予支持:

(一)在人民法院查封之前已签订合法有效的书面买卖合同;

(二)所购商品房系用于居住且买受人名下无其他用于居住的房屋;

(三)已支付的价款超过合同约定总价款的百分之五十。

第三十条　金钱债权执行中,对被查封的办理了受让物权预告登记的不动产,受让人提出停止处分异议的,人民法院应予支持;符合物权登记条件,受让人提出排除执行异议的,应予支持。

第三十一条　承租人请求在租赁期内阻止向受让人移交占有被执行的不动产,在人民法院查封之前已签订合法有效的书面租赁合同并占有使用该不动产的,人民法院应予支持。

承租人与被执行人恶意串通,以明显不合理的低价承租被执行的不动产或者伪造交付租金证据的,对其提出的阻止移交占有的请求,人民法院不予支持。

第5章

非诉类文书范本及精细化写作要领

非诉类文书之1:律师函

××律师事务所
律　师　函

(2021)×律函字第×号

××水泥有限责任公司:

本所接受××矿产品加工厂的委托,代为处理贵单位与××矿产品加工厂之间的买卖合同纠纷一案的催还、起诉事宜,现本律师事务所已经完成了证据审查和起诉前的所有准备工作。本着和平解决纠纷、减少讼累、降低对贵单位声誉的影响和财产损失考虑,特发函如下:

××矿产品加工厂向我们提供了如下证据:贵单位和××矿产品加工厂于2020年12月31日签订的《转炉渣购销合同》、贵单位出具的过磅单、贵单位2020年转炉渣库存情况、贵单位2021年4~8月从其他供应商处另行购进转炉渣的数量情况、贵单位2021年1~8月转炉渣实际用量情况等。

根据上述证据,我们认定以下事实:贵单位和××矿产品加工厂于2020年12月31日签订《转炉渣购销合同》一份,约定由××矿产品加工厂独家向贵单位供应转炉渣,每吨价格为150元。合同还约定,贵单位每月与××矿产品加工厂结算支付一次,逾期不予结算支付的,按日万分之二计算逾期付款违约金。2021年4月,贵单位未经××矿产品加工厂许可擅自开始从其他供应商处另行购进转炉渣。2021年8月19日,在贵单位与××矿产品加工厂的合同未到期、未解除的情况下,贵单位另行招标选定了新的转炉渣供应商,并不再接收××矿产品加工厂的转炉渣。2021年9月,贵单位在结算时,擅自扣留了应付××矿产品加工厂8月的货款260,811.70元和应退的5万元保证金。上述应付给××矿产品加工厂的310,811.70元,××矿产品加工厂经过无数次催要,贵单位至今仍未支付。

我们认为,贵单位扣留××矿产品加工厂8月的货款260,811.70元和应退的5万元保证金的行为,属违约行为。根据《民法典》第五百七十七条、第五百八十五条、第六百二十八条的规定,贵单位应当向××矿产品加工厂支付该310,811.70元及该款从2021年9月1日起直至付清之日止按日万分之二计算的逾期付款违约金。

请贵单位自收到本函之日起5日内与××矿产品加工厂联系(联系人×××,联系电话:××××××),协调处理还款事宜。

若贵单位逾期未联系或者双方协商未果,我们将代理××矿产品加工厂向法院起诉。届时,贵单位不但应归还上述货款、保证金和利息,还将承担相应的诉讼费、保全费、执行费等相关费用。若法院判决后贵单位逾期不予履行,贵单位和负责人还将面临被列入黑名单、被强制执行等声誉上的损失,请贵单位慎重考虑。

特此函告。

××律师事务所

律师:×××

年 月 日

《律师函》精细化写作要领

1. 格式要规范。律师函是律师事务所接受当事人的委托以律师事务所名义向对方当事人发送的就某一事项的主张、声明或要求的法律文书。律师函由"标题""致送对象""正文""落款"组成,"标题"一般写为"××律师事务所律师函",不能简单的写成"律师函"三个字。在"标题"右下方要写明律师函的编号,即根据律师事务所内部业务管理制度确定的律师函序号,一般构成为:(年号)+发函律师事务所简称+函字第×号。编号一方面便于律所文档管理和查阅,另一方面也能体现规范、正式。"致送对象"即接受律师函的单位或个人。为了表示对致送对象的尊重,致送对象如果是单位,要用全称,不可省略或用不规范的简称。如果是自然人,最好在名字后带上先生、女士,"致送对象"在正文之前第一行顶格书写。正文之后,一般要写上"特此函告",以显庄重。"落款"部分写明出具律师函的律所名称、律师姓名及出具日期。

需要注意的是，因律师函代表当事人意志，如果有两页以上，要加盖骑缝章，一方面显得正式，另一方面也避免未加章页被恶意替换。

2. 正文部分是律师函的核心内容，要写明接受委托的事项、律师接受委托后的工作及律师的意见、希望致送对象做什么及后果。内容上有 3 个方面：我们的意见是什么；要求对方做什么；如果不做，后果是什么。首先要写明接受委托的情况及委托事项，以表明发函的正当性。一般表述为："本所接受 × × × 的委托，负责处理 × × × 与您（贵单位）之间的 × × 纠纷一案。现本律师事务所已经完成了证据审查和起诉前的所有准备工作。本着和平解决纠纷、减少讼累、降低对您（贵单位）声誉的影响和财产损失考虑，特发函如下："其次要写明律师从接受委托后的工作及律师的意见，这部分要简要归纳双方纠纷的事实，并写明所依据的证据材料，然后就双方纠纷提出律师意见。这样做的目的是让致送对象知道律师函不是空穴来风，是有根据的。律师函的作用是"宣示"，不是法律意见，所以提出的律师意见不需要长篇大论，也不需要详细论证，写明观点即可，但要有明确具体的法律依据，以显示专业性和规范性。最后要写明要求致送对象做什么以及后果，这要根据案件具体情况，写明具体要求，或者是让对方履行付款义务，或者是要求对方停止侵权行为等。

需要注意的是，律师函作为正式的法律文书，其目的是敦促对方履行相应的义务，因此，表达要严谨、庄重，不能带有更多的感情色彩，用词也不能过于强硬，否则会影响律师函的效果。

非诉类文书之2:法律意见书

××律师事务所关于××学院章程修改的法律意见

××律师事务所

年　月　日

××律师事务所关于××学院章程修改的法律意见

致:××学院

××律师事务所(以下简称本所)受××学院委托,就《××学院章程》(以下简称《章程》)修改的有关事宜,依据《中华人民共和国高等教育法》《中华人民共和国民办教育促进法》《中华人民共和国民办教育促进法实施条例》《民办非企业单位登记管理暂行条例》等现行有效的有关法律、法规,按照律师行业公认的业务标准、规范,秉承勤勉、尽责的精神,出具法律意见如下:

一、《章程》修改的内容

经认真审阅《××学院章程》(2021年修订版),此次章程共修改68处(包括增加、删除和修改),分别为:

……

经本所律师审阅,《××学院章程》(2021年修订版)的上述修改内容符合《中华人民共和国高等教育法》《中华人民共和国民办教育促进法》《中华人民共和国民办教育促进法实施条例》《民办非企业单位登记管理暂行条例》等现行有效的相关法律、法规及规范性文件的规定。

二、《章程》修改的程序

《中华人民共和国民办教育促进法》第二十二条规定："学校理事会或者董事会行使下列职权：(一)聘任和解聘校长；(二)修改学校章程和制定学校的规章制度……"

《中华人民共和国民办教育促进法实施条例》第二十六条第二款规定："……下列重大事项，应当经2/3以上组成人员同意方可通过：……(二)聘任、解聘校长；(三)修改学校章程……"

现行有效的《章程》第十六条规定："理事会对学校行使下列事项决定权：(一)制定、修改理事会章程……"第二十三条规定："有关学校分立、合并、终止等重大事项，须经理事会三分之二的理事通过方可生效。"

根据《中华人民共和国民办教育促进法实施条例》及现行有效的《章程》的上述规定，《章程》本次修改应经理事会三分之二以上的理事通过。

2021年11月16日，××学院理事会经表决，全体理事一致通过《××学院章程》(2021年修订版)。

本所律师认为，本次章程的修订程序符合法律、法规、规范性文件和《章程》的规定。根据《民办非企业单位登记管理暂行条例》第十五条的规定，民办非企业单位修改章程，应自业务主管单位审查同意之日起30日内，报登记管理机关核准。

三、结论性意见

本所律师经审查后认为，《××学院章程》(2021年修订版)的修订内容和修订程序符合《中华人民共和国高等教育法》《中华人民共和国民办教育促进法》《中华人民共和国民办教育促进法实施条例》等相关法律、法规及规范性文件的规定，不存在违反相关法律法规的情形。经业务主管单位审查同意后，应在30日内报登记管理机关核准。

本《法律意见》一式陆份，经本所盖章并经承办律师签字后具有同等法律效力。

××律师事务所(盖章)

主办律师：×××　×××

年　月　日

《法律意见书》精细化写作要领

1. 格式要规范。法律意见书是律师事务所应委托人要求就有关涉及法律的专业问题的合法性出具的法律分析意见。法律意见书由“标题”、“致送单位”、“主文”和“落款”组成，为显示重视，最好加一个封面。“标题”一般写为“××律师事务所关于××的法律意见”，法律意见书一般是出具给委托人使用，因此，“致送单位”一般写委托单位。“落款”需要律师事务所盖章，主办律师签名，并注明出具日期。

2. “主文”部分是法律意见书的核心，要写明接受委托情况、出具法律意见的依据、具体的法律意见、结论性意见及提示。接受委托情况要写明接受哪个单位委托，委托做什么。一般表述为：“××律师事务所受××委托，就××事宜，出具法律意见如下。”法律意见书要有具体的法律依据，这部分内容要结合具体委托事宜，根据实际情况列明出具法律意见的法律依据名称。具体的法律意见是结合相关法律法规的规定，针对委托事项逐一进行分析后得出的结论，主要论证合法性问题，包括程序方面和实体方面。结论性意见是综合前述具体法律意见之后，针对委托事项，就相关问题的合法性问题得出的综合性结论。提示部分主要针对委托事项写明需要委托人注意的方面。

需要注意的是，很多律师在书写的法律意见书中，常用“仅供参考”“不承担责任”等表述，看似在撇清责任，实际上意义不大。律师作为专业人员，对出具的法律意见书是要承担责任的，因此，要本着诚信、严谨的作风，依法出具法律意见，切不可有丝毫的大意。

第6章

仲裁类文书范本及精细化写作要领

仲裁类文书之1:仲裁申请书(商事争议)

仲裁申请书

申请人:谷某某,男,汉族,××××年×月×日出生,住××省××市××××××,身份证号码××××××。联系电话:××××××。

申请人:谷小某,女,汉族,××××年×月×日出生,住址同上,身份证号码××××××。联系电话:××××××。

被申请人:××××矿业投资有限公司,住所地××市××区××××××,统一社会信用代码××××××。联系电话:××××××。

法定代表人:×××,该公司执行董事。

仲裁请求:裁决由被申请人支付申请人股权转让价款200万元,并支付从2021年6月1日起直至该款付清之日止按年利率12%计算的逾期付款违约金。

事实与理由:二申请人原系吐鲁番市××矿业有限公司的股东,其中申请人谷某某占49%的股权,申请人谷小某占51%的股权。2021年1月2日,申请人与被申请人签订《股权转让合同书》一份,合同约定由申请人将吐鲁番市××矿业有限公司的全部股权转让给被申请人,转让价为300万元。合同约定的付款办法为:合同签字时付定金100万元,剩余的200万元在公司股权和法人转入被申请人名下后3个月内支付完毕,若逾期未付清按年利率12%计算违约金。合同还约定如有争议由××市仲裁机构裁决。合同签订后,申请人于2021年3月1日协助被申请人将公司股权全部转入被申请人名下,并将公司的法定代表人由谷小某变更为被申请人法定代表人倪某某。但是,被申请人却仅在签订合同时向申请人支付了100万元,剩余的200万元股权转让价款经申请人多次讨要,被申请人至今未付。

上述事实,有申请人和被申请人于2021年1月2日签订的《股权转让合同书》、股权转让协议等证据为证。

申请人认为,申请人与被申请人之间系股权转让合同关系,双方签订的合同不违背法律、行政法规的强制性规定,应认定为有效合同。被申请人拒不按合同约定向申请人支付剩余的200万元股权转让价款的行为属违约行为,根据《民法典》第五百七十七条等有关法律的规定,被申请人应当承担支付拖欠的200万元股权转让费并支付逾期付款违约金的违约责任。为了维护申请人的合法权益,特提出上述申请,请贵委依法支持申请人的仲裁请求。

此致

××仲裁委员会

申请人:

年 月 日

《仲裁申请书》(商事争议)精细化写作要领

1. 在格式上要符合要求。商事争议仲裁申请书由“标题”“申请人”“被申请人”“仲裁请求”“事实与理由”“致送仲裁机关”和落款“申请人”“申请日期”组成,不能缺项,标题和正文之间要空一行,各部分的表述要准确。

2. 被申请人的信息要准确、完整。被申请人是个人的,要尽量写上身份证号,以免出现当事人错误的情况;被申请人是单位的,要写明全称;被申请人是个体工商户的,以营业执照上登记的经营者为当事人。有字号的,以营业执照上登记的字号为当事人,同时注明该字号经营者的基本信息。营业执照上登记的经营者与实际经营者不一致的,以登记的经营者和实际经营者为共同诉讼人。企业已经注销的,不能成为当事人,未依法清算即被注销的,以该企业法人的股东、发起人或者出资人为当事人。

3. “仲裁请求”部分类似于民事起诉状中的“诉讼请求”部分,是整个仲裁申请书的核心,要反复推敲,做到表达准确、没有漏项漏算、项项都有依据。具体写作要求可参见前文民事起诉状的“诉讼请求”部分。

4. “事实与理由”部分的书写也类似于民事诉状的“事实与理由”部分,是仲裁申请书的重点,这部分的任务是通过阐述事实、引用证据、适用法律,让仲裁委支持本方的仲裁请求。仲裁申请书的“事实与理由”部分形式上一般也采用“三段论”，具体写作要求可参见前文民事起诉状的“事实与理由”部分。

需要注意的是，根据《仲裁法》第九条的规定，仲裁实行的是一裁终局的制度。裁决作出后，如果当事人就同一纠纷再申请仲裁或者向人民法院起诉的，仲裁委员会或者人民法院不予受理。但如果裁决被人民法院依法裁定撤销或者不予执行的，当事人就该纠纷可以根据双方重新达成的仲裁协议申请仲裁，也可以向人民法院起诉。在申请仲裁前要务必就这点向当事人释明。

附：相关规定

《中华人民共和国仲裁法》（2017 年修正）

第二条　平等主体的公民、法人和其他组织之间发生的合同纠纷和其他财产权益纠纷，可以仲裁。

第三条　下列纠纷不能仲裁：

（一）婚姻、收养、监护、扶养、继承纠纷；

（二）依法应当由行政机关处理的行政争议。

第四条　当事人采用仲裁方式解决纠纷，应当双方自愿，达成仲裁协议。没有仲裁协议，一方申请仲裁的，仲裁委员会不予受理。

第五条　当事人达成仲裁协议，一方向人民法院起诉的，人民法院不予受理，但仲裁协议无效的除外。

第六条　仲裁委员会应当由当事人协议选定。

仲裁不实行级别管辖和地域管辖。

第二十一条　当事人申请仲裁应当符合下列条件：

（一）有仲裁协议；

（二）有具体的仲裁请求和事实、理由；

（三）属于仲裁委员会的受理范围。

第二十二条　当事人申请仲裁，应当向仲裁委员会递交仲裁协议、仲裁申请书及副本。

第二十三条　仲裁申请书应当载明下列事项：

（一）当事人的姓名、性别、年龄、职业、工作单位和住所，法人或者其他组织的名称、住所和法定代表人或者主要负责人的姓名、职务；

（二）仲裁请求和所根据的事实、理由；

（三）证据和证据来源、证人姓名和住所。

仲裁类文书之2:仲裁申请书(劳动争议)

仲裁申请书

申请人:段××,女,汉族,××××年×月×日出生,住××省××县××镇××村,身份证号码××××××,系陈某某妻子。联系电话:××××××。

申请人:陈×明,男,汉族,××××年×月×日出生,住址同上,身份证号码××××××,系陈某某长子。联系电话:××××××。

申请人:陈×乐,男,汉族,××××年×月×日出生,住址同上,身份证号码××××××,系陈某某次子。联系电话:××××××。

被申请人:××实业有限公司,住所地××省××县××镇××村,统一社会信用代码××××××。

法定代表人:郭××,该公司执行董事。

仲裁请求:确认陈某某(男,住××省××县××××镇,身份证号码××××××)在2021年3月11日至2021年10月16日期间与被申请人之间存在事实劳动关系。

事实与理由:被申请人于2018年3月29日经××县工商行政管理局核准成立的自然人投资的有限责任公司,经营范围为建材(墙体砖、空心体块砖、砌块)、矿山尾矿、金属氧化物提取的研发、生产、销售等。2021年3月11日,申请人的亲人陈某某经他人介绍到该公司工作,工种为上料辅助工作,直到2021年10月16日陈某某在上班途中因交通事故去世。2021年3月11日至2021年10月16日陈某某在被申请人处工作期间,陈某某受被申请人的劳动管理,从事被申请人安排的有报酬的劳动,陈某某的月基本工资为3500元,由被申请人按月以现金方式发放。

上述事实,有××县工商行政管理局出具的被申请人××实业有限公司的注册基本信息、被申请人于2021年11月9日出具的工作收入证明、陈某某2021

年3月至10月从被申请人处领取工资的工资条及部分考勤记录等证据为证。

申请人认为,陈某某于2021年3月11日至10月16日在被申请人单位工作,双方虽然没有订立书面劳动合同,但双方分别符合法律、法规规定的劳动者、用人单位主体资格。陈某某受被申请人的劳动管理,从事被申请人安排的有报酬的劳动,且陈某某提供的劳动是该用人单位业务的组成部分。根据原《劳动和社会保障部关于确立劳动关系有关事项的通知》第一条等有关规定,应当确认陈某某在2021年3月11日至2021年10月16日期间与被申请人之间存在事实劳动关系。为了维护申请人的合法权益,特提出上述申请,请贵委依法支持申请人的仲裁请求。

此致

××县劳动人事争议仲裁委员会

申请人:

年 月 日

《仲裁申请书》(劳动争议)精细化写作要领

1. 格式上要符合要求。劳动争议仲裁申请书与商事争议仲裁申请书的格式相同,由"标题""申请人""被申请人""仲裁请求""事实与理由""致送仲裁机关"和落款"申请人""申请日期"组成,不能缺项,标题和正文之间要空一行,各部分的表述要准确。

需要注意的是,根据《劳动争议调解仲裁法》第二十二条第二款的规定,劳务派遣单位或者用工单位与劳动者发生劳动争议的,劳务派遣单位和用工单位为共同当事人。这种情况下,如果是劳动者申请仲裁,需要将劳务派遣单位和用工单位都列为被申请人。

2. "仲裁请求"部分要反复推敲,做到表达准确,依据充分。根据《劳动争议调解仲裁法》第二条的规定,用人单位与劳动者之间因确认劳动关系,订立、履行、变更、解除、终止劳动合同,除名、辞退、辞职、离职,工作时间、休息休假、社会保险、福利、培训、劳动保护、劳动报酬、工伤医疗费、经济补偿、赔偿金及其他劳动争议,均可以申请仲裁。因此,仲裁请求要结合案件情况去写,但要做到表述清晰，表达准确，依据充分。

3.“事实与理由”部分是仲裁申请书的重点，这部分的任务是通过阐述事实、引用证据、适用法律，让仲裁委支持本方的仲裁请求。仲裁申请书的“事实与理由”部分形式上一般也采用“三段论”，具体写作要求可参见前文民事起诉状的“事实与理由”部分。

需要注意的是，根据《劳动争议调解仲裁法》第二十七条的规定，劳动争议申请仲裁的时效期间为一年。仲裁时效期间从当事人知道或者应当知道其权利被侵害之日起计算。

附：相关规定

1.《中华人民共和国劳动争议调解仲裁法》(2007年)

第二条　【适用范围】中华人民共和国境内的用人单位与劳动者发生的下列劳动争议，适用本法：

(一)因确认劳动关系发生的争议；

(二)因订立、履行、变更、解除和终止劳动合同发生的争议；

(三)因除名、辞退和辞职、离职发生的争议；

(四)因工作时间、休息休假、社会保险、福利、培训以及劳动保护发生的争议；

(五)因劳动报酬、工伤医疗费、经济补偿或者赔偿金等发生的争议；

(六)法律、法规规定的其他劳动争议。

第五条　【劳动争议处理的基本程序】发生劳动争议，当事人不愿协商、协商不成或者达成和解协议后不履行的，可以向调解组织申请调解；不愿调解、调解不成或者达成调解协议后不履行的，可以向劳动争议仲裁委员会申请仲裁；对仲裁裁决不服的，除本法另有规定的外，可以向人民法院提起诉讼。

第二十一条　【仲裁管辖】劳动争议仲裁委员会负责管辖本区域内发生的劳动争议。

劳动争议由劳动合同履行地或者用人单位所在地的劳动争议仲裁委员会管辖。双方当事人分别向劳动合同履行地和用人单位所在地的劳动争议仲裁委员会申请仲裁的，由劳动合同履行地的劳动争议仲裁委员会管辖。

第二十二条 【仲裁案件当事人】发生劳动争议的劳动者和用人单位为劳动争议仲裁案件的双方当事人。

劳务派遣单位或者用工单位与劳动者发生劳动争议的,劳务派遣单位和用工单位为共同当事人。

第二十三条 【仲裁案件第三人】与劳动争议案件的处理结果有利害关系的第三人,可以申请参加仲裁活动或者由劳动争议仲裁委员会通知其参加仲裁活动。

第二十七条 【仲裁时效】劳动争议申请仲裁的时效期间为一年。仲裁时效期间从当事人知道或者应当知道其权利被侵害之日起计算。

前款规定的仲裁时效,因当事人一方向对方当事人主张权利,或者向有关部门请求权利救济,或者对方当事人同意履行义务而中断。从中断时起,仲裁时效期间重新计算。

因不可抗力或者有其他正当理由,当事人不能在本条第一款规定的仲裁时效期间申请仲裁的,仲裁时效中止。从中止时效的原因消除之日起,仲裁时效期间继续计算。

劳动关系存续期间因拖欠劳动报酬发生争议的,劳动者申请仲裁不受本条第一款规定的仲裁时效期间的限制;但是,劳动关系终止的,应当自劳动关系终止之日起一年内提出。

第二十八条 【仲裁申请】申请人申请仲裁应当提交书面仲裁申请,并按照被申请人人数提交副本。

仲裁申请书应当载明下列事项:

(一)劳动者的姓名、性别、年龄、职业、工作单位和住所,用人单位的名称、住所和法定代表人或者主要负责人的姓名、职务;

(二)仲裁请求和所根据的事实、理由;

(三)证据和证据来源、证人姓名和住所。

书写仲裁申请确有困难的,可以口头申请,由劳动争议仲裁委员会记入笔录,并告知对方当事人。

2.《劳动和社会保障部关于确立劳动关系有关事项的通知》(2005 年)

一、用人单位招用劳动者未订立书面劳动合同,但同时具备下列情形的,劳动关系成立。

（一）用人单位和劳动者符合法律、法规规定的主体资格；

（二）用人单位依法制定的各项劳动规章制度适用于劳动者，劳动者受用人单位的劳动管理，从事用人单位安排的有报酬的劳动；

（三）劳动者提供的劳动是用人单位业务的组成部分。

二、用人单位未与劳动者签订劳动合同，认定双方存在劳动关系时可参照下列凭证：

（一）工资支付凭证或记录（职工工资发放花名册）、缴纳各项社会保险费的记录；

（二）用人单位向劳动者发放的“工作证”、“服务证”等能够证明身份的证件；

（三）劳动者填写的用人单位招工招聘“登记表”、“报名表”等招用记录；

（四）考勤记录；

（五）其他劳动者的证言等。

其中，（一）、（三）、（四）项的有关凭证由用人单位负举证责任。

三、用人单位招用劳动者符合第一条规定的情形的，用人单位应当与劳动者补签劳动合同，劳动合同期限由双方协商确定。协商不一致的，任何一方均可提出终止劳动关系，但对符合签订无固定期限劳动合同条件的劳动者，如果劳动者提出订立无固定期限劳动合同，用人单位应当订立。

用人单位提出终止劳动关系的，应当按照劳动者在本单位工作年限每满一年支付一个月工资的经济补偿金。

四、建筑施工、矿山企业等用人单位将工程（业务）或经营权发包给不具备用工主体资格的组织或自然人，对该组织或自然人招用的劳动者，由具备用工主体资格的发包方承担用工主体责任。

五、劳动者与用人单位就是否存在劳动关系引发争议的，可以向有管辖权的劳动争议仲裁委员会申请仲裁。

李 华

盈科律师事务所创始合伙人、盈科全国业务指导委员会主任。

李华律师作为盈科全国业务指导委员会主任，负责盈科体系内的专业化建设，带领盈科律师，构建出完整的专业化法律服务体系，包括研究院、专业委员会及综合性法律中心，推动盈科律师专业化的法律服务，以适应法律服务市场不断细分的需要。在此基础上，通过集成各专业委员会纵深化的法律服务能力为客户提供综合性的法律服务。

曾荣获全国律师行业优秀党员律师、北京市优秀律师、朝阳区优秀律师、朝阳区首届优秀女律师、朝阳区优秀党员的荣誉称号，钱伯斯《大中华区指南2023》TMT：数据保护&隐私领域上榜律师。

魏俊卿

二级律师，盈科中国区董事会董事，盈科全国刑事法律专业委员会副秘书长，盈科洛阳刑事法律事务部主任、企业合规与风险防范研究中心主任，同时担任河南科技大学专业学位研究生校外指导教师、洛阳市律师协会刑事法律专业委员会副主任。曾被河南省律师协会授予“2013−2016年度河南省优秀刑辩律师”“2015−2019年度河南省优秀律师”称号，2022年4月被河南省律师协会评定为河南省刑事专业律师。擅长刑事辩护、法律顾问、企业合规管理与风险防范、重大疑难民商事案件的代理，承办的多起案例入选《人民法院报》《人民法院案例选》《未成年人维权典型案例精析》《盈的秘密2：有效辩护的53个证据突破》《案例 · 策略 · 智慧——盈科律师事务所2020年优秀案例精选》《刑辩撷英》《中国中小企业合规指南——〈中小企业合规管理体系有效性评价〉适用解读》等专业书刊内容。